用心研创　值得尊重

皮书研创
不在于发现新大陆，而在于分享新方案

侯胜田教授
“健康经济与管理系列”总主编

健康经济与管理系列

# 康养旅居蓝皮书

# 中国康养旅居发展报告
# （2023）


侯胜田　蓝韶清　主　编
张维纯　郭雁斌　陈小勇　副主编



中国商业出版社

**图书在版编目（CIP）数据**

中国康养旅居发展报告．2023/侯胜田，蓝韶清主编．--北京：中国商业出版社，2023.4

（健康经济与管理系列．健康旅游蓝皮书）

ISBN 978－7－5208－2462－0

Ⅰ.①中… Ⅱ.①侯… ②蓝… Ⅲ.①旅游保健—旅游业发展—研究报告—中国—2023 Ⅳ.①F592.3

中国国家版本馆 CIP 数据核字（2023）第 065646 号

责任编辑：管明林

中国商业出版社出版发行

（www.zgsycb.com 100053 北京广安门内报国寺 1 号）

总编室：010－63180647 编辑室：010－83114579

发行部：010－83120835/8286

新华书店经销

北京博海升彩色印刷有限公司印刷

*

710 毫米×1000 毫米 16 开 21.5 印张 353 千字

2023 年 4 月第 1 版 2023 年 4 月第 1 次印刷

定价：188.00 元

* * * * *

# 《中国康养旅居发展报告（2023）》

## 编　委　会

# 《中国康养旅居发展报告（2023）》

## 研创课题组

**组　　长**：侯胜田　蓝韶清
**副 组 长**：张维纯　郭雁斌　陈小勇
**成　　员**（按姓氏笔画排序）

于锦华　王　勇　王　鹏　王　磊　王子文
王天琦　王静雯　孔祥超　史兰菊　乔婷婷
仲海鹏　刘　帆　刘　莹　刘　彩　刘　尊
刘佳玮　刘娜娜　齐　颂　江绪旺　孙婉东
杜泓臻　杨立丰　杨坤娜　杨思秋　李艺清
李　旭　李　享　李玥函　李欣华　李治兵
李晓芳　李益辉　张　卉　张　聪　张　勰
张江峰　张金山　张玲华　张洪慧　张维纯
陈小勇　陈文煜　陈南江　周　洋　郑英花
郑毅敏　赵尔乐　赵汉青　赵丽丽　侯胜田
殷洪艳　高　嵩　郭芹芝　郭雁斌　席悦月
黄启萍　黄灏峰　曹迎凤　梁碧颜　董美佳
蒋　锋　韩雪飞　程　阳　焦科兴　曾凡益
雷　松　路云铁　詹丽玉　薛暖珠

# 《中国康养旅居发展报告（2023）》主要编撰者简介

**侯胜田** 管理学博士，北京中医药大学教授、国家中医药发展与战略研究院健康产业研究中心主任。兼任上海交通大学健康长三角研究院健康旅游研究中心主任、北京中医生态文化研究会健康旅游专业委员会会长、世界中联国际健康旅游专业委员会副会长、中国老年学和老年医学学会国际旅居康养分会副主任委员、世界中联医养结合专业委员会副会长、中国中医药信息学会医养居分会副会长、“健康经济与管理系列”蓝皮书总主编。研究方向：健康经济与管理、健康旅游、战略与品牌管理、医院领导力与管理。发表中英文论文90余篇，出版专著和教材20余部，承担过多项国家级和省部级社科基金课题。主持研创“中国中医药健康旅游目的地发展指数”“中国康养旅居目的地发展指数”“中国森林康养基地发展指数”“中国温泉康养基地发展指数”等中国式康养产业指数系列。

**蓝韶清** 三级研究员，广州中医药大学博士研究生导师，广东中医药博物馆馆长，全国科普工作先进工作者，首批国家健康科普专家库成员。兼任中国民族医药协会中医药（民族医药）博物馆专业委员会会长、中国民族医药协会健康科普分会副会长、广东省文物鉴定委员会委员、广东省非物质文化遗产保护工作专家委员会委员等。长期从事中医药文化研究、健康科普研究，主持省部级课题12项，发表学术论文30余篇；主编《岭南文化辞典·中医药卷》，副主编《通俗中医药丛书》获广州市第二届优秀科普作品一等奖、“中医中药中国行”活动最佳科普作品奖。

**张维纯** 湖北中医药大学管理学院副教授，管理学硕士，湖北省创业研究会副秘书长，共青团武汉市委员会青年创业导师，中国中医药信息学会生命质量分会理事，湖北中医药大学创业之家负责人。参编《医药市场营销学》《现代创业基础》《世界传统医药发展报告（2022）》。主持教育部和湖北省研究项目多项。研究方向：健康经济与管理，创新创业。

**郭雁斌** 工商管理硕士，暨南大学管理学院（医药卫生方向）硕士研究生毕业，山西省名中医，硕士生导师，山西省大同市第三人民医院专家，主任医师，现雁知堂中医药科技（山西）有限责任公司董事长，山西省抗癌协会传统医学委员会副主任委员。曾担任过多家中医院、综合性医院院长，国家“十三五规划”统编教材《中医养生学》编委，《中医养生方法学》副主编，主要从事中医老年病、中医肿瘤、中医妇科等临床工作，在中医药养生保健，康养旅居领域拥有丰富经验。

**陈小勇** 主任中医师，教授，硕士研究生导师。现任三亚学院健康医学院院长，兼任中国中医药研究促进会健康旅游分会会长、中国健康促进与教育协会健康产业专业委员会主任委员、中华中医药学会骨伤分会和体质分会常委、海南省中西医结合学会骨科微创专业委员会主任委员、海南省健康管理协会常务副会长，三亚中医健康旅游协会会长。研究方向：中医学骨科临床、科研、教学，健康科技赋能中医治未病与智慧康养、药膳食养、健康管理、健康旅游。先后师从国医大师刘柏龄、王琦（院士）、唐祖轩和院士吴以岭，发表论文40余篇，主持省部级课题8项，获得国家发明专利二项，主编出版专著3部。

# 摘　要

《康养旅居发展报告（2023）》是“康养旅居蓝皮书”系列第一本关于康养旅居行业发展的综合报告。本报告基于康养旅居行业发展现状及大量数据支撑，研究分析康养旅居行业发展现状、瓶颈及未来趋势，总结和推广康养旅居行业典型案例和创新经验，为行业管理者政策制定、社会资本投入、行业规范完善及创新产学研模式提供前瞻参考和合理化建议。

《康养旅居发展报告（2023）》是康养旅居领域的重大研究成果。本报告采用文献研究、实地探访、专家访谈、问卷调查、案例分析等综合研究方法，从康养旅居行业总体发展情况、典型区域康养旅居行业进展情况、康养旅居热门市场分析，以及物候旅居热点发展、经典发展模式评价借鉴等多个维度进行了研究与分析；此外，报告还介绍了康养旅居目的地评判工具——康养旅居目的地评价指标体系，以期为康养旅居行业高质量发展提供支持。

本报告共包含五部分内容，具体由 23 篇报告构成。第壹部分总报告（HB. 01）系统梳理了近期康养旅居行业区域发展情况，对康养旅居市场及物候旅居相关热点进行科学分析，归纳总结康养旅居行业在发展过程中存在的主要问题，提出支持社会资本投入、完善硬件设施，打造行业影响力品牌，加强专业人才培养、激发共享社区活力等针对性建议，以期为康养旅居行业发展提供建议与参考，并在此基础上，对康养旅居行业的发展趋势和行业前景进行展望。

第贰部分区域发展篇（HB. 02—HB. 07）对中国部分典型区域康养旅居行业发展状况进行了介绍和分析，共有 6 篇分报告。《京津冀康养旅居发展报告》（HB. 02）分报告对京津冀地区的康养旅居行业发展现状进行了概括梳理。报告认为京津冀城市群区位优势显著、自然资源和旅游禀赋丰富，健康产业基础雄厚，康养旅居相关的科研、教育及人力资源丰富，具有发展康养旅居产业的优势条件，京津冀协同发展也为康养旅居产业的发展提供了有力支持。但其康养旅居产业发展在基础设施建设、财政金融支持、品牌效应集聚及人才智库支持等方面还存在诸多发展困境，协同发展优势未能有效发挥。京津冀康养旅居产业协同发展要从强化顶层规划、夯实基础建设，加大资本投入、拓宽融资渠道，共同打造品牌，创新宣传方式，创新人才共享、壮大智库资源四个方面下功夫，不断扩大京津冀康养旅居产业影响力，打造高质量京津冀康养旅居产业协同发展全国样本。

《山东半岛康养旅居发展报告》（HB.03）分报告在对本区域康养旅居发展情况进行介绍的同时，创新性地提出并提出统一规划布局“山东半岛仙境海岸旅居康养之带”；扶持组建旅居康养旗舰集团；开发多元化旅居康养服务业态和产品；制订区域旅居康养、旅居康养社区、旅居康养机构发展指数指标体系、对旅居康养产业进行标准化管理等发展建议，进一步打造山东半岛旅居康养品牌。《吉林省康养旅居发展报告》（HB.04）重点介绍了长春市、吉林市、延吉市、白山市等几个适宜的康养旅居城市。并指出进一步加速经济发展、医疗资源分布应当更合理、城市宣传有待于进一步提升等是吉林省康养旅居的发展方向。《甘肃省中医药康养旅居发展报告》（HB.05）分析了甘肃省发展中医药康养旅居产业的特有区位优势，并提出甘肃省康养旅居产业协同发展要从强化顶层设计、健全服务标准、打造品牌效应、实施人才培育计划和创新宣传方式上下功夫，不断扩大甘肃省康养旅居产业影响力，打造具有甘肃特色的中医药康养旅居产业，从而促进中医药与康养产业协同发展。《福建省康养旅居发展报告》（HB.06）、《广东省康养旅居发展报告》（HB.07）分别归纳总结了本区域内康养旅居的特色发展模式，梳理康养旅居在本区域发展存在的问题瓶颈，并提出丰富康养旅居类型，打造特色康养旅居目的地，创新康养旅居服务等建设性意见，并认为康养旅居有望成为新的经济增长极和产业新业态。

第叁部分市场分析篇（HB.08—HB.13）由6篇分报告组成。《中国温泉康养旅居发展现状与前景》（HB.08）分报告介绍了中国温泉康养旅居市场的发展现状，并认为中国温泉康养旅居业存在行业发展缺乏统筹、资源开发不完善、康养功能未充分体现、专业化人才匮乏、缺乏有效监管、同质化发展等问题。其未来发展应统筹规划科学布局，以健康促进为目标，以需求为导向，提供全方位康养服务；强化人才培养，打造高素质、专业化人才队伍；并加大监管力度，营造优质旅居环境。《中国城市康养旅居发展现状与前景》（HB. 09）分报告分析立足于城市地理学的分析思维，融合城市规划和经济学的分析方法，梳理了城市康养旅居形成与发展的脉络，并基于此分析中国城市康养旅居发展现状与前景，认为中国城市康养旅居发展应优化康养旅居环境、发展康养旅居产业，盘活存量资产，形成城市康养旅居新业态，重塑城市经济空间结构，进一步提升智慧创新能力，增强人民幸福感和满意度。

《中国乡村康养旅居发展现状与前景》（HB. 10）分报告提出，随着乡村振兴战略的深入推进，乡村的价值和功能重新得到发掘和阐释。乡村在未来是比较稀缺的旅游资源，也将成为民众旅居康养的重要目的地。报告通过对乡村旅居康养的发展历程、现状和问题进行了梳理和分析，对乡村旅居康养的趋势和前景进行预测，并提出了相应的对策建议，以期为文旅部门决策层、乡村康养旅居的经营者、文化旅游的研究者等提供参考。《中医药在乡村康养旅居中的应用现状与前景》（HB. 11）分报告创新探索了中医药特色乡村康养旅居模式，详细阐述医养结合、慢性病康养、亚健康康养三大特色模式的内容及优势，从中药材种植、中医药特色康养技能、中医药知识宣教科普方面入手进行分析，提出繁荣发展中医药文化，持续提升中医药的生命力，促进产业链的延伸及细化等建议，推动中医药事业在乡村振兴中发挥更大效能。《中国老年人康养旅居的现状及趋势》（HB. 12）分报告总结了老年人开展旅居康养的特征的需求，分析中国老年人旅居康养市场的发展现状，并重点介绍老龄旅居康养的类型及发展情况，结合新发展阶段的经济社会发展形势以及新冠肺炎疫情对旅游市场的冲击情况，分析研判老年人旅居康养的未来发展趋势。《中国房车康养旅居基地发展现状与前景》（HB. 13）分报告提出房车是未来康养旅居的重要载体与全新业态。报告基于政策调研和大数据分析，对国家及地方政府有关房车康养旅居基地发展的政策进行了系统梳理，总结了房车康养旅居基地的发展现状，发现当前房车康养旅居基地产业尚处于起步阶段，面临概念不清、内涵不明、模式不成熟、人才较匮乏等问题和挑战。在此基础之上系统分析行业现状和发展痛点，综合房车旅游、康养旅居等相关行业的发展情况，为房车康养旅居基地发展的政策制定和行业决策提供了建议和参考。

第肆部分物候旅居篇（HB. 14—HB. 18）包括 5 篇分报告。物候旅居是康养旅居行业的传统热门领域，《中国冬季康养旅居及目的地发展现状和前景分析》（HB.14）分报告梳理了中国冬季康养旅居的内涵与发展模式，提出了中国冬季康养旅居行业发展新要求，在此基础上指出中国冬季康养旅居目的地发展存在政府主导作用不突出、法律法规不完善、服务供需结构不均衡、服务质量参差不齐、公共基础设施薄弱、高素质人才不足等问题。以期为中国冬季康养旅居产业可持续发展提供参考与建议。《夏季康养旅居目的地发展现状和前景分析》（HB.15）分报告系统地全面阐述了夏季康养旅居的概念与消费人群、发展现状与面临的问题等，并总结了中国夏季康养旅居目的地建设规划需求与产品供给等核心问题。认为夏季康养旅居产业未来发展应形成系统的、完善的产业体系，并相互关联与渗透；同时，针对不同消费人群细化项目分类、定位和运营，建立产业标准化操作流程。在此基础上，报告对夏季康养旅居及目的地发展现状和前景进行了展望与分析。《北戴河康养旅居目的地发展现状和前景分析》（HB.16）、《贵州省夏季旅居及目的地发展现状和前景分析》（HB.17）、《海南省旅居康养产业发展瓶颈与自贸港机遇期的前景》（HB.18）三篇分报告分别介绍了北戴河地区、贵州省以及海南省物候旅居行业的发展现状，对区域内地区物候旅居行业问题及瓶颈进行了系统性梳理分析探讨，针对性地提出打造地方特色物候旅居康养基地、积极探索产业融合等建议，以期为区域物候旅居产业的良性发展提供借鉴与参考。

第伍部分评价借鉴篇（HB.19—HB.22）包括5篇分报告。《黔西南布依族苗族自治州康养旅居目的地营销策略》（HB.19）分报告以黔西南布依族苗族自治州康养旅居目的地发展为例，介绍了其区域康养旅居产业打造区位优势，将康养旅居与乡村振兴相结合的发展模式和发展经验，以期为同类型山区康养旅居产业发展提供借鉴与参考。《中医药养生文化康养小镇服务体系》（HB.20）分报告梳理了中医药特色康养小镇发展现状，并系统介绍了中医药养生文化康养小镇的康养旅居发展模式及相关服务体系，为中医药特色康养小镇旅居康养服务的发展提供了全新的发展路径与发展经验。

《泰国康养旅居发展经验与借鉴》（HB.21）分报告指出阐述了泰国“旅游城市+康复医院”和“旅游城市+康养度假村”两种康养旅居模式，介绍了泰式按摩保健、草药养生、水疗养生、禅修养生、肝脏排毒养生、泰国美体养生六大健康与养生特色项目资源。报告认为，泰国康养旅居发展过程对其他国家和地区的启示和经验借鉴包括充分利用自然资源打造康养特色，全面落实政策支持来发展康养旅居，打造质优价廉服务，吸引旅居客源等。《日本康养旅居发展经验与借鉴》（HB.22）分报告通过对中日两国关于康育旅居的情况进行调查，从政策研究、康养旅居模式、发展现状、发展特色、对中国健康养老的启示等五个方面，对比中日两国在康养旅居发展中存在的差异，提出完善政策法规及标准、推动社会资本投入、构建人才培养体系等发展建议，以期为中国康养旅居产业的高质量发展提供借鉴与参考。

《中国康养旅居目的地评价工具及应用》（HB.23）分报告对北京中医药大学侯胜田教授研究团队研制的中国康养旅居目的地评价指标体系及其应用进行概要介绍。报告认为，中国康养旅居目的地评价指标体系已经成为康养旅居目的地的有效评价工具。康养旅居行业主管部门、目的地经营者、服务咨询公司等组织和个人可以通过整理评价数据进行分析，把握康养旅居行业整体发展方向、明确康养旅居目的地发展的瓶颈、开展相关科研和市场分析等，从而推动康养旅居产业可持续健康发展。

关键词：康养旅居；发展现状；市场分析；典型案例

# 目　录

## 壹　总报告



## 贰　区域发展篇

## 叁　市场分析篇



## 肆　物候旅居篇



## 伍　评价借鉴篇

壹

# 总报告

# HB.01 康养旅居发展现状与未来展望

侯胜田[①]

**摘　要：** 伴随着中国人口老龄化程度逐年加深，人们日益增加的康养需求与康养资源供给不足、空间分配不均的矛盾不断加剧。康养旅居作为集康养、居住、旅游于一体的新兴融合产业，其自身特点可以有效缓解目前康养资源空间分布不均的痛点，为群众提供更加多元化的康养选择，在国家政策的大力支持下，康养旅居产业发展逐年向好。本报告系统讨论了典型区域康养旅居产业发展情况、康养旅居市场状况、物候旅居发展现状与前景等康养旅居领域热点问题，总结分析了康养旅居行业在发展过程中面临的主要瓶颈，提出推进基础设施建设，加强行业规范管理，打造产业集群优势塑造优质品牌，利用评价工具突破发展瓶颈等针对性建议，并根据现有发展情况对康养旅居未来发展趋势进行分析展望，以期为促进康养旅居产业健康发展提供建议与参考。

**关键词：** 康养旅居；产业进展；市场分析；未来展望

## 引言

进入21世纪以来，中国人口老龄化问题日趋严重，部分学者认为中国已然进入深度老龄化社会。然而，伴随着社会康养、养老需求的增加，相关产业的服务提供与产品供给却尚未跟进，日益增加的康养需求与康养资源供给不足、空间分配不均的矛盾正不断加剧。在此背景下，2021年12月国务院出台

---

① 侯胜田，管理学博士，北京中医药大学教授、国家中医药发展与战略研究院健康产业研究中心主任，上海交通大学健康长三角研究院健康旅游研究中心主任。研究方向：健康经济与管理、康养旅居、健康旅游、中医药发展战略。

《“十四五”国家老龄事业发展和养老服务体系规划》，专门提出积极培育发展银发经济，推动老龄事业和产业协同发展、推动养老服务体系高质量发展。各地方政府也积极响应出台多个康养、养老市场相关文件，科学引导各项康养银发产业的建设与运营。康养旅居产业集旅游、居住、康养服务于一体，其自身特有的旅居服务可以有效缓解目前康养资源时空间分布不均的痛点，为群众康养需求提供更加多元化的康养保健选择。康养旅居从一定程度上缓解了康养产业供需矛盾，是对中国康养、养老体系的进一步完善。在积极发展完善康养服务市场的大政策背景下，康养旅居行业作为未来康养模式发展的一大趋势享有良好的政策红利，在市场上坐拥庞大的潜在康养需求，康养旅居产业发展逐年向好，未来可期。

康养旅居行业在中国发展态势良好，但是目前学术界关于康养旅居的内涵和定义也尚未统一，本研究团队综合国内外其他学者的观点并结合康养旅居行业自身特点对康养旅居相关概念作出如下界定：康养旅居是指以健康或养老为主要目的，以良好的生态环境自然环境或优秀的人文环境为选择主要因素，离开原长期居住地开展一段时间（原则上不超过一年时间）的居住、休闲、旅游、康养等活动。康养旅居目的地是能够对康养旅居消费者产生一定的吸引力或者致力于提供康养旅居服务，同时具有一定尺度的地理空间。这里的尺度是指中国行政区划标准中的二级行政区、三级行政区，4 个直辖市以及 2 个特别行政区。二级行政区即市，包括地区、自治州、盟等；三级行政区即县，包括市、市辖区、自治县、旗、自治旗等；4 个直辖市，即北京市、上海市、天津市、重庆市；2 个特别行政区，即香港特别行政区、澳门特别行政区。

本报告系统梳理讨论了典型区域康养旅居产业发展情况、康养旅居市场状况、物候旅居发展现状与前景等康养旅居领域热点问题，提出推进基础设施，加强行业规范管理、塑造优质品牌打造产业集群优势、利用评价工具突破发展瓶颈等针对性建议，并根据现有发展情况对康养旅居未来发展趋势进行分析展望。以期为康养旅居产业的进一步发展提供参考性建议。

## 一、康养旅居产业区域发展

康养旅居是集康养、旅游、居住于一体的新兴融合产业，是中国康养产业面对康养资源供不应求、空间分布不均的市场现状所衍生出的符合中国国情的康养行业发展方向。康养旅居及其相关产业的发展有助于促进区域内旅游、医疗、体育、康养等多产业、多服务共同发展，对促进区域产业集群、整合行业技术人才、推动基础设施建设具有重要促进作用，对优化区域产业发展环境、促进经济高质量发展具有重要意义。

## （一）康养旅居区域发展现状

近年来随着中国的城市化进程日渐加剧、人口老龄化程度逐渐加深，许多人口富集的大型、超大型城市面临着康养、养老资源严重匮乏的难题，群众产生的养老保健需求与当地自身的康养资源供给无法匹配。而与之相对的则是在部分经济欠发达地区，享有优厚的自然环境和人文资源，具有良好的康养条件却鲜有人问津。康养资源空间分布不均，康养设施建设不足成为目前中国康养产业面临的一大难题，而最近兴起的康养旅居行业或成为当前康养资源配置问题的优质解答。康养旅居集旅游、居住、康养活动于一体，可以以旅居的形式在空间上让人口稠密地区的人群迁出原居住地，前往生态环境良好、康养资源丰富的旅居地开展中长期时间的旅居活动，其能够有效地促进康养需求与资源供给的合理时空配置，助力大型城市周边地区的经济发展。本报告总结了国内部分典型区域康养旅居区域发展现状，对目前区域康养旅居发展典型模式进行梳理。

京津冀一体化背景下的京津冀地区康养旅居区域发展，是康养旅居区域发展供需优势互补的典型模式。京津冀康养产业作为朝阳产业得到国家及京津冀各地政府的大力支持，并为康养产业的发展创造了良好的环境[1]。北京与天津的两大城市人口基数大，康养需求人口多，可以有效辐射京津冀区域内河北白洋淀、北戴河、承德等优质康养旅居地区，促进当地基础设施建设，持续为当地输送康养旅居相关专业人才等，进一步推动产业聚集集群，打造河北地区优质康养旅居目的地，进而促进区域经济共同发展。作为现代服务业的重要组成部分，康养产业已成为京津冀部分地区新兴的战略性支柱产业之一，京津冀康养产业的发展对优化产业发展环境，促进产业持续、高质量发展有重要意义[1]。

粤桂地区的康养旅居发展模式与京津冀类似，由于康养旅居产业具有极强大产业集聚和辐射效应，集聚了教育、医疗、文化、卫生、科技等各类资源，粤桂地区康养旅居在自身发展的同时与周边地区联动形成康养跨区产业链，进一步实现资源要素的跨区共享[2]。此外，粤桂地区创新性的将康养旅居产业与养老地产等有机结合，开发高端康养旅居社区等服务，将高质量高品质的康养需求逐步释放，既能有效满足当前区域内群众多层次、多角度的康养旅居需求，同时又将旅居产业需求与房地产业"去库存"相结合，使康养旅居及其相关产业更好地为区域经济发展服务，从而为粤桂区域经济，特别是为广西在布局经济高质量发展上提供新发展机遇。

东北地区也是康养旅居产业区域发展较为成熟的典型地区，东北地区自然资源优厚，三省充分依托区域内优良的生态资源、森林资源、温泉资源、冰雪资源等自然资源优势，在"健康中国"国家战略背景下，全面推进区域特色康养旅游行业发展。2018 年，辽宁省共有康复疗养、托老医疗、残疾人康复、精神康复等类型的疗养康复医院 91 家，建设中医药健康养老服务示范基地 10 个。截至 2019 年 6 月，吉林省共有备案养老机构 462 家。根据对黑龙江天鹅颐养联盟官方数据的统计，黑龙江省现有康养机构 106 家，其中综合评级五星的康养机构有 13 家，四星的有 37 家，三星的有 53 家[3]。在多年的积累下，东北地区不仅基础设施建设完善，在康养旅居项目上也十分丰富化，得益于得天独厚的自然资源，森林康养旅居、温泉康养旅居、冰雪运动康养旅居等诸多旅居项目也在本区域内大受欢迎。康养旅居这一新兴融合业态作为康养行业的重要组成部分，正在东北三省产业转型升级进程中发挥着不可替代的作用。

康养旅居及其相关产业在为各地区提供优质的康养服务的同时，一定程度上推动了地区基础设施建设、医养设施建设，以及健康养老服务相关产业链的共同发展，作为新兴战略支柱产业为区域社会经济高质量发展注入全新动力。

### （二）康养旅居产业区域发展问题与瓶颈

在国家政策对康养旅居产业的支持下，许多地区也纷纷开始大力发展康养旅居产业，康养旅居市场份额日渐扩大，发展迅速。但各区域经济发展水平、基础设施建设、康养资源禀赋等存在着差异，这也使得各区域康养旅居产业的发展水平参差不齐，在发展过程中也面临着诸多共性问题。

**1. 基础设施建设水平差异较大**

康养旅居作为多产业融合的新兴业态，其自身发展十分依赖区域内基础设施服务保障，而中国当前各地区发展水平不均，部分城市周边区域的交通设施、医疗卫生资源、生活保障设施等基础设施总量不足，难以承担起康养旅居所带来的旅居游客压力。由于康养旅居产业的特有属性，除基础生活旅居设施之外，还对当地的医疗设施、康养设施、养老设施、休闲文化设施等配套资源具有一定的要求。目前受制于经济发展水平的差异，各地区基础设施建设差异较大，部分区域虽然享有得天独厚的自然环境，但其餐饮、住宿、交通、医疗、休闲等康养旅居产业配套设施档次较低且功能不完备，这将对康养旅居者的旅居体验产生较大影响，也是制约区域康养旅居协同发展的一大问题。改善欠发达地区基础设施建设是区域内康养旅居产业协同发展的基础物质保障。

**2. 康养旅居产业聚集优势不明显**

中国康养旅居产业整体发展较晚，全国统一协调发展的大格局局面尚未形成，各地方政府均优先选取本区域内自然资源优越、交通便利、气候适宜的地区建设康养旅居基地，或是支持原康养资源丰富、基础设施发展良好的地区发展康养旅居产业。这样的发展模式使得部分地区的仅凭借着优良的自然环境和旅游资源单一孤立地发展康养旅居产业，且区域内康养旅居产业影响力和产业辐射能力十分有限。康养旅居产业作为融合产业，在健康、养老、旅游之外还与地方娱乐业、生活服务、房地产、医疗、金融保险等其他产业息息相关，但目前单一的康养旅居发展模式难以让康养产业与其余相关产业产生有机联系，难以发挥康养旅居的产业聚集优势和多产业融合共生优势。康养旅居产业聚集优势不明显，相关产业没有形成融合链接优势是目前区域康养旅居产业高质量必须突破的瓶颈。

**3. 市场开发不足服务品类单一**

现阶段大部分区域的康养旅居产业主要依托传统养老、康养服务机构的基础设施和服务体系。如部分地区受医保及养老政策的影响，其康养旅居产品局限于传统的老年异地康养体验和“候鸟式”服务[4]。而诸如疗养式康养旅居、田园康养旅居、文旅式康养旅居等诸多康养旅居形式无法得到政策支持，其余城市或地区之间也无法实现资源共享，导致康养旅居发展品类受限、旅居目的地选择受限。传统养老旅居产品发展成熟，但缺乏对于自然环境、文化氛围的体验，且存在价格较高，服务品类单一，无法满足多元化市场需求等问题。康养旅居产业自身延展性强，旅养产业交叉融合，康养旅居产业区域发展不应局限于传统的养老旅居，而应大力拓展“旅游＋养老”领域，延长康养产业链条，丰富服务品类。如何改变当前僵化的养老政策，丰富康养旅居发展形式，是区域康养旅居产业发展需要思考的重要问题。

**4. 缺乏科学评价指标体系指引**

目前产业界和学术界对于康养旅居及其相关领域的研究主要集中于发展环境评价、发展现状分析、发展策略探讨、服务质量评价等。但在康养旅居区域发展的实践中缺乏一个理论科学系统、实践操作可行的评价指标体系来反映康养旅居目的地的真实发展情况。缺乏科学的评价工具，使得各康养旅居目的地在实际发展过程中难以精准把握消费者需求，甚至逐步走向同质化竞争的发展误区之中。各康养旅居目的地在未来的发展规划中应充分利用评价工具，客观真实地认识自身区域发展境况并结合行业整体发展趋势，培育目的地核心竞争力，进而推进区域康养旅居产业的健康发展。

## （三）康养旅居区域发展策略与建议

**1. 统筹规划推进基础设施建设**

康养旅居多产业协同发展的特点决定了其自身及衍生产业的发展对于地方政府统筹规划的依赖作用。促进康养旅居产业区域发展，需要按照区域内各地区发展的不同阶段、不同业态，因地制宜地给予政策支持和统筹规划，打破不同地域间行政壁垒，按照区域一体、产业融合的原则，统筹区域康养旅居相关产业协同发展。同时，基础设施建设是康养旅居各地区协同发展的重要保障，应积极结合区域内旅居资源优势特点，推进滞后地区基础设施建设，提高服务水平、改善消费者体验，进一步促进康养旅居区域协同发展。

**2. 优化产业布局打造产业集群**

区域康养旅居产业的发展不是单一产业的孤立发展，而是健康、养老、旅游、娱乐业、生活服务、房地产、医疗、金融保险等多产业的融合共存。政府应优化产业布局，发挥制度优势打造康养旅居产业集群，积极探索多产业集群合作开发新模式，打造区域康养服务新品牌，同时通过整合平台资源，提振区域的康养旅居产业集群影响力。康养旅居相关产业可以进一步延伸到康养教育业、养生农林业、康养医疗相关制造业等行业，贴合消费者需求，着力打造康养医疗产学研产业集群，重点针对养老群体、亚健康群体、愈后康复人群，建立康养旅居健康服务体系，进而打造具有区域特色的康养旅居核心竞争优势。

**3. 完善行业标准建立监管机制**

推进区域康养旅居产业健康有序发展的关键一步是建立健全康养旅居行业标准和监督管理机制。统一的行业标准是区域康养旅居产业协同发展的前提，各康养旅居目的地政府应协同行业发展协会，根据区域康养旅居发展情况制定康养旅居相关服务规范和基础设施行业标准。有效的监督监管机制是康养旅居服务质量的保证。随着中国人口老龄化程度日渐加深，康养市场发展逐年向好，康养旅居市场也持续增长。完善监管机制不仅是对康养旅居行业的有效规制，更有助于解决当前严峻的社会养老问题。康养旅居产业因其自身发展特点，相关产业多，其监管部门也十分庞杂，涉及旅游、交通、工商、卫生、民政等多部门。应努力克服跨区域、部门带来的监管问题，顺应康养旅居行业特点，积极整合执法资源，为消费者康养旅居服务体验质量保驾护航。

**4. 利用评价工具突破发展瓶颈**

在政策和市场需求的双重驱动下，康养旅居行业发展迅速。但经过数年的粗放式发展，部分地区康养旅居服务供给提升有限，供需矛盾依然严重，其对康养旅居产业的发展逐渐走向产品供给同质化，核心竞争力缺乏、本区域内恶性竞争的误区。各康养旅居目的地应努力避免粗放式发展误区，充分利用评价工具反映各康养旅居目的地的真实发展情况，探索出适应消费者需求、符合产业自身发展特点的可持续发展路径。北京中医药大学侯胜田教授研究团队的中国康养旅居目的地评价指标体系就是中国康养旅居目的地发展情况的有力测评工具。研究团队将应用该评价指标体系持续跟踪监测并逐步扩大调查范围，同时将各康养旅居目的地的发展指数进行纵向对比分析，以便更好地研究各地区康养旅居产业的发展状况与发展趋势。

## 二、康养旅居产业市场分析

### （一）康养旅居产业市场现状与趋势

中国康养旅居产业虽处于发展初期，但在国家政策支持、老龄化康养需求激增、居民健康消费升级多重利好因素的共同促进下，其享有良好的发展前景，规模发展迅速，从中长期来看，康养旅居产业是具有巨大潜在群体和发展潜力的蓝海市场。

政策上，康养旅居及其衍生产业逐渐成为中国从中央到各地方政府各级主管部门的重要布局方向。2021 年 5 月，文化和旅游部印发的《"十四五"文化和旅游发展规划》便提到发展康养旅游。推动国家康养旅游示范基地建设。同年 12 月，国务院印发的《"十四五"国家老龄事业发展和养老服务体系规划》也明确要促进养老和旅游融合发展，引导各旅游景区度假区加强适老化设施建设和改造等。康养旅居集居住、旅游、康养多产业于一体，其当前市场发展享有大量政策红利。消费上，康养旅居当前主要的消费群体还是银发退休群体。中国自 2000 年以来就逐渐进入老龄化社会，经过 20 余年的持续发展，人口老龄化进程持续加深，根据国家统计局第七次全国人口普查的数据，2021 年全国人口为 14.12（未含港澳台）亿人，60 岁以上人口为 2.67 亿，占总人口的 18.70%。庞大的老龄人口数量也逐渐催生着巨大的银发产业市场，也十分利好中国康养旅居行业市场发展。

中国全面建成小康社会之后，人民群众追求美好生活的愿望也越发强烈，更加重视休闲、健康等方面的消费。随着疫情防控政策全面优化的后疫情时代到来，人民群众的卫生保健意识进一步提升，包括康养旅居在内的健康产业需求也将进一步提升。供给上，2017 年中国老年康养产业市场消费需求在 5 万亿元以上，到 2030 年，中国老年康养产业市场消费需求将达到 20 万亿元，中国康养市场每年为老年人康养生活提供的产品与服务在 5000 亿 ~ 7000 亿元[5]。包括康养旅居在内的康养产业需求旺盛，但有效供给严重不足，市场缺口巨大。

未来随着康养旅居产业的发展逐渐成熟与完善，康养旅居或将迎来新的发展机遇，其主要有以下发展趋势。

（1）产业融合共生趋势。康养旅居产业是多产业融合的新兴业态，其未来发展与健康、养老、旅游、休闲娱乐、房地产、医疗、金融保险等多产业的融合共存打造康养旅居 + 医疗服务、康养旅居 + 体育、康养旅居地产、康养旅居养老保险等康养旅居大市场。

（2）市场多元细分趋势。随着消费者的旅居需求不断多元化发展，康养旅居的发展模式将走出当前同质化误区，向着多元化发展的方向迈进，包括候鸟式康养旅居、景区康养旅居、疗养式康养旅居、美食养生康养旅居、民俗康养旅居、宗教禅修康养旅居等多种康养旅居市场。

（3）全龄康养发展趋势。未来随着人们的卫生保健意识进一步提升，康养旅居将不仅仅局限于银发人群，随着中青年亚健康调养、小儿推拿保健等全年龄段康养服务的推出，康养旅居将迈入全年龄发展阶段。

（4）信息化发展趋势。康养旅居服务提供实体将通过搭建大健康信息与医疗机构进行互联互通，有效环节医疗资源压力实现愈后康复来康养、慢性病调理找康养，各区域康养旅居机构也可通过信息化平台的建设为康养旅居人群提供接续化的针对性的康养旅居服务。

## （二）康养旅居市场发展策略与建议

### 1. 支持康养资本融资

随着国家不断出台政策推进康养养老事业，养老事业全民共担的导向成为未来发展趋势。随着康养旅居产业热度的不断上升，大量民营康养实体如雨后春笋般涌现。但由于发展经验不足，民营康养旅居实体在经营过程中面临着诸多难题，其中一个重要问题就是资金缺乏。受康养旅居行业产业投资大、投资回报见效慢的特点，使得其融资的能力相对较差，融资问题一定程度上制约了康养旅居市场的进一步发展[1]。未来应加大对康养旅居产业的资金支持力度，进一步拓宽融资渠道，鼓励国有资本与社会资本合作投资建设。地方政府也应出台税收补贴等转移优惠政策，吸引更多资本进入康养旅居产业。

### 2. 激发共享社区活力

共享社区是康养旅居行业发展的重要方向，但目前其在中国的发展不温不火。共享社区模式是康养旅居多方协作发展模式的重要体现，在这种模式下，地方政府应主动牵头培养各主体建设康养旅居社区的责任感。规划整合社会资源，让更多的康养旅居者参与共享社区消费以均摊成本，搭建共享社区资源整合平台，促进房地产闲置资源再利用；优化社区治理要素，激发康养旅居发展和治理活力；营造共享氛围，传递共享理念，构建共享社区[6]。发展共享社区可以有效帮助房地产行业去库存，缓解当前许多区域房地产行业发展过剩的矛盾，从而促进区域经济健康发展。

### 3. 加强专业人才培养

中国康养旅居市场尚不成熟，行业人才供需矛盾突出。养老护理人员收入待遇低、劳动强度高、责任风险大，让许多相关从业者望而却步。高校所开设的康养相关业数量有限，本就数量不多的专业毕业生选择康养旅居行业的更是凤毛麟角。如何培养人才、留住人才、吸引人才成为康养旅居及其相关行业人才培育所面临的一大问题。康养服务行业利润有限，康养旅居机构特别是民办机构，目前还没有足够的实力用于人才队伍建设，亟须政府完善扶持政策，如在发展初期予以补贴、设定指导工资等，切实改善康养从业者待遇[7]。此外，还应加强康养专业建设，进一步扩大人才培育规模，在高校之外也可建立多层次的人才培训机构，为有意愿进行康养养老服务的劳动人员进行专业技能培训，从而解决当前康养人才缺口问题。

**4. 打造行业影响品牌**

品牌建设是康养旅居行业和市场极为匮乏的内容，行业内缺乏具有影响力的大品牌，难以形成示范效应推动康养旅居市场良性发展。首先，康养旅居实体应加强品牌意识，强化大品牌经营，打造和培育高质量的康养名片，如知名康养旅居基地、休闲旅游度假基地、医疗健康城以及康养民俗小镇等。其次，应打造区域特色康养品牌，发展区域特色康养旅居文化，如海南康养岛、秦皇岛滨海康养旅居等旅居资源，开发中发挥区域优势，增强区域康养旅居产业影响力[1]。此外，还可以打造康养旅居会展品牌，通过学术会议、商业会展等增加康养旅居热度，进一步打造康养旅居行业影响力。

## 三、物候旅居发展情况与前景分析

### （一）物候旅居发展情况

中国人开展物候旅居的习惯古已有之，古代帝王选择适宜地区修建行宫即是一种物候旅居表现形式，其典型代表有河北承德避暑山庄的夏季避暑旅居、陕西西安华清池的冬季温泉旅居等。随着中国经济发展稳中向好，人民生活水平逐渐提高，冬季避寒避霾、夏季避暑的物候旅居逐渐受到人们的追捧。物候旅居是康养旅居的重要发展模式，其主要包括候鸟式旅居、季节性疗养旅居等。

中国国土面积广、幅员辽阔，从沿海到内陆由低纬到高纬，各地区的地理位置、海拔地形差异造就了其丰富多样的气候类型。北方地区冬季气候寒冷、干燥多霾，而同一时间南方地区相对温暖温和、空气清新，这使得旅居南方地区过冬逐渐受到北方老龄人群的追捧。随着旅居人群的不断增多，大量的旅居康养需求使得南方热门冬季旅居地的基础设施日渐完善，以海南岛为典型的暖冬康养旅居产业逐渐发展起来。

无独有偶，在炎热的夏季，全国大部分地区均处于高温的炙烤当中，但仍有少部分地区由于位居深山、海拔较高、濒临海洋海风宜人等因素在炎热的夏季气候凉爽、温度适宜，广受避暑旅居人群追捧，以贵州为代表的夏季避暑旅居产业也逐渐发展起来。在旅游需求之外，冬病夏治、风湿疗养、哮喘调理等慢性病调养需求也一定程度上丰富了中国物候旅居行业的内涵，许多因原居住地工作环境湿冷患上风湿疾病、空气质量差诱发哮喘疾病等的慢性病患者在物候旅居活动中疗养身体促进疾病痊愈。

物候旅居在中国历史悠久，许多物候旅居地均为当季旅游热门地区，具有一定区域知名度、基础设施建设相对完善、交通便利、地方政府对康养旅居相关项目支持力度较大，在此基础上进一步发展康养旅居及其相关健康产业前景广阔。

### （二）物候旅居发展建议

#### 1. 完善旅居群体医疗保障

物候旅居的部分群体以慢性病调理为需求导向，对医疗卫生资源有一定的需求。医疗卫生、康养保健资源是物候旅居活动中必不可少的资源，也是旅居群体接受康养服务的保障，但异地就医报销难等问题一直制约着慢性病疗养旅居模式的发展[8]。旅居地政府应该制定相关支持政策，让康养旅居群体能够有效办理异地医疗报销业务，减轻群众就医负担。物候旅居地也应重视医疗卫生服务机构的发展，根据卫生需求缺口适度拓展医院、疗养机构容量，切实满足人民群众的就医、疗养需求。此外，政府相关行业监督机构也应及时整治物候旅居市场，对市场上“黑中介”“宰客”等乱象予以坚决查处，优化旅居地康养旅居市场环境。

#### 2. 推出旅居偏好产品服务

目前，物候旅居地所提供的产品服务以短期旅游、游憩为主，而针对旅居消费人群的中长期居住、休闲、康养需求的相关产品选择较少。旅居者与旅游者不同，他们具有在目的地停留时间长、具有较为稳定的周期性的旅居偏好，且日程安排相对稳定等特点，在康养产品的设计当中不能满足短期康养旅游的消费需要，而忽视康养旅居消费群体的市场需要。针对康养旅居消费者特点推出旅居偏好的产品服务更有利于发展，如康养旅居医联体、康养旅居地产、康养旅居保险、旅居用品制造业等康养旅居相关中长期融合产业，从而使康养旅居产业更好地助力地方经济发展，提振区域康养旅居竞争力。

#### 3. 灵活物候旅居发展模式

季节性规律明显是物候旅居自身发展的一大特点，这一特点既可以在旺季为物候旅居地吸引来大量游客，但也会导致旅居地康养旅居行业发展不稳定，大量设施在淡季闲置。对于物候旅居特地点明显的康养旅居地应灵活改变康养旅居发展模式，引进高水平的医疗卫生人才、技术，拓宽服务领域，增加医疗美容、康复疗养、养老服务等，通过打造区域康养核心竞争力的方式在淡季吸引候鸟旅居群体之外的康养旅居人群。使得康养旅居目的地淡季不淡，增加目的地康养旅居行业发展稳定性。

#### 4. 加强养老适老服务建设

中国目前参与物候旅居的群体仍以退休后闲暇时间充裕的老龄群体居多，物候旅居目的地应根据主流消费者特点对现有基础设施进行适老化改造，以适应银发人群对于康养旅居生活的需求。在日常生活设施的适老化改造之外，还应根据市场需求合理增加养老院、共享养老社区等养老设施的建设，改善老龄群体的康养旅居体验；加强医疗救护设施保障，针对老龄群体常见病症增配相关急救设施等。此外，康养旅居目的地还可以与保险公司开展相关康养养老保险合作，进一步促进银发康养旅居产业的健康发展。

## 四、总结与展望

自 21 世纪以来，经过 20 余年的发展，中国人口老龄化日趋严重、繁忙的城市生活让慢性疾病与亚健康群体数量激增，人民群众日益增加的康养需求与康养市场供给整体不足、区域不均的矛盾逐渐加剧。康养旅居产业集旅游、居住、康养等多产业于一体，其自身特有的旅居特点可以有效缓解目前康养资源空间分布不均的痛点，为群众康养需求提供更加多元化的康养保健选择。

在中国积极发展完善康养服务市场的政策大趋势下，康养旅居行业作为未来康养模式发展的一大趋势享有中央及地方政府所提供康养、养老、医疗等方面的诸多政策支持，在市场上坐拥庞大的潜在市场，康养旅居产业发展逐年向好。展望未来，康养旅居行业自身将朝着更加多元化、全龄化的方向进一步发展，康养旅居及其衍生产业也将不局限于单一的康养旅居市场，而是以其多产业融合的特点发展康养旅居大产业，进一步助力区域内多产业良性发展，例如，医养融合促进医疗行业与康养行业联合发展、康养地产分担地产过剩产能、推动异地医保体系与康养保险体系建设等。

康养旅居以其自身异地旅居和康养服务的先天优势，有力地缓解了中国目前康养资源空间分布不均的困局，其多产业融合的发展特点也为各康养旅居目的地转变经济发展方式，促进高质量发展提供了良好的产业机遇。后疫情时代，随着人们养生保健意识的进一步加强，康养旅居也将迎来新的发展机遇，随着政府政策支持的力度不断加大、社会资本的积极参与，康养旅居行业将加速发展，未来可期。

## 参考文献


[1] 墨天娇．京津冀康养产业发展环境分析及路径选择［J］．河北企业，2020（04）：92－95.

[2] 王子飞．积极老龄化视阈下粤桂康养旅居产业协同发展的困境与路径构建［J］．攀枝花学院学报，2022，39（01）：29－37.

[3] 宋晓丹．东北三省康养旅游业发展研究［J］．党政干部学刊，2020（05）：50－56.

[4] 赵雪，陈学清，褚婉君，等．大连旅居养老市场开发对策研究［J］．时代经贸，2019（09）：65－66.

[5] 汪汇源．我国康养产业现状及海南康养产业对策研究［J］．农业科研经济管理，2020（01）：45－48.

[6] 王静波．基于共享理念的威海市康养旅居服务体系构建研究［D］．济南：山东师范大学，2021.

[7] 王艳霞．环京津康养产业人才供需矛盾及破解之策［J］．经济论坛，2019

(09)：36 - 42 + 153.

[8] 傅萍，陈小勇，李开庆，等．海南“候鸟式”康养旅游 SWOT 分析及发展策略探讨［J］．经济师，2019（10）：15 - 16.

贰

# 区域发展篇

# HB. 02 京津冀康养旅居发展报告

韩雪飞[①]　刘　彩[②]　孔祥超[③]　席悦月[④]　王子文[⑤]



**摘　要：**京津冀城市群区位优势显著，自然资源和旅游禀赋丰富，健康产业基础雄厚，康养旅居相关的科研、教育及人力资源丰富，具有发展康养旅居产业的优势条件，京津冀协同发展也进一步为康养旅居产业的发展提供了有力支持。然而，当前京津冀康养旅居产业发展在基础设施建设、财政金融支持、品牌效应集聚及人才智库支持等方面还存在诸多发展困境，协同发展优势未能有效发挥。京津冀康养旅居产业协同发展要从强化顶层规划、夯实基础建设，加大资本投入、拓宽融资渠道，共同打造品牌，创新宣传方式，创新人才共享、壮大智库资源4个方面下功夫，不断扩大京津冀康养旅居产业影响力，打造高质量京津冀康养旅居产业协同发展全国样本。

**关键字：**康养旅居；协同发展；京津冀

## 一、京津冀康养旅居发展环境分析

《京津冀协同发展规划纲要》指出，京津冀城市群主要包括北京、天津以及石家庄、唐山、秦皇岛、邯郸、邢台、保定、承德、张家口、沧州、廊坊和衡水在内的13个城市，区域面积约21.8万平方千米。京津冀城市群区位优势

---

① 韩雪飞，管理学博士，天津中医药大学讲师，研究方向为区域经济、中医药健康经济与管理。

② 刘彩，管理学博士，天津中医药大学教授，研究方向为中医药健康管理与政策。

③ 孔祥超，广告学学士，现工作于天津南开大学商学院研究生办公室，研究方向为房地产市场研究策划，品牌传播。

④ 席悦月，天津中医药大学本科生，研究方向为医药市场营销。

⑤ 王子文，天津中医药大学本科生，研究方向为医药市场营销。

显著、自然资源和旅游禀赋丰富，包含坝上高原、燕山和太行山地、河北平原三大地貌单元[1]。京津冀产业基础雄厚，拥有生物医药、中医药等健康产业研发、生产、教育、创新资源，京津冀协同发展也为区域内康养旅居产业的发展提供了有力支持。

## （一）区位环境

京津冀城市群是中国华北环渤海地区的中心部分，是中国重要的经济中心之一和开放门户。京津冀三地同属华北经济区，地理位置相近，在政治、经济、文化、科技及人员往来方面关系密切。

京津冀城市群交通综合实力强，具有涉及范围广、跨越城市多的特点，其中北京市、天津市是全国重要的公路、铁路、航空运输枢纽。铁路方面，京津冀三地"四纵四横一环"综合运输大通道和交通网络化格局已基本形成。京津冀三地铁路已对 20 万人口以上城市全覆盖、高铁已对三地所有地级市全覆盖，包括京沪铁路、京广铁路、京包铁路等知名干线，京唐城际铁路、京滨城际铁路等初运营干线以及相关在建铁路。航空方面，目前京津冀地区拥有四个国际机场和五个支线机场，随着京津冀世界级机场群和相关临空经济区的建成与发展，三地运输服务能力和航空保障能力将继续增强，为三地往返人群带来极大便利。公路方面，京津冀逐步实现交通一体化，核心区 1 小时交通圈、相邻城市间 1.5 小时交通圈基本形成，三地交通资源配置和产业结构得到完善，区域经济增长显著。港口方面，京津冀地区长约 6400 千米的海岸线中包含天津港、秦皇岛港、唐山港和黄骅港在内的四大优良港口，有效支持了各区域之间的经济建设，为国际贸易运输和分工合作提供了重要依托。

## （二）经济环境

### 1. 国内生产总值（以下简称 GDP）

京津冀经济发展迅速，为康养旅居发展提供了较好的发展环境。2021 年北京市地区生产总值为 40269.6 亿元，同比增长 8.5%；天津市地区生产总值为 15695.1 亿元，同比增长 6.6%；河北省地区生产总值为 40391.3 亿元，同比增长 6.5%。2018—2021 年京津冀地区生产总值均占到全国 GDP 总值的 8% 以上，如图 1 所示。

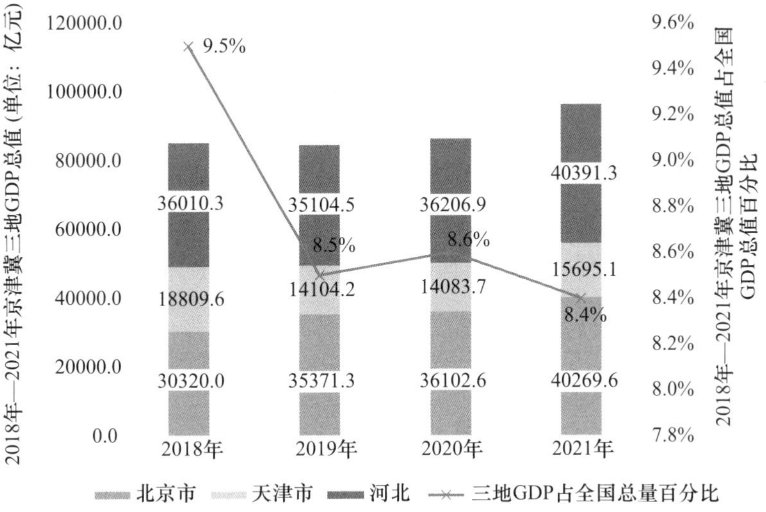


图 1　2018—2021 年京津冀三地 GDP 总值情况

数据来源：国家统计局网站。

### 2. 人均可支配收入

2021 年，北京市居民人均可支配收入为 75002 元，同比增长 8.0%；天津市人均可支配收入为 47449 元，同比增长 8.2%；河北省居民人均可支配收入为 29383 元，同比增长 8.3%。京津冀三地的人均收入水平整体水平较高，但地区差距较明显（图 2），这为京津冀三地康养旅居产业的协同发展提供了条件。

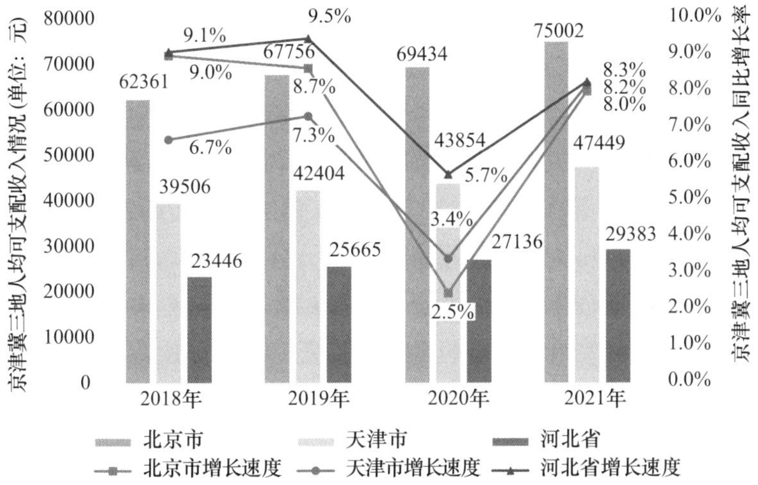


图 2　2018—2021 年京津冀三地人均可支配收入情况

数据来源：国家统计局网站。

**3. 产业结构**

2021 年，北京市的第三产业增加值为 32889. 6 亿元，同比增长 5. 7%，占全市生产总值为 81. 7%；天津市第三产业增加值为 9615. 37 亿元，同比增长 6. 7%，占全市生产总值 61. 3%；河北省第三产业增加值为 19996. 7 亿元，同比增长 7. 7%，占全市生产总值 49. 5%，如表 1 所示。京津冀三地产业结构持续优化，转型升级取得实效，质量效益稳步提升，为康养旅居产业提供了可靠的支撑。



**表 1 2021 年京津冀三地产业结构占比**

| 地区 | 第一产业 | 第二产业 | 第三产业 |
|---|---|---|---|
| 北京市 | 0. 3% | 18. 0% | 81. 7% |
| 天津市 | 1. 4% | 37. 3% | 61. 3% |
| 河北省 | 10. 0% | 40. 5% | 49. 5% |

数据来源：国家统计局网站。

## （三）自然环境

京津冀地区气候类型属于典型的暖温带大陆性季风型气候，地形以山地和平原为主，温暖的气候类型、明显的四季变化以及丰富的土地资源十分适合康养居住。北京市已有 7 个区成功创建国家森林城市，天津市武清区已确定“森林城市”的建设方向，河北省森林面积截至 2021 年底已达 9986 万亩，草原综合植被盖度达到 73%，三地草原、湿地、森林等自然资源得到有效保护和扩建发展。海滨资源方面，天津市海岸线位于渤海西部海域，具有丰富的海水和海洋生物资源，其中的天津海滨浴场和东疆湾沙滩景区闻名遐迩。素有“京津后花园”美名的河北省秦皇岛市，其中包括北戴河风景名胜区、南戴河海滨旅游区、昌黎黄金海岸等旅游胜地。

京津冀地区不断加强可持续发展和生态文明建设，改善空气质量已取得显著成效，适宜的气候特征、丰富的自然资源建设吸引了越来越多的人前往三地进行休憩养生。

## （四）人口环境

截至 2021 年末，北京市常住总人口 2188. 6 万人，其中 60 岁及以上常住人口数量 441.6 万人，占常住人口的 20.2%，65 岁及以上常住人口数 311.6 万人，占常住总人口的 14.2%；天津市常住总人口 1386.6 万人，其中 60 岁及以上常住人口数量 300.3 万人，占常住人口的 21.7%，65 岁及以上常住人口数 204.6 万人，占常住总人口 14.8%；河北省常住总人口 7448.0 万人，其中 60 岁以上常住人口数 1507.0 万人，占常住人口数量 20.2%，65 岁及以上常住人口 1111.0 万人，占常住总人口比例为 14.9%，如表 2 所示。人口老龄化程度的加剧为康养产业的发展带来了机遇。

**表 2　2018—2021 年京津冀 60 岁及以上、65 岁及以上年龄常住人口情况**

| 标准岁数及以上 | | 2018 年 | | 2019 年 | | 2020 年 | | 2021 年 | |
|---|---|---|---|---|---|---|---|---|---|
| | | 60 岁 | 65 岁 | 60 岁 | 65 岁 | 60 岁 | 65 岁 | 60 岁 | 65 岁 |
| 北京市 | 人口数量（万人） | 364.8 | 241.4 | 371.3 | 246.0 | 429.9 | 291.2 | 441.6 | 311.6 |
| | 人口占比 | 16.9% | 11.2% | 17.2% | 11.4% | 19.6% | 13.3% | 20.2% | 14.2% |
| 天津市 | 人口数量（万人） | 259.1 | 167.6 | 288.4 | 181.3 | 300.3 | 204.6 | 300.3 | 204.6 |
| | 人口占比 | 24% | 15.5% | 18.5% | 11.6% | 21.7% | 14.8% | 21.7% | 14.8% |
| 河北省 | 人口数量（万人） | 1496.2 | 964.9 | 1518.4 | 1017.3 | 1481.2 | 1038.8 | 1507.0 | 1111.0 |
| | 人口占比 | 19.8% | 12.8% | 20.0% | 13.4% | 19.9% | 13.9% | 20.2% | 14.9% |

数据来源：国家统计局网站。

## （五）人才环境

### 1. 高校人才资源

（1）高校数量。2021 年，北京市普通高等学校有 92 所，年招生数为 16.0 万人，年毕业生数为 15.1 万人；天津市普通高等学校有 56 所，年招生数 15.9 万人，年毕业生数为 14.4 万人；河北省普通高等学校有 123 所，年招生数 48.2 万人，年毕业生数为 40.9 万人。京津冀三地共有普通高等学校 271 所，其中“985 工程”入选高校 10 所，占全国比重为 25.6%；“211 工程”入选高校 30 所，占全国比重为 25.9%；“双一流”建设高校 40 所，占全国比重为 27.2%。

（2）专业建设。北京大学医学部于 2020 年 11 月成立了智慧康养研究院，集合了北京大学多个专业优势，搭建交叉平台，聚焦康养产业研究。2018 年，北京林业大学新增设野生动物与自然保护区管理（森林康养方向）专业方向。天津中医药大学开设多个与康养相关的本科专业，如特色中医学、中药学、临床药学、护理学、康复治疗学、健康服务及管理、市场营销等，培养康养产业的高层次应用和创新型人才。同时，京津冀多所高校开设了老年服务与管理专业和智慧健康养老服务与管理专业。详细情况如表 3 所示。

表 3 京津冀三地开设与康养产业相关专业的院校

| | 开设专业 | |
|---|---|---|
| | 老年服务与管理专业 | 智慧健康养老服务与管理专业 |
| 北京市 | 北京汇佳职业学院 | 北京经济技术职业学院 |
| | 北京吉利学院 | 北京汇佳职业学院 |
| | 北京劳动保障职业学院 | 北京北大方正软件职业技术学院 |
| | 北京青年政治学院 | 北京社会管理职业学院 |
| | 北京社会管理职业学院 | 北京劳动保障职业学院 |
| | 北京政法职业学院 | 北京青年政治学院 |
| 天津市 | 天津城市职业学院 | 天津滨海职业学院 |
| | 天津现代职业技术学院 | 天津市职业大学 |
| | 天津职业大学 | 天津城市职业学院 |
| | 天津中德应用技术大学 | 天津现代职业技术学院 |
| 河北省 | 河北工程技术学院 | 河北女子职业技术学院 |
| | 曹妃甸职业技术学院 | 渤海理工职业学院 |
| | 秦皇岛职业技术学院 | 承德应用技术职业学院 |
| | 唐山工业职业技术学院 | 秦皇岛职业技术学院 |
| | 邢台医学高等专科学校 | 唐山工业职业技术学院 |
| | 宣化科技职业学院 | 沧州医学高等专科学校 |
| | | 曹妃甸职业技术学院 |
| | | 邢台医学高等专科学校 |
| | | 河北对外经贸职业学院 |

数据来源：各院校招生简章。

### 2. 社会人才资源

北京大学、清华大学召集行业学者开设多期康养产业领军人才研修班，在多模块规划学习中聚焦康养产业发展前沿，进行理论与实践操作的有机整合。北京劳动保障职业学院积极开展康养育人研讨会，其中包括 2021 年京津冀地区养老机构管理者能力提升高级研修班以及“岗课赛证融通”综合育人模式研讨会，通过探讨康养方面的人才需求与学科建设，加强高校学生的综合竞争力，培养更多的优秀康养产业人才。秦皇岛市北戴河区与燕山大学达成长期合作，成立康养人才培训中心实训基地，为培养相关人才提供一手资料和宝贵资源。2022 年 3 月天津中医药大学科技园依托天津健康产业合作示范区正式揭牌成立，为形成中医药康养人才和文化品牌提供条件。

### （六）医疗环境

京津冀不断推进医疗卫生协同发展，出台多项便民惠民医疗措施，使得医疗体制逐步健全，这为京津冀康养旅居产业发展提供了良好的支撑。2021 年北京市三甲医院数量 55 家，占全国总量 1441 家的 3.8%，医院数量 644 家，占全国医院总量（36570）的 1.8%，执业医师数为 10.6 万人，每万人拥有卫生技术人员为 132 人；天津市三甲医院数量 31 家，占全国总量的 2.2%，医院数量 432 家，占全国医院总量的 1.2%，执业医师数量为 4.9 万人，每万人拥有卫生技术人员为 89 人；河北省三甲医院数量 46 家，占全国总量的 3.19%，医院数量 2395 家，占全国医院总量的 6.5%，执业医师数量为 19.8 万人，每万人拥有卫生技术人员为 75 人。京津冀三地部分医疗卫生资源在全国所占比重较大，如表 4 所示。

**表 4　2017—2021 年京津冀三地部分医疗卫生资源在全国所占比重**

| 年份 | 医院数量 | 卫生人员数量 | 医疗卫生机构总数 | 医疗卫生机构床位数量 |
|---|---|---|---|---|
| 2017 | 9.4% | 8.8% | 9.8% | 7.4% |
| 2018 | 9.6% | 8.80% | 10.1% | 7.3% |
| 2019 | 9.4% | 8.7% | 10.0% | 7.1% |
| 2020 | 9.4% | 8.7% | 10.1% | 7.0% |
| 2021 | 9.2% | 8.8% | 10.2% | 7.0% |

数据来源：国家统计局网站。

## 二、京津冀康养旅居发展现状研究

京津冀康养旅居产业具有较好的发展条件，但仍存在较为显著的非均衡态势，逐步形成北部发展较好、东南部发展不足的空间分布格局。

## （一）北京市康养旅居发展现状

北京市经济发展基础好，居民人均可支配收入高，对康养产品的需求较大，医疗资源和健康产业创新资源丰富，康养旅居产业初具规模，依托医疗养护、生物医药、体育健身及赛事等优势领域，建成了多个健康产业基地，如北京大兴生物医药产业基地已跨入千亿级产业园区行列，以生命科学、生物技术和生物医药相关领域研发创新为主的中关村生命科学园，还有北大医疗产业园以及丰台健康文化产业园等。

北京市依托成熟的城市配套，丰富的高端医疗资源，通过合理规划资源布局，打造城市医养新模式，如位于昌平区小汤山镇的九华山庄全龄颐养社区，以医养结合为核心理念，集合星级住宿、全程医护、文化娱乐、生活托管四大功能，面向中老年人提供长租式的全医护型温泉养老公寓以及专业化的养老服务。

北京市中医药康养旅居发展迅速，创建了 52 个中医药文化旅游示范基地，推出了 30 个中医药国际医疗旅游服务包项目，成立了北京中医药国际医疗旅游研究中心[2]。

北京市还有丰富的森林康养旅居资源，从 2013 年全面启动森林疗养相关工作，2015 年开始培训森林疗养师，开发了辐射全国的森林疗养师在线培训系统，发布了包括森林疗养概论、康复景观学、环境心理学等 28 门课程，建立了森林疗养师预约服务平台，设立了森林疗养师注册和派遣制度。2020 年 11 月，八达岭国家森林公园成为中国符合本土认证标准的第一个森林疗养基地。

## （二）天津市康养旅居发展现状

天津市具有良好的工业基础，拥有多家全国知名医疗机构和大健康产业研发机构，在癌症诊疗、器官移植、心血管病治疗方面具备较强的实力。

天津市依托森林、地热、医药产业等优势资源，建成了多个全国著名的康养旅居目的地，如蓟州区森林康养旅居地、东丽湖温泉度假区、宝坻京津新城温泉度假村、静海团泊新城健康产业园、滨海新区泰达大健康产业园等。

蓟州区位于天津北部山区，森林资源丰富，逐步形成以森林资源开发为主要内容，融入旅游、休闲、医疗、度假、娱乐、运动、养生、养老等健康服务新理念，形成多元组合，业态相生的森林康养旅居模式。2019 年以来，蓟州区先后荣获“全国康养 60 强县”“全国康养百强县”等多项荣誉称号，并成为天津市首个“中国天然氧吧”，2020 年，九龙山入选中国第一批国家森林康养基地。

天津市静海区团泊新城西区的中日（天津）健康产业发展合作示范区（以下简称天津健康产业园），占地约 38.55 平方千米，有天津医科大学、天津中医药大学、天津体育学院、中国医学科学院血液病医院等大学及科研单位入驻，引进肿瘤质子治疗国际医学中心等 13 个重要合作项目，高标准建设的团泊体育场、网球中心、保龄球馆等 23 个专业化国际标准体育场馆陆续承接了一系列国内外重大体育赛事，这里已逐步发展成京津冀大健康产业聚集地。同时，支持建立产业基金，全方位推进国际合作，支持开发健康领域产品。依托康宁津园和院士康养村，打造康养结合的高端养老示范样板。天津健康产业园先后荣获“国家健康医疗旅游示范基地”“国家体育产业示范基地”“国家中医药旅游示范基地”“天津国家自主创新示范区”等一系列荣誉。



### （三）河北省康养旅居发展现状

河北省地处华北，漳河以北，东临渤海、内环京津，西为太行山地，北为燕山山地。河北省是中国唯一兼有高原、山地、丘陵、平原、湖泊和海滨的省份。河北省历史悠久，自然及人文旅游资源丰富，近年来各地积极发展康养旅居产业。

#### 1. 北部：秦皇岛、张家口和承德

秦皇岛市、张家口市和承德市与北京市、天津市共同形成了京津冀北部康养旅居经济发展带，是中外驰名的避暑胜地和康养旅居地。

（1）秦皇岛。秦皇岛市是全国著名的集山、海、河、湿地、长城于一体的多元生态康养旅居城市，冬无严寒、夏无酷暑，自然和人文景观丰富，航空、铁路、公路、市内交通发达，吸引了全国康养旅居人群往来。秦皇岛市已建成和建设中的康养旅居资源主要分布在北戴河区及北戴河新区，2016 年，国务院批准在北戴河新区设立国家级生命健康产业类示范区，建设集“医药养健游”于一体的生命健康产业。作为协办过亚运会和奥运会的地级城市，秦皇岛市于 2020 年 9 月获批创建国家体育消费试点城市，依托国家体育总局秦皇岛训练基地、国家游泳跳水训练基地、奥林匹克体育中心、中国足球学校等一批“国字号”体育设施，承办大型体育赛事，打造体育康养名城。

（2）张家口。张家口市位于冀、京、晋、蒙交界处，气候条件独特，空气质量长期保持京津冀地区最好水平，夏季清凉舒适适宜度假休闲，冬季白雪覆盖适宜冰雪运动，有丰富的天然旅游资源，如草原天路、桑干河大峡谷等，

特色农牧产品类多质优，是理想的夏季、冬季康养旅居城市代表。借助 2022 年冬奥会，张家口市冰雪项目蓬勃发展，相关场馆设施完善。2019 年《中共张家口市委关于加快推进七大主导产业发展的指导意见》提出，要重点发展康养产业，打造成为“北京人的运动场”“全国康养强市”“全球运动医学中心”。目前已重点打造了赤城县浩门岭、尚义县十三号文创村、沽源县湿地乡村民宿、蔚县暖泉镇等 12 个旅居康养民宿项目；建设了海坨森林康养小镇、张北五色天路草原康养小镇、下花园蓝城国际康养小镇、涿鹿县黄帝泉国际养生中心等 13 个旅居康养小镇项目。张家口市还积极参与京张医联体建设，推动京张两地医疗机构对接合作。2015 年 2 月 1 日北京市卫生和计划生育委员会、河北省卫生和计划生育委员会、张家口市政府签署《医疗卫生协同发展框架协议》，8 月 1 日成立北京天坛医院（张家口）脑科中心，京张两地积极对接合作，推进 25 个医养项目建设，支撑康养旅居产业发展。



（3）承德。承德市是中国首批历史文化名城和国家级森林城市，旅游资源丰富，有“紫塞明珠”的美称，避暑山庄是世界最大的皇家园林，外八庙是世界最大的皇家寺庙群。近年来承德市打造“北方道地药材基地”“京郊康养基地”，为建设新时代生态康养强市的战略提供支撑。承德市的康养旅居产品以草原森林度假、历史名胜古迹观光、温泉疗养为主。承德地区的森林覆盖率达到 60% 以上，草原综合植被盖度 73.5%，域内拥有辽河源、茅荆坝、塞罕坝等国家森林公园和磬锤峰、青松岭、雾灵山等著名旅游景区，还有七星湖、小滦河、塞外蟠龙湖、唐家湾等湿地、湖泊和温泉资源。承德地区还拥有丰富的人文资源，如作为世界文化遗产的避暑山庄及外八庙、金山岭长城、双塔山。近年来，伴随着乡村振兴战略的实施，承德地区的中药材种植产业高速发展，拥有苦杏仁、金莲花、黄芩等知名中药材，域内的中草药种植面积在河北省内居于首位。承德市内也建成一批特色旅游度假小镇，如天马飞行小镇、塞罕坝森林小镇、热河谷温泉度假区等区域。

**2. 中部：唐山、廊坊和保定**

这三个工业发展型城市毗邻北京市和天津市，位于“京津冀 1 小时经济圈”内，是京津冀协同发展的主要参与地。

（1）唐山。唐山市是“国家森林城市”，具有发展康养旅居产业的资源优势。随着京唐城际铁路的开通，唐山市加快融入京津唐“半小时交通圈”，加强与京津冀各地产业协同。2019 年 9 月唐山市印发了《关于唐山市打造医疗康养高地的实施意见》，提出要全面提高健康医疗服务质量，提升康养旅居项目的竞争力。位于乐亭县的唐山国际旅游岛包括菩提岛、月岛和祥云岛，拥有绵长的海岸景观线，优质地热温泉，海泥资源。还有“孤悬于海上的天然动植物园”和“国际观鸟基地”的美誉。位于迁西县的栗香湖畔房车露营小镇，是以房车露营、帐篷露营、木屋露营、青少年露营为特色的康养旅居地。还有曹妃甸国际生态文化健康城、美丽南山健康小镇、天鹅湖康养旅游区、玉田县农福缘生态园景区等康养项目，合力打造“唐山周末”旅游品牌。



（2）保定。保定市涿州毗邻北京，历史悠久、古迹众多、人文历史资源丰富，充分利用京津冀协同发展和雄安新区建设的发展机遇，对接北京市、天津市的先进医疗资源，承接京津康养产业转移工作，发展生物医药产业。依托市内自然资源，在西部山区附近的涞水县、涞源县、曲阳县、唐县、望都县等地，主要面对京津冀地区周末休闲度假需求，打造区域康养旅居中心。保定市是国家历史文化名城、中国优秀旅游城市、国家园林城市、国家森林城市、国家级医养结合试点城市。建设了京南小镇特色旅游体验区、保定国际田园休闲区、北太行文化生态休闲体验区、安国中医药文化康养体验区，还规划打造徐水区和清苑区京雄邻里微度假休闲区，吸引京津冀地区居民来保定康养旅居。

（3）廊坊。廊坊市人文及自然旅游资源丰富，拥有京杭大运河、燕南古长城遗址等世界文化遗产，国家级非物质文化遗产项目数量位居全省前列，打造了永清林栖谷森林温泉度假区，以及京南御绣、老树客栈等一批优质的乡村旅游项目。金丰农科园是国家4A级旅游景区、全国十大名园、全国青少年农业科普示范基地、国家农业科技创新与集成示范基地、全国休闲农业与乡村旅游示范四星级园区，树立了廊坊康养旅居新形象。

**3. 南部：邢台、石家庄和邯郸**

邢台市、石家庄市和邯郸市3个城市位于河北省中南部，拥有太行山地和华北平原两大地貌单元，依托森林资源、红色文化和中医药文化，近年积极发展康养旅居产业。

（1）石家庄。石家庄市拥有太行山地和华北平原两大地貌，西部的太行山中段地势升降悬殊、地貌类型多样，孕育了丰富的森林康养旅游资源和白鹿温泉、国御温泉、西苑温泉等养生温泉资源，以及拥有多处知名寺庙的历史文化名城正定，还有全国著名红色基地西柏坡，在领略美丽的自然风光同时还能感受红色文化。石家庄市利用太行山自然资源，打造了一批森林康养旅居地。位于鹿泉区西部的长青休博城内，建成了德明古镇、冰雪小镇、天然矿物温泉谷、柳仙谷和亦禾园等多个结合了旅游、休闲、乡村振兴和康体养生元素的康养旅居项目。文化小镇“德明古镇”以《清明上河图》为蓝本、以元曲文化为主题，引入综合康养概念。灵寿漫山花溪谷景区，夏季平均气温 19.1℃，是以山地花园为主的康养健身旅居地[3]。平山红崖谷景区，是包含了温泉度假区和孔子学堂等 50 多处景点的综合性健康养生度假区。



（2）邢台。邢台市是扁鹊中医药文化的发祥地。邢台市目前拥有的康养旅居资源包括乡村养生资源（农业体验、现代化农场）、中医养生资源（内丘中草药种植、扁鹊文化）、环境养生资源（太行山系列景区）、饮食养生资源（浆水苹果、绿岭核桃、富岗食品等地方特产品牌）、文化养生资源（传统文化资源、红色资源）、体育养生资源（山地运动、水上运动、自行车运动）。河北省和邢台市积极挖掘扁鹊中医药文化来发展康养旅居，有九龙峡中医药健康旅游养生基地、内丘扁鹊庙和临城岐山湖蓝天碧波生态庄园 3 个河北省中医药健康旅游示范基地。邢台市太行山区的生态农业也为康养旅居发展提供了重要依托，如前南峪生态旅游区内的生态农业产业园、红石沟景区内的休闲生态农场等，充分利用绿色生态和红色抗大两大资源优势，将国家 4A 级生态旅游区和生态农业种植、休闲康养结合起来。

（3）邯郸。邯郸市西倚太行山，东临滏阳河，生态康养资源丰富，主要生态自然旅游景区现有 17 个，其中 2 个 5A 级景区，15 个 4A 级景区。邯郸历史悠久、文化底蕴深厚，孕育了鸡泽毛遂文化、磁山文化、后赵文化、女娲文化等近 10 个历史文化脉系。汉滩历史文化资源丰厚，文物保护遗迹多达四百余处，其中包括全国、省市重要的名胜古迹百余处。邯郸市拥有丰富的中药材资源、生态文化旅游资源和农副产品资源，获得“涉县柴胡”“涉县连翘”两个地理标志证书，形成邯郸制药、晨光生物科技、林益堂、东汝阿胶、肽都生物、中船重工、以岭药业等多家龙头企业，打造出辣椒红色素、辣椒油树脂、叶黄素、番茄红素、摩罗丹、丹杞颗粒、小分子活性肽等一批优势产品，发展生物健康产业具有良好基础。作为“北药”主产地之一，邯郸历来有种药、经营药的传统，目前中药材种植企业有几十家，种植面积达到 10 万多亩。华龄健康城、涉县润亲源、魏县福泰乐苑、北京中联众福生态康养度假区、颐养苑康养中心等健康养老项目逐步建成运营。

## 三、京津冀康养旅居发展存在的问题

### （一）设施建设重复，区域发展失衡

基础设施是康养旅居产业发展的保障，京津冀各地积极布局康养旅居产业，加大基础设施建设投入，但受到行政区划影响，京津冀各地的康养旅居产业独立发展，低端重复建设严重，缺少整体统筹和规划。受区域经济发展水平影响，与大湾区城市群和长三角城市群相比，京津冀康养旅居产业发展的基础设施相对薄弱，区域内很多地区的公共交通、医疗设施和人文旅游休闲等配套设施不完善，区域发展不平衡及基础设施建设水平偏低，制约了京津冀康养旅居产业的发展速度和水平。

### （二）金融支持不足，融资渠道狭窄

近年来，在国家整体发展战略的推动和引导下，康养业发展迅速，各级政府也出台了一些支持政策，但在具体的监管法规、资金扶持等方面的政策规定却很少，金融市场主体参与度低也制约了康养旅居产业的融资规模。目前，京津冀康养旅居项目的融资方式仍以向政府融资或者向银行贷款等传统渠道为主，限制了产业发展的速度以及项目开发的种类。金融领域对康养旅居的风险管理制度还不够健全，导致康养旅居相关产业资金运营存在风险，融资规模受到限制，限制了该行业的发展。

### （三）品牌影响力弱，集聚优势未显

京津冀整个地区的康养旅居品牌影响力还有待提高，与康养旅居产业相关的有影响力的品牌屈指可数。康养产业与其相关的旅游娱乐业、生活服务业、金融保险业、教育业等产业的连接尚不紧密，还未形成具有浓郁地方特色的康养产业集群和发展模式。在品牌打造上，各个地方也并未深入挖掘京津冀整体康养旅居品牌，未形成产业发展合力，区域品牌的集聚优势尚未显现。只有树立特色突出、优势明显的京津冀康养旅居品牌，才能在协同发展的背景下发挥

各自的资源优势，实现各地康养旅居产业的同步快速发展。

### （四）人才供需矛盾，智库支撑不够

康养旅居产业所需人才不仅要具备一般服务业从业人员所必需的技能和素质外，还需要掌握一些与康养和旅居相关的医疗护理、健康管理、项目管理、旅游管理、中医药等知识和技能[4]。受到粤港澳大湾区、长三角等经济区经济高速发展的竞争影响，京津冀地区尤其是天津市和河北省人才流失较为严重，对康养旅居专业性人才的供给与需求存在结构性矛盾。尤其是需要能为康养旅居的长远发展提供理论指导和智力支持的高端智库及专家团队，缺少智力支持，已经成为京津冀康养旅居长远发展面临的一个巨大挑战。



## 四、京津冀康养旅居协同发展的对策建议

### （一）强化顶层规划，夯实基础建设

要想实现京津冀康养旅居产业的协同发展，需要各地政府共同制定康养旅居发展方向和政策体系，建立京津冀跨区域组织协调和沟通机制，在区域一体化的基础上实现产业融合化。打破区域行政壁垒约束，强调区域康养旅居基础设施建设的联动性，提高基础设施建设和服务水平。通过共享优惠政策将京津冀各地纳入整体的政策体系中，利用一体化的组织，协调和服务功能，为各个项目提供更优惠的扶持政策和便利条件。通过共享康养旅居标准体系和管理经验，来提升康养旅居产业的建设水平、服务标准和管理水平。

### （二）加大资本投入，拓宽融资渠道

政府在加大对康养旅居资本投入的同时，还需加强金融创新，引导社会资本投资康养旅居产业。搭建多元化融资平台，创新融资担保模式、资本证券化模式，建立康养旅居产业发展基金，构建符合京津冀康养旅居产业发展规律的金融服务体系[5]。通过政府补贴、税收减免、金融支持等手段吸引民间资源投入康养旅居产业，引导社会资本、金融机构和专业运营团队进驻康养旅居产

业，鼓励民营资本与区域内平台公司合作共建康养服务设施以及康养基地等，打造规模化、专业化产业链。

### （三）共同打造品牌，创新宣传方式

坚持市场引领、政府引导、企业主导的市场体制机制，通过区域联合、资源整合、合力宣传，提高区域的康养旅居品牌知名度充分利用现代信息传播平台和介质。挖掘各个城市在发展康养旅居中的相对优势，嵌入京津冀整体康养旅居品牌中，将城市自身的资源效益发挥到最大。创新宣传方式，有效扩大市场和产业影响力，提升康养知名度、提高消费者消费意识。建立大数据库和专业商务平台，培养和凝聚客户群，分享群体多样化所带来的种群优势和更多的市场机会。

### （四）创新人才共享，壮大智库资源

实施京津冀康养旅居人才共享共引共育战略。搭建京津冀康养旅居人才共享平台，建立互认互评认证体系，鼓励现有医疗康养、健康管理、旅游管理、研究开发、健康教育等领域的专业复合型人才，进行跨区域工作和合作，提高京津冀康养旅居整体管理服务水平。依托各高校、职校、企业培训机构与社会机构合作培养康养旅居专业人才。建立健全京津冀康养旅居服务管理人员资格制度和培训机制。强化康养旅居智库建设，为康养旅居产业的发展和调整提供决策和智力支持。

## 参考文献

[1] 邓菁石．京津冀特色小镇产业空间分布及其适应性营造路径研究［D］．石家庄：河北经贸大学，2022.

[2] 任博．北京市中医药健康旅游问题简析及对策研究［J］．人生与伴侣，2022（11）：93－94.

[3] 王金凤．浅谈“十四五”期间石家庄森林康养旅游发展［J］．河北林业科技，2022（02）：33－36.

[4] 王子飞．积极老龄化视阈下粤桂康养旅居产业协同发展的困境与路径构建

［J］．攀枝花学院学报，2022，39（01）：29－37.
［5］沈艳兵，单晨，黄璐琳．“十四五”京津冀大健康产业协同发展研究［J］．城市，2021（05）：3－10.

# HB. 03 山东半岛康养旅居发展报告

张洪慧[1]



**摘　要：**山东半岛具有暖温带湿润滨海气候，是发展旅居康养的最佳目的地。各滨海城市积极发展旅居康养新业态，形成了多元化旅居康养模式。本报告重点介绍了山东半岛旅居主导型模式、康养主导型模式。根据各模式特点总结出山东半岛康养旅居产品单一、缺乏政策体系和发展规划、资源尚未得到有效利用和整合、营销市场竞争力弱等典型问题。并提出统一规划布局“山东半岛仙境海岸旅居康养之带”；扶持组建旅居康养旗舰集团；开发多元化旅居康养服务业态和产品；制订区域旅居康养、旅居康养社区、旅居康养机构发展指数指标体系、对旅居康养产业进行标准化管理等发展建议，进一步打造山东半岛旅居康养品牌。

**关键词：**旅居主导型模式；康养主导型模式；旅居康养兼容模式；仙境海岸旅居康养带

## 引言

旅居康养是近年来国内兴起的新业态，适应了健康中国、健康养老、延长旅游产业链发展的需要。山东省作为经济和旅游大省，顺势而为，出台了《山东省文化旅游融合发展规划（2020—2025年）》，提出从滨海休闲康养、山地生态健康、温泉康养、田园休闲康养、医养康疗五个方面发展旅居康养。山东半岛各滨海城市充分利用海滩、山林、果蔬、美食等资源优势，积极探索旅

---

① 张洪慧，中国老年学和老年医学学会国际旅居康养分会副主任委员，青岛大学政治与公共管理学院，教授，研究方向：旅居康养产业经济与政策。

居康养的新模式，成为国内旅居康养的先行区。

## 一、山东半岛旅居康养发展基础优势条件

### （一）宜居的暖温带湿润滨海气候



山东半岛与辽东半岛、雷州半岛并称中国三大半岛，并居三大半岛之首。半岛是指陆地一部分伸入海洋或湖泊，一部分同大陆相连的地貌部分，三面被海洋环绕，水陆兼备地理环境和气候条件带来良好的居住环境条件。山东半岛以滨州市河口区新户镇与沾化区交界和日照岚山口与岚山头苏鲁交界处绣针河口两点连线以东的部分，行政区划包括日照市、青岛市、烟台市、威海市、潍坊市、东营市、滨州市等。山东半岛是中国第一大半岛，陆地面积 6.4 万平方千米（第二大半岛辽东半岛 2.94 万平方千米，第三大半岛雷州半岛 1.32 万平方千米），海岸线 3345 千米，占全国海岸线的 1/6，居全国第二位。沿海岸线天然港湾 20 余处，近陆岛屿 296 个，沿海滩涂面积约 3000 平方千米，15 米等深线以内水域面积 1.3 万余平方千米。

从三大半岛所位于纬度看，山东半岛位于北纬 35°05′～37°50′，东经 119°16′～122°42′。辽东半岛位于北纬 37°07′～41°0′、东经 117°35′～121°10′，雷州半岛位于北纬 211°15′～21°20′，东经 109°22′～110°27′。辽东半岛在三大半岛中纬度最高，属温带季风气候，雷州半岛在三大半岛中的纬度最低，属热带气候。山东半岛属暖温带半湿润季风气候（威海市北纬 37°，烟台市北纬 37°，青岛市北纬 35°），位于被认为是全世界最宜居的北纬 35°～37°滨海地区，四季分明，兼有寒、温、热三带气候，由于受海洋季风调节，夏无酷暑，冬无严寒，无强台风袭扰，气候温和怡人。

山东半岛大气中富含养生保健作用的负氧离子，具备旅居康养的最佳空气条件。空气中负氧离子是由氧、氮、二氧化碳、水蒸气等多种气体组成的气体混合物，在正常情况下，气体分子及原子内的正负电荷相等，呈现中性。在宇宙射线、太阳光线、电磁波、岩石和土壤的射线、海浪、瀑布的剪切作用以及各种气象活动所产生的能量作用下，气体分子中某些原子的外层电子会离开轨道，成为自由电子，呈负电极性，失去一些电子的原子呈正电极性，这一现象称为“空

气的电离”。游离的自由电子又会与其他中性的分子相结合，使得到多余电子的气体分子呈负电极性，称为空气负离子，失去电子的气体分子称为空气正离子。空气中的自由电子大部分被氧气分子“捕获”，负离子习惯地被称为“负氧离子”。负氧离子在不同的环境下存在的时间不等，在洁净空气中，负离子的寿命有几分钟，而在灰尘多的环境中仅有几秒钟。如果空气中负氧离子源源不断地产生出来，维持在一定浓度，就成为空气质量的标准之一。空气中负氧离子浓度是世界卫生组织制定的衡量空气质量的标志之一。负氧离子与细菌结合后，使细菌产生结构改变或能量转移致死，负氧离子被人体吸收后，能够调节体内代谢规律，激活、保全肝肾功能，活化蠕动运动，稳定肠内 pH 值，分解有害物质及致癌物质，促进消化、吸收、排泄，改善脂质代谢、糖代谢，生成代谢荷尔蒙和维生素，可以增强人体免疫力，抑制有害菌、病原菌的增殖，防御感染等作用，预防和缓解神经衰弱、失眠、心血管、呼吸道等疾病，降解血液黏稠度、延缓人体器官衰老。所以，负氧离子被誉为“空气维生素”“长寿素”。国家林业和草原局经济发展研究中心研究表明，城市房间的负氧离子浓度在 100 个/ $cm^3$ 左右，楼宇办公室里的浓度甚至低到 40 ~ 50 个/ $cm^3$。根据世界卫生组织划定的标准，清新空气的负氧离子含量应大于 1500 个/ $cm^3$，浓度达到 4000 个/$cm^3$ 以上则具有保健功效（见表 1）[1]。

**表 1　空气中负氧离子浓度对人体健康的影响**

| 浓度（个/$cm^3$） | 环境场所 | 健康度 | 健康度分级说明 |
|---|---|---|---|
| 0 ~ 50 | 封闭厂房、空调房间 | 致病 | 诱发疾病 |
| 50 ~ 200 | 都市商贸区、主干街道 | 不良 | 诱发生理性障碍（如失眠、神经衰弱） |
| 200 ~ 1500 | 街道绿化区 | 合格 | 维持和微调节健康状况 |
| 1500 ~ 2000 | 公园、依山傍水社区 | 良好 | 改善人体健康状况 |
| 2000 ~ 4000 | 郊野、湿地、田园 | 优良 | 增强人体免疫力、抗菌力 |
| 4000 ~ 10000 | 海边、林地 | 优质 | 杀菌，降低疾病传染 |
| 10000 以上 | 森林、瀑布 | 特优级 | 康养保健，调节人体自然痊愈能力 |

山东半岛地区具备独特的产生和维持高浓度负氧离子滨海、山峦、植被三大因素。在滨海地带，在海浪推卷拍岸的高速流动过程中，水分子裂变而产生大量的负氧离子。中国有 3.2 万千米的海岸线，虽然都能产生高浓度的负氧离子，但是由于很多是滩涂海岸，不具备建立亲海、近海的居住和旅游度假设施，高浓度负氧离子并不能成为旅居康养的生态条件。山东半岛滨海城市位于

海拔200～300米的波状丘陵，地表起伏和缓，谷宽坡缓，土层较厚，属岩石型海岸和沙质海滩，海湾多为岛屿毗连大陆而形成，湾口小，湾内水域深阔，湾底平坦多为沙淤积质层，海岸多山环绕并形成曲折岸线，适合于建设临海、亲海的居住设施，人们随时享受负氧离子环漫、头枕沙滩听涛而眠的惬意生活。世界最美海湾组织2007年评选了29处世界最美海湾，青岛海湾是唯一来自中国的“世界最美海湾”。威海海湾被《中国国家地理》评为中国八大最美海湾之一。烟台市被国内权威机构评为中国十大海滨城市。山东半岛3345千米的海岸是发展气候旅居康养的最佳目的地。



山东半岛地形地貌为山海一体，众多山峰余脉延伸到市区，形成城居山中，山围城内，景区重峦叠嶂，奇峰林立，石瀑高悬，涧水遇峰、崖、屏、嶂折弯漩涌，清流迂回。城区依山傍水、山鸣谷应。海滨山峦水景环境形成了高浓度的负氧离子生态系统。崂山风景区森林覆盖率高达63.7%，植被茂密，针叶林、针阔混交林居多，植物的针状叶曲率半径较小，具有“尖端放电”功能，使空气发生电离，植物叶片在短波紫外线作用下，可以发生“光电效应”，增加空气中负离子的浓度。到了夏秋季节，雨水丰富，景区内到处飞瀑鸣泉，小河流水，崂山北九地区水潮音瀑更是常年水流不断，水流在跌落、喷射、喷溅和冲击时，水滴因高速运动而破裂，并裂解成大量负氧离子。山东半岛地区的山峰大多是典型的花岗岩地貌，土层较薄，镭、铀、钍等放射性α射线、β射线、γ射线将空气电离，产生大量的负氧离子。据测量，崂山风景区年平均负氧离子含量浓度达2000个/$cm^3$，崂山北九水负氧离子浓度最高为42000个/$cm^3$，是全国首批获批“中国天然氧吧”称号的景区。山东半岛滨海城市年均负氧离子含量为1650个/$cm^3$。青岛市获得中国人居环境奖，威海市两次获得国际改善居住环境最佳范例城市，山东半岛地区的很多县级市区获得中国人居环境范例奖、城市绿化和生态环境建设奖。

### （二）层峦叠嶂的旅居康养地貌地质形态和自然景观

山东半岛城市地形为东北—西南方向延伸的低山丘陵区，山丘起伏和缓，沟壑纵横交错，山地占总面积的24.11%，丘陵占39.92%，平原占27.63%，洼地占8.34%。半岛北中部分布着大泽山、艾山、牙山、昆嵛山、伟德山，是半岛南北水系的分水岭，河流多由此发源。半岛南部的崂山是中国海岸线第一高峰，有着海上“第一名山”之称。地貌地质类型和自然景观多样性有利于打造适合于各种旅居康养需求的度假休闲基地。

山东半岛3345千米的海岸线上，具有开发价值的旅游景点1500处，包括刘公岛、长岛、芝罘岛、石岛、灵山岛、田横岛、庙岛群岛等在内的岛屿301处，规模较大的滨海沙滩1000余处。在这里随处可见碧蓝透明的海水、雪白细腻的沙滩，有助于打造成独具特色的滨海度假养老、滨海中医理疗、滨海膳食疗养目的地，人们漫步于海岸线的木栈道，观日升日落壮观美景，尽享洗海澡冲浪、阳光日光浴、海水热疗等康养项目。

山东半岛地处环太平洋地热带西岸高热流带，大气降水入渗花岗岩层裂缝经深循环加热后上升，与不同比例的海水混合，涌出地表成为海水溴盐温泉，烟台市、威海市等地温泉溴化物含量均达到了矿泉水的标准，青岛市即墨温泉的溴化物平均含量为13.3mg/L，锶的含量分别为23.0～43.7mg/L，更是达到了医疗矿泉水的标准，为建立温泉旅居康养提供了优越条件。

山东半岛丘陵林地生物物种繁多，有助于开发景区森林浴、天然氧吧、竹林、花卉、果蔬疗养等生态养生体验产品，打造山地生态健康旅游胜地。青岛鳌山湾畔的天柱山梅花谷以全生命周期健康管理和身心修养为基础，建成了集梅品文化、梅花产业、康养疗愈、生态农业、艺术集成、运动休闲、沉浸游乐于一体的综合性森林康养基地。青岛市西海岸藏马山悠然谷森林是天然的森林康养胜地，藏马山悠然谷生态园以培育和种植山核桃、板栗、食用菌、藜麦、明日叶等康养食品为主，被评为“2021年中国森林康养人家”称号。潍坊市诸城竹山生态谷森林康养旅游区依托天然森林、生态果园、富锶山泉、温泉、野生中药材等康养资源，以“大生态、大康养、大旅游”为理念，以“养生、养心、养老、养智”四养为核心，将文旅与森林资源、康养、体育、生态农业等业态深度融合，打造“药王谷养生区、森林养生养老区、温泉疗养区、文化养生区、农耕体验区、休闲度假区”等6个板块，建设集养生养老、医疗保健、非遗传承、体育运动、休闲度假等功能于一体的高品质森林康养旅游综合体[2]。

### （三）海洋美食之都和温带果蔬王国

民以食为天，美食、新鲜果蔬是人类生命的主要能量和营养来源，也是旅居康养中吃住行游娱5种元素之首要追求和享受。地处黄河下游、东海之滨的山东半岛地区，有着海洋美食和温带果蔬王国的美誉。山东半岛濒临黄海，海水水温咸度适宜，是多种鱼虾贝藻类生长、繁殖和育肥场所，如斑鱼卿、梭鱼、黄鲫、青鳞鱼、牙虾、白姑鱼、银绍、带鱼、鲈鱼、海鳗、蓝点马鲛、坳鱼、小黄鱼、对虾、梭子蟹、鹰爪虾、枪乌贼、口虾蛄、扇贝、鲍鱼等，通过中西合璧的烹饪技艺，形成独具胶东风味的餐肴文化。青岛被世界中餐业联合会授予第一个国际海洋美食之都。山东半岛地区获得国家地理标志的果蔬产品主要有烟台苹果、莱阳梨、肥城桃、青岛北宅樱桃、平度大泽山葡萄、胶南蓝莓、莱阳莱胡参、文登西洋参、文登花香菇、荣成草莓、胶州大白菜、平度马家沟芹菜、平度蟠桃大姜、乳山生姜、乳山板栗、胶州里岔黑猪、烟台黑猪、崂山绿茶等。海洋美食和温带果蔬为旅居康养者带来味蕾体验和享受。



## 二、山东半岛旅居康养发展的基本状况

### （一）发展旅居康养的政策措施

2016 年，中共中央、国务院印发了《“健康中国 2030”规划纲要》，提出积极促进健康与养老、旅游融合。同年，《国家康养旅游示范基地标准》颁布实施。

《山东省文化旅游融合发展规划（2020—2025 年）》提出，要抓住康养旅游发展的机遇，从五个方面发力，推动医养健康产业和旅游产业融合发展。一是加快发展滨海休闲康养旅游，充分利用山东半岛仙境海岸自然环境与养生特点，合理布局滨海疗养院、绿色健康宾舍、疗养公园，规划建设一批海岛健康旅游目的地、滨海休闲度假养生基地，加快开发海水热疗等健康养生产品，打造独具特色的滨海中医理疗、滨海养老、避暑养生、膳食疗养项目。挖掘养生文化，打造“仙境海岸、养生福地”养老健康旅游服务经济带。二是依托丰富的山地生态资源发展生态康养旅游，大力开发景区森林浴、登山览胜、天然氧吧、中医药疗养康复、竹林疗养等生态养生体验产品，以及避暑度假养生和生态夏令营项目，鼓励开发森林旅游、中医药健康旅游主题线路，打造具有国际特色的山地生态健康旅游胜地。三是充分挖掘丰富的温泉地热水体资源，积极发展温泉养生文化，培育以温泉疗养、温泉保健等为调养手段的健康养生业态，建设一批集休闲度假、特色医疗、保健养生于一体的温泉养生小镇、温泉

度假城、温泉保健疗养基地。四是依托各地特色资源，开发田园观光、农耕民俗体验、乡村度假、乡村慢生活体验等乡村休闲业态，建设一批休闲农业公园和田园康养综合体，推出一批田园休闲康养旅游精品线路。五是以先进的医疗设施为基础，提供医疗旅游服务，开发以强身健体医疗技术为核心的疗养精品旅游产品。2022 年 3 月，山东省财政厅会同山东省文化和旅游厅、山东省卫生健康委员会联合印发了《山东省文旅康养强县财政激励政策实施方案》，确定从 2022 年到 2024 年，每年评选确定 10 个文旅康养强县，给予资金、金融、土地等系列激励政策。



2018 年 11 月，青岛市发布《青岛市医养健康产业发展规划（2018—2022 年）》，提出以创建国际健康养生宜居名城为目标，到 2022 年，全市医养健康产业增加值力争达到 1700 亿元；到 2030 年，全市医养健康产业增加值占地区生产总值比重达到 14% 左右，初步构建起具有青岛特色、满足群众基本需求的医养健康产业体系，建设一批业态集聚、功能提升、特色鲜明的医养健康产业园区和基地，医养健康产业发展走在全国同类城市前列。实现医养健康领域关键技术、重大产品的创新突破，建成与现代化国际大都市相匹配的医养健康产业体系，成为国内医养健康产业发展的领先城市、国际知名的高端医疗服务中心、独具特色的健康管理和养生休闲服务中心。构筑“一心一带四城多园”的医养健康产业发展格局，辐射带动全市医养健康产业健康发展。“一心”是充分发挥中心城区高端医养资源富集等综合优势，建设青岛国际医学中心，打造健康服务创新引领核心示范区。“一带”是打造大沽河沿岸医养健康产业集聚带。“四城”包括崂山湾国际生态健康城、青岛西海岸新区智慧科技健康城、青岛高新区蓝色生物医药城、鳌山湾海洋生命健康城。“多园”是坚持产业、文化、旅游和社区“四位一体”和生产、生活、生态“三生融合”发展思路，推动资源整合、项目组合、产城融合，高标准规划建设各类医养健康产业专业园区（基地），推动医养结合、健康管理、医疗设备及器械制造、药品和健康食品等领域的高端、多样、特色化和集聚发展。积极发展健康医疗、医养结合、中医中药、智慧健康、健康旅游、多样化健康管理与促进服务、生物医药、医疗器械与装备八大重点领域。建设国家中医药综合改革试验区，提升中医医疗保健服务水平，促进中医药与健康养老、旅游、文化等融合发展，打造一批中医健康养生基地。支持和鼓励健康服务和健康生产的融合发展，建成 5 个左右的产业特色鲜明、文化底蕴浓厚、生态环境优美、富有生机活力、示范效应明显的医养健康特色小镇。

烟台市实施“双链长”文化旅游产业链链长机制，出台推进海洋文化旅游产业链和“鲜美田园”乡村旅游带实施意见，大力实施康养社区建设，探索将原国家机关疗养院升级改造为旅居康养基地的新路径。与海南三亚等城市组建旅居康养联盟，实施错季候鸟式旅居康养新模式，打出“冬暖三亚，夏爽烟台”“东方仙境海岸、避暑休闲之都”的口号，形成了以康养旅居、康养休闲、康养游乐为主的旅游产品体系。积极推进建设康养疗养院、自然疗养区、度假公寓、颐养中心等，开发特色医疗、疗养康复、美容保健等医疗旅游项目。为康养旅游人员开展养生保健、健康饮食的知识讲堂，开设心理咨询、康体娱乐、绿色购物等体验，为银发族旅游者提供现代养生方法，在旅游过程中获得养生、养心、养性的美好体验。设计多元化、多层次的创新性康养旅游体验产品，建立以医疗医药产品、养生养老产品、康养休闲产品为主要内容的康养旅游产品体系，以满足不同人群对康养旅游产品的需求。通过建立智慧医疗信息网络平台体系，实现医学研究、门诊治疗、康疗保健、医学美容一体化医疗旅游，打造草药种植、药品保健品开发、药膳养生理疗养生一体化的医药观光产品。利用度假精品酒店、养生度假社区等载体，配以养生文化设施，打造多业态养生服务。打造生态农业度假观光项目，构建乡村风情、乡村果园以及民俗活动等乡村旅游体系，吸引游客前来住农家屋、吃农家饭、干农家活、享农家乐，兼营瓜果蔬菜自助采摘和有机蔬菜销售，形成现代农业观光带、生态旅游带。

威海市大力发展智慧旅居康养服务模式，利用物联网、云计算、大数据等新一代信息技术，实现个人、家庭、社区、机构与健康养老资源的有效对接和优化配置，推动服务智慧化升级。提升服务质量、效率和水平，引进康养保健机构进驻社区和度假酒店。通过现代互联网技术、信息化管理综合平台和医用电子血压仪、人体成分分析仪、中医体质辨识仪、超声骨密度仪、精神压力分析仪等专业医用级设备，以亚健康检测、慢性病筛查和基本身体体征检查为目的，实现慢性病与疾病的风险预警。通过高血压、脑卒中、肥胖、糖尿病、冠心病等专业健康检测和健康管理服务，打造“康养度假、放松心身、享受品质生活”的高端度假和康养服务。引领精品民宿标准化建设和特色化发展，形成“民宿+”小型团建、文化休闲、农事体验等民宿集群。荣成好运角旅游度假区依托2000亩黑松林、温泉等资源规划建设了黑松林探险公园、森林温泉等文旅康养项目，打造沙浴疗养会所、石板浴医养会所等多种养生功能馆室，舞蹈教室、合唱教室、乒乓球室、帆船训练基地等场所与设施，为旅居者提供共享人文、思想和文化生活的公共空间。

日照市以创建国家中医药健康旅游示范区为抓手，坚持“医、药、养、游”相结合，突出中医药文化特色，深入挖掘海洋、山地、森林、温泉资源优势，大力发展生态旅居康养产业，中科颐城、国医学院、国医大师工作站、日照·生命健康产业国际协同创新城等高端康养文旅项目开工建设。其中，中科颐城主要建设医疗康养综合设施、居家养老公寓及配套，提供由专业团队保障的综合医疗、高端商务、长者学院、品质物业一体化“3 +1”服务，是中国科学院行政管理局科学家疗养基地。国医学院、国医大师工作站通过引进国医大师资源，为中医康养提供技术支持。日照·生命健康产业国际协同创新城以高端医药创新研发、医疗器械研制与产业化、智能医疗和健康服务为主题，集医药成果孵化、产品中试、生产、商务于一体，结合优越的地理环境，打造彰显自然与人文的和谐共生的生命健康、生物医药创新孵化基地。

潍坊市地处山东半岛中心腹地，北部面向莱州湾，由于海岸线地区是黄河冲击形成的浅滩、盐碱地，有“临海不见海，有海难亲海，亲海难戏海”之说，严格来说不属于滨海城市。潍坊市域地貌主要由低地、平原及低山丘陵组成，从地理位置看，潍坊市是山东内陆腹地通往半岛地区的咽喉，胶济铁路、烟潍高铁、京沪高铁横贯市域，山东半岛地区通往全国各地的高速公路网在此纵横交错，东与青岛市、烟台市、日照市等海滨城市毗邻，西与齐国古都淄博市接壤，是半岛城市群地理中心。潍坊市充分发掘辖区拥有的堪称中国乃至世界之最的地质景观、玲珑秀美山水、鲁菜之精华、中国蔬菜之乡的优势，大力推进旅居康养产业发展。青州曾是中国古代九州之首，《尚书·禹贡》曰“海、岱惟青州”，海指渤海，岱即泰山，古青州包括渤海至泰山之间的山东地域的北东部地区，就是今天所说的山东半岛。以青州为代表的美食烹饪集中了鲁菜精华，有“要想吃好饭，围着青州转”之说。800 年前的辽、金、元、清等游牧民族进关后，从邻近京都的齐鲁大地调配厨师专为他们服务，青州贡品有“隆盛糕点”“银瓜”“衡王宴”“满汉全席”，鲁菜被朝廷定为国宴上的首席主菜。鲁菜贯穿精细、中和、健康的理念，烹饪厨艺对佐料和香料（中草药）的运用就富含养生之道，大蒜素可防治消化道传染病和流感、流脑，预防铅中毒，降低胆固醇和血脂；桂皮含水芥烯、丁香油酚，可暖脾胃、散风寒、通血脉；花椒含茴香醚，有治疗呕吐、心腹冷痛、风寒湿痹和食积等作用；葱烧海参是“古今八珍”之一，将海参的柔软香滑，与葱段的香浓融合，滋阴补肾，益精壮阳，可医治血虚的再生障碍性贫血以及糖尿病。青州积极探索实践“1283”文旅康养融合发展新模式，即营造慢青州、馨生活舒心氛围，塑造文旅康养青州品牌这一目标，围绕大众文旅康养、旅居文旅康养两条主线，打造文化康养、花卉康养、森林康养、中医药康养、乡村康养、冰雪康养、健身康养、红色康养八大文旅康养产品，强化组织领导、资金投入、人才智库三项保障措施。重点打造了长庚养生文化园、东篱居认知康复家园、南湖康养小镇、九龙峪康养中心、不夜城项目、仰天山养生养老基地、青州云驼风景区森林公园等10余个“十亿”级文旅康养项目。诸城市竹山生态谷森林康养基地以“大生态、大康养、大旅游”为理念，以“养生、养心、养老、养智”四养为核心，将文旅与森林资源、康养、体育、生态农业等业态深度融合，打造“药王谷养生区、森林养生养老区、温泉疗养区、文化养生区、农耕体验区、休闲度假区”等6个板块，建成集养生养老、医疗保健、非遗传承、体育运动、休闲度假等功能于一体的高品质森林康养旅游综合体。



## （二）旅居康养的主要类型

### 1. 旅居主导型

旅居主导型是人们到宜居康养条件较好的城市居住1个月以上。旅居者大都是退休人员，在职期间在内陆、边远地区工作和生活，退休后选择到气候和生态条件较好的滨海城市居住，他们对康养没有标准化的要求，生活方式融入当地居民之中[3]。旅居者获取住所的方式有以下几种。

第一，自购房旅居。在旅居目的地购买生活条件较好的小区住宅，持有房子产权证，配备必要的家具和生活用品，房主采取候鸟式居住形式，在适宜的季节来居住一段时间，其余时间则闲置或者委托物业和房屋中介对外中短期租赁。山东半岛地区自2008年以来针对内陆和边远地区旅居者开发建设了大片的海景房、山景房、湖滨房，从威海市的银滩、石岛、成山、那香海、俚岛、好运角、南海新区，到烟台市的龙口、养马岛、海阳，到青岛市的鳌山卫、石老人旅游度假区、黄岛灵山湾，到日照市的山海天度假区，在3000多千米海岸线上，星罗棋布地建起了上万个海景小区，相当一部分卖给了外地购房者。

第二，租房旅居。在旅居目的地租赁生活条件较好的小区住宅。此种旅居方式便于灵活地选择旅居目的地和小区，容易融入当地居民生活氛围中，不必考虑自购住房造成的闲置浪费。当然，这种方式毕竟是“寄人篱下”，不便于按照个人意愿营造布置家庭环境和购置生活用具，旅居生活质量不高，总是有某种匆匆过客的感觉。

第三，旅居公寓。为了解决自购房旅居出现大量闲置和租房旅居生活质量不高等问题，山东半岛各滨海城市积极探索公司化运营旅居公寓管理新模式。青岛崂山旅游集团东麦窑“仙居崂山”民宿项目，就是通过租赁村民闲置房屋，按照统一的旅居公寓标准进行房间、院落景观、文化休闲设施设计装修，建设了23套院落，49间公寓客房，配套有餐厅、多功能会议室、咖啡书吧、民谣酒吧、茶室、儿童游乐中心、露天影院、山景健身房、山泉汤池、养生SPA等设施。以崂山东麦窑主题民宿为项目主体申报的“山东青岛市崂山东麦窑主题民宿服务标准化试点项目”和省级城乡统筹发展标准化项目“仙居崂山新型城镇标准化试点项目”通过了国家级服务业标准化项目和省级城乡统筹发展标准化项目的验收。“仙居崂山”民宿项目的成功做法，可以应用于山东半岛滨海城市对闲置房屋进行旅居公寓化管理，为旅居者提供优质旅居康养服务。

第四，酒店式旅居度假村。山东半岛各滨海城市曾经分布了上百家国家部委、军队、央企及省市级疗养院，在改革开放之前，这些疗养院是为特殊人群专门定制的疗养度假场所，地处风景优美的景区，保健康养设施和人员配备比较齐全。随着时间的推移，这些疗养院有的主管单位已被撤销，有的疗养院在中央廉政纪律和中央八项规定约束下，系统内接待疗养的业务量大大减少，呈现出破旧和运营不善的状态。各地疗养院适应旅居康养新形势的需要，就把传统疗养院升级改造成高端旅居度假村，面向国内外旅居者开放。以隶属于山东总工会的青岛工人温泉疗养院为例，疗养院始建于1956年，由于体制机制原因，从20世纪90年代末一直闲置到2018年。在发展旅居康养的大背景下，山东省总工会决定通过市场化运作，投资8亿元对青岛工人温泉疗养院改造提升，充分利用海水温泉小镇的地热优势，改建和新建疗养客房、水疗中心、康养公寓、温泉康复医院和护理公寓，为其他滨海传统疗养院转型升级为旅居康养度假村提供了借鉴。

**2. 康养主导型**

康养主导型是人们选择到某个城市、度假村和社区居住，主要目的是利用该区域独特的康养环境和康养设施，养生保健，治疗某种慢性病，改善和提高身体健康水平。

（1）温泉康养

山东半岛是中国温泉养生文化的源头。《史记》记载：秦始皇东巡来到山东半岛的威海文登地界，看到温泉蒸腾水雾散发着白果（银杏）的清香，以为来到了仙境，路遇童颜鹤发白衣道人，便向其求长生不老的仙方，道人答曰："常年沐汤泊，限量食白果。"秦始皇即刻更衣入温泉，口含白果，顿感皮肤润滑、筋骨舒展、神智清爽、飘然若仙、如入梦境，犹如返老还童，随后朝廷将此处温泉征用供秦始皇沐浴，从此开启了中国温泉养生之先河。温泉康养是建立在矿物医学及中医传统医学理论之上，融合了温泉、膳食、调理、睡眠、健身、休闲、旅游、娱乐等内容所形成的综合性立体温泉康养体系。据中华古医书记载和民间经验总结，温泉水具有舒筋活络、祛风防病、美容养颜、增强机体免疫力的保健功效，对辅助治疗风湿性关节炎、腰椎间盘突出症、皮肤病、妇科病、胃肠病、高血压、神经痛等有显著疗效。春日洗浴、升阳固脱；夏日浴泉，暑湿可祛；秋日泡泉，肺润肠蠕；冬日洗池，丹田温灼。



山东半岛各滨海城市利用其独特的海水溴盐温泉资源，开发建设了各具特色的温泉康养项目。青岛市即墨温泉是世界著名四大海洋温泉之一（中国青岛即墨海泉湾、意大利西西里岛夏卡城温泉、日本九州鹿尔岛温泉、中国台湾绿岛朝日温泉）。海洋温泉是在特定的地理位置、特殊的地质构造，因海水倒灌渗透地下深层与火成岩和变质岩接触转化而形成的温泉，比普通温泉更为罕见和珍稀，富含氯、钠、钙、锶、钾、溴等 30 多种有益矿物质和微量元素，通过泡浴、畅游、喷淋、蒸汽、微饮等方式容易被人体吸收，保健功效有降低神经末梢的兴奋性，缓解肌肉、肌腱和韧带痉挛及僵直状态，产生镇痛效果；有活跃单核巨噬细胞系统吞噬功能，起到抗炎消肿、解痉镇痛作用；能改善局部的血液循环、促进新陈代谢，并能减少炎症及代谢产物的堆积，加速组织再生能力和细胞活力，有利于水肿的消退及组织的修复。即墨温泉小镇布局了以温泉为中心的健康医疗、健康养生、健康旅游、健康运动等产业，着重引进康养休闲、现代服务业等项目，以独特的海洋温泉为核心，依托山、海、泉、林、岛等优质资源，引进高端康养、运动休闲产业业态，打造康养休闲产业高地；以小镇驻地为中心，引进国内外优质高端资源，落户大型医院、学校院所、品牌酒店、购物中心等。

威海市是山东半岛温泉最多的地区，半岛地区 15 处温泉，威海市有 9 处。

威海市大力发展温泉四季养生，助推温泉休闲度假和康养模式走进大众生活。根据中医关于四季“养生”“养长”“养收”“养藏”理念，开发出温泉春季养肝、夏季养心、秋季养肺、冬季养肾康养产品，春季温泉推出菊花、枸杞等养肝泡浴，夏季温泉推出茯苓、丹参、酸枣仁、龙眼、百合等养心脑血管泡浴，秋季温泉推出当归、干姜、川芎、苍耳子等养肺泡浴，冬季温泉推出生姜、麻椒、肉桂、黄连、荆芥等养肾泡浴。目前威海市各个温泉都能根据每个人的体质和亚健康状况定制个性泡浴处方。

（2）中药膳食康养

膳食康养包括美食养生、药膳养生和中药康养 3 个方面内容。

第一，美食养生。《黄帝内经》指出“五谷为养，五果为助，五畜为益，五菜为充，气味合而服之，以补精益气”，就是通过合理搭配日常餐饮结构达到健康养生作用。山东半岛地区通过“康养 + 餐饮”健康养生餐饮品质提升行动，以“四季康养”为主线，研发出“春之生、夏之长、秋之收、冬之藏”四大主题养生菜品系列，推出滨海特色的海鲜养生宴。比如青岛市的葱烧海参、扒原壳鲍鱼、油爆海螺、崂山菇炖鸡、香酥鸡、葱拌八带，威海市的松茸河豚狮子头、鱼蓉蹄筋、参王鲍鱼，烟台市的糟熘鱼片、炸蛎黄、韭菜海肠、鲜鱼水饺等，都是经过历代御厨的精心研磨，烹饪技艺精湛，营养搭配得当，极富养生之道。威海市文登汤泊温泉度假区将温泉养殖、温泉餐饮、温泉养生文化等板块串联成线，推出温泉水养殖种植的雪绒鸡、蜂蜜罐地瓜、两吃金钱虾、青椒罗非鱼、盐焗白果、泉水乌鸡蛋等养生菜肴。采用温泉水养殖的金钱虾、罗非鱼，除保留了自然生长所需的营养物质外，还增加了不少矿物成分，让金钱虾的营养价值更高，肉质更加细嫩爽滑，深受旅居者喜爱。

第二，药膳养生。药膳养生是在食品加工中添加一定比例的中药，达到强身健体、预防和治疗身体疾病的目的。齐鲁大地是中国药膳发祥地之一，迄今已有 2000 多年的历史。近年来，山东省通过制定齐鲁药膳标准和目录，举办“药膳大赛”，开展“百味千膳进万家”活动，推动药膳养生进家庭、进社区、进医疗康养机构、进景区饭店。药膳养生菜单涵盖了养生保健延寿类（补益气血、调补阴阳、调理五脏、益智明目聪耳药膳、延年益寿等药膳）、美容美颜类（增白祛斑、润肤美颜、减肥瘦身、乌发生发、固齿等药膳）、祛邪治病类（解表清热、祛寒消导、通便利水、活血理气、祛痰止咳、平喘息风、安神排毒等药膳），作为指导餐馆制作营养药膳和居家制作药膳的依据。

第三，中医康养。中医康养是以打造中医药产品体验和养生文化传播为主题的康养项目，是以中药材种植基地，开发出集种植、观光、采摘、拓展、度假、调理等为一体的中药养生基地，将中医养生保健服务融入社区、商业片区、旅游景点。

青岛市是中医药大市，历代名医辈出，明代的王介、清代的黄学礼等名医青史留名。青岛市的中药资源丰富，中药材资源植物570多种，珍贵药用植物330种，其中崂山更有“天然药库”之称，小叶石苇（清肺止咳、凉血止血）、黑石华（养阴止血）、四叶参（益气养阴、解毒消肿）尤为著名。青岛被确定为国家中医药综合改革试验区，中医体质辨识与健康指导服务模式属全国首创。青岛是位居国内前列的海洋药物“蓝色药谷”，自20世纪60年代至今，青岛市向海问药，已长达半个多世纪，目前对海洋药物的研究从海洋植物向海洋动物、海洋微生物拓展，海洋生物采集的海域从近海向深远海和极地延伸。海洋生物长期生活在低温、寡营养、高盐、低光照或无光照等环境中，拥有独特的生存环境和代谢机制，能够产生结构与活性独特元素，是海洋药物研发的资源基础。青岛市已发现新结构海洋天然产物4000余个，占全国1/3；建立了“智能超算+生物实测”海洋创新药物筛选体系，对可能成药的分子进行优选；设立了总规模50亿元的“中国蓝色药库开发基金”，从海洋先导化合物发现到成果产业化提供全链条投资支持。中国科学院海洋研究所研制的“海昆肾喜胶囊”是目前国际上唯一治疗慢性肾衰的海洋药物。由青岛海洋生物医药研究院、中国海洋大学和正大制药（青岛）有限公司联合研发的免疫抗肿瘤海洋药物BG136，提取自南极发现的褐藻淀粉，具有较高的稳定性、安全性和免疫抗肿瘤活性。以青岛明月海藻集团为代表的海洋药物高科技公司将海藻酸钠开发应用于肿瘤、糖尿病、心力衰竭、尿失禁及急性肝衰竭等疾病治疗中，是全球唯一具备从海藻提取到制备海藻酸盐医用敷料技术的高新技术企业。明月海藻集团研发的海藻酸盐纤维无纺布、创可贴、防溢乳垫在吸收伤口渗出液后，会形成柔软的凝胶，能加速止血、促进伤口愈合、减少局部疼痛、减少疤痕形成，被业界称为医用敷料中的“劳斯莱斯”。

青岛市将中医药优势转化为中医康养优势，在全省率先推出“中医药特色服务电子地图”，政府办综合医院、传染病医院全部设置中医药科室，建成国医馆169个、精品国医馆61个，100%的社区卫生服务中心和镇街卫生院、91%的社区卫生服务站和村卫生室能够提供中医药服务，形成了覆盖城乡的

15 分钟基层中医药服务圈。积极推进"医、养、康、护"一体化服务，着力构建"一老一小"照护服务体系，创建了"一中心十平台"的出生缺陷防治"青岛模式"，实现了全市每名育龄妇女从孕前、孕期到新生儿出生、成长各阶段的闭环式管理。在中国新冠疫情防控工作重心从防控感染转到医疗救治新形势下，青岛市在全国应势而动，通过临床筛选出有效方剂"三药三方"，其中，通用方"清肺排毒汤"和备用方"大青龙汤合五苓散"，均契合岛城新冠疫情寒湿氤氲、湿热交蒸、热毒蕴肺的病因病机特点，作为"爱心药物健康包"必备药物在全市 100 余家医疗机构免费提供，特殊人群送药到门，一般 3 ~5 天就能痊愈，受到全国各地的点赞。青岛市还收录了新冠病毒感染防治相关单方验方及药膳食疗方，发挥中医药"一把草、一根针、一把推"三大法宝，打造居家防疫屏障。其中，起源于 1877 年的青岛"三字经小儿推拿"，历经百余年传承至今，通过平肝肺、清胃、退六腑等推拿方法，使小儿体内的郁热散出，缩短病程、有效缓解小儿身体不适，以其手法简单、易操作、疗效好享誉国内外。新冠疫情期间，青岛市及时推出《新冠患儿发热的推拿疗法》《小儿发热的治疗方法》等系列家庭中医药使用技术视频，指导家长在家中为患儿操作。各中药医院和社区服务中心还针对感染患者痊愈恢复期推出了中医康复诊疗方案。

在大力推行中药康养的活动中，日照市被国家旅游局和国家中医药管理局确定为国家中医药健康旅游示范区（全国共 15 个）。威海市被评为山东省首批中医药健康旅游示范区创建单位，青岛玫瑰圣地农业综合开发有限公司、山东华春生物药业有限责任公司（潍坊）、日照市中加国际健康管理中心、五莲山水旅游发展有限公司被评为山东省中医药健康旅游十大示范基地创建单位，即墨黄酒厂有限公司（青岛）、上海医药集团青岛国风药业股份有限公司、山东省青岛疗养院、蓬莱阁文化旅游集团有限公司（烟台）、蓬莱马家沟生态旅游开发有限公司（烟台）、融基（烟台）旅游开发有限公司、青州祥泰养老产业有限公司（潍坊）、山东华茂集团有限公司（潍坊）、威海康博尔生物药业有限公司、威海阳光新地投资发展有限公司、威海市百纳旅游开发有限公司、日照道德霖文化传播有限公司、山东大青山旅游开发有限公司（日照）被评为山东省中医药健康旅游示范项目创建单位。

### 3. 康养 + 旅居兼容型

康养 + 旅居兼容型是在吸取康养主导型和旅居主导型基础上，将康养和旅居两大功能融合到一个综合联合体，从而解决了前两种类型康养和旅居碎片化布局以及各自为政消费的缺点。康养+旅居兼容型是以康养地产为载体，按照康养指标要求建设全流程健康管理和康养硬件设施和软件服务体系，寓旅居于康养之中。山东半岛地区进行了如下探索实践。

第一，建设集产权别墅、会所客房、度假、健身、养生于一体的康养社区。以青岛芭东小镇为例，建于2010年的青岛芭东小镇，占地555.24亩，是包括126栋4~7层产权公寓和独栋别墅的封闭社区，建设设计风格体现了北美别墅的经典，配以风情水景园林绿化、双喷泉广场，人工湖贯穿整个社区，清雅别致的溪水景观达到了一步一景的境界，宽广、曲折、尽端回转的行路视觉环境，私家庭院设计强调独享自由自在的静谧庭院生活，同时户户又在围合的院落中相互联系融合。社区内有会所客房、室内外温泉泡池、餐厅、SPA中心，是一座集休闲、度假、健身、养生于一体的温泉度假社区。芭东小镇与梅蒂奇家居艺术馆合作，采用管家式与公寓式酒店管理双重国际化标准服务理念，以高品质的物业，为业主提供优质一站式居家服务，以引领健康生活方式为使命，致力于打造休闲、旅游、度假、养生领域的卓越品牌，开创出芭东小镇所独有的“自然、人文、精神合而为一”的休闲生活方式，可供身心修养的健康生活方式。入住芭东小镇的业主，既有本地居民，也有外地旅居者，既有长期居住者，也有中短期居住者，既有持有产权的居民，也有租房旅居者，旅居者也可选择入住酒店式管理的会所客房。芭东小镇经常举行“漫步芭东，对话艺术”体验之旅活动，邀请国内哲学、艺术大师做客芭东小镇，为业主和客人带来国学、养生和文艺讲座，在惬意闲适中体味典雅大气的艺术盛宴。所有业主和旅居客人足不出小区，就能体验到休闲、度假、泡浴、健身、养生之雅兴。

第二，集温泉养生、度假酒店、商业街、大剧院、产权别墅（洋房）于一体的综合康养旅游休闲度假区。以青岛海泉湾度假区为例，该度假区是香港中旅（集团）有限公司（简称港中旅集团）继成功开发“珠海海泉湾”之后的投资项目，依托青岛市即墨鳌山湾近千米的金色沙滩和海洋温泉两个稀缺资源兴建的一个以海洋温泉为核心产品的大型综合旅游休闲度假区，总占地面积约2800亩，云集了豪华五星级会议度假酒店、海洋温泉、奥特莱斯商业街、天创大剧院、海鲜大世界和高档住宅社区，无论是规模还是配套设施，在亚洲乃至世界均属一流。其中，海洋温泉区拥有30间拥有独立温泉泡池的全海景贵宾室，分为地中海式、巴厘岛式、泰式、日式和中式5种风格，每间均有独立温泉泡池、洗手间及淋浴间；云 SPA 美疗房均配备有高档泡浴池，融合了东西方水疗的养生文化，特别聘请巴厘岛专业美疗师，采用天然原料制成的产品及芳香精油，提供从面部护理、身体护理到按摩等全面理疗服务。度假区内五处高档住宅社区与海泉湾温泉酒店、奥特莱斯商业街、天创大剧院、海鲜大世界比邻而建，由独栋、联排、双拼、花园洋房构成，各社区相对私密又自然融为一体，与周围山海景观交相辉映、相得益彰，宛若天成，置身其间，曲径通幽、步移景异，葱郁的植被俨然天然大氧吧，徜徉其中使人流连忘返。

第三，医养融合健康养老社区。以新华锦（青岛）长乐国际颐养中心（简称“新华锦长乐居”）和泰康之家青岛琴园养老社区为典型代表。新华锦长乐居于 2010 年由新华锦集团投资建设，位于风景秀丽的崂山西麓高档小区爱丁堡花园内，是一栋 27 层高楼，拥有 150 套独立公寓式套房，配备 1000 平方米文体娱乐活动区、700 平方米阳光独立餐厅、400 平方米多功能医疗中心与康复理疗室，对自理区域和护理区域不同类型的老人实行分区域集中式住养，由专业团队提供精细化、高标准生活照料、文化娱乐、精神慰藉、科学餐饮、康复护理、专业医疗、临终关怀等全方位综合服务。新华锦长乐居首创国内“集中式居家养老”服务模式，把“社区和居家”养老服务紧密结合，“居家公寓”为独立居住单元，家属亲朋可随时探望，入住者在接受专业化养老服务的同时，保留家庭关系的亲情化和私密性，家庭氛围浓厚。根据自理型、半失能、全失能、失智及需要得到“临终关怀”的老人和智障子女的不同需求，允许家人陪同居住，能够让入住者在享受个性化专业、高质量护理服务的同时，享受家庭温馨关怀和天伦之乐。新华锦长乐居设置专业医疗和健康管理机构，配备全职且经验丰富的全科、内科、外科、妇科的老年病医师、护士及康复理疗师，与青岛市立医院、青岛思达心脏医院、城阳正骨医院建立医联体、合作医疗及绿色救治通道，满足老年人全方位的医疗需求。建立“社区嵌入式养老机构”，由诊所医护队伍与高级护理员分工合作，为失能、失智、有“临终关怀”需求的老人群体提供“医、养、康、护”四位一体的护理及安宁疗护服务。同时，还兼顾对社区居家养老人员提供长托、短托养老服务、日间托老服务、家庭喘息式服务及上门护理医疗服务，以社区日间照料中心 + 社区助老大食堂为载体，对周边社区老年居民提供免费的日间活动服务和社区助老餐饮服务。新华锦长乐居根据入住者的文化背景和个人兴趣爱好，开展多种形式的琴棋书画和文旅活动，将小家庭融入大家庭，打造温馨和谐的互动式社区邻里关系。据统计，新华锦长乐居在住老年人平均寿命84.5岁，远远高于国内74岁的人均寿命。新华锦长乐居先后获得“青岛市敬老文明号”“山东省示范性养老服务中心”等社会荣誉和良好的业内口碑。

泰康之家是泰康保险集团投资建设打造的全国连锁高端养老社区，采用保险公司自己拿地、建设、运营的模式。目前已完成在北京、上海、广州、三亚、成都、苏州、武汉、杭州、青岛等24个中心城市连锁医养社区和康复医院的布局。泰康养老社区引入美国CCRC持续照护模式，以医养结合、舒适居住、活力养老为核心，集医疗护理、居家生活、美食餐饮、文化娱乐、健身运动等全方位服务于一体。泰康之家青岛琴园养老社区位于城阳区白云山片区，环绕青岛奥林匹克文化雕塑园、毛公山等景点，南临崂山风景名胜区，东望黄海崂山湾，可提供约800个养老单元，配置一级医院和50张医疗床位，将于2023年建成运营。泰康养老社区有三个核心理念。第一，舒适居住。社区建筑和生活设施都进行适老化设计，中央空调系统和新风系统三级净化空气，高于五星级酒店的新风量，确保老人时刻呼吸健康清新空气。地暖系统采取舒适合理的温度设定，各区域温差小，体感舒适，无噪声。供水系统经过集中过滤、软化、杀菌消毒等处理，配置集中恒温40℃生活热水供应和恒温游泳池。统一采用暖色调光源，让老人始终感受明亮的视觉效果。设置夜间照明，采用漫射与间接照明，光线柔和，控制眩光。社区电梯门宽便于轮椅出入，均设置病床电梯。各楼层公共区都设置有沙发，累了可以随时坐下来休息，提供足够的公共交流空间。电梯及公共区域均设置便于长者扶握的扶手。厨房台面高度适合老人使用，洗衣机、冰箱等采用嵌入式设计，美观且安全。卫生间防滑地砖、扶手、洗澡凳、专用浴缸。第二，活力养老。社区建筑设计简约、舒适，淡雅、饱和、明快的色彩，营造生命的活力。采用中国传统园林手法，打造人文、活力、安全、无障碍的园林空间，设置林荫景观大道、多功能广场、运动休闲步道、健身场、门球场、网球场等。园林以长者体验观赏为主，种植四季果园和开心花圃。通过各种艺术作品及展览活动，推动艺术融入生活。社区公共区域悬挂中西知名艺术家定制的艺术作品，展现美、自由、奔放、绚烂的艺术生命。社区设施采取智能化设计，提供先进的信息服务，社区数字监控、电子巡更系统全社区覆盖。在床头、公共区域、卫生间、桑拿房等危险高发地点设置紧急报警装置，报警后医务急救人员迅速到场。引入国内知名餐饮品牌运营管理，以天然新鲜的食材，丰富的餐饮设施，灵活多样的就餐方式，为入住者提供一日三正餐、上午和下午茶点加餐、自助餐及零点的中西餐服务，提供个性化餐饮，如清真餐、素斋、流食/半流食、低盐膳食等，由专业营养师规划营养膳食调配。组织丰富多彩的文娱休闲生活。第三，医养融合。根据入住者不同年龄和健康状态，设有独立生活、协助生活、专业护理、记忆照护、老年康复及老年医疗在内覆盖老年人全生命周期的连续健康服务。社区内建有康复医院、全科诊所、急诊急救团队，与国内三甲医院合作，实现双向转诊、绿色通道、远程医疗、专家会诊等服务。定期全面体检，对老龄入住者健康状况、生活方式、饮食习惯等进行全面管理，为老人制订健康改善计划。



## 三、山东半岛旅居康养产业发展对策建议

### （一）存在的问题

#### 1. 旅居康养产品单一，尚未形成系统完整的旅居康养产业体系

旅居康养是2018年前后在国内出现的概念，学界和业界对旅居康养内涵和外延的理解并不统一，有的从旅游新业态的角度理解为健康旅游、生态旅游等，有的从养生角度理解为温泉养生、森林养生、中药养生等，还有的从养老角度理解为候鸟式气候养老、康复养老、抱团式养老等。由于对旅居康养概念理解的多重性，导致在开发旅居康养产品过程中，产品过于单一，形不成旅居康养配套服务措施，达不到旅居康养的目的。山东半岛是国内较早开发康养地产的区域，在早期购房政策比较宽松的情况下，黄金海岸的宜人的气候，低廉的房价，舌尖上的海鲜美食，使得内地、边远省份居民趋之若鹜，前来购房。但是，由于针对旅居者开发建设的小区大多远离市区，商贸生活服务设施和文化设施不配套，尤其是针对老年旅居者的医疗保健设施不足，小区常年入住率偏低，入住者之间生疏没有情感交流，缺乏人间烟火的生活气息，导致“旅居而不康养”，老年人最急需的医疗、康复、养生等配套供应短缺问题突出，相关服务项目的针对性也不够强。老年人在“候鸟式养老”的过程中，最担心的是生病后能否在人生地不熟的异乡找到医疗机构医治，医药费用能否异地报销等。这些问题不解决，候鸟式旅居意愿就逐渐降低。大部分房企介入康养地产领域尚处于前期投入时期，没有形成统一

的康养社区标准，其中不乏借炒作行促销之嫌。很多康养项目如温泉康养、中药康养、运动型康养也处于单打一状况，各种康养项目之间的关联度不高，没有相应的康养管理指导守则，人们缺乏对康养效果的感知和认同度，这也制约了人们接受康养消费的主动性。

**2. 地方政府尚未形成促进旅居康养的政策体系和发展规划**

旅居康养产业涉及地方政府多个部门的职责，旅居设施建设和运营属于发改、城建、文旅、民政、卫健、商贸等部门职责，旅居人口管理属于公安、民政等部门职责，康养项目属于卫健、文旅、民政、体育、农林等部门职责，老年康养项目要纳入长护、医疗、工伤康复等社保基金报销又涉及人社、医保异地结算的政策。目前，只有文旅、卫健部门对旅居康养比较关注，其他部门尚未达成促进旅居康养产业发展的共识，也缺乏发展规划和政策体系支持，如建立高端养老康养机构就享受不到开办养老机构的优惠政策，用于工伤康复和职业康复的康养项目就不能在工伤保险中结算报销。

**3. 旅居康养资源尚未得到有效利用和整合**

有的开发商打着旅居康养的旗号在风景宜人的旅游度假区圈地，规划设计追求高大上，但是一旦拿到地，规划设计中的很多康养项目则撤并削减。有的开发商在投资运营中投资过大、标准过于奢华，给后期盈利带来巨大挑战，从开业即陷入亏损，因资金不足，无法按原有规划提供旅居康养服务，很难吸引旅居者前来消费，由此陷入恶性循环境地，甚至使旅居康养之地成为空城。

**4. 旅居康养营销市场竞争力尚待提高，品牌影响力不强**

根据市场营销的4P原则（Product 产品、Price 价格、Place 渠道、Promotion 促销）的原则分析，目前旅居康养市场提供的康养产品很难通过客人直观体验评价其效果优劣，也无法从第三方检测机构获得权威的康养效果数据。康养产品是持续消费过程，目前普遍存在价格偏高现象，如入住康养度假村、康养民宿价格都等于甚至高于旅游酒店价格，旅居者仅支付入住康养度假村的费用就数倍于本人收入，再加上餐饮、康养项目，是中等收入者很难承受的。较高档的康养养老机构采取会员制，需预存上百万元的入门保证金，或者支付月均上万元和数万元的入住费，对于中等收入者也是难以承担的。目前中国旅居康养没有专门的营销渠道，携程、途家、飞猪等网络营销渠道主要是针对短期旅游者，没有旅居康养者对住宿、康养、医养、食疗、文娱、休闲等信息的选择。针对旅居康养群体进行专业化管家服务的机构较少，且都是采取市场化运作模式，不可避免地存在诱导消费者和推销旅居康养产品的偏向。

## （二）对策建议

### 1. 统一规划布局“山东半岛仙境海岸旅居康养之带”

山东半岛 3345 千米长的海岸线拥有世界级滨海旅居康养的自然资源：宁静碧蓝的海水、柔软洁白的沙滩、温带湿润的气候、味道细嫩的海鲜、玲珑秀美的山峦、清新心肺的空气，这些资源优势是大自然恩赐予山东半岛地区，也是其他地区无法复制和替代的。山东半岛海岸名山、名岛林立，山海相依，有 6 个国家 5A 景区，4 个国家级旅游度假区，3 个国家全域旅游示范区，2 个国家级名胜风景区。具有开发价值的旅游景点 1500 处，较大规模的海滨沙滩 1000 余处，14 处温泉聚集区。按照《山东省全域旅游发展总体规划（2018—2025 年）》，要对标美国加州阳光海岸、法国蓝色海岸、澳大利亚黄金海岸、西班牙太阳海岸等世界知名休闲度假海岸，统一规划打造世界级旅居康养的“仙境海岸”，要以旅游度假区、山海岛景区、温泉区为单元打造 100 处涵盖康居、康食、康养、康疗、康娱的全健康管理功能的综合性旅居康养小镇，使旅居者到达一地，就能起到康养（居、食、养、疗、娱）之功能。同时，要充分利用各滨海城市的人文优势，打造各具特色的旅居康养基地，如音乐之岛、影视之都、啤酒之城、海洋美食之都、奥帆之都、万国建筑博览城、有机果蔬养生之都、葡萄酒之都、运动休闲之城等，在各个康养小镇入住的客人，都能够到各滨海城市享受和领略不同特色的康养休闲文旅项目，做到“晨观蓬莱仙阁，上午沐浴威海温泉，中午品烟台海鲜美食，夜宿崂山度假别墅”的全域旅居康养目的。旅居者也可以按照季节时令特点，选择山林避暑养生、海岛避寒养生、湖泊静心养生、田园有机养生等康养方式。

### 2. 扶持组建旅居康养旗舰集团，做大做强旅居康养产业

旅居康养产业初期在旅居康养设施建设方面投资巨大，涉及的康居、康食、康养、康疗、康娱产业领域众多，对康养产业管理人才、研发人才、经

营服务人才的专业素质和能力要求较高，传统从事旅游、医疗、养老服务的中小型企业很难承担其现代旅居康养产业的经营管理。扶持组建旅居康养旗舰集团，一是组建国有旅居康养控股集团有限公司，可在现有旅游、城投、地储、园林、医投、农投等国有投资控股平台公司的基础上进行组建，统筹打造依托城市开发更新、园林景观、融资的旅居康养业务板块。二是引进国内外知名的旅居康养投资运营集团。三是以旅居康养旗舰集团为链主企业，扶持一批覆盖旅居康养相关板块的品牌企业。通过评选山东半岛旅居康养十佳企业、旅居康养企业社会责任榜、旅居康养最佳口碑榜等形式，表彰和奖励为旅居康养事业做出突出贡献的企业与先进人物，促进旅居康养产业做大做强。



### 3. 开发多元化旅居康养服务业态和产品

根据旅居康养目标群体多样化需求，坚持大众化和高端化相结合，开发不同层次、不同价位、不同消费方式的旅居康养业态[4]。以旅居为主的消费群体可分为自购房旅居、租房旅居和度假村旅居，租房旅居和度假村旅居又细分为城区旅居、海滨旅居、湖滨旅居、山麓旅居。选择租房旅居一般以中等收入和长期旅居者为主要群体，他们比较关注室内生活设施和家庭布置的氛围，关注小区的周边生态环境和生活服务设施。旅居康养运营商要为海滨旅居、湖滨旅居、山麓旅居提供便利的交通、购物、餐饮、医疗、文体休闲设施以及安保、居民服务中心等公共服务设施，让旅居者时刻感受到置身于宾至如归的温馨和谐家园。选择度假酒店旅居的一般以高收入群体和短期旅居者为主要群体，他们比较关注居住房间相对私密性、日常起居用具和家庭布置的氛围，度假酒店养生膳食、健身设施、庭院景观、书画展览、音乐欣赏、文学社群沙龙、手工艺沉浸式体验、科普展览与讲座等，为旅居人士提供的图书阅览室、计算机上网、免费中外文文献数据库等。为了使度假村旅居者能够留得住、住得久，要根据月住、季住、年住不同情况，实行住宿会员梯度调节价格。为了满足候鸟式旅居群体的需要，可与南方（海南、广西、云南）、北方（吉林、黑龙江）等地建立旅居康养联合体，设立旅居康养合作服务平台，实现数据共享、系统对接、供需匹配功能，建立南北互动的旅居康养模式，形成旅居康养错时交叉管理体系。以康养为主的消费群体包括城市常住居民和旅居者，康养形式分为健身型、保健型和康复型。健身型是健康人士为了保持和增强身体的健康指数而进行身体锻炼、器材锻炼和舒缓心理压力的康健活动。健身型消费群体主要关注生活空间生态环境养生，包括优质的空气、有机的餐饮、绿化景观、小区公共健身器材，10 分钟步行圈内的城市公园等，这些康养条件是地方政府为居民提供的免费公共产品。保健型是为了预防身体疾病而采取器材锻炼、食疗和心理调节的康健活动。保健型消费群体除了关注上述康养条件外，还关注社区健康管理机构，10 分钟步行圈的药膳、理疗保健机构。康复型是通过器材矫正治疗等方式恢复身体机能的康健活动。康复消费群体除了关注上述两类人群康养条件外，主要关注前往康复医疗机构的交通便捷程度和诊疗康复质量。保健型和康复型消费群体对康养项目的认可度取决于两大方面：康养项目的科学依据和康养效果；康养项目的性价比。为了打造康养产业的诚信消费环境，地方政府和专业公共检测机构要对保健型、康复型的康养机构和康养项目进行认证评定，各种药膳菜单要有药食材配方和适应健康症状，理疗项目要有理疗依据、理疗方法、理疗规程、适应健康状况以及疗效表现；康复矫正要有康复理疗依据、康复方法、康复规程、适应身体状况以及疗效表现。对保健康养和康复康养机构及其工作人员要有执业资格认证、康养程序合规合理等常规性审核，定期公示保健、康复机构诚信经营服务情况。

**4. 对旅居康养产业进行标准化管理**

旅居康养产业目前处于由“从无到有”“从少到多”的数量扩张转变为“从有到优”的高质量发展阶段，要实现旅居康养产业可持续发展，亟须推进旅居康养产业标准化建设，开展旅居康养服务质量评估和服务行为监管，以旅居康养标准引领康养产业高质量发展[5]。

中国老年学和老年医学学会国际旅居康养分会要成立“中国旅居康养发展指数”专家委员会，按照滨海城市旅居康养、文化都城旅居康养、山水城市旅居康养类型，分别制订旅居康养发展指数。旅居康养发展指数专家委员会成员由中国老年学和老年医学国际旅居康养分会专家、旅居康养领军企业管理者、旅居康养研究者、地方政府旅居康养行业管理者组成。

旅居康养发展指数包括“区域旅居康养发展指数（康养之城、康养之乡）”“旅居康养社区发展指数”“旅居康养机构发展指数”三个独立的指标体系。区域旅居康养发展指数包括旅居康养自然环境、旅居康养产业布局、旅居康养规划和产业政策、旅居康养机构经营和品牌力、旅居康养消费市场规模、旅居康养群体满意度六个维度。

旅居康养社区发展指数包括社区周边生态环境、社区住宅康养科技、住区庭院景观、康养保健设施、社区健康管理师制度、社区医疗保健机构、社区商贸交通条件 7 个维度。旅居康养机构包括旅居主导型和康养主导两种类型机构。旅居机构（包括旅居度假村、酒店管理公寓）发展指数包括度假村周边生态环境、庭院景观、住房康养疗愈氛围、私人养生顾问制度、功能医学康养项目、美食养生保健、购物交通服务七个维度。康养机构发展指数包括康养项目种类和特色、康养项目的科学性、康养师资格等级比例、康养管理服务能力、康养消费人群市场规模、康养项目满意度六个维度。以上各种旅居康养发展指数都包括一级、二级和三级指标，每个三级指标都列出 A、B、C、D、E 五个等级的指标标准。该发展指数指标体系的作用，一是为地方政府和旅居康养企业创建和发展该旅居康养之城（旅居康养之乡）以及旅居康养社区、旅居康养机构提供了细则导引；二是运用发展指数指标体系去衡量旅居康养区域、社区、机构的发展状况，可以了解其发展优势和不足，取长补短，不断提升旅居康养的总体水平。



## 四、总结与展望

党的二十大报告指出，推进健康中国建设，把保障人民健康放在优先发展的战略位置。旅居康养事业是健康中国建设应有之义。山东半岛致力于打造国际级旅居康养的先行区和示范区，引领旅居康养的发展新趋势，第一，将旅居康养变成全生命周期健康产业链的价值手段，婴幼儿、青少年、中年人、老年人都会成为旅居康养的消费群体，开发旅居康养的巨大市场潜力。第二，将旅居康养方式从单一的生理康养向全方位的生理康养、心理康养、人文康养、哲理康养转化。第三，实施科技助推旅居康养发展，将人工智能、大数据、互联网、生物工程等高科技应用于旅居康养领域。第四，依托“一带一路”倡议推动旅居康养突破地区和国界，使其成为全人类健康发展的手段和路径。

## 参考文献

[1] 刘建波．胶东半岛城市群宜居性研究［D］．济南：山东大学，2006.

[2] 刘森、王盼盼、朱滢，等．健康中国视角下山东半岛海洋景观生态康养文化旅游发展研究［J］．建筑与文化，2020（09）：225－226.
[3] 陈康运．养老新模式：康养旅居＋文化社群运营［J］．城市开发，2021（03）：22－23.
[4] 代守鑫．全域旅游背景下山东康养旅游模式创新研究［J］．旅游纵横，2020（05）：135－136.
[5] 李东．康养旅游评价指标体系建构研究［J］．旅游经济，2021（09）：55－58.

# HB.04 吉林省康养旅居发展报告

张　聪[①]



**摘　要**：吉林省地处中国东北地区腹地，位于东北亚地理几何中心，气候四季分明，自然资源丰富，生活节奏相对较慢，是比较理想的康养旅居省份，特别适合希望候鸟式旅居的人群。本研究报告通过介绍分析吉林省地理情况、气候特征，说明吉林省是康养宜居城市，并通过地理情况、主要休闲景点、风土人情、医疗资源等几个角度，重点介绍了长春市、吉林市、延吉市、白山市等几个适宜的康养旅居城市。还指出了进一步加速经济发展、医疗资源分布应当更合理、城市宣传有待于进一步提升、充分利用吉林省教育资源优势，这些才是吉林省康养旅居的发展方向。

**关键词**：吉林省；康养旅居；发展报告

## 一、吉林省地理情况概述

### （一）地理位置

吉林省位于北纬40°50′~46°19′，东经121°38′~131°19′，地处中国东北地区腹地。吉林省东西长约769.62千米，南北宽约606.57千米，总面积达18.74万平方千米，约占全国总土地面积的2%，位居全国第14位。从地理位置上看，吉林省南邻辽宁省，西边与内蒙古自治区相邻，北边毗邻黑龙江省。从外部环境

① 张聪，医学博士，北京中医药大学中医学院副教授，主要研究方向：中医养生康复与营养的理论与实践研究。

看，吉林省东部为俄罗斯，中俄边境线长约232.7千米；东南部是朝鲜民主主义人民共和国，两国隔鸭绿江相望，中朝边境线约为1206千米。吉林省最东部的珲春市距日本海仅15千米，与俄罗斯的波谢特湾也非常近，仅4千米。

### （二）地形地貌

吉林省地貌形态有较为明显的差异。地势由东南向西北倾斜，呈现东南高、西北低的特征。从中部大黑山划分，东部主要为山地，中西部主要为平原，这两大地貌使吉林省东南高、西北低的特征明显。主要的山脉包括大黑山、张广才岭、牡丹岭、老岭、吉林哈达岭等，山地占吉林省总面积的36%左右。主要的平原包括松嫩平原、辽河平原，平原占吉林省总面积30%左右，台地及其他占28.2%，其余为丘陵。喜欢爬山休闲的人，选择吉林省，可以有很好的休闲场所。另外，由于吉林省平原占30%，在平原上能够盛产很多农作物，如水稻、玉米等，这使得吉林省一直是国家粮食的主产地。喜欢过田园生活的人，可以在这里找到合适的种植场所。

### （三）水文特征

吉林省有丰富的水资源，河流众多。主要的五大水系包括东部延边州的图们江水系，延边州汪清和敦化一小部分是绥芬河水系，东南部的鸭绿江水系，西南部四平、辽源一带的辽河水系，其余均为松花江水系。可以说，吉林省水资源十分丰富，很少遇到干旱的时候。喜欢傍水而居的人，可以在吉林省例如吉林市、延吉市、白山市、图们市等找到合适的旅居地点。

### （四）气候特征

从气候上看，吉林省属于温带大陆性季风气候，从气候特点上看，吉林省气候是从东南向西北由湿润气候过渡到半湿润气候再到半干旱气候。一年春夏秋冬四季分明。春季气候干燥、风大，夏季气候温暖、多雨，秋季气候凉爽宜人，冬季气候寒冷。全省在气温、降水、风以及气象灾害等方面均呈现明显的季节变化和地域差异。气温呈山地偏低、平原较高的特征。冬季平均气温在-11℃以下，夏季平原地区的平均气温在23℃以上，全年平均气温为2~6℃。全年平均降水量为400~600毫米，降水量受季节和区域影响，差异较大，其中80%降水集中在夏季，以东部降水量最为丰沛。吉林省四季分明的气候，能够让人充分体验到春夏秋冬不同季节的变化，感受到不同季节带来的乐趣。特别是夏季，气温湿润又不至于闷热，这就使吉林省成为夏季避暑的好去处。而冬季，户外白雪皑皑，室内却有很好的供暖，温暖如春，这就使得人们可以同时体验户外的大雪纷飞和室内穿着背心短裤吃雪糕的乐趣。

整体来讲，吉林省生态环境优良，东部是茫茫林海，中部有肥沃的松辽平原，西部是湿地草原，生态差异性大，生态保护得好。森林、草原、湿地、火山地貌极具典型性，可以说是纯净自然的生态王国，是康养旅居体验的好去处。



## 二、吉林省重点康养旅居城市

### （一）长春市

#### 1. 地理情况概述

长春市位于东北地区中部，北纬43°05′～45°15′、东经124°18′～127°05′，属于北半球中纬度北温带。长春市西北与松原市毗邻，西南与四平市相连，东南与吉林市相依，东北同黑龙江省接壤。长春市是吉林省省会，吉林省的政治、经济、文化中心。

气候方面，长春市的气候属温带大陆性半湿润季风气候。春季，大风天气多；夏季，东南风盛行，平均气温21.9℃；秋季，早晚温差较大，可形成持续数日晴朗而温暖的天气，风速较春季小；冬季，天气晴朗、干燥、风力微弱，平均气温－12℃。

#### 2. 主要休闲景点

（1）净月潭风景区。位于长春市东南部，距市中心18千米，占地面积百余平方千米，水域面积5平方千米，森林覆盖率达96%。该风景区始建于1934年，1988年被国务院批准为国家重点风景名胜区，1989年被林业部批准为国家森林公园，2011年被评为国家5A级旅游景区。这里有亚洲最大的人工森林，有依山傍水的生态美景，是春踏青、夏避暑、秋赏景、冬玩雪的理想去处。

（2）伪满皇宫博物院。位于吉林省长春市光复北路5号，总占地25.05万平方米，建筑面积13.7万平方米。伪满皇宫博物院成立于1962年（当时名为吉林省伪皇宫陈列馆），现为国家一级博物馆、全国爱国主义教育示范基地，是近代长春城市变迁的地标式建筑群。其前身是民国时期管理吉林、黑龙江两省盐务的吉黑榷运局官署，中国末代皇帝爱新觉罗·溥仪称帝“满洲国”的宫廷旧址，是日本殖民统治中国东北十四年的历史见证。2007年，伪满皇宫博物院被评为首批国家5A级旅游景区，2013年，被批准为全国重点文物保护单位。

（3）长春莲花山滑雪场。地处长春市二道区四家乡青山村，距长春市区39千米，距长春龙嘉国际机场仅20千米，交通极其便捷，是全国中、高级滑雪场中距中心城市最近的滑雪场。

（4）长影旧址博物馆。长影旧址博物馆的前身是长影集团，该博物馆是在完整保留1937年原“满映”建筑的基础上，本着“修旧如旧”的原则修缮完成的。博物馆记录了国内老牌电影制片厂长影的发展历史，也见证了中国电影的发轫、进展、繁荣和变迁。

（5）辽代古塔。位于长春市农安县。农安县是金代黄龙府所在地，辽金时代是这里历史上最繁荣的时期，留下诸多历史遗迹，辽代古塔是最具代表性的古建筑。它建于公元983—1030年，为砖砌实心，八角十三层，高近40米。抗金名将岳飞的名句“直捣黄龙府，与诸君痛饮耳”，就指此处，吸引了很多游客到此一游。

### 3. 风土人情

（1）东北鼓乐。据考证，东北鼓乐起源于汉代，西汉武帝时称为“横吹”。最初横吹是被用于军旅，慢慢横吹进入宫廷，用于帝王宫宴、出行等，称为“鼓吹”。到了辽金时期，宫廷的鼓吹演变得更为隆重，其曲调、规模、礼仪等也得到了一定程度的发展，变得相当讲究。到了明清时期，鼓乐已经成为不可缺少的祭祀、演艺形式，在宫廷的重大活动中扮演着重要角色。清代中叶，伴随着经济的发展，东北鼓乐逐渐从宫廷走出来，开始在民间发展并逐渐普及。关内移民拥入东北，同时也带来了山东、河北等地的鼓乐演奏形式，外来的鼓乐演奏风格与东北民间鼓乐技法、曲牌等互相吸收、融合、借鉴，并逐渐发展成为具有东北特色的鼓乐。传统的东北鼓乐乐器主要为大、小唢呐，大鼓、堂鼓，大、小镲（钹）等，这些演奏乐器在如今的东北大秧歌、舞狮子、舞龙灯等活动中，仍然沿用至今。另外，在迎亲、办寿等喜庆活动中，除以上乐器外，还要加上笙、笛子等。时至今日，鼓乐已经成为东北民间婚丧嫁娶时的重要庆祝形式并得到了普遍应用。在很多商家开业、赛事活动迎宾、节日庆典等活动中，也无不用鼓乐烘托气氛、彰显喜庆。

（2）大学文化。长春市拥有非常多的高等教育资源。据不完全统计，长春市拥有 41 所高校。这些高校使大量的青年人聚集在长春市，给这座古老的城市带来新鲜的血液，处处焕发着蓬勃生机。如果有亲属在长春上大学，康养旅居在长春是个不错的选择。



#### 4. 医疗资源

长春市是吉林省医疗资源最丰富的城市，有 18 所三甲医院，遍布在长春各个城区。吉林省优质医疗资源都集中在长春市，如吉林大学附属白求恩第一医院、吉林大学第二医院、吉林大学中日联谊医院、长春中医药大学附属医院（即吉林省中医院）、吉林省人民医院、吉林省肿瘤医院、吉林大学口腔医院、吉林省妇幼保健院等，均为优质三甲医院。丰富的医疗资源方便患有慢性病的旅居人员定期对身体状况进行复查。

### （二）吉林市

#### 1. 地理情况概述

吉林市是中国北方著名的山水城市，是吉林省的第二大城市，也是中国唯一一个与省重名的城市。吉林市位于长白山区向松嫩平原过渡的地带，自然环境优越，地貌类型复杂，有“远迎长白，近绕松花”之势。吉林市中心城市四面环山，三面环水，源于长白山天池的松花江自东南而西北斜贯整个吉林地区，呈倒“S”形穿城而过，曲折流经 400 多千米。吉林市整个城市由江而来，沿江而走，依江而展，为江而美，具有山水园林城市特有的魅力。市区内著名的松花湖，面积就达 554 平方千米，伪满时期修建并至今仍在使用的丰满水电站即修建在松花湖上。

气候方面，吉林市的气候属于中温带亚湿润季风气候类型，全年平均气温 3～5℃，1 月份平均气温最低，一般在 −18～−20℃，是“雾凇之都”；七月平均气温最高，一般在 21～23℃，很少出现极端高温天气。全年降雨量约 700 毫米。吉林市资源丰富，物产丰饶，水利资源蕴藏量较大，是全国平均水平的

1.8 倍。

**2. 主要休闲景点**

（1）乌拉街。是满族人前身女真人的语言地名。“乌拉”汉译是江、河或水岸和江岸之意。乌拉街镇，隶属于吉林省吉林市龙潭区，地处龙潭区西北部。乌拉街镇一带是满族发祥地之一，1986 年，乌拉街乡改为乌拉街镇。在唐尧、虞舜、禹、商汤、周武等历史时期，乌拉街满族镇均系满族祖先肃慎人活动地区。都城位于乌拉街的乌拉部曾盛极一时，势力范围至东海之滨。乌拉古城是清王朝打牲乌拉总管衙门（清朝三大贡品基地之一）所在地，清朝十二任皇帝有五任在这里留下过战绩、足迹、墨迹。“东陲第一大城”是康乾东巡记录里对乌拉城的盛誉，杨屯大海猛三期文化堪称“东北地书”。乌拉街镇气候四季分明，全年平均气温 4.5℃[1]。2011 年，乌拉街镇境内有省级文物保护单位 5 处，市级文物保护单位 1 处；国家级非物质文化遗产 1 项，省级非物质文化遗产 11 项。

（2）吉林八景

①龙潭印月。指龙潭山上龙潭满月之时的幽美景色。龙潭山上的高句丽古城是国家级文物。山上有高句丽在这个地区时的旱牢、水牢。水牢也就是这座山上的一个山泉，大约有一个足球场大小。水牢的水常年保持在一个水位，涝不增高，旱不降低。

②白山鹿囿。白山鹿囿位于城西南小白山，始建于雍正十一年（1733 年），是清朝为遥祭长白山神而建，乾隆十九年（1754 年）清高宗弘历亲临祭祀。嘉庆、道光、咸丰三朝也曾经派遣官员祭祀，并祭祀松花江神。一般每年春秋两季，由吉林将军率领僚属祭祀。“文化大革命”初期，望祭殿被毁，山上古木被砍光。现今的龙潭山鹿场坐落在龙潭山南麓，松花江东岸，距市中心 9 千米。龙潭山鹿场是中国圈养东北梅花鹿历史最悠久、吉林地区规模最大的鹿场。鹿只存栏保持在 1000 头以上。年产鹿茸 750 公斤左右。东北三宝中的鹿茸，主产于这里。

③雀峰插云。指朱雀山耸入云霄，高山仰止。朱雀山是吉林市四座名山之一的“前朱雀”，位于市南郊 10 千米，在丰满区阿什村松花江东侧，最高峰海拔为 817 米，高耸入云。朱雀山国家森林公园是以良好的森林景观、森林自然生态环境为主体，集游览观光、休闲度假、森林科普等多种功能于一体的国内最大的城市森林公园。

④悬观吊柱。指玄天岭上真武庙后殿斗姆宫的建筑奇观。玄天岭在江城市区之北，在北极门外，同北山公园东西相望。由于玄天岭在吉林城北，恰似城池的天然屏障，清乾隆三年（1738 年）在玄天岭建道庙一座，称为玄帝观，因庙内奉礼真武大帝，亦叫真武庙。这座寺庙建筑，在设计上别具匠心，殿中有一梁悬空，一柱离地，成为奇妙的“悬梁吊柱”，为旧吉林八景之一。乾隆三年建，后来多次重修。前殿供奉真武大帝，后殿为斗姆阁，祀斗姆（北斗群星之母）。每年农历三月初三为真武庙会，九月初九为斗姆庙会。

⑤坎卦孤悬。指在玄天岭上耸立的避火图石。在玄天岭上建有避火图，用青砖砌成八卦形，直径约五丈，用石条嵌成坎形，形成坎卦象，取坎卦为水之意，求助于水来熄火灾，以保吉林的林木，免受损失，此即“坎卦图石”。坎卦为水，因循了水火相克的五行之说。《吕氏春秋·有始》说：“北方曰玄天”，“水色为黑，故曰玄天。”玄天表征为水。站在“坎卦图石”处，可以把吉林江城尽收眼底。我们今天看到的“坎卦图石”，是现代重修的，在古炮台之西北，有蜿蜒山路迤逦通之。

⑥药庙晚钟。指北山药王庙黄昏悠扬的钟声。北山药王庙始建于乾隆三年，乾隆四十九年（1784 年）被焚。三年后由吉林将军都尔嘉倡捐重建。有正殿三间，左右配庑各三间。殿内正中有三皇塑像：伏羲（天皇）、神农（地皇）、黄帝（人皇），另有药王孙思邈与历代名医岐伯、扁鹊、华佗、张仲景、李时珍等十六位配祀左右。传说农历四月二十八是药王孙思邈的生日，因此这一天香火最盛。“药庙晚钟”为“吉林八景”之一。

⑦揽辔飞虹。在吉林北山公园内。揽辔桥始建于 1932 年，竣工后，由清朝末代皇帝溥仪赐名，并铸铜牌一块，嵌立桥头石栏上。由于石桥形似驼背，老百姓戏称此桥为“罗锅桥”。石桥建成至今，每年都有大量的游人在此摄影留念。1994 年 9 月，北山公园又在康熙皇帝揽辔停骑的地方竖立了一座花岗岩石碑，正面刻有“康熙帝揽辔停骑处”八个大字，背面刻有碑文。此碑位于揽辔桥北 50 米的地方，“揽辔飞虹”是北山新八景之一。

⑧大江弯弓。指松花江穿城而过形成的弯弓形状。松花江在清山绿岭中穿梭流入吉林市，为这座古老的名城注入了灵性与活力，站在东团山、龙潭山南天门、北山揽月亭上，远眺松花江蜿蜒穿城而过，恰似一条弯弓，江城老八景中的“大江弯弓”由此而来。松花江发源于长白山天池，是全省第一大河流。松花江由东南流向西北，贯穿全省东部和中部，流经吉林省境内延边、白山、

通化、吉林、长春、松原、白城等市（州），在松原市前郭尔罗斯蒙古族自治县与宁江区交界处同嫩江相汇，后流入黑龙江省境内。近年来，松花江水质不断改善，许多水鸟寒禽也来这里越冬，为江城这个水韵名城平添了优美的气质。

（3）吉林雾凇。吉林雾凇与长江三峡、桂林山水、云南石林并称中国四大奇观。在吉林市，冬季气温在 -20℃以下的天数长达 60 ~ 70 天，而穿城而过的松花江水却可以奔流不息。松花湖表面结出的冰面能厚达 1 米，这个天然的隔温层使冰层下湖底的水温保持在 4℃，与地面温差达到 30℃。当 4℃的水从湖底流出闸门，通过水电站发电机组后温度升高，江水载着巨大热能顺流而下，接触到 -20℃的严寒环境，温差使江水产生雾气。在吉林市，深夜的雾气在沿江两岸的树木和草丛间凝华，一层层“白霜”包裹植物体，形成厚度最大、密度最小和结构最疏松的雾凇品种——毛茸形晶状雾凇。随着太阳升起，雾凇在清晨慢慢融化或坠落。雾凇对于空气还有一定净化效应，它在最初形成阶段可吸附空气中的细颗粒物沉降到大地、降低其浓度，直接净化空气；雾凇具有浓厚的松散孔隙结构，内部连通性佳的空隙对音波反射率很低，能容纳大量音波。此外，雾凇形成时还伴随着负氧离子的增加，这就回答了为什么雾凇出现的地方，总给人一种沁人心脾的感觉。

（4）松花湖。丰满水电站所在地。松江湖旅游度假区，拥有无可比拟的自然生态环境和历史文化资源，该区域青山秀水，风光旖旎，是吉林市旅游业发展的核心区。松花湖旅游度假区涵盖了生态旅游、休闲旅游、娱乐旅游、体育旅游、农业旅游、科技旅游、购物旅游等多种旅游方式。丰满小镇拥有连绵起伏的山岭、较高的森林覆盖率，以及“丰满水力发电站”等景观资源，地处松花湖下游，以情境化、体验化为特征，构建集食住行游购娱为一体的深度“体验”旅游，打造别具风情的旅游服务小镇，也是康养旅居的好去处。另外，吉林市的万科松花湖度假区滑雪场，在冬季也吸引了大批游客前来滑雪度假，是冬季旅居的佳地。

（5）阿什哈达摩崖。阿什哈达摩崖，位于吉林省吉林市东南 9 千米，松花江北岸的朱雀山余脉，是吉林省内仅存的一处明代摩崖石刻，2006 年被国务院公布为全国重点文物保护单位。石刻刻有明辽东指挥使刘清先后两次到松花江督造粮船的史实，又被称为“永乐摩崖石刻”“宣德摩崖石刻”。这两处摩崖石刻不仅是个人的功绩碑，更是明朝经略东北的有力见证，对研究东北边疆历史有着重大意义。阿什哈达摩崖证明了吉林市在明朝时期就是造船运粮基地，同时也为当时经营黑龙江流域和开发东北起到了重要作用，是吉林市旧称“船厂”始自明代的有力证明。

### 3. 风土人情

（1）满族的春节。如东北俗谚所说：“二十三灶上天、二十四写大字（对联）、二十五扫尘土、二十六备年肉、二十七杀年鸡、二十八把面发”，二十三这天俗称“过小年”，过小年的时候，满族人也与汉族一样进行祭灶、吃灶糖。随后的几天都是在打扫房舍和备办年货。按照满族民间的说法，从正月初一至初五，这几天忌动刀剪，所以满族人会在除夕之前大肆准备，把连续几天的食物都准备好，如黏豆包、猪肉、饺子等，放在缸里或者其他容器中，在冰天雪地里自然冷冻保存，以备食用。满族春节前要做满族传统糕点——萨其马，过年还会张贴对联、窗花、挂笺（按旗属分别贴红、黄、兰、白色）、福字等，用以表示节日喜庆。满族喜戴荷包，民间也互相赠送荷包。除夕这天吃完早饭后，开始贴对联、福字、窗花，挂笺，下午全家吃团圆饭之前，全家先祭拜祖先，行礼后入座吃饭。因为这时出门在外的家人都已经回到家里，这顿饭是全家一起吃的，阖家团圆，所以叫“团圆饭”。无论家庭贫富，团圆饭里的菜肴都必须有鱼，以此寓“连年有余”之意。除夕子时吃饺子，还要把几枚铜钱暗放饺子中，吃到包着铜钱的饺子者则“终岁大吉”。接神、辞岁要燃放鞭炮。除夕夜家中院内竖灯笼杆，高挑红灯，由除夕至初六，夜夜不熄。饭后，晚辈向长辈行礼拜年，长辈则向拜年者赏“压岁钱”，随后晚辈再去至近亲友家拜年。一般是大年初一早饭后，人们都换上新装，走家串户拜年；初二、初三日，已婚妇女与丈夫回到自己娘家拜年。正月初五民间称为“破五”，习俗是吃一顿饺子迎接破五，表示“过年”至此结束。但在旧时观念上，直至正月十五甚至整个正月都算作“过年”。

（2）满族祭祀。大祭一般在每年春秋季节以家族为单位举行，由族长主持。在祭祀前先由族中妇女准备祭祀时所用的糕饼和清酒。萨满教是北方民族中很流行的一种宗教现象，也是满族除佛教外最主要的信仰之一。在祭祀的时候，除供奉祭品外，还会有萨满身系腰铃，手执抓鼓和鼓鞭，边唱神歌边舞蹈。

### 4. 医疗资源

吉林市中心医院始建于清光绪三十四年（1908 年），位于吉林市船营区南京街4号。是综合性三级甲等医院。北华大学附属医院（临床医学院）创建于1958年，现已发展成为一所集医疗、教学、科研、预防保健、国家药物临床试验机构等功能为一体的综合性三级甲等医院。还有若干中医院、中西医结合医院等，均可为康养旅居人员提供医疗保障。

## （三）延吉市

### 1. 地理情况

延吉市，位于吉林省延边朝鲜族自治州中部，是延边朝鲜族自治州的下辖县级市，同时也是自治州的首府。从地理位置看，延吉市地处北纬42°50′～43°23′，东经129°01′～129°48′，位于吉林省东部地区，在长白山脉北麓。延吉市地处高纬度地带的山林盆地，属于中温带半湿润气候区，大陆性气候特点明显，四季分明，全年平均气温5.5℃。延吉市的东部距离俄罗斯仅60千米，距离日本海80千米；南部距离朝鲜10余千米。延吉市处于东北亚经济圈的腹地，是联合国拟定的图们江域大“金三角”的中方的一个支点。

### 2. 主要休闲景点

（1）延边博物馆。延边博物馆是全国地、县级文物保护单位文明馆、全国“百家重点博物馆”、国家民族团结进步教育基地、省级文物保护单位、爱国主义教育基地，省级文物保护单位党史教育基地。2009年被评为国家二级博物馆，2015年被全国旅游景区评定委员会评为4A级旅游景区。

（2）中国朝鲜族民俗园。位于延吉市小营镇理化村，2012年建成，是延边朝鲜族自治州州庆60周年的一号献礼工程。中国朝鲜民俗园总占地面积10公顷，包括传统饮食体验区、传统民宿区（官衙）、百年老宅体验区、传统体育演艺区、传统文化展示区等5个功能区。它以中国朝鲜族民俗文化为核心，完整地集聚中国朝鲜族民俗文化要素，成为展现中国朝鲜族民俗文化的一个重要平台，是延边市朝鲜族民俗旅游面向世界的一张亮丽的名片。游客可以在其中沉浸式体验朝鲜族的民族文化。

（3）春兴村古村落。延吉市依兰镇春兴度假村位于延吉市东北部，距市区18千米。向阳山下，依山傍水地建着具有鲜明朝鲜族特色的飞鹤民居、庭院广场、石阶木柱。度假村由民族民俗风情参观区、商业餐饮娱乐区、民俗黄土健康体验区三大部分组成。游客可以在此看到朝鲜族旧时旧貌。

（4）水上市场。延吉水上市场是老字号早市，是延吉市名片。每天早晨，延吉水上市场都聚集了大量的本地居民和外地游客，在这里可以品尝到延吉市本地特色美食，打糕、米肠、酱汤、朝鲜族咸菜、米酒等，琳琅满目，可以满足一切人的美食欲望。

**3. 风土人情**

（1）朝鲜族婚礼。朝鲜族的婚礼是中国的迎亲形式和朝鲜族传统婚俗仪式的结合，通常是“女嫁”和“男娶”同时进行。结婚当日，新郎在傧相的陪伴下，带着“婚函”一同前往新娘家迎亲。等新郎一行人到新娘家之后，由新娘的母亲从新郎手中接受“婚函”。之后新郎在新娘家男眷们的陪同下接受“大桌”。“大桌”上摆放着代表各种寓意的食品和水果。另外，“大桌”上还有两样东西是必备的：一是叼着红辣椒或红枣的整鸡，它是“大桌”上的吉祥物，红色辣椒象征新郎；另一个是埋着三个剥了皮鸡蛋的一碗大米饭。新郎要吃掉两个鸡蛋，另一个鸡蛋由新娘吃掉，寓意多子多福。在大家共享“大桌”上的食物之前，要先把每样食物都拣出来一些，单独包好，送给新郎的父母亲眷，让他们知道新郎在新娘家受到了热情的款待。待新郎一行人吃完饭后，新娘就告别父母，随同新郎前往新郎家。当新娘一行人到达新郎家后，新郎家会载歌载舞欢迎新娘的到来。新娘会被单独安排在一间屋里，在女傧相的陪同下接受“大桌”。如同在新郎家一样，依旧有“赏大桌”的程序。“大桌”上的食物要留出一部分送回娘家，寓意新娘在婆家受到重视，得到了热情款待。到了晚上，新郎家会举行娱乐活动以庆祝。第二天早晨要进行“新娘献礼”，新郎和其父母亲眷们各坐一旁，由新娘按照长幼和远近的顺序，一一进行敬酒，并馈赠一件礼物，礼物一般为衣料或服装。在婚后的第二天或第三天，新郎与新娘一起返回娘家省亲。这种朝鲜族婚礼，充满了民族特色，如果能有幸参与，可以从中学习良多，并共同体会一对新人的新婚大喜。

（2）延边生日宴。小生命的降生历来是一个家庭的重大事件。朝鲜族人民十分重视出生礼仪，朝鲜族的出生礼仪主要包括“忌绳”“百日”“抓周”等。“忌绳”是婴儿出生后，该户人家在自家的屋檐下挂上一条草绳，即“忌绳”，以此告知大家，家里有婴儿出生，外人不要进入。对于悬挂的草绳，也有一定的要求。一般情况下，如果生的是男孩，会把辣椒或木炭插放入绳内一起悬挂；如果生的是女孩，则把松叶和松枝条插入绳内一起悬挂。“忌绳”一般要悬挂 21 天，这样可以让产妇和婴儿安宁地度过 20 天，这个时间与目前医学上的产妇的产褥期也大致吻合。这种“忌绳”礼仪表达了对于产妇及婴儿的爱护与关怀。“百日”是婴儿非常重要的日子，婴儿降生已经到了100天，内在生理和外在面貌都发生了重大变化，全家人也都沉浸在婴儿的成长喜悦中。“百日”这一天，全家人欢聚一堂，共同祝愿孩子健康成长，还会给孩子拍照留念。“抓周”是很多民族包括朝鲜族都会给孩子在周岁时候进行的一项活动。“抓周”这一天，小宝宝会穿着具有民族特色的服装，一般情况下，男孩儿要穿用红、黄、绿、蓝、灰、粉红、白等七种颜色的缎子缝制的七彩缎上衣，头戴幅巾，腰系荷包；女孩要穿上色彩艳丽的裙子。家人会在生日席上为孩子准备很多具有一定寓意的小物件进行“抓周”。男孩子“抓周”的物件一般是米、打糕、面条、水果、钱、弓、箭、书、墨、笔、纸等；女孩“抓周”一般会准备针、线、尺、剪子、熨斗等物品。孩子会在大人们的注视下，按照自己的心意，任意抓取其中的某件物品，接受人生第一回考试。抓到弓箭寓意成为武将；抓了米钱之类，寓意会成为富翁；先抓了钱或面条之类，寓意他健康长寿；先抓了笔、墨一类，寓意成为文人。这种预祝孩子未来的风俗，现今仍然保存和延续。

**4. 医疗资源**

延边大学附属医院（延边医院），成立于1946年9月20日，前身是吉林省省立医院，1994年在少数民族地区中率先被国家卫生计划生育委员会批准为“三级甲等”综合医院，是延边地区的中心医院，是国家卫生健康委员会命名的吉林省延边地区区域医疗中心。

### （四）白山市

**1. 地理情况**

白山市原称浑江市，是吉林省辖地级市，东边为延边朝鲜族自治州，西边为通化市，北边为吉林市，南边与朝鲜惠山市隔鸭绿江相望。白山市地处长白山腹地，地属北温带大陆性季风气候，素有“长白林海”“人参之乡”之美誉，白山市也是中国主要的木材产区之一。长白山自然保护区有60%的面积在白山市，原始森林为野生动植物提供了良好的繁衍生息的条件，是东北“三宝”——人参、貂皮和鹿茸角的故乡。

**2. 主要休闲景区**

（1）长白山国家公园。地处吉林省安图县、抚松县、长白朝鲜族自治县三县交界点，安图县隶属于延边朝鲜族自治州，而抚松县、长白朝鲜族自治县，则隶属白山市。长白山景区位于吉林省东南部，区域面积 52.42 平方千米，东南与朝鲜毗邻。长白山自古以来就是中国的神圣领土，是中华十大名山之一。长白山在《山海经》称不咸山，北魏称徒太山，唐称太白山，辽金已有长白山之名。长白山景区是国家 5A 级旅游景区，因主峰多有白色的浮石与积雪而得名，素有“千年积雪万年松，直上人间第一峰”的美誉。景区是拥有“神山、圣水、奇林、仙果”等盛誉的旅游胜地，也是满族的发祥地。在清代长白山有“圣地”之誉，皇帝须亲自或委派大臣到吉林乌拉（今吉林省吉林市）望祭长白山。长白山火山锥体上的白云峰，海拔 2691 米，为吉林省最高点，也是中国东北的最高峰。这里可以体验温泉煮蛋的乐趣。长白山为一巨型复式休眠火山，由于火山多次喷发，形成由熔岩和火山碎屑堆积而成的高大火山锥体，顶部有火山口湖——长白山天池，水面海拔 2189 米。天池位于长白山主峰火山锥体的顶部，是中国最大的火山口湖，曾荣获海拔最高的火山湖吉尼斯世界之最。天池也是松花江、图们江、鸭绿江的三江之源。此外，还有长白山火山南侧的望天鹅古火山，风景一样秀美。长白山脚下的二道白河小镇，是地热资源丰富之地，这里有很好的温泉资源。泡温泉对于骨关节系统疾病、风湿痹痛、慢性皮肤病都有很好的疗效。

（2）长白山滑雪场。长白山冬季降雪量大、无污染、雪质好。随着这些年旅游业的不断发展，目前长白山滑雪场已经开辟了越野滑雪路线。滑雪道穿越长白山原始森林，海拔高度为 1400～1600 米，平均雪深大约 1.5 米，其雪量、雪质和雪期均达到了亚洲一流水平，这些年来正越来越多地吸引着广大滑雪爱好者的到来，每年也都有举行全国性的冰雪项目比赛。目前在长白山脚下开发了滑雪度假村，可以集滑雪、风光旅游、生态旅游和民俗旅游为一体，为冬季旅游提供了便利条件。

### 3. 风土人情

（1）冬季储存。在长白山，冬季气候寒冷，冰天雪地，冬季储存食物具有得天独厚的户外条件。每到冬季，朝鲜族居民会把做好的黏豆包、年糕、豆腐等，放到容器当中，如放到不同型号的缸里冻起来，随吃随取。进入腊月后，也可以将储备的各种年货，如鸡鸭鱼肉等，边蘸水，边冰冻，吃的时候敲掉包在外边的冰壳，里边的肉新鲜如初，不会有丝毫的风干变质。

（2）雪爬犁。雪爬犁又称为“陆地之舟”。在冰雪资源丰富的长白山，雪爬犁是非常便捷、快速的交通工具，并演变出狗爬犁、驼鹿爬犁和马爬犁，给这项活动增添了很多乐趣。

**4. 医疗资源**

长白山是旅游胜地，但其医疗资源与大城市有一定差距，遇到大一些的健康问题，一般主要前往抚松县（度假村所在地）或安图县就诊。

以上列举了吉林省适宜康养旅居的一些城市，尚有很多自然风光和物产十分丰富的城市，也适宜康养旅居。例如盛产葡萄酒的通化市、水产丰富的集安市、边境口岸珲春市和图们市等，不仅具有旅游特色，且物产丰富，消费合理，四季分明，尤其适合候鸟式旅居生活。



## 三、吉林省康养旅居发展方向

### （一）进一步加速经济发展

从经济发展角度看，吉林省经济落后于东北三省的辽宁省和黑龙江省，这也导致其在基础设施建设、旅居环境、城市整体建设等方面可能略逊于另外两个省份。未来应当多项措施进一步发展经济，加强城市基础设施建设，经济发展和康养旅居发展是相辅相成的。

### （二）医疗资源分布应当更合理

康养旅居，既有康复，又有养生，且是相对长期居住。从疾病康复角度讲，离不开定期的体检、复查、诊治等。目前医疗资源相对集中到长春市、吉林市和延吉市，其他城市也都有各自的医疗体系，但从康养旅居角度讲，尚有一定提升空间，从而避免有问题就向省会城市集中的医疗迁徙弊端。大的医疗体可以考虑在一些医疗资源相对薄弱却有适合旅居的城市建立分院，满足当地和旅居人员的就医需求，这可能会极大地促进吉林省康养旅居产业的发展。

### （三）城市宣传有待于进一步提升

吉林省属于自然资源十分丰富的省份，人文历史悠久，特别是围绕满族的文化历史。在研究过程中发现，无论是对于自然风光，还是对于人文历史，其官方宣传力度与其他省份相比，均有待于进一步提升。另外，城市名片特征不突出，不方便外省市旅居人口记忆和宣传。

### （四）应充分发挥吉林省教育资源优势

吉林省是教育大省，特别是长春市，聚集了非常多的高校。这些在校大学生，一方面是旅游的庞大潜在群体，另一方面，在校大学生人文素养、科技素养均较高，地区辐射面积广。在吉林省的康养旅游资源宣传方面，充分利用吉林省的教育资源优势，发挥庞大的大学生群体的宣传带动作用，对于进一步发展吉林省康养旅游产业，宣传吉林省旅游资源优势，可能具有重要意义。



## 参考文献

[1] 黄树贤总主编；李德润，徐胜斌本卷主编．中华人民共和国政区大典·吉林省卷［M］．北京：中国社会出版社，2016.

# HB.05 甘肃省中医药康养旅居发展报告

张　勰[①]　王静雯[②]　黄启萍[③]



**摘　要：**随着社会主义现代化进程的推进，在各地旅游产业与健康产业相互融合发展的背景下，康养旅居逐步出现在大众视野，被越来越多的人接受，目前已经成为一种新型养老度假方式。甘肃省既有优良的温泉、山林、森林等自然资源，又有一批康养度假酒店、养生及药食同源农产品生产基地、中药材种植基地及中医医疗、中医药制药、中医养生文化遗存等人文资源。丰富的生态资源、悠久的历史文化资源和丰富独特的中医药资源为甘肃省中医药康养旅居产业的发展奠定了基础。甘肃省康养旅居产业协同发展要从强化顶层设计、健全服务标准、打造品牌效应、实施人才培育计划和创新宣传方式上下功夫，不断扩大甘肃省康养旅居产业影响力，打造具有甘肃省特色的中医药康养旅居产业，从而促进中医药与康养产业协同发展。

**关键词：**中医药；康养旅居；协同发展

## 一、概述

### （一）背景

根据第七次全国人口普查所得数据显示，当前中国65岁及以上的人口

① 张勰，博士，甘肃中医药大学经贸与管理学院，副处长，副教授，研究方向：健康管理与健康产业、卫生事业管理、人口社会学。

② 王静雯，硕士研究生在读，甘肃中医药大学公共卫生学院，研究方向：健康管理与健康产业、卫生事业管理。

③ 黄启萍，硕士研究生在读，甘肃中医药大学公共卫生学院，研究方向：健康管理与健康产业、卫生事业管理。

已经超过1.9亿，占总人口的13.5%。越来越多的老年人口使得银发经济浪潮动力被激发，与老龄相关的产业发展前景广阔。2019年，中共中央、国务院《国家积极应对人口老龄化中长期规划》中指出，人口老龄化将成为中国的基本国情并长时间存在，积极应对老龄化是我们当前较为重要的任务。



中国已步入老龄化社会，养老事业与养老产业蓬勃发展，成为全社会都关注的重点。2016年，中共中央、国务院《"健康中国2030"规划纲要》提出：积极促进健康与养老、旅游、互联网等产业融合，催生健康新产业、新业态、新模式。相关统计数据显示，2020年中国大健康产业市场规模已经达到10万亿元，预计到2030年将超过16万亿元[1]。康养旅居产业正式崛起，康养旅居发展从起步期正式步入了快速发展阶段，成为拉动国民经济增长的重要引擎，中国的大健康时代正式来临。

由于出行时间因人因地因事的随意调整和空间距离的缩短，现在有很多人想更换一种生活方式来提高生活质量或者感受不同的生活乐趣，离开长久居住地前往新的地方旅居，同时也有许多人选择直接在异地购买或者租赁房产，以供季节性的居住与休闲度假使用。在经济迅速发展的过程中，中国的卫生事业发展紧跟步伐，在国家与地方的全方位努力下，人民群众的健康意识也有了质的飞跃，越来越多的人开始关注自己以及家人的健康，尤其是在健康产业与旅游产业的相互融合发展背景下，康养旅游产业应运而生，成为旅游发展一颗冉冉升起的新星。康养旅居产业将为中国经济发展带来新的内生动力，更是在老龄化社会发展过程中不可或缺的举措。

### （二）中医药康养旅居定义

目前学术界关于康养旅居的概念没有统一明确的界定，各相关领域的学者都提出了不同的想法。林云帆认为，康养旅居是由旅游、养老公司主导，多产业共同合作，为满足老年人需要而形成的集康养和文化为一体的休闲综合区[2]。陈耀认为，康养旅居是多产业汇聚而成的旅游新业态，是健康新业态或是房地产新业态[3]。段西普认为，康养旅居是一种生活方式，是一种新型业态[4]。综上，本报告将中医药康养旅居定义为"将康养旅游和居住生活有机契合，结合慢旅游活动，为旅游者提供中医类康养保健服务和休闲度假空间的特殊旅游居住形式"。

## 二、资源条件与政策支持

### （一）自然资源

甘肃省位于西北内陆腹地，地处黄河上游，位于三大高原间（青藏高原、内蒙古高原、黄土高原），地貌复杂多样，地势自西南向东北倾斜。甘肃省也是中国地理环境最复杂的省份，东南和西部与新疆维吾尔自治区、陕西省、内蒙古自治区、四川省、宁夏回族自治区、青海省接壤，北部与蒙古国接壤。甘肃省是一个多山的省，地形以山地、高原为主，主要山脉有祁连山、乌鞘岭、六盘山等。甘肃省同时拥有了草原、雪山、沙漠、戈壁等多种多样的自然风光。除此之外，甘肃省不仅拥有丰富的人文景观。例如，天水麦积山石窟、敦煌莫高窟、鸣沙山月牙泉等。甘肃省还是一个历史文化源远流长的地区，拥有众多历史文化古迹与文化胜地。甘肃省现在共有景区 232 个，其中有 5 个 5A 级景区；已发现热水田资源共 73 处，开发出温泉酒店共计 10 余处。同时，甘肃省现拥有乡村旅游示范县、文化振兴乡村样板等独具特色的旅游景点。

甘肃省是全国中药材主要产地之一，被誉为“千年药乡”与“天然药库”；有 300 多种中药是国家重点医药品种，拥有丰富的药用资源，成为中国重要的药材产区。甘肃省独特的地理条件与气候条件，是中药材发展的优势条件。例如，甘肃省独特的地理和气候条件适合当归的种植与生产，当归喜寒冷喜湿润，不仅怕干旱也怕洪涝，生长在海拔比较高的地方，甘肃省当归的产量占全国总产量的比重超过了 90%；其他主要的中药材品种还有大黄、党参、黄芪等（见表 1）。经过历史以来的多年发展，甘肃省已形成了特色明显的青藏高原东部高寒阴湿中药藏药区、陇中陇东黄土高原温带半干旱西药区、陇南山地亚热带暖温带秦药区和河西走廊温带荒漠干旱西药区，区域中药产业布局特色与优势明显。

**表 1　甘肃省道地药材主要产地**

| 中药材名称 | 主要产地 | 中药材名称 | 主要产地 |
|---|---|---|---|
| 当归 | 岷县、宕昌、渭源、漳县、康乐 | 半夏 | 西和县、清水县 |

续表

| 中药材名称 | 主要产地 | 中药材名称 | 主要产地 |
|---|---|---|---|
| 黄芪 | 陇西、渭源 | 黄芩 | 陇西、漳县、安定 |
| 大黄 | 礼县、渭源、华亭 | 羌活 | 临潭、康乐、天祝 |
| 甘草 | 金塔、高台、民勤、灵台、陇西 | 款冬花 | 灵台、和政、陇西、渭源 |
| 枸杞 | 靖远、民勤、古浪、山丹、瓜州 | 甘肃贝母 | 岷县、迭部、临潭 |
| 板蓝根 | 民乐县 | 赤芍 | 岷县、漳县、渭源、卓尼、天祝、张家川 |
| 柴胡 | 安定、陇西、漳县 | 肉苁蓉 | 民勤、金塔 |

资料来源：项目团队整理。

### （二）人文资源

甘肃省拥有一系列历史文化名城、名镇，如国家级历史文化名城敦煌市、武威市，历史文化名镇青城古镇，以及一批省级文化名镇、具有特色魅力的村镇。甘肃省还有许多古遗址及文化遗址，例如莫高窟、嘉峪关关城、崆峒山、成纪文化城、古长城遗址、东古城遗址、阳关遗址、马家窑遗址、骆驼城遗址等150处国家重点文物保护单位和470处省级文物保护单位。

甘肃省地方文化特色浓郁，如在民俗文化方面，甘肃省现有54个少数民族，主要有回族、藏族、东乡族、土族、裕固族、满族、保安族、蒙古族、撒拉族和哈萨克族，这些少数民族的传说故事、民歌民乐、织锦、舞蹈和雕刻艺术等文化宝藏均具有极高的历史文化价值；在戏剧艺术方面，有甘肃秦腔、陇剧、曲子戏、甘南藏剧、高山戏、陇南花灯戏、搬山戏、喊牛腔等特色地方剧种；在地方节庆文化方面，有甘南浴佛节、夏河拉卜楞寺大法会、临夏松鸣岩花儿会、天水伏羲文化节、敦煌葡萄节等特色地方节日。

随着中医药康养旅游业的发展，康养旅居需求不仅强调养身，还将逐渐向养心和养神需求转变日益发展。甘肃省依托文化资源，大力开发“文化型”中医药康养旅居产品，将进一步丰富中医药康养旅居产业产品体系，为中医药康养旅居产业持续发展带来活力。

### （三）政策支持

2014年起，国家多部门出台系列政策以促进中医药康养产业发展，为中医药和康养旅居产业的融合发展提供了政策基础（表 2）。2014 年，《国务院关于促进旅游业改革发展的若干意见》提出，要积极发展休闲度假旅游，推动形成专业化的旅游服务品牌。2015 年，继提出建设“美丽中国”之后，开启了“健康中国”时代的新蓝图。2016 年，国家旅游局与国家中医药管理局联合开展了中医药康养示范区（基地、项目）创建工作。2016 年《“健康中国 2030”规划纲要》，将中医药融入“健康中国”建设，为中医药康养旅游业的发展指明了方向。2021 年，《江西省人民政府办公厅关于推进康养旅游发展的意见》更是明确提出要打造全国休闲康养旅游胜地，促进康养旅游产业的高质量发展，践行为人民健康服务的初心使命。“十四五”开局之年，《关于加快中医药特色发展的若干政策措施》《“十四五”中医药发展规划》等文件，鼓励发展中医药康养旅游产业，构建基于中医药的康养旅游新业态，推动“健康养生”与“旅游”的协同式、产业化发展。



相应地，甘肃省陆续出台了多部政策，针对中医药产业、康养旅游业做出了加快发展的政策指导意见。《甘肃省国民经济和社会发展第十四个五年规划和二〇三五年远景目标纲要》以及《甘肃省“十四五”中医药发展规划》中提出，打造优势产业集群，包括生物医药产业集群及文化旅游康养产业集群，以促进中医药康养旅游业的发展。甘肃省文化和旅游厅按照《甘肃省文化旅游康养产业链发展实施方案》要求，提出《甘肃省文化旅游康养产业链发展规划纲要》，重点打造“一核、二带、四区、多点”的文旅康养产业链集群发展空间布局，以做大中医药康养旅游产业规模，形成完整的中医药康养旅游产品体系，打造国内外知名品牌。

总之，在国家政策与省级政策对中医药康养旅游产业发展的指导意见与政策支持下，甘肃省基于省内已具备一定规模的中医药产业、康养产业、特色旅游业等基础，中医药康养旅居产业发展将迎来前所未有的良好机遇。

**表 2 国家中医药康养旅游产业发展的相关政策**

| 时间 | 部门 | 政策 | 内容 |
| --- | --- | --- | --- |
| 2015 年 5 月 | 国务院办公厅 | 《关于印发中医药健康服务发展规划（2015—2020 年）的通知》 | “发展中医药健康旅游” |
| 2015 年 11 月 | 国家旅游局、国家中医药管理局 | 《关于促进中医药健康旅游发展的指导意见》 | “推动中医药与旅游产业有机结合” |

续表

| 时间 | 部门 | 政策 | 内容 |
| --- | --- | --- | --- |
| 2016 年 8 月 | 国家旅游局、国家中医药管理局 | 《关于开展国家中医药健康旅游示范区（基地、项目）创建工作的通知》 | 启动“国家中医药健康旅游示范区（基地、项目）建设工作” |
| 2016 年 10 月 | 中共中央、国务院 | 《“健康中国 2030”规划纲要》 | “大力发展中医药健康旅游，中医药健康服务” |
| 2019 年 10 月 | 中共中央、国务院 | 《关于促进中医药传承创新发展的意见》 | “推进中医药博物馆事业发展” |

资料来源：项目团队整理。



## 三、案例分析

### （一）通渭温泉度假区

通渭县温泉属硫酸钠型矿泉，地下 200 米处恒定水温 113℃，日出水量 6000 吨，形成四个泉群，包括汤池河 4 个泉点和附近的 1 个自流井及芦家川的四个泉点，均出露于花岗岩体内。主要泉群水温常年 48℃，第二泉群位于芦家川沟谷谷底，水温常年 28.5～30.4℃。

通渭县温泉感官性状良好，无色、无味、无沉淀，富含 32 种元素和化合物，pH 值为 7.3～7.8，为中性和弱碱性，为全国少见的多微复合型矿泉水。通渭温泉水温之高，水质之优，水量之大居西北温泉之首，为全国优质矿泉之一，有“陇上神泉”和“西北第一泉”之称。

温泉洗浴，人浸泡在温泉里，毛孔会很快张开，通过一段时间的浸泡，全身舒畅，可完全消除身体的闷热；身体浸泡在温泉中，可以更有效地排除体内毒素，加快新陈代谢，泉水中的盐分还可抑制皮肤出汗。不同的温度会对身体有不同的作用，当温度达到 36℃时，会对神经系统产生一定的镇静作用；当温度到 38℃时，可加速血液循环。浸泡温泉，还可刺激人体皮肤，特别对银屑病（牛皮癣）[5]等皮肤疾病有独特的效果。

### （二）兰州市窑洞康养民宿

黄河驿・梦圆窑洞康养民宿坐落在兰州市榆中县，占地面积大概 6.67 公顷，现在建成的洞窑分别为4孔直挖式和6孔填埋式，整个基地建设了完善的基础设施，建设了窑洞民宿供旅客居住，还有游客服务中心为旅客提供相应的服务，同时还打造了一系列供旅客游玩与观赏的项目。此民宿的建设充分利用了当地原有的地形与村庄肌理，在一定程度上保留了原始的风貌，建设过程中，不仅要考虑为旅客提供舒适的体验感，还要让旅客体验到宾至如归的舒适感，实现了负氧离子+恒温、恒压、恒湿、恒静、恒洁的绿色人居空间，不仅在居住环境上吸引游客，还提供了一系列美食，前来游玩居住的旅客可以品尝到在生态海鲤鱼养殖基地养殖的新鲜鲤鱼，再加上在农村土生土长的原生态鸡以及无公害无农药的绿色蔬菜，给予旅客味蕾上的完美体验。宜居的环境与便捷的设施相互融合，给予旅客最舒适的体验，成为远离城市的世外桃源之处。



### （三）陇南市黄花驿民宿客栈

黄花驿民宿客栈坐落于陇南市两当县，民宿的位置距“两当兵变”纪念馆位置较近。黄花驿曾是丝绸古道上的一座古老驿站，曾经的“黄花驿”客栈车水马龙，过路商人络绎不绝，为过路的商人提供了众多有效商机，每当各路人们路过此地，都会选择在这里休息。整个街道采用青色石板，远远看去是一道亮丽的风景，这里的所有建筑都保留着从前的风格，文化底蕴深厚且浓重，让人无时无刻不感受着古朴之风。走在这样的街道上，仿佛将过去与未来相连接，让人们感受到前所未有的体验。客栈外墙采用一件件饱经风霜的老物件装饰，格外引人注目，让路过的旅客驻足盘桓。为了让旅客有更加深刻的体验感，客栈还提供独具特色的红军套餐，套餐中包含了粗粮、野菜、窝窝头等，通过品尝食物体会爱国主义教育。

## 四、中医药康养旅居产业的发展路径

### （一）注重顶层设计，提供相应的政策与支持

康养旅居产业作为比较新的一种产业，它的发展离不开政策与政府的支持，同时，具有较强外部性的康养旅居产业在发展过程中需要政府部门给予不同地方不同程度的支持。第一，注重顶层设计，在设计康养旅居项目之初，政

府部门出台各类支持政策给予项目一定的支持，还要在一定程度上关注基础设施的设计与建设，确保有配套的、完善的基础设施，更好地为康养旅居产业服务。全面贯彻“区域一体化、产业融合化”理念，在打造康养旅居产业所需要的基础设施时，加强区域协同，加强各区域之间的联动性。在设计规划时，深刻理解每个基础设施的功能，使它们在康养旅居产业中发挥出应有的能力，充分结合康养产业与旅游产业，打造出独具特色的中医药康养旅居产业区，将现有的旅居区域划分档次，设置不同的功能区，在规划建设时，重点关注基础设施是否完善，补齐缺乏的短板部分，从而提高竞争力。基础设施的建设，是康养旅居产业发展的重要保障也是康养旅居产业能够发展的关键部分。第二，还要加强对市场运行规则的监管，制定相关政策监督实施。在项目报批阶段，提供相关政策，简化审批流程，为企业减少因为审批带来的不必要麻烦，释放相关的政策红利，吸引更多有实力的企业建设康养旅居产业项目，使得康养旅居产业高质量发展。同时还需要审视当前的土地政策与招商引资政策等一系列相关政策，这些政策不仅应该有效还应该符合国家法律法规的相关规定。



### （二）规范康养旅居产业服务标准，完善监督机制

康养旅居产业的发展不仅需要政府相关政策的支持，还需要规范的服务标准与完善的监督机制，只有确保这些关键因素，才能确保康养产业的科学合理协同发展，从而提供更高质量的服务水平。首先，需要制定规范的康养旅居服务标准。有了规范的标准，才能指导康养旅居产业在发展过程中的健康发展，规范且健全的服务标准也是康养旅居产业能够可持续发展的基础条件。规范服务标准，需要政府相关部门与行业协会专业人士共同的努力，充分调研，明确每一个标准下的各类子项目的需求，在经过科学合理的论证与不断的修订与完善，得出一个规范且完善的服务标准。在条件允许的情况下，建立康养旅居产业机构联盟，各个企业之间相互沟通，发现问题及时解决，最终为康养旅居产业健康发展指明方向与道路。同时，以联盟为纽带建立政府间的康养旅居产业联合协议制度，形成管理合力，进而构建并逐渐形成行业自律、社会监督、群众参与的康养服务市场管理长效机制[6]。其次，要有完善的监督机制。人口老龄化社会的迅速发展，银发经济浪潮扑面而来，康养旅居产业在未来将拥有发展的无限潜力，因此在发展初期，就需要有完善的监督机制来规范各方位的行为，将康养旅居产业引入良好的发展道路上来，为未来的发展道路打好基础。

由于康养旅居产业涉及的产业链冗长复杂，监管涉及的部门也是复杂多样的，利用电子信息技术，打造一个康养旅居产业综合服务平台，面向不同人群提供不同的服务，同时在一定程度上也起到了监督管理的作用。

### （三）培养复合型人才，促进可持续发展

依托兰州大学、甘肃中医药大学、西北师范大学、兰州财经大学等高校及相关行业协会资源优势，不断建立并完善中医药康养旅居人才培训组织的发展，持续开展中医药康养旅游专业培训，积极培养康养旅居专业人才队伍。加强“产、学、研”合作办学体制机制建设，积极发挥高校、企业、医疗卫生机构等相关组织企业的职能作用，培养一批具备中医药理论基础知识、熟练掌握相关康养旅游理论知识，切实能够满足区域康养旅居业人才需求的创新型高端人才。要持续加强对省内现有中医康养保健服务人员的技术培训，以促进甘肃省中医药康养服务业可持续发展。

### （四）打造特色品牌，提高中医药康养旅居竞争力

在发展中医药康养旅居产业时，不仅要避免过度的商业化还需要避免同质化，要在行业引导与政府监督管理上下大力气。比如说，要对每一个景区进行深入了解，测算出能够承载旅客的最大数量，避免出现因为旅客过多而降低体验感的情况，同时要对景区内的商业场所进行规划与管理，不能只追求经济效益而降低旅客的体验感，让旅客产生不好的想法。在对景区进行打造时，不仅要保留原来的文化底蕴与独特风格还要有新的内生动力，提供完善的基础设施与良好的服务，给予旅客舒适而又满意的出行体验。如将当归、大黄、党参、黄芪等道地中药材与康养旅游相结合，打造独特的体验；深化渭源温泉的文化内涵及强化渭源温泉产品的中医药康养功能，突显其独特的文化特色。推进中医药康养旅居产业做大做强做优，打造中医药康养旅居特色与优势品牌。

### （五）创新宣传方式，扩大甘肃省康养旅居产业影响力

甘肃省康养旅居产业的发展离不开坚实的市场基础，要扩大对外宣传，采用多种多样的宣传方式，让更多的人了解到甘肃省的康养旅居产业，同时还要打造出独属于甘肃省的康养旅居品牌。首先是要召集专业的人负责宣传，采用

新媒体加传统媒体的方式，扩大普及面，让各类旅客了解到甘肃省的康养旅居项目，让他们有前往体验的兴趣。其次是寻找一个涉及范围较广的媒体，可以结合当前非常火爆的直播平台对甘肃省康养旅居产业进行宣传，提高甘肃省康养旅居的知名度，结合甘肃省独特的中医药康养旅居产业，打造具有鲜明特色的康养旅居推广项目。最后在政府部门的支持下，充分利用现代电子信息技术，建立一个康养旅居产业信息共享服务平台，在进行宣传的同时还可以为旅客提供相关信息并对旅客的问题进行解答，给予旅客舒适的体验感。同时，甘肃省各地区结合当地特点，举办各类特色活动，拍摄成短视频等发布在各类平台，吸引旅客前往。



## 参考文献

［1］旅思马记．康养旅居发展模式与趋势［EB/OL］．（2021－09－11）．https：//view. inews. qq. com/k/20210911A03E6000.

［2］林云帆．旅居模式下的养老小镇景观设计研究［D］．长春：吉林建筑大学，2019.

［3］陈耀．康养旅居：一种美好生活方式［J］．养生大世界，2020（07）：34－35.

［4］段西普．名家云集聚焦康养旅居［J］．养生大世界，2020（8）：3.

［5］丁国亮，等．五龙背温泉水治疗寻常型银屑病313例分析［J］．西南军医，2017，19（06）：559－560.

［6］李仲先．加强攀枝花阳光康养软环境建设的对策研究［J］．攀枝花学院学报，2015，32（04）：8－11.

# HB. 06 福建省康养旅居发展报告

詹丽玉[①] 李益辉[②] 江绪旺[③] 陈文煜[④] 仲海鹏[⑤]



**摘 要：** 福建省森林覆盖率达 66.8%、居全国首位，具有优越的康养旅居发展环境。康养旅居是满足人民群众对美好生活向往的健康产业，在缓解人口老龄化问题、提振消费、促进就业等方面具有重要作用，有巨大的发展空间。本报告通过解读政府公布的文件，明确康养旅居发展环境、发展规划和发展方向；通过百度等搜索引擎工具检索和分析，了解福建省康养旅居项目建设现状和发展重点；通过企业信息查询平台查询，筛选康养旅居项目案例；组织项目团队开展实地调研，了解案例地康养旅居的发展现状和业界发展动态。本报告分析福建省发展康养旅居的政策、经济、气候等环境，调查福建省优势康养资源，总结归纳康养旅居的发展模式，梳理福建省发展康养旅居存在的问题，并提出福建省康养旅居产业发展建议。

**关键词：** 康养旅居；康养产业；健康；森林康养

## 引言

中国老龄化问题越发严峻，老年人口多、增长速度快[1]，截至 2021 年末，60 周岁及以上老年人口数量达 2.67 亿人，占总人口的 18.9%[2]。中老年慢性

① 詹丽玉，法学硕士福建农林大学林学院副研究员，研究方向：森林康养、心理健康。

② 李益辉，林学学士，中国林业产业联合会森林康养分会副理事长兼秘书长，研究方向：森林康养、自然教育、植物芳香疗法。

③ 江绪旺，福建农林大学在读硕士研究生，研究方向：森林康养。

④ 陈文煜，福建农林大学在读硕士研究生，研究方向：森林康养。

⑤ 仲海鹏，福建农林大学在读硕士研究生，研究方向：森林康养。

病患病率较高，45 岁及以上人群患有高血压、血脂异常等慢性病的比例为 50.00%[3]。面对不断加剧的老龄化问题，党的二十大报告强调发展养老事业和养老产业，实施积极应对人口老龄化国家战略。然而，中国养老服务发展较为滞后、供给总量不足[4]，无法满足老年群体的多元健康养老需求[5]，如何提升老年人的晚年生活质量成为亟待解决的问题。

康养旅居是实现身心健康的有益方式，是旅游者离开惯常居住地，在康养目的地停留不少于 15 天，进行修养身心、康体保健，获得身体和精神和谐统一的活动[6,7]。康养旅居以“居”为核心、以“养”为手段、以“康”为目的，从健康养生、旅游休闲等方面满足人们多层次、多样化的需求，是新型的、有益的健康养老方式。福建省具有丰富的森林资源，优越的空气质量，是宜居的康养目的地。近年来，福建省大力发展文旅和森林康养产业，截至 2022 年末，认证了 24 个森林康养小镇、80 个森林康养基地、32 个全域生态旅游小镇、119 个金牌旅游村。在旅游产业带动下，交通体系、配套设施不断完善。总而言之，福建省具有发展康养旅居的优越条件。

相关研究报告指出，当前乃至未来一段时间，老年人对康养旅居的需求快速增长且多样化[8]，已具备产业发展基础和较明朗的发展前景。《福建省“十四五”老龄事业发展和养老服务体系规划》明确提出发展旅居养老，大力发展银发经济。福建省位于中国东南沿海，是连接东南亚和东北亚的重要枢纽，具有明显的区位优势，并已建成六座机场，既有利于服务国内旅游市场，也有利于拓展国际旅游业务。因此，本报告分析福建省发展康养旅居的政策、经济、气候等环境，调查福建省优势康养资源，总结归纳康养旅居的发展模式，梳理福建省发展康养旅居存在的问题，并提出建议，为福建省康养旅居产业的可持续发展提供理论参考。

## 一、研究方法

本报告通过中国知网、万方、维普数据库平台，以康养、旅居、森林康养等为主题词进行检索，阅读、梳理、分析重要文献，了解康养旅居研究现状，明晰康养旅居概念、发展模式。康养旅居的研究仍处于初级阶段，研究成果、客观数据较少。因此，本报告通过解读政府公布的文件，明确康养旅居发展环境、发展规划和发展方向。通过百度等搜索引擎工具，采用网络在线检索方式收集数据，以福建、康养、旅居等关键词进行检索，搜索、阅读相关的新闻、报告、案例、数据等，了解福建省康养旅居项目建设现状和发展重点。通过企查查、天眼查等企业信息查询平台，采集福建省的康养旅居相关企业信息，经过专家小组讨论、分析，筛选康养旅居项目案例。组织项目团队前往福州市、沙县、将乐县、屏南县等地开展实地调研，了解案例地康养旅居的发展现状和业界发展动态。



## 二、福建省康养旅居发展环境

### （一）政治环境

在人口老龄化背景下，《“健康中国2030”规划纲要》提出，积极促进健康与养老、旅游等融合，催生健康新产业、新模式[9]。2017年，《“十三五”福建省老龄事业发展和养老体系建设规划》中提出发展候鸟式养老、旅居养老等新兴业态[10]。2022年福建、宁夏两省（自治区）民政厅签订“闽宁协作—旅居养老”合作框架协议，以旅居养老促进两地康养产业发展；同年，三明市文化和旅游局、林业局组团赴成都市开展旅居产品推介会；2023年《福建省养老服务条例》提出，依托生态资源优势，鼓励开发以大健康产业为核心，集健康、养老、休闲、旅游等功能为一体的康养项目[11]。福建省较早提出发展旅居产业，近年，政府相关部门逐渐重视该产业的发展，加强对健康旅游产业发展的引导，以实际行动推动旅居产业发展。

### （二）经济环境

据统计，2022年前三季度国内生产总值同比增长3.00%，服务业增加值同比增长2.30%[12]，中国经济稳中向好，服务业持续恢复。2022年前三季度，福建省累计接待国内游客达3.26亿人次，比全国同期平均发展水平高18.80%。森林旅游是福建省旅游业重要组成部分，2021年上半年森林旅游接待游客9124万人次，旅游收入达706亿元[13]。随着人们观念的改变和森林医学知识的普及，接触大自然的健康旅游方式有望成为大多数人健康休闲的选择，这将会吸引更多的社会力量注入健康旅游产业，促进相关产业快速发展。

### （三）气候环境

气候环境是指存在于地球上人类活动空间的气候条件，对康养旅居业的发展有着举足轻重的影响。气候环境受地理位置、地形、植被等多方面综合影响。福建省地处东海之滨，依山傍海，形成暖热湿润的亚热带海洋性季风气候，雨量充沛，光照充足，气候条件优越。福建省的森林资源丰富，森林面积达 811.58 万公顷，森林覆盖率达 66.80%，连续 40 多年居全国首位。森林释放的芬多精类成分和负氧离子有利于提升空气质量，促进身心健康，是康养旅居发展的基础资源之一。福建省春季、秋季凉爽舒适，适宜旅游时间较长，适宜开展森林游憩、度假、疗养、运动等旅游活动。此外，有高海拔优势的屏南和周宁等地夏季气候凉爽，适宜开展山地避暑旅游；福州市、三明市等地具有特色温泉资源，冬季适宜开展“温泉 + 康养”旅游项目[14]。总而言之，福建省气候环境优越，气候资源优势显著，是适宜的康养旅居目的地。

### （四）交通环境

福建省海陆空立体化交通体系基本建成并日趋完善。航空交通方面，福建省拥有六座机场，覆盖省内一半以上地级市和约 60% 的县级节点[15]。其中，福州长乐和厦门高崎国际机场是中国华东地区重要的航空国际口岸，利于服务国际游客。海运交通方面，目前沿海港口已与上海、香港及世界上 60 多个港口通航，港口服务能力不断提升。陆路交通方面，国家高速公路网福建省境内段基本建成，形成“三纵八横”主骨架网，与浙江省、江西省、广东省等周边省份连接通道达 18 个，提升高速公路通行能力和交通出行条件。截至 2021 年底，全省公路通车总里程突破 11 万千米，已经实现“镇镇通干线、村村通客车”，增强了互联互通的枢纽功能和旅游可进入性，使景区景点交通更加便捷。总体看来，福建省初步具备四通八达、顺畅快捷、服务高效、环境优美的交通运输体系。

### （五）市场环境

党的二十大报告指出，实施积极应对人口老龄化国家战略，发展养老事业和养老产业。健康老龄化是积极应对人口老龄化的重要内容，旅游产业具有“幸福”及“健康”双重特性，融入康体、养生、保健等内容的康养旅居则有利于提高老人晚年生活质量[16]。人们的健康理念也在发生变化，从以“治病”为中心向以“健康”为中心转变，从注重“治已病”向注重“治未病”转变。健康老龄化相关产业的发展仍处于初级阶段，具有广阔的发展市场，有待发掘诸如康养旅居等产业作为补充[17]。大众健康意识的转变与提升推动着中国大健康产业的迅速发展，康养旅居作为新兴健康产业，也迎来了全新的发展机遇。



### （六）技术环境

高新技术的革新与应用有利于建设智慧康养目的地，促进旅游与现代技术相互融合[18]。在宣传方面，通过大数据、线上平台营销，健全旅游消费宣传推广机制，激活旅游消费市场。在优化游客体验方面，利用云旅游直播、“VR +”模式，深度探索目的地，享受便捷旅居服务[19]；利用新技术整合升级预约、支付等步骤，降低旅游安全风险。高新技术的应用，有利于引导和培育智能消费新模式，有利于为游客提供便捷旅居服务，有利于全面提升旅居服务质量，加快康养旅居产业的可持续发展。

## 三、福建省康养旅居发展模式

### （一）“林旅融合”康养旅居模式

福建省被誉为“最绿”省份之一，生态体系完善，林业产业发达，林业改革处于全国领跑地位[20]。“林旅融合”康养旅居模式是依托森林生态环境，开发养生、休闲、康养等相关设施和服务产品，满足游客修身养性、亲近自然、康养度假等需求。发展“林旅融合”康养旅居是践行“绿水青山就是金山银山”理念的重要方式之一，随着生态旅游产业快速发展，森林康养旅居产业顺势而起，福建省丰富的森林资源为康养旅居的发展奠定了坚实的基础。

龙栖山国家森林康养基地是福建省较为成功的案例之一。龙栖山地处闽西北将乐县与明溪县两县交界处，是国家级自然保护区，有穿山甲、南方红豆杉等珍稀动植物，自然资源十分丰富。2021 年引入将乐县玉华文旅康养集团进行运营管理，完善了食、宿、交通等配套设施，丰富了文化、森林康养服务。龙栖山森林康养服务中心和当地村民经营的小吃店可提供多样化、特色化的饮食服务；龙栖山康养服务中心和当地民宿可提供多种住宿服务，其中历史悠久的擂茶文化和西山造纸非遗文化可丰富游客的旅居生活；森林浴、森林冥想和林中溯溪等活动可以让游客充分享受森林氧吧。



### （二）“农旅融合”康养旅居模式

福建省依山傍海，土地总面积约 12.40 万平方千米，其中山地丘陵约占 80%[21]。小规模、多样化的耕地类型造就了丰富多样的农业发展模式，茶产业是不可忽视的特色农业之一，已成为福建省重要的优势特色产业；2022 年，首届中国茶叶交易会在福州市盛大启幕，促进了茶文化交流，弘扬了中国茶文化。福建省重点打造安溪等 5 个茶叶类重点现代农业产业园、安溪铁观音和武夷岩茶等 5 个优势特色产业集群，为茶业与旅游业的融合创造了有利条件。

“农旅融合”康养旅居模式是将乡村的第一产业与第三产业融合，通过发掘乡村生态景观、生活方式、文化内涵等，充分利用地区特色农业资源打造新型农旅融合的康养模式。发展“农旅融合”康养旅居有利于促进休闲农业与乡村振兴有机结合，福建安溪茶旅康养的发展最引人注目，通过科学开发茶文化旅游节、茶歌、茶艺表演、茶叶大观园、制茶体验以及茶菜肴等多种旅游活动，将茶与康养紧密结合，有力推动了农旅康养新模式的发展。

### （三）温泉康养旅居模式

福建省温泉蕴藏量大，位居全国第四，有水温高、水质好、历史悠久、文化丰富、类型多样的特点。以矿化度小于 1g/L 的淡水型为主，温泉水富含硅、氟、氡等数十种对人体有益的矿物质和微量元素，如硫磺泉、硅酸泉、氡泉等[22]。温泉对人体健康作用包括消除疲劳、预防疾病和美容养颜等。

温泉康养旅居模式是依托温泉资源，采用“酒店 + 温泉休闲”模式，满足游客休闲养生和旅游度假等需求。2010 年福建省发布了《福建省温泉旅游发展规划》，引导相关产业发展，建设了一些可圈可点的案例项目。三明市清流县的清流天芳悦潭温泉度假村的温泉资源属于世界级热氡疗养温泉，被誉为“天然药库”和“保健神泉”，是中国唯一含锗温泉，具有增加免疫细胞活性和促进抗体产生等作用。清流天芳悦潭温泉度假村以养生延寿为主题开发特色温泉，配套温泉疗养、餐饮住宿、民俗体验、生态观光等活动，能够满足游客多样化的养生、保健、康体的康养旅居需求。

### （四）文化康养旅居模式

福建省别称八闽，拥有红色文化、海丝文化和民俗文化等文化资源。福建省是中央苏区的重要组成部分和核心区域，是中国红色文化最为集中和最为凸显的地域之一[23]；作为中国海上丝绸之路的起点、发祥地和21世纪海上丝绸之路核心区，海丝文化颇为丰富；“八山一水一分田”造就了多元的民俗文化，可谓“十里不同风，五里不同俗”。

文化与康养旅居的融合是依托文化资源，开发具有特色的康养旅居产品，将当地特色文化融入康养旅居生活中，满足游客旅游休闲和精神文化需求。龙岩市上杭县古田镇依托良好的生态环境和丰富的红色文化资源，发扬“文旅融合”的发展理念，在住宿方面，拥有宾馆和红色民宿；在旅游商品方面，建成古田曙光等多个红色旅游纪念品购物商场，能够满足游客食宿游购等需求。

### （五）乡村康养旅居模式

福建省内有全国休闲农业与乡村旅游示范县10个、全国乡村旅游重点镇6个、全国乡村旅游重点村49个，全国乡村旅游示范点26个[24]。随着“美丽乡村”的建设，认证了美丽乡村示范村落400多个，发展乡村康养旅居已成为福建旅游业发展的重点之一。

乡村康养旅居模式充分利用村落的特色景观、自然风光和文化，以观赏、农事体验、特色民俗文化体验等内容，丰富游客的康养旅居生活；该模式有利于促进乡旅融合的良性发展，形成“以乡促旅，以旅兴乡”的发展之路。龙岩市永定区中华客家生态养老园是以客家养生、农耕度假为体验的乡村养老度假基地，园内谷地丘陵交错共生，有独立的山泉水系，田园谷地内果树、烟草、芋田、蔬菜自然成畦，形成了丰富的田园游憩空间，通过“农事+养生+休闲+旅游”的模式，实现乡村、健康、文化、旅游有机融合。

### （六）民宿康养旅居模式

福建省素有“山海画廊、人间福地”的美誉，拥有依山就势的客家土楼、红砖古厝的闽南民居和中西合璧的骑楼建筑，丰富的民宿资源具有浓郁的地域特色和民俗风情[25]，为福建康养旅居的发展奠定了坚实的基础。民宿康养旅居是基于民宿资源，开展风俗民情体验、静心体验等活动的康养旅居模式，满足游客休闲旅游和身心放松等需求。南平市顺昌县下沙村山哈森林康养基地以华阳畲族民宿山庄为中心，融入畲族民俗文化，开展森林禅修，畲拳健魄，畲药采摘等康养活动。基地根据不同康养群体的年龄、身体状况和心理状态，开发食、宿、医、养结合的特色森林康养产品 6 类 12 种。山哈森林康养基地的成功在于以生态古村为基础，畲族文化为主题，延伸康养产业链条。



### （七）园艺康养旅居模式

福建省自然条件优越，是中国水果、蔬菜和花卉的重要产地，2021 年花卉苗木全产业链总产值达 1165 亿元，成为福建省第三个超千亿元产值的林业特色产业[26]，丰富的园艺资源为发展园艺康养旅居提供有利的条件。园艺康养旅居是依托园艺资源，运用园林康养、作业疗法等活动使人的身心得到疗愈。泰宁县境元森林康养基地拥有由特色乡土植物和药用植物等共同组成的园艺康养园，开设了盆景、插花制作等园艺课程，以“园艺 + 自然疗愈”为主题，满足游客的康养需求。

## 四、福建省康养旅居产业发展现状

康养旅居业态的可持续发展，需要丰富的康养资源、良好的人居环境以及完备的配套设施，并由此形成康养旅居资源集群效应。福建省拥有丰富、优质的森林资源，森林康养产业发展迅速，成为大健康产业的重要载体；茶业和竹业等特色农业、闽地“福”文化、八闽红色印记等共同构建多元化康养旅居发展格局；持续深化生态环境治理，大力发展绿色低碳经济，营造了宜居的环境；持续发展综合立体交通体系，推动交旅融合发展。综上，福建省具有可持续发展康养旅居的优越条件。

### （一）政策持续推动康养旅游快速发展，着手布局康养旅居新业态

旅游业是福建省重点发展的六大产业之一，具有综合性强的特点，能促进一、二产业优化升级，带动餐饮、住宿、文化等第三产业发展。福建省不断强化“清新福建”“福文化”品牌IP，扎实推进文化强省和全域生态旅游省建设；大力发展康养产业，认证了一批森林康养小镇和基地；培育了一系列以“+康养”为主题的农、林、茶、温泉等新业态。康养旅居是康养旅游的细分业态，更加注重康体保健和修身养性，有望成为康养旅游市场经济的新增长点，政府相关部门对康养旅居产业的发展也已经重视起来。2022年，“闽宁协作—旅居养老”合作框架协议签订、三明市文化和旅游局组团赴成都市推介旅居产品，其目的皆为拓宽康养旅居业务体系。总而言之，政府在康养旅游方面充分发挥引导作用，积极出台相关政策促进康养旅游产业发展，并着手在康养旅居这一新赛道上发力。

### （二）政、校全力推进康养人才培养，积极应对产业人才紧缺难题

2016年以来，全国大力推动森林康养产业发展，福建省是发展森林康养的重点区域，三明市成为全国森林康养试点建设市并提出了发展全域森林康养规划、打造“中国绿都·最氧三明”品牌。健康旅游产业的快速发展对康养人才的数量、质量皆提出高要求，政府、高等院校、职业院校也非常重视相关人才培养。福建省林业局与中国林学会多次联合举办康养人才培训，旨在有效提升康养基地职员的康养技能和服务水平。福建农林大学开设了森林康养相关的本科专业，初步形成本硕博三级人才培养体系，大力培养一批兼具科研、实操技能的专业人才。福建生物工程学院、泉州华光职业学院也积极开设康养相关专业，为康养产业的发展培养后备军。

康养人才培养有序进行，但是，当前仍然无法满足市场需求。项目团队调研时发现基地存在康养人员数量和服务技能不足的问题。首先，康养旅居是新兴产业，诸多院校近几年才开设康养相关专业，人才仍在培养过程中，尚不能为市场提供服务。其次，一线综合服务的人员大多从“导游”身份转型而来，服务意识与能力较强，但康养专业知识和实操技能欠缺。这部分人群即使接受了森林康养师培训，在从业过程中仍感到力不从心，大多只能从旅游导赏角度带领游客进行体验，无法在实践过程中让游客深入体验康养活动、理解康养的

内涵、感受康养的功效。这也暴露了人才培养过程中存在培训时间短、培训内容与市场需求存在差异、理论与实操技能培训不完善的缺陷。

### （三）康养基地具有资源优势，但产品同质化严重，产业链不完善

近年来，福建省政府重视康养旅游产业发展，各地市也依托在地化优势资源，积极探索“+康养”业态发展，建成了一批可提供康养旅居服务的基地。其中，三明市以“森林+旅居”模式为主、武夷山市和安溪县以“茶业+旅居”模式为主、福州市以“温泉+旅居”模式为主、厦门市以“度假+旅居”模式为主等。

在实际调研过程中发现康养基地发展存在一定的问题，第一，虽然各地市具有资源差异的优势，但从实际经营产品来看，许多康养基地因康养资源挖掘和产品开发不够深入，康养产品与一般休闲度假产品区别不大，康养功能、内涵不明显，无法跳脱传统旅游项目框架，其服务内容仍以观光游览为主，并由此产生康养基地产品同质化严重的问题。第二，康养旅居产业链不完善，康养基地周边缺少相关的医养、食养、文化、体验等服务业态，无法满足旅居者多样化、多层次的丰富旅居生活。第三，许多康养基地是从度假酒店、森林人家转型发展康养业务，存在设施设备陈旧、适老设施缺乏、户外休憩场所不够、通信网络覆盖不全、指引标识不完善等问题，与市场需求不匹配，难以促进康养旅居产业可持续发展。

## 五、福建省康养旅居产业发展对策

### （一）整合资源发展康养旅居，多策并用优化产业集群

康养旅居是新兴产业，其发展与政府政策引导密切相关，相关政府部门应充分认识康养旅居产业的发展趋势。第一，积极培育康养旅居新业态，为这一新兴产业的发展创造利好条件。第二，出台具体的创业就业扶持和优惠政策，引导有条件的企业深化康养旅游业务发展，开拓康养旅居新业务；引导社会资金注入，培育一些龙头企业，引领康养旅居业态有序发展。鼓励、支持大学生返乡创业、农民转型创业，以康养旅居核心企业、景区为主体，在其周边开发

康体、娱乐、乡土特产、特色餐饮、文化等多元服务业态，加速产业链集聚。第三，产业的发展既需要政府引导，也需要政府监管。因此，建议组织相关领域专家，制定产业规范和标准，以标准引领高效发展，以规范监管高质量发展，提升康养旅居市场服务满意度，提升产业整体效益水平。

### （二）多措并举构建多类型、多层次康养人才梯队

康养旅居是健康、旅游、养生、养老等多业态融合发展衍生的新产业，其发展需要多类型、多层次的人才。需要既精通企业经营管理，也掌握一定的康养、医护等知识的复合型高层次管理人才；需要保健、护理、运动康养、森林康养等方面的专业型人才；需要具备科学研究能力的学术型人才。因此，应采取人才引进、学历教育、职业培训等多种方式构建人才体系，尽快建成管理型、专业型、应用型等多类型、多层次康养人才梯队。第一，康养旅居的发展仍处于初级阶段，相关的实证研究、课程开发与设计等方面对人才的专业度提出高要求，应鼓励更多有条件的高等院校应开始相关专业，培养一批具有研究能力，又有实战技能的专业化人才队伍。并且，可采取跨院校、跨专业合作，如医学与旅游专业合作，通过师资共享、开设讲座等方式，让学生掌握更丰富的康养相关专业知识。第二，建议由高校、企业、协会、培训机构共同合作，构建系列化、模块化的培训模式，共同制定培训内容，分层次、分模块、分阶段进行人才培养，充分利用旅游的淡季对康养基地的职员进行培训，切实提高一线工作人员的康养技能和综合服务素质。第三，康养旅居是新兴产业，企业在发展过程中难免遇到问题，人才的培养也需要实时关注市场需求。建议组织高校、协会、企业等相关单位从事康养旅居的人才，定期探讨研究成果、产业案例等，为企业发展赋能，为人才培养提供思路。

### （三）深入挖掘本土化优势资源，优化康养旅居基地产业集群

康养旅居基地的可持续发展需要特色的核心产品和完善的产业链，并将绿色、环保理念融入生活中，满足现代人需求。

第一，福建省具有森林、温泉、茶业等优质资源，各地市应立足特色资源，宣传、打造核心吸引物，根据康养人群的特征、需求，因地制宜深度开发多层次、多样化康养产品。林旅融合项目立足森林资源，着重开发森林浴等森林康养课程，深入挖掘森林文化，提升康养产品内涵。茶旅融合项目立足于特

色茶业资源，可依托茶文化、农耕文化，设计丰富的农事、茶事体验课程，促进游客与当地居民的交流，深入感受当地文化。以园艺疗法为核心的，依托良好的环境，运用芳香植物打造舒缓压力、放松身心等功效的康养花园、健康屋。

第二，建议政府通过政策引导、专项资金扶持、优化营商环境等方式，吸引一批养生、文化、食疗等以"＋康养"为主题的企业入驻，形成康养旅居产业集聚效应，构建完善产业链，打造康养旅居大社区、大生活圈，不断创造新产品，丰富旅游者的健康生活。

第三，随着社会的进步，绿色旅游、可持续旅游渐成时尚。康养旅居基地建设过程中，应完善健康设施、慢行系统、无障碍设施和互联网设施等，满足游客的健康、情感等需求；在经营过程中，倡导可持续理念，使用可再生能源、低碳环保的材料；在服务过程中，引入当地生态食材，开设养生课程，举办森林康养活动，倡导积极、健康的生活方式，促进身体、心理和精神健康。



## 参考文献

[1] 葛延风，王列军，冯文猛，等. 我国健康老龄化的挑战与策略选择［J］. 管理世界，2020，36（4）：86－95.

[2] 国家卫生健康委员会. 2021 年度国家老龄事业发展公报［R/OL］.（2022－10－24）［2023－01－11］. http：//www. nhc. gov. cn/lljks/pqt/202210/e09f046ab8f14967b19c3cb5c1d934b5. shtml.

[3] 刘贝贝，田庆丰，郭金玲. 我国中老年人群慢性病患病现状及共病模式分析［J］. 医学与社会，2022，35（08）：58－61＋66.

[4] 周先旺. 以养老服务高质量发展满足人民养老需求［J］. 人民论坛，2022（5）：6－10.

[5] 曹净植，王晓杰，陈亚平. 发展森林康养产业的思考——一种新型养老理念的探讨［J］. 黑龙江中医药大学，2019，36（5）：455－457.

[6] 周刚，罗萍，李运娥，等. 旅游养老消费者行为模式研究［J］. 荆楚学刊，2016，17（6）：36－45.

[7] 宋欢，杨美霞. 养老旅游的概念与本质［J］. 三峡大学学报（人文社会科学版），2016，38（6）：37－41.

[8] 何莽，彭菲，杜洁，等. 2021 中国康养产业发展报告 [M]. 北京：社会科学文献出版社，2022.
[9] 中共中央，国务院.《"健康中国 2030"规划纲要》[R/OL].（2016-10-25）[2023-01-11]. http://www.gov.cn/zhengce/2016-10/25/content_5124174.htm.
[10] 福州市人民政府."十三五"福建省老龄事业发展和养老体系建设规划 [R/OL].（2018-01-17）[2023-01-11]. http://www.fuzhou.gov.cn/zfxxgkzl/szfbmjxsqxxgk/szfbmxxgk/fzsrmzf/zfxxgkml/gmjjhshfzghzxghqyghjxgzc/201801/t20180123_2002493.htm.
[11] 福建省人民代表大会常务委员会. 福建省养老服务条例 [R/OL].（2022-09-28）[2023-01-11]. https://www.fujian.gov.cn/xwdt/mszx/202209/t20220930_6009253.htm.
[12] 国家统计局. 前三季度国民经济恢复向好 [R/OL].（2022-10-24）[2023-01-11]. http://www.stats.gov.cn/tjsj/zxfb/202210/t20221024_1889459.html.
[13] 刘建波. 福建森林康养业态初步形成 [N]. 中国绿色时报，2021-01-06（1）.
[14] 张莹莹，骆培聪，佘赛芬，等. 福建省旅游气候适宜性空间差异分析 [J]. 福建师范大学学报（自然科学版），2012，28（03）：79-86.
[15] 卢春房，陆化普，苏华，等. 福建省综合交通发展战略重点工作研究 [J]. 学会，2021（08）：52-58.
[16] 刘明月，张景熔. 清徐县康养旅居产业发展情况调查 [J]. 合作经济与科技，2022（22）：33-35.
[17] 王玥，林绍珍. 福建省森林旅游现状、问题与对策探析 [J]. 福建林业科技，2022，49（03）：121-124.
[18] 曾博伟. 把握经济发展新格局促进文化和旅游新突破 [EB/OL].（2021-03-17）[2023-01-11]. http://www.ctnews.com.cn/gdsy/content/2021-03/17/content_99734.html.
[19] 戚春燕，吴妍，孙俊菊，等."VR+旅游"模式的发展研究 [J]. 旅游纵览，2021（13）：105-107.
[20] 邱桂兰. 新形势下福建林业生态建设的对策思考 [J]. 中国林业产业，2022（08）：91-93.
[21] 林霜霜，陆佩兰，张海峰，等. 福建省农作物种植面积和产量变迁的特征分析 [J]. 中国种业，2022（08）：73-79.
[22] 施清. 全域旅游背景下的福建温泉旅游发展策略研究 [J]. 宜春学院学报，

2018，40（10）：52－57.

[23] 郑超群.福建红色文化研究述评［J］.长春师范大学学报，2022，41（11）：192－197.

[24] 郭重孟.基于“清新福建”视角乡村旅居养老模式研究［J］.哈尔滨学院学报，2019，40（06）：34－38.

[25] 侯艳芳，侯婷婷，李婷婷.红砖建筑典范——探究闽南古厝的魅力［J］.砖瓦，2022（02）：31－32＋35.

[26] 国家林业和草原局，国家公园管理局.福建花卉育种成就千亿元特色产业［EB/OL］.（2022－8－16）［2023－01－11］.http：//www.forestry.gov.cn/main/54/20220816/164224950735522.html.

# HB.07 广东省康养旅居发展报告

陈南江[①]　程　阳[②]　郭芹芝[③]

**摘　要：** 广东省作为中国第一经济强省，人口居中国首位，气候、温泉、森林、滨海等条件优越，交通极为便利，医疗卫生资源和服务居于前列，社会文化开放包容，开展康养旅居具备得天独厚优势。近年来，通过政府引导、多方合作、企业参与、协会推动等方式，丰富了广东省康养旅居类型，打造了一批康养旅居目的地，研发了系列产品，发展前景可期，有望成为新的经济增长极和产业新业态。

**关键词：** 广东省；康养旅居；发展报告

贰　区域发展篇

## 引言

康养旅游，是以健康养生为目的的旅游活动。由于康养资源、康养设施、康养服务、康养品牌等原因，人们往往舍近求远，离开常住地去另外一个地方进行康养活动，这就是康养旅游，例如去广西巴马疗养，去海南过冬，去温泉或海滨长时间度假，去瑞士蒙特勒、韩国首尔明洞、日本北海道等地进行健康检查或者医美治疗。

康养市场分为：老年退休人群、亚健康人群、病患人群三种人群，相应的康养旅游基地划分为疗养旅游基地、养生旅游基地和医疗旅游基地 3 种。

---

① 陈南江，旅游规划博士，广东省社会科学院副研究员，研究方向：旅游规划、康养旅游、旅游文创。

② 程阳，管理学硕士，广州市红十字会医院医务科，研究方向：医疗旅游，康养旅游。

③ 郭芹芝，管理学硕士，广东省人民医院国际健康研究中心，研究方向：医养结合。

## 一、广东省发展康养旅居优势突出

广东省康养资源丰富，经济稳居全国榜首，医疗水平雄厚，交通条件便捷，服务水平领先，常住人口上亿，综合康养竞争力水平居于中国前列。

### （一）康养旅居资源丰富

广东省是中国旅游发展大省，综合竞争力排名第一[1]，主要旅游资源有白云山、丹霞山、西樵山等风景名山；珠海、深圳、惠州、湛江、阳江等滨海风光；南岭、南昆山等森林公园；佛山清晖园、番禺宝墨园等别具一格岭南园林。食在广东，“早茶文化”为代表的粤菜美食和精致高档的潮州菜享誉海内外。广东省气候以亚热带海洋性季风气候为主，冬天较北方更为温润，夏季不如海南岛暴晒，增强了冬季避寒的吸引力，近年在珠海市、深圳市过冬的北方游客已有很大规模。此外，广东省是温泉大省，已经形成了一定的规模和中国影响力，广东省也是南药大省，广东人喜欢养生，各种药膳在日常生活中都会接触到，广东省还有广袤的山林、漫长的海岸线和众多的海岛。文化方面，广东省的六祖禅宗文化、罗浮山道教文化以及壮族瑶族民族文化都可以与养生相结合，人文、建筑等康养旅居旅游资源也在中国有着很大吸引力。

### （二）经济稳居中国榜首

改革开放以来，广东省地区生产总值排名常年稳居中国第一，是中国第一经济大省。2022 年广东省居民人均可支配收入 37533 元[2]，有钱又有闲，使得广东省既是康养旅居的客源地，又是康养旅居目的地。加之粤港澳大湾区已上升为国家战略，广东省与港、澳的地区间交流合作日益密切，本地区已跃升成为全球经济最为开放、创新业态良好发展、康养旅居最具经济基础和现实需要的湾区，康养旅居业态发展优势最为突出。

### （三）卫生资源稳步增长

2021 年底，广东省医疗卫生机构已近 5. 8 万家，综合医院 955 家，三级医院254家。基层医院和民营医院增幅较大[3]，占比不断上升。医疗机构职工人数，全省每千人口占有的床位数，每千人口享有的执业（助理）医师人数、护理人员数量，年度诊疗人次，出入院人次，四级手术占比等均呈现稳步增长态势。中山大学医学院、南方医科大学、广州医科大学等医学院林立，广东省人民医院、中山大学附属第一医院、香港大学深圳医院等医疗机构在广东省高水平医院建设的浪潮中，综合实力、学科建设、患者满意度等方面均有了较大提升。中医中药受到广泛推崇，“煲药膳汤”是老百姓日常生活的重要组成部分，鹤年堂、扶元堂、广药集团、白云山制药等一批中医药企业蓬勃发展。



### （四）人口总量增量第一

根据国家统计局第七次全国人口普查情况，2022年初，广东省常住人口已超12684万人，与第六次全国人口普查相比，增加2170万人[4]，其中60岁以上人口1566万。广东省无论是人口总数量，还是人口增加量，均居中国第一。港澳台居民、外籍居住人员，也位列中国第一。发展康养旅居业态有着雄厚的人口基础，拥有着可观、可及的客户人群。粤港澳大湾区6000多万人，自身就是庞大的有消费力的康养市场。香港也已推出了促进香港老年人到广东省养老的“广东计划”，在广州市、深圳市、惠州市、中山市、东莞市设置中心为香港老年人派发表格提供服务，为选择移居广东省的香港长者发放高龄津贴“生果金”，大量香港老年人愿意到广东省来享受老年生活。

### （五）交通便利先行示范

航空方面，广州白云国际机场、深圳宝安国际机场等机场年旅客吞吐量居全球前列；高铁方面，广东省已实现高铁21个市全覆盖，高速公路、城市轨道交通均居于中国首位[5]，极大便利了康养旅居旅游者的出行。此外，从南沙国际邮轮母港、招商蛇口邮轮母港起航的邮轮旅游航线日益增多，越发成为康养旅居过程中新的旅游吸引物。从交通便利性角度评价，广东省拥有便利的海陆空一体化交通体系，极大方便康养旅居人群的出行，康养旅居供应商产业链、供应链更便捷，成本更低，效率更高。

### （六）服务水平居于前列

广东省经济活跃程度和市场经济开放程度居于中国前列，产业齐全、配套充裕、供应得力，服务型政府建设以及市场经济主体服务意识也位于中国前列，可以为康养旅居人群提供更细心、贴心、安心、放心、温馨、到位的旅游服务和体验。

## 二、广东省不同类型康养旅居基地建设情况



长期以来，广东省以其相对温和的冬季气候、相对亲民的消费水平，吸引了很多北方居民来广东省避寒旅居，其中以珠海市、深圳市为主要基地，北方很多大企业甚至政府部门在此建设了很多干部疗养院，近年来，惠州巽寮湾、湛江鼎龙湾、阳江海陵岛等也吸引了很多北方居民自发地前来购房避寒旅居。为更好应对老龄化带来的挑战，无论从国家层面，还是各省市都极力推动康养旅居产业的发展，卫生健康主管部门、文化旅游主管部门、林业管理部门等通过出台规划措施，建立系列操作标准，设立示范基地等方式，推动康养旅居产业发展，康养旅居目的地和项目正在迅速布局、建立、发展、崛起。按照分类，康养旅居目的地可囊括温泉康养旅居、滨海康养旅居、森林康养旅居、田园康养旅居、医疗康养旅居、社区康养旅居和文化康养旅居等不同类型。

### （一）温泉康养旅居

温泉是康养旅居的重要条件之一，温泉品质和知名度、配套设施是康养旅居客户选择目的地的重要参考指标。广东省拥有非常丰富的温泉资源，配套设置较为完备。如广州市从化区温泉数量众多、种类繁多、价格优惠、环境优美、交通便捷、特色鲜明、配套齐全，可为康养旅居客户提供舒适、优雅的温泉康养旅居选择。珠海海泉湾和御温泉、清远狮子湖、河源客天下、中山温泉等都特色鲜明，富含对身体有益的微量元素，深受游客欢迎和喜爱，具备成为康养旅居目的地的优势和条件。

### （二）海洋康养旅居

广东省拥有中国第一的海岸线长度，达到4100多千米，21个地级以上城市中，沿海城市多达14个，有诸多沙滩、海岛，开发了众多海滨浴场和海滨度假区。其中规模较大的有惠东巽寮湾、阳江海陵岛大角湾和十里银滩、深圳大小梅沙、汕头南澳岛、江门上下川岛、茂名浪漫海岸等，有些成为国家5A

级或4A级旅游景区、省级旅游度假区。但是，海洋康养设施尚未完善，没有整合康养机构利用海泥、海藻、海盐、海风、海水等开展理疗，实际上还处于海洋度假层次，导致市场运营的季节性十分明显，冬半年成为明显淡季。

### （三）森林康养旅居

广东省森林面积1.58亿亩，森林覆盖率达到58.74%，位居全国前列[6]。为加快森林康养发展，广东省出台了《广东省森林康养基地建设指引》《广东省森林旅游发展规划（2021—2035年）》等政策文件，编制森林康养专项规划，组织广东省森林康养基地评选和复审，已建设河源市野趣沟森林康养基地、惠州市安墩水美森林康养基地等国家森林康养基地5个，广州市石门国家森林公园、肇庆市奇石河森林康养基地、韶关灵溪河森林康养基地等广东省级森林康养基地（试点）53个，是健康、宜养、宜居、宜游的森林康养旅居目的地。

### （四）文化康养旅居

广东省拥有悠久中医药文化传承，截至2022年初，已建成有11个国家级的中医药文化宣传教育基地，遍布广东省珠三角和粤东粤西市县，具体包括广东中医药博物馆、广州神农草堂中医药博物馆、岭南中医药文化博览园、广东省中医院（广州中医药大学第二附属医院）、惠州罗浮山风景名胜区等中医药博物馆、文化馆和中医医院。广东省已设置有40家“中医药文化养生旅游示范基地”，18家被列为“广东省中医药文化养生旅游建设单位”。此外，广府文化、潮汕文化、客家文化等岭南文化汇聚于此，粤剧、非物质文化遗产、民俗文化、妈祖文化等都别有特色。韶关南华寺、广州光孝寺、潮州开元寺等历史悠久、香火旺盛、影响深远，是文化康养旅居的重要目的地选择之一。云浮市新兴县是佛教高僧六祖惠能的故里，在国恩寺附近打造了禅域小镇这个“禅宗”主题文化康养目的地，吸引了无数信徒和旅游者。

### （五）医疗康养旅居

2017年，中国批准中国（广东）自由贸易试验区广州南沙新区、海南博鳌乐城国际医疗旅游示范区等 13 家单位率先进行第一批健康旅游示范基地建设工作，为中国健康旅游事业发展发挥进行探索和示范引领。南沙新区已引进中山大学附属第一人民医院、广州市第一人民医院等多家医疗机构，医疗资源得到极大丰富，打造高端的医疗康养产业。此外，很多国外医疗机构也进入广东省，如以色列马诺医疗中心，美国善福德医疗机构，瑞士领誉医疗、和睦家等，可为开展医疗类的康养旅居客户提供了较多选择。

### （六）乡村田园康养

近年来，随着乡村振兴战略的稳步实施，不少居住在城市的人员中意于回归乡村田园，或者退休后选择到天园乡间旅居一段时日。康养旅居成为乡村振兴的重要产业支撑。河源市紫金县天境康养山村、清远市连山壮族瑶族自治县、惠州罗浮山、惠东县安墩镇等特色小镇等项目已经开展探索实践，有望将康养产业打造为特色产业，帮助乡村振兴和共同富裕。

### （七）社区养老旅居

居民在社区养老，或者购置房产 + 康养旅居等模式，购买会员、保险等方式。社区养老项目主要有广州市在每个镇和街道设置一个综合养老服务中心、长者饭堂等，成为“颐养中心”，服务于本区域老年人。其他模式主要项目有越秀康养构建的“医养机构 + 康养社区 + 居家养老”模式，泰康打造的大规模、全功能、国际标准的医养结合社区，富力颐安广州国际颐养社区，鼎龙湾滨海社区康养旅居目的地等。

## 三、广东省发展康养旅居的弱势

### （一）康养旅游示范基地建设相对落后

国家近年来持续推动康养旅游发展，2016 年国家旅游局发布了康养旅游示范基地标准。2017 年国家命名了江苏泰州中国医药城、河北以岭健康城、黑龙江五大连池等 5 个康养旅游示范基地，广东省没有一个列入其中。贵阳中铁太阳谷被住建部列为国家养生养老示范基地，海南博鳌乐城建设了国家级的医疗旅游先行示范区，成都市建设了数十平方千米的国际医学城，广东省在这些类型的康养产品建设方面比较滞后，缺乏全国标杆性的康养旅居基地。

### （二）养生酒店产品有待完善

康养基地最核心的空间形态是养生酒店。世界养生酒店联盟（HHOW）对“养生酒店”有明确的要求：个人诊断和健康咨询、个性化的健康饮食和营养、理疗（医学或替代疗法）、功法和活动、课程和教育，这五大要素缺一不可。国内已经有北京海湾半山温泉酒店被 HHOW 认可为白金会员养生酒店，杭州热土庄园、成都道源圣城、北京太申祥和等也是业内比较有影响的养生酒店。广东省还没有 HHOW 认可的真正意义的养生酒店，新兴县的禅泉酒店和韶关市的经律论酒店只是探索性地开发了一些文化康养产品。

### （三）尚未培育康养旅居龙头企业

目前广东省的康养旅居基地，要么是外地品牌在广东省的连锁产品，如泰康之家在广州市的穗园、在佛山市的禅园、在深圳市的鹏园；要么是本地企业的试水产品，还在盈利模式探索与构建阶段，尚未形成连锁化品牌，如增城香江健康山谷、清远狮子湖、珠海海泉湾、新兴禅域小镇、韶关经律论酒店。

## 四、广东省典型康养旅居基地介绍

### （一）泰康之家·粤园

泰康之家·粤园是泰康保险集团在粤港澳大湾区打造的第一家高品质养老社区，也是其在华南地区的第一个标准化医养社区。位于广州市黄埔区，占地面积约 6 万平方米，建筑面积约 12 万平方米，绿化率 35%，总户数约 1200 户，会所配套面积近 10000 平方米，投资约 18 亿元。

泰康之家·粤园是泰康打造的大规模、全功能、国际标准医养结合社区，2017 年开业。社区引入国际标准 CCRC 养老模式，提供独立生活、协助生活、专业护理、记忆照护等服务，满足不同年龄阶段及身体状况长者的养老需求，能提供居住、餐饮、医疗护理、文化娱乐、健身运动等全方位、多层次的高品质生活（见图1）。

图1　泰康之家·粤园



社区内设有大堂、康体中心、文化娱乐中心、食堂、医疗中心，配备独立生活区、协助护理区、专业护理区及记忆照护区四种户型，构建完整的社区居民健康管理体系，致力于打造中国医养产业卓越品牌。

泰康之家·粤园配套建设广州泰康粤园医院，会集了国内诸多医学专家，提供综合门诊、老年医学、康复医学、健康管理、体检服务、急诊绿通等医疗服务，同时还有中医养生馆，进行慢性病调理和亚健康调理。泰康遵循“医养结合”理念，并且引入老年人迫切需要的慢性病管理、急救和康复，为居民提供24小时紧急医疗救助、三甲医院绿色通道转诊、私人医生等服务，居民不出社区即可享受高品质、便捷的医疗服务，挂号、看病、医保结算。

社区创新实践“1 + N”多学科照护模式，每个入住社区的居民，身边都围绕着一个专业团队，由全科医生、康复师、社工、生活管家、健康护理人员、营养师构成，全方位照护社区居民的健康，从短期治愈需求向满足长期健康生活要求转变。

项目获得的荣誉有世界最高绿色建筑评估标准体系——LEEDHC 绿色医疗建筑金级认证、广东省民政厅评为“五星级养老机构”“2020 羊城金牌养老机构”称号，入选“健康中国 2019 年度十大医养项目”。

入住泰康之家·粤园需缴纳 20 万元的入门费（相当于押金），根据入住的房型不同缴纳数额不等的月费，餐费按照就餐情况支付。客户购买五个档次、不同金额的乐泰财富卡（一笔可退还的居住押金），获得会籍，可以享受不同级别的优惠（见图 2）。

5挡乐泰卡特惠入住价格

独立区入住特惠价格（有效期：2021年1月1日—2021年9月30日）

| 挡位 | 收费标准 | 一居室 | 舒适一室一厅 | 温馨一室一厅 | 温馨两居室 |
|---|---|---|---|---|---|
| 1挡 | 乐泰财富卡（万元/户） | 20 | 30 | 40 | 60 |
| | 第1人月费（元/月） | 7,133 | 11,317 | 14,300 | 23,67 |
| 2挡 | 乐泰财富卡（万元/户） | 40 | 60 | 80 | 120 |
| | 第1人月费（元/月） | 6,300 | 10,067 | 12,633 | 20,867 |
| 3挡 | 乐泰财富卡（万元/户） | 60 | 90 | 120 | 180 |
| | 第1人月费（元/月） | 5,467 | 8,817 | 10,967 | 18,367 |
| 4挡 | 乐泰财富卡（万元/户） | 90 | 135 | 180 | 270 |
| | 第1人月费（元/月） | 4,217 | 6,942 | 8,467 | 14,617 |
| 5挡 | 乐泰财富卡（万元/户） | 110 | 165 | 220 | 330 |
| | 第1人月费（元/月） | 3,383 | 5,692 | 6,800 | 12,117 |

备注：(1) 如为两人入住的，第二人月费为2200元/月（如：一个人住月费为7133元/月，两个人住月费为9333元/月）
(2) 餐费预估：1800元/人/月（60元/人/天）
(3) 入门费与乐泰卡为入住押金，退费规则详见《入住协议》

图 2　泰康之家・粤园入住价格

## （二）增城香江健康山谷

香江健康山谷，坐落在增城派潭镇白水寨风景名胜区，50 分钟直达广州白云国际机场。香江健康山谷引进国际流行的香江 Wellness 健康理念，打造涵盖环境、身体、心灵、社交四个维度的健康体系；设立温泉主题酒店、香江疗养院、墅式地产企业会所、大丰门景区四大综合业态。锦绣香江温泉酒店依山而建，豪华温泉酒店提供体贴悉心的金钥匙服务。酒店坐拥岭南第一飞瀑白水寨瀑布，尽收卧佛山灵秀之气，是原生态避世静修的胜地。

香江健康山谷的温泉水属稀有的苏打型温泉，温泉中富含 78 种有益人体微量元素，如钙、铁、锌、钾、硒、钠、镁、铵、氟、锰、钴、钼、钒、锡、砷、铬、硅、碘、铜等，水质无色透明，出水量大，水位高，水温 68℃，pH 值 9.09，矿物质含量丰富，且不含有毒有害物质。泉水中最主要成分是碳酸氢钠，溶于水后能释放出大量的二氧化碳，形成苏打气泡，苏打蒸汽被皮肤吸收，进而刺激毛细血管，接受刺激后，血管扩张，血糖值和心脏负担降低，血压得到调整，同时也有助皮肤保湿，对过敏性肌肤十分有帮助。水中的二氧化碳小气泡能浸透和穿过毛孔及皮肤的角质层给皮肤表面彻底清除杂质，促进皮肤肌肉的血液循环，获取了氧分及其他营养成分，从而使细胞的新陈代谢旺盛不衰。

香江健康山谷温泉区有68个中药主题温泉，分为抗疲劳区、美容保健区、老年保健区、儿童区、脊柱保养区、五脏调理区等。不同的汤池有着不同的养生功效。

（1）冰火泉：冷热交替泉水，顺应中医阴阳理论，促进人体血液循环和皮下脂肪“燃烧”。

（2）五行泉：借助五行元素的能量，净化身心，重塑形体。

（3）童智泉：泉水配合益智玩具，有助于开发智力，寓教于乐。

（4）天池泉：理气安神，畅情解郁，有效缓解工作压力大，情绪紧张，舒缓助眠。

（5）果汁泉：水果精粹，借助温泉适度的热力，香肌美颜。

（6）脊柱按摩泉：通过高速泉水按摩脊柱，让劳损的肌肉得到放松，脊柱关节得到修复。



香江健康山谷酒店是一座中医养生温泉酒店，融合了欧式建筑风格，拥有268间各类豪华客房、顶级生态私密家园林及中医养生温泉区、养生餐厅、近400平方米的豪华宴会厅及多个多功能会议厅、开放式恒温泳池、蝴蝶会KTV、24小时便利商场、网球场、健身房、网吧、阅览室、瑜伽室等服务配套设施一应俱全（见图3）。

图3　香江健康山谷酒店

香江健康医疗中心携手广东省中医院以及国际著名医美抗衰老年轻化管理体系ESCLINICOS，聘请广东省中医院副院长杨志敏，国际手法医学联合会常务副主席、深圳平乐骨伤科医院原副院长陈汴生等中西医大家，引进世界前沿西医疗法以及气化针灸、郭氏正骨术等经典中医疗法，汇集综合代谢管理、中医治未病、医学 SPA、医美抗衰、深度功能性测评五大主题的服务体系。投入尖端仪器设备，充分利用风景区的空气、水、泉、山、林、阳光等都市稀缺的优质自然资源，打造一站式高端亚健康治疗与养生基地。为追求高品质生活的客户提供整体健康管理定制服务，中西医强强联手，缔造现代都市人的 360° 生命资产管家（见图 4）。

图 4 香江健康疗养院

香江疗养院提供来自美国、英国、俄罗斯、韩国等国顶尖的全方位体检设备，以及北京 301 医院名医远程会诊服务，共有 42 个专科，30 分钟即可出具诊断报告。此外，还与广东省中医院、北京协和医院、中山大学孙逸仙纪念医院等建立了名医就诊特别通道。香江疗养院提供持续健康管理服务，整合全球名医资源，开展一对一健康服务，通过云平台提供快速诊断服务。与广东省中医院合作，不断研发健康养生产品，包括养生食谱、健康药枕、养生调理包等。

香江健康山谷提供以下收费课程：

（1）急速瘦身课程。私人教练一对一教学，针对时间有限或者短期来访的客户，在 90 分钟内的局部训练，让客户对腹部腰围、手臂、臀部得到改善，起到立竿见影的效果。通过这个课程，客户亦能学习到身体局部全方位的训练方法。

（2）全身塑形课程。专为客户私人定制的训练课程，通过健康中心韩国 Inbody 身体成分分析仪对客人的身体检测报告，了解到客人的身体状况，并制订相应的科学系统的健身训练计划，让客人学习到各个肌肉的训练方法、如何全方位有效地改善体型。

（3）拉伸课程。通过专业的香港康复拉伸学会拉伸师的拉伸手法，帮助客人拉伸全身18组肌肉，并教导客人在日常生活中如何主动拉伸，缓解肌肉酸痛，保持关节健康，预防关节、肌肉劳损。

（4）手法筋膜松解课程。专业筋膜链松解手法，帮助客人松解整体肌肉筋膜链，通过一节课程立刻改善身体的柔韧性，缓解慢性疼痛，改善不良身体姿态，让身体重新回归自然平衡的状态。

（5）户外大自然团体普拉提。结合大丰门景区优美的自然环境，身处负离子含量11238个/立方米的天然氧吧，带领客人完成全身一整套的经典普拉提动作，让身心放松的同时，享受与大自然融为一体的运动体验。

香江健康山谷还提供以下免费课程：

（1）瑜伽静态拉伸课程。每周定时开课。目的在于让客人入住后，在享受温泉之前，学习一些简单的可以自己完成的静态拉伸方法，从而让客人在享受温泉的同时，放松一些紧张的肌肉，得到更好的用户体验。

（2）垫上普拉提课程。每周定时开课。此课程为简单的垫上肌肉控制团体训练课程。有效舒缓客人紧张状态的同时，可以让全身肌肉得到适当训练。

### （三）清远狮子湖健康休闲度假区

狮子湖健康休闲度假区位于清城区横荷街狮子湖大道，占地1.26万亩，由颐杰鸿泰发展集团开发，以“城际商务休闲综合体”为模板，致力于成就休闲生活的新地标，囊括超五星级酒店、国际锦标级高尔夫、温泉度假、游艇、文化博览园、健康休闲和高端物业6+1板块。此外，国际学校、温泉度假区、生活配套区现已全面启动，规划的温泉度假中心和被广东省列为省重点工程的五千年文化博览园也在筹建中（见图5）。

图5　狮子湖喜来登全球旗舰酒店

狮子湖喜来登全球旗舰酒店是阿拉伯风情超五星级酒店，集地中海四大文化主题为一体的全球旗舰酒店，重塑一千零一夜的传奇。酒店建筑面积达9.8万平方米，坐落于风景绝佳的狮子湖之畔，集地中海四大古代文明文化主题于一身，酒店拥有349间五星级酒店客房、带私人游艇码头的总统套房、顶级SPA房、意大利餐厅、中餐厅、20000平方米超大会议中心等，尽显尊贵。狮子湖乡村俱乐部是国际锦标级高尔夫球场、中国十佳俱乐部，两个高尔夫球场风格迥异，浑然天成（见图6）。

图6 狮子湖医学健康管理中心

狮子湖医学健康管理中心是全球顶尖防癌技术和服务的专业平台。作为世界卫生组织上海中心认定的全国高端长寿基地、原卫生部认定的"卫生部科技发展中心肿瘤个体化用药研究基地广东检测中心"、原科技部认定的"国家南方生物芯片基因研究中心广东分中心"、原卫生部医促会认定的"抗衰老健康基地"、中国保健营养理事会认定的"养生健康研究中心"，狮子湖医学健康管理中心配备了国际医学奖得主、中国两院院士、中国国医大师为核心的顶级学术委员会。狮子湖医学健康管理中心秉承"排除生命暗礁，提高生命质量"的经营理念，为会员提供超早期癌症基因突变检测、全基因组测序、环境致癌物排除（超过一百种）、全球医疗专家团队在线视频咨询、全球医疗资源VIP绿色通道、国内养疗大师康复服务、15种疑难病症康复等高端服务。

### （四）富力颐安·广州国际颐养社区

富力颐安·广州国际颐养社区是富力集团旗下高端康养项目，与美国

UCLAHealth 国际医院（美国加州大学洛杉矶分校医疗中心）深度合作，为老龄人群提供全龄化、专业化、高品质的一站式医养结合养老生活服务。项目位于广州市番禺区 105 国道与汉溪大道交叉口西北角，交通便利、配套成熟，临近华南快速和东新高速，毗邻 7 号线钟村和谢村地铁站，距离广州南站约 3.5 千米，距离长隆旅游度假区约 2 千米（见图 7）。

图 7　富力颐安·广州国际颐养社区

项目由健康荟、国际颐养社区、持续照料社区、长者照护之家、生态康养公馆五大产品构成，整体计容面积 4.5 万平方米，总建筑面积约 7.29 万平方米，包括 2 栋康复楼、1 栋护理楼，提供约 438 套活力养老公寓、189 张护理床位。项目自建 2000 平方米康复医疗中心，比邻广州富力 UCLA 附属国际医院，全力打造 5 大卓越中心，为社区老人足不出户享受全球顶尖医疗服务提供便利。广州富力医院 UCLAHealth 附属医院，该医院由富力集团投资建设，联合加州大学洛杉矶分校医疗中心合办的高端国际医院，是 UCLAHealth 在中国设立的首家附属医院，规划占地面积 4 万平方米，拥有 277 间单间病房。医院将以符合国际医疗卫生机构认证联合委员会（JCI）的标准和医疗信息与管理系统学会（HIMSS）双认证双标准进行运营。开业后全力打造五大中心—癌症、心脏、外科、内科和妇儿五大中心，以及耳鼻喉、眼科、康复等特色科室。

富力颐安·广州国际颐养社区引入美国知名康养品牌“魅力花园”标准化的服务理念和体系，结合中国本地化实践，以营造长者温馨的“家”以及打造专业化服务为理念，从高品质餐饮、新型邻里关系、实时交互体验、全方位深度医养结合、亲情式护理等方面倾力提炼高品质全方位的五大运营特色，构建五大配套中心，承载满足长者老有所养、老有所医、老有所学、老有所乐的全方位需求。倾力打造高品质全方位的六大服务体系：生活服务、健康服务、快乐服务、物业服务、餐饮服务、尊享服务。

富力颐安·广州国际颐养社区将通过大数据进行信息化健康管理，打造每位老人专属的“私人医生”，App 推送健康报告、定期于专业评估室进行健康评估；自建广州富力 UCLA 国际医院，导入美国医院管理模式，UCLA 五大卓越中心专治老人疑难大病。全国互联诊疗、绿色通道，让每位入住的老人都享受到一流医院的服务。



## 五、广东省发展康养旅游产业推进措施

政策层面，康养旅居产业涉及卫生健康主管部门、民政部门、林业部门等多个部门，建议广东省政府统筹建立康养产业发展工作专班，将旅居业态作为重要组别推动发展。在全省角度，做好康养旅居资源摸底和整合、出台专项发展规划和指引，选择一批试点市区和基地项目，在税收、审批、用地、人才培养等方面给予重点支持和扶持。推动康养专家智库组建、成立促进会等学术组织、加快学术交流平台建设，为广东省康养旅居产业发展建言献智。设置康养产业发展专项科研项目，对康养旅居客户进行抽样和对照研究，为康养旅居对指标研究人群健康效用提供翔实数据支撑，开发一批适宜市场需求的森林、温泉等康养旅居产品。举办康养旅居研讨会、推介会、康养大会等广东省级、市级的品牌项目，加强与其他省市的交流与合作，如龙门与世界温泉与气候养生联合会的合作，举办中国（罗浮山）国际养生大会等。

发展康养旅游，广东省主要面临四个问题：企业对于如何研发康养产品、如何提供康养服务缺乏研究和学习。政策体系不完善，支持力度不足。康养旅游企业和基地缺乏专业的康养服务和管理人才。旅游度假区的客流量波动大，平日游客太少，影响康养机构的合作积极性和主动性。

总结国际国内康养旅居的发展经验，今后广东省康养旅居基地建设应当做到以下几点：一是要充分挖掘现有的温泉、森林、文化等康养资源，开发市场竞争力强的康养旅居产品；二是要积极整合医疗资源，鼓励医疗机构与康养基地的合作，特别要发挥慢性病、老年病、中医、康复等学科和专家的作用；三

是要康养和度假相结合，做到淡市不淡；四是要形成广东文化特色，实现全产业链和供应链产业融合、协同发展；五是康养项目要尽量全龄覆盖，尤其是“一老一小”的重点覆盖，探索康养旅居服务体系；六是康养基地要注重盈利模式构建，探索适宜自身发展的盈利点；七是首先做好养生酒店，拓展旅居基地内的吃住行游购娱等综合服务项目；八是尽早形成品牌并实现异地连锁，打造康养旅居品牌和广东省产业影响力。

在“健康中国”国家战略背景下，健康产业已经成为新常态下经济增长的重要引擎，国民对健康的理解更为关注、重视及深刻，大健康时代已全面来临。随着大众旅游时代的推进，追求健康和精神享受，也成为休闲度假旅游的主要诉求，“康养” + “旅游”迎来黄金发展时期。广东省要打造康养旅游大省，企业是主力，政府应积极推动，开展四个方面的工作：形成行动纲领，出台积极政策；开展活动会展，加大宣传力度；重点发展，打造龙头项目和龙头企业；加大人才队伍建设，解决护工短缺的问题，实现人才支撑产业快速发展。



## 参考文献


[1] 赵利民，龙梅. 广东旅游资源概论［M］. 北京：中国人民大学出版社，2018.

[2] 黄应来. 去年粤居民人均可支配收入超 4.7 万［N］. 南方日报，2023 - 01 - 19（A08）. DOI：10.28597/n.cnki.nnfrb.2023.000509.

[3] 2021 年广东省医疗卫生资源和医疗服务情况简报，2022. http：//szyyj.gd.gov.cn/zwgk

[4] 广东省统计局 广东省第七次全国人口普查领导小组办公室. 广东省第七次全国人口普查公报［N］. 南方日报，2021 - 05 - 15（007）. DOI：10.28597/n.cnki.nnfrb.2021.003135.

[5] 广东省交通运输厅关于印发交通建设市场信用管理办法的通知［J］. 广东省人民政府公报，2022（5）：17 - 24.

[6] 许盈盈，吴焕忠，郑镜明，等. 林调 70 年，助力广东林业高质量发展——广东省林业调查规划院建院 70 周年纪实［J］. 林业与环境科学，2022（S1）：3 - 5.

# 叁

# 市场分析篇

# HB.08 中国温泉康养旅居发展现状与前景

郑英花① 郑毅敏② 刘 莹③

**摘 要：** 在庞大的市场需求推动下，在国家政策的战略支持和保障下，温泉康养旅居以其独特的健康、养生优势和文化魅力，备受消费者的青睐，逐渐成为旅游发展的新潮流。各级政府及主管部门已相继出台各项支持政策，制定并发布了行业建设标准及规范。本报告认为中国温泉康养旅居业尚存在以下问题：行业发展缺乏统筹、资源开发不完善、康养功能未充分体现、专业化人才匮乏、缺乏有效监管等。温泉康养旅居业要实现快速、高质量发展，需全力做好以下几方面工作：统筹规划科学布局，确保高效、可持续性发展；以健康促进为目标，以需求为导向，提供全方位康养服务；强化人才培养，打造高素质、专业化人才队伍；加大监管力度，营造优质旅居环境。

**关键词：** 温泉；康养旅居；健康；发展



## 引言

随着中国社会经济发展和物质生活水平的日益提高，人们越来越注重精神文化生活需求的满足。同时，中国人口老龄化态势严峻，亚健康人群规模不断

① 郑英花，公共卫生硕士，大连理工大学附属中心医院护理部主任，研究方向：医疗健康管理、公共卫生管理、护理管理、护理教育。

② 郑毅敏，工商管理硕士，大连大学经济管理（旅游）学院副教授，研究方向：市场营销、游客行为。

③ 刘莹，研究生在读，中国医科大学护理学院，研究方向：公共卫生管理、护理教育、护理管理。

扩大，人们的健康意识和消费观念正逐步从被动医疗向主动健康管理发展。2016 年，国务院印发了《“健康中国 2030”规划纲要》[1]，强调要把健康摆在优先发展的战略地位，提出要积极促进健康与养老、旅游、健身休闲等融合，康养旅游业在政策引导下，顺应市场需求而得以发展。康养旅游是通过养颜健体、营养膳食、修心养性、关爱环境等各种手段，使人在身体、心智和精神上都达到自然和谐的优良状态的各种旅游活动的总和[2]。其中，温泉康养旅居凭借温泉地良好的生态环境、丰富的自然景观，以及温泉所具有的帮助改善体质，增强抵抗力和预防疾病等保健功效而为人们普遍接受和认可，已成为康养旅居的重要资源，推动了康养旅居与健康促进、养老养生、医疗和中医药等领域的相互融合与协同发展。

## 一、温泉康养旅居业发展现状



中国的康养旅居业起始于各类疗养院、休养所，随经济市场化改革起步并发展。进入 21 世纪以来，特别是党的十八大明确提出“健康中国”战略之后，国内大众旅游业渐渐兴起并逐步走向成熟。2014 年，国务院发布了《关于促进旅游业改革发展的若干意见》[3]，以促进经济平稳增长、改善生态环境及提高人民生活质量为目标，提出积极发展休闲度假旅游，并提倡特色医疗、保健疗养、美容养生等医疗旅游。自此，以健康为基本诉求，包含修心养性、自然和谐等心理与环境健康的康养旅游形式，逐渐成为旅游发展的新潮流[4]。温泉康养旅居作为医疗旅游的细分行业，依托温泉及其相关配套设施，充分展现了有益健康的生态优势，逐步进入快速、高质量发展阶段，促进了康养业和国民经济的进一步发展，取得了令人瞩目的成绩，且未来发展前景广阔。

### （一）政策支持、健康所向，温泉康养旅居业发展前景可期

#### 1. 国家战略支持为温泉康养旅居业发展提供助力

2016 年，国务院发布《“十三五”旅游业发展规划》[5]，确定了“十三五”时期中国旅游业发展的总体思路、基本目标、主要任务和保障措施，为旅游业发展提供政策支持与行动指南。其中，关于优化旅游产品结构中提出要大力开发休闲度假旅游产品，温泉项目涵盖其中；实施“旅游 +”战略中则

强调要促进旅游与健康医疗融合发展，建设一批健康医疗旅游示范基地，发展温泉旅游，建设综合性康养旅游基地，促进旅游业的转型升级。同年，国家旅游局发布了《国家康养旅游示范基地标准》[2]，并评定了河北以岭健康城、黑龙江五大连池、江苏泰州中国医药城、湖南灰汤温泉、贵州赤水五个“国家康养旅游示范基地”，为全国康养旅游基地建设提供规范，使温泉康养旅居从业者能够精准开发，有的放矢地提高和完善服务设施，推动温泉康养旅游业的良性发展。

2021 年 6 月，文化和旅游部发布了《“十四五”文化和旅游发展规划》[6]，对未来五年文化和旅游发展谋篇布局，提出要发展康养旅游，推动国家康养旅游示范基地建设。2022 年 7 月，国家发展改革委、文化和旅游部联合印发了《国民旅游休闲发展纲要（2022—2030 年）》[7]，提出保障旅游休闲时间等 10 项重点任务，旨在进一步优化中国旅游休闲环境，完善相关公共服务体系，提升产品和服务质量，丰富旅游休闲内涵，促进相关业态融合。这些政策为温泉康养旅居业的快速、高品质发展奠定了坚实的基础。

**2. 经济发展带动消费观念的转变，温泉康养旅居业日渐兴起**

随着社会经济发展和物质生活水平的提高，人们的消费能力不断提升，随之带来了对第三产业的消费需求。越来越多的人开始关注自我健康管理和养生保健，并积极寻求各种健康养生的方法。温泉含有丰富的天然矿物质，泉水的高温作用可扩张血管，加快血液循环，促进新陈代谢，具有提升免疫力、增强自愈力、平衡身心、缓解压力和负面情绪等保健功效，使游客处于良好的身心状态[8,9]，这一保健功效为大众所认可并接受，渐成为消费的时尚和热点。2020 年 6 月发布的《中国康养旅游的发展与趋势报告》显示，2016—2020 年，康养旅游市场规模年复合增长率约 20%，2020 年市场规模达 1000 亿元左右[10]。《2022—2027 年中国温泉旅游行业供需分析及发展前景研究报告》显示，2017—2021 年间，中国温泉康养接待人次逐年增长，从 2017 年的 22010 万人增长至 2021 年的 42955 万人[11]，行业整体呈现快速、稳定发展态势。

**3. 老龄化和亚健康态势成为温泉康养旅居业发展的重要驱动力**

目前，中国人口老龄化程度持续加剧，2020 年人口普查结果显示[12]，65 岁及以上人口比重达 13.5%，预计 2027 年中国将步入深度老龄化社会，成为全球老龄化最严重的国家。一方面，老龄化时代，养老相关经济体量和产业发展潜力巨大，有望成为 21 世纪经济最大的增长点之一。温泉康养旅居时长为十天至一个月甚至更长时间，客户群体以中老年人为主，温泉康养旅居养老如何实现突破和发展，既是老龄化时代的现实需求，也是温泉康养旅居业面临的新挑战和新机遇。另一方面，快节奏、高强度的工作和生活节奏，使亚健康人群规模不断扩大，2020 年统计数据显示，中国亚健康人群比例高达 76%，过度疲劳人群约占 60%[13]。这一群体普遍存在睡眠不足、工作压力过大或运动量不足等问题，温泉康养的放松、保健养生等功效非常符合亚健康群体的需求，对于很多高收入、亚健康的人士而言，康养旅居是越来越热的趋势潮流，这一群体也将成为温泉康养旅居的重要客源。

## （二）温泉康养旅居业发展现状分析

### 1. 温泉康养旅居业快速、可持续性发展的态势业已形成

在国家旅游业相关政策的大力支持下，温泉康养旅居业发展迅速，促进了社会经济的可持续发展及产业结构的优化升级。其中，很多发展成熟的温泉旅游地，凭借景区特色化、品质化、高端化的服务及环境设施配备，满足了人们的个性化、多样化需求，成为旅游业中的朝阳产业。调查显示，中国温泉旅游市场规模年均增长 45%，占休闲度假人群的 30% 以上，居所有旅游业态之首[14]。目前，全国 31 个省区市已战略性定位温泉旅游产业[15]。很多温泉康养旅居业经营者基于康养旅游市场发展现状分析，结合消费群体的特征和需求，以及自身条件，对温泉康养旅居开发进行了不断的实践与探索，并取得了初步成功，为温泉康养旅居业的发展提供了有益的经验[16-18]。具代表性的被誉为“八大温泉”的黄山温泉、庐山温泉、汤山温泉、华清池温泉、蓝洋温泉、安宁温泉、息峰温泉和从化温泉，已经形成发展成熟、温泉资源丰富、历史积淀深厚的温泉康养旅游景区[19]。

2020 年新冠疫情暴发以来，旅游业遭受了巨大冲击，2020 年度旅游数据显示，国内旅游人数比上一年同期下降 52.1%[20]。但总体来说，其在国民经济结构中支柱性地位并没有发生改变[21]。同时，大众健康旅游的观念和业态已形成，可以预见，后疫情时期温泉康养旅居业将迎来新的发展机遇[22]。

### 2. 温泉康养旅居与传统文化、生态环境相融合，形成了有益健康的生态康养旅居模式

中国的温泉康养文化源远流长，早在先秦《山海经》中就有记载。一千

多年前的《山经注》中写道："又东河温水，疗愈百疾，故谓之温泉。"温泉康养旅居是文化和康养旅居的深度融合，通过挖掘旅居地独有的宗教、民俗、历史文化，结合市场需求及现代生活方式，打造温泉康养旅居项目，如依托宗教资源，打造文化度假区；依托中国传统文化，打造国学体验基地等，游客在文化体验中修身养性、回归本心、陶冶情操[23]。

温泉康养旅居以优质的生态环境、优美的户外景观、独特的温泉周边旅游为依托，结合沐浴、泡汤和健康理疗，达到休闲、疗养及度假等目的。在充分发掘生态环境优势时，保护和发展协调统一。相较于传统旅游业，温泉康养旅居更注重周围环境的优越性及旅游发展的可持续性，在保护生态的基础上搭建一些康养设施，开展温泉休闲体验、生态体验等令人身心愉悦的康养旅居项目。如国家级 3A 级景区汤沐园森林温泉[24]，是亚洲第一家建于森林中的冬夏温泉，林中植被丰富，含氧量高，天然温泉富含钠、钾、钙、铁等微量元素，借助天然资源开发成为集休闲、养生、度假为一体的综合型温泉康养旅游区；忻州城西陀罗山风景区脚下的北合索温泉[25]，富含硒等 20 多种对人体有益的微量元素和矿物质，周边是自然林区所形成的天然氧吧及避暑旅游风景区等，为温泉康养旅居业开发提供了先决的条件。

**3. 打造"温泉康养旅居 +"特色项目，满足了多元化、多层次消费需求**

目前，以温泉为载体，涌现出很多的"温泉康养旅居 +"特色项目，其开发动机与竞争优势都是基于高质量、高体验价值及游客多元化、多层次需求的满足。

（1）"温泉康养旅居 + 运动"。运动康养是一种非常普遍的康养模式。目前，依托山地、峡谷、水体等地形、地貌及资源，已开发了山地运动、水上运动、户外拓展、养生运动等项目，推动体育、旅游、度假、健身等业态的深度融合，增强游客的心肺功能、促进血液循环并缓解压力、消除不良情绪。"温泉康养旅居 + 运动"增加了人际间的互动，提高了游客体验感和参与兴趣，被越来越多的中青年游客所认可并追随。

（2）"温泉康养旅居 + 养老"。拥有一定经济实力的老年群体中，很多人选择到气候适宜、风景优美的地方购置或租赁居住，实现跨地区的"候鸟式"康养旅居生活。"温泉康养旅居 + 养老"是将医疗、气候、生态、康复、休闲等多种元素融入养老产业，满足了老年群体的休闲、医疗护理、休闲度假等全方位需求，同时带动了医药、护理、餐饮、老年用品、金融、旅游、教育等多产业的共同发展。

（3）“温泉康养旅居+医疗”。以中西医学、营养学、心理学等理论知识为指导，以康复、疗养、养生为目标，将专业的医疗服务与康养旅居项目进行整合，结合人体生理特征及身体状况，借助药物康复、药物治疗等手段，配合一定的休闲活动开展“温泉康养旅居+医疗”项目，包括“医疗+旅居”“理疗+旅居”“美容+旅居”等[26,27]。如翔顺金水台温泉小镇针对个人体质和身体整体状况，开发中药特色温泉，以及具有美容、养颜等功效的红酒池、牛奶池等，游客在康养旅居的过程中，可以享受到健康促进及护肤、抗衰美容项目，大大提高了温泉康养旅居项目的吸引力。

### （三）温泉康养旅居业发展中存在的主要问题及分析

中国温泉康养旅居业市场需求巨大，但由于起步晚，发展时间短，整体管理体系尚不完善，开发与运行中存在一些问题与不足之处，须引起关注并积极探索有效的解决方案。



**1. 行业发展缺乏统筹，项目特色和竞争力不足**

（1）温泉康养旅居业发展过程中，缺乏政府主导的统筹管理。项目规划、立项、审批过程中，无统一的规划调控，温泉康养旅居项目点状开发，各旅居地或是相关行业间关联度低，没有形成完整的产业链条，整体运营效率低。同时，因缺乏高水平的总体规划，经营者之间缺乏合作共赢意识，导致无序竞争，资源浪费现象严重。此外，政府层面尚未出台针对健康产业发展的扶持政策，温泉康养旅居业投入成本较高，收益慢，难以实现可持续发展。

（2）温泉康养旅居业发展势头强劲，伴随投资热而来的是开发、运营模式及项目涵盖内容大同小异，内外环境过于雷同，无法形成独特的品牌效应。如有的实行拿来主义，简单套用“住宿+洗浴”的单一做法；有的抄袭模仿日式、欧式或中国台湾地区的台式温泉景观；有的则不顾现实国情，开发以娱乐功能为主的高消费温泉设施[28]，导致温泉康养旅居业跟风建设严重，缺乏区域特色及文化内涵，项目的核心竞争力面临挑战。

**2. 资源开发不完善，康养功能未充分体现**

目前，中国温泉康养旅居多以娱乐休闲功能为主导，经营者多将温泉旅游与休闲娱乐产品相结合，提供以休闲、度假、放松为主要体验的温泉康养旅居项目，如按摩、SPA、药浴等，康养功能未能充分挖掘并加以推广。对于如何进一步开发康养业务、发挥康养功能的探索尚处于初步阶段。游客对温泉康养功能的认知也较为缺乏，多数游客更重视温泉目的地的游玩体验感，而忽视了温泉的康养功能，虽有大量健康养生资源，但由于开发不完善、内容不丰富，难以吸引游客进行长期消费[29]。

**3. 高素质、专业化人才匮乏，服务能力有待提升**

（1）温泉康养旅居属于高端综合性旅游项目，对管理者提出了较高的要求。现经营者大多缺少精细化管理和长期品牌经营的理念，只求短时间的低成本投入和高利润回报，不同程度地影响游客体验及对旅居地的追随度。

（2）国内缺少专业对口的高校及与之相适应的课程设置，从事温泉康养工作的人员大多没有医学背景，专业素养及实践操作能力参差不齐，无法保证所提供的健康促进、养生和保健项目的科学性、标准化及有效性。

（3）从事服务工作的人员年龄普遍偏大，整体文化素养不高，高中及以下学历者占72%[30]，而且普遍缺少系统性、专业性的岗前培训，工作经验仅限于一些简单的日常生活照料，服务质量难以得到有效保障；同时，工资待遇普遍不高，工作稳定性差。

**4. 缺乏有效监管，无法保证有序、高质量发展**

（1）温泉资源从本质上有别于其他自然资源，开发和利用时受《中华人民共和国矿产资源法》《中华人民共和国水法》同时监管，主管部门不同使温泉资源的监管和调配方面均存在真空期。同时，温泉服务领域的团体标准在温泉康养旅居地覆盖率不高，导致政策的有效执行率较低，从而影响行业标准的及时落地及规范的同质化执行。

（2）中国温泉资源丰富，但许多温泉康养旅居地过于看重经济利益，营销策略往往是为了投资能快速回收并实现经济利益的最大化，所以不会对日接待量进行限制，反映在旅居地内部就是超饱和接待问题。特别是节假日[31]，出现服务跟不上、浴巾等物资供给不足、餐厅无就餐位置、各场所人员密集拥堵、停车场容纳力不够等节日乱象。游客数量激增，短期看来会产生可观的经济利益，但这种做法会使得游客体验感大大降低，降低游客的回游率，从长远看来这对温泉康养旅居业的发展十分不利。

## 二、温泉康养旅游的未来发展趋势

### （一）统筹规划，科学布局，确保高效、可持续性发展

（1）构建各级温泉康养旅居业组织管理机构，充分发挥其管理职能。基于当地生态环境特征、温泉资源、交通、旅游业大数据及行业竞争力分析等，从项目开发、规模化、运营模式及配套设施建设等方面进行顶层设计，创建优质的营商环境，确保资源体系、产品体系和市场体系三者的协调发展，助力温泉康养旅居业的科学、高效和优质发展。相关部门可根据经济发展情况，制定适宜的产业扶持政策，减轻投资和运营压力，提高经营者的投资及发展建设的积极性，确保各项工作高质量稳定推进。同时，也可以借鉴欧洲一些国家的方法，将温泉康养纳入医保范围，提高公众参与度。

（2）推广复合型温泉康养旅居项目，如将温泉康养旅居与森林旅游、娱乐旅游、体育旅游、观光旅游等相结合，延伸服务半径，丰富服务内涵，更大限度地满足游客需求；还可以将温泉康养与医疗、农业、金融等行业融合发展，提高工作效率，提升核心竞争力。同时，针对不同消费群体的特征及个性化需求，结合地方文化和风俗习惯，提供特色温泉康养服务，推广传统文化、普及温泉康养知识。

随着互联网经济的发展，互联网＋概念已渗透到各个行业，互联网业务开发能力、辐射领域和便利程度等，是未来温泉康养旅居业发展的重要竞争力所在[13]。应基于游客需求、业务开展的便利性及工作效率等，打造智慧型温泉康养旅居项目，提升影响力和游客满意度。

### （二）以健康促进为目标，以需求为导向，提供全方位康养服务

温泉康养旅居是依据自愈力医学理论体系，依托生态环境和温泉资源，调整身心状态，提高机体舒适度，促进健康的一系列行为活动。为顺应大健康产业的发展理念和预期目标，应从“防、治、养”三方面入手，以需求为导向，提供不同的温泉康养旅居服务。

**1. 基于市场需求的温泉康养项目**

（1）身心休养。通过综合性康养服务，达到放松身心、休闲娱乐的目的。

（2）保健养生与美容。以温泉为载体，综合各种养生手段，达到维护健康、保持青春、美容等功效。

（3）防治疾病。充分利用温泉的医疗、保健功效，以现代医学和水疗技术为基础，采取治疗或康复措施，以实现预防疾病、恢复健康、治疗疾病的目的。

**2. 基于产业融合的温泉康养项目**

（1）与当地医疗机构合作，建设温泉健康管理中心、温泉理疗度假，发展温泉疗养和康复等服务项目，并可以依据中医药的确切疗效，打造中药调理池，调配特色药浴等。

（2）与体育运动机构合作，发展温泉＋体育的康养模式，以本地传统特色体育项目为切入点，打造品牌运动康养赛事活动；或者与餐饮行业合作，发展以食疗为核心的温泉康养等。

**3. 基于服务人群的温泉康养项目**

（1）中老年群体。是温泉康养旅居的主要参与人群，约占90%，也是温泉康养旅居项目建设时应充分考虑并分析的人群。建设与后期维护时，要确保空间环境及服务内容的适老化，以及医疗、慢性病管理、健康检测、营养膳食等相关服务的便利性、可及性。

（2）妇孕幼婴群体。相较于男性，女性更关注自身的健康问题。针对这一群体，除基础服务外，还应提供产前检查、胎儿早教、益智玩具等服务及设施。

（3）青少年群体。越来越多的年轻人关注健康养生并付诸实际行动。针对这一群体，应开展教育、体育、养生以及心理咨询等服务。

## （三）强化人才培养，打造高素质、专业化人才队伍

**1. 建立健全培训机制，提升专业服务能力**

建立完善的温泉康养旅居业服务人员培训制度，健全人才选拔机制。制定康养旅居从业人员准入制度，确定各岗位任职标准，坚持人岗相适的原则，优化队伍结构。

### 2. 以政府为主导，加强培训基地建设

（1）以龙头企业和培训机构为主体，配备优质师资，要求涵盖医学、护理学、心理学、康复医学、营养学及康养相关专业师资等，并依据当地温泉康养机构规模，保证师资队伍人力配置。

（2）完善课程设置。依据国家职业技能标准、培训大纲和最新行业考核评价标准等，增加法律法规、职业道德、从业规范、质量意识、健康卫生等要求和心理学、营养学等方面的内容。同时，以提高动手能力为目标，增加系统的相关技能培训与考核。

（3）实施培训合格上岗制度，开展岗位技能提升培训、转岗转业培训和创业培训等不同形式的培训方案。开发康养、旅游等服务人员培训资源。组织开发特色的康养、旅游服务人员职业培训，针对不同培训对象的文化程度和就业经历，开展多层次、多样性的职业技能培训。以提升职业能力为重点，强化康养、旅游服务人员的实际操作技能训练、综合职业素质培养。

### 3. 建立常态化、连续性培训模式

经过培训持证上岗的人员，由各旅居地自行组织阶段性培训与考核，并可通过外派参观学习等，提高专业水平与服务能力。



## （四）加大监管力度，营造优质旅居环境

（1）市场监管部门应定期开展满意度调查，并将满意度来作为公共服务体系的衡量标准和目标[32]。同时政府应增加资金投入，出台旅游相关的政策与规划，重视公共服务质量与旅游市场的监督管理。由政府建立温泉景区管理委员会，对景区的推广和经营进行统一监管。

（2）市场监管部门应督导各康养旅居地守法合规经营，切实维护公平竞争市场秩序。并以政府关注、社会关切和群众关心的问题为执法重点，坚持以问题为导向，监管与服务并重。着力解决旅游旺季中遇到的痛点和堵点问题，确保件件有着落，事事有回应，努力构建良好的旅游市场环境。

（3）温泉康养旅居地内部严格执行经营与管理制度，提升员工的服务意识和服务质量。实施合理可行的营销策略，细化康养产品并大力推广。在特殊时间段要做好充分准备，尤其是在节假日来临之际，加大服务人员的投入，提前配好所需资源，避免出现供不应求的现象，及时满足消费者的需求，提升其体验感。

## 三、总结与展望

《“十三五”旅游业发展规划》将温泉旅游纳入国家战略规划，《“健康中国2030”规划纲要》强调，要加强康养，政策东风将温泉康养旅居业送入发展的快车道。在政策利好、人们健康意识转变、康养需求不断攀升的时代背景下，管理部门应加强统筹规划，提供政策支持与保障，为温泉康养旅居业的发展提供良好的营商环境。投资者与经营者则要不断探索服务模式创新，增加产业间合作。做优人才培养，提升服务品质与内涵，以需求为导向，从“防、治、养”三方面入手，打造特色温泉康养旅居项目，把大健康理念落到实处。

## 参考文献


［1］新华社．“健康中国2030”规划纲要［EB/OL］．http：//www. gov. cn/zhengce/2016－10/25/content_ 5124174. htm，2016－10－25.

［2］国家旅游局．中华人民共和国旅游行业标准：国家康养旅游示范基地［EB/OL］．https：//zwgk. mct. gov. cn/zfxxgkml/hybz/202012/W020201224631550614966，2016－01－05.

［3］黄玲玲．基于旅游偏好的腾冲东山康养小镇旅游产品开发研究［D］．昆明：云南大学，2020.

［4］谭梅兰．温泉旅游特色小镇竞争力评价研究［D］．湘潭：湘潭大学，2019.

［5］国务院．国务院关于印发“十三五”旅游业发展规划的通知［EB/OL］．http：//www. gov. cn/zhengce/content/2016－12/26/content_ 5152993. htm，2016－12－26.

［6］文化和旅游部．“十四五”文化和旅游发展规划［EB/OL］．https：//zwgk. mct. gov. cn/zfxxgkml/zcfg/zcjd/202106/t20210604_ 925006. html，2021－06－04.

［7］新华社．国民旅游休闲发展纲要（2022—2030年）提出保障旅游休闲时间等10项重点任务［EB/OL］．http：//www. gov. cn/xinwen/2022－07/18/content_5701601. htm，2022－07－18.

［8］林璟，秦启忠，韩令力，等．温泉水疗对个体健康状况影响的研究［J］．保健医学研究与实践，2017，14（04）：12－15.

[9] 韩令力，陈献振，陈于．温泉与人体健康［J］．保健医学研究与实践，2017，14（04）：4－11.

[10] 裴超．会奖遇到“新风口”——解析疫情之下康养重塑会奖旅游业发展［J］．中国会展，2021，000（002）：72－75.

[11] 中国报告大厅网．2022 年温泉旅游行业政策：温泉旅游行业部署得到落实［EB/OL］，http：//www. chinabgao. com/freereport/86702. html，2022－11－18.

[12] 国务院第七次全国人口普查领导小组办公室．2020 年第七次全国人口普查主要数据［M］．中国统计出版社，2021－05－11.

[13] 金丽．辽宁省温泉康养旅游开发研究［J］．合作经济与科技，2022（14）：36－37.

[14] 人民日报海外版．中国温泉旅游待升级［EB/OL］．http：//whly. gd. gov. cn/news_ newzwhd/content/post_ 2803942. html，2018－02－08.

[15] 王格．全域旅游视角下江苏旅游消费环境提升研究［J］．四川旅游学院学报，2019（05）：41－49.

[16] 袁蕾蕾．利益相关者视角下康养旅游发展研究［D］．信阳：信阳师范学院，2022.

[17] 吴悠．基于旅游需求偏好的陕西省康养旅游产品开发研究［D］．西安：长安大学，2018.

[18] 杨红波．云南温泉康养旅游产品开发探析［J］．经贸实践，2018（13）：1－6.

[19] 徐椿梁．中国温泉旅游资源创新开发研究［C］．//2018 江南温泉养生旅游研讨会论文集．2018：37－43.

[20] 中华人民共和国文化和旅游部．2020 年国内旅游数据情况［EB/OL］．http：//zwgk. mct. cn/zfxxgkml/tjxx/2021－02/18/content_ 921658. html，2021－02－18.

[21] 光明网．尽管遭疫情严重冲击 旅游在国民经济支柱性地位并没改变［EB/OL］．https：//m. gmw. cn/baijia/2022－08/18/1303098041. html，2022－08－18.

[22] 李珊珊．后疫情时期江西康养旅游差异化发展研究［D］．南昌：江西科技师范大学，2021.

[23] 地产战略家．中共中央：“十四五”规划将投入 3000 亿支持“康养＋旅游＋地产”模式［EB/OL］．https：//mp. weixin. qq. com/s? _ _ biz＝MjM5MTA5OTc0MQ＝＝&mid＝2650433845&idx＝2&sn＝08fe2501338880417767dfb6f84aa886&chksm＝beb4770789c3fe11f04b276c6034efba92e9739f54932f803bd8fa6783b96e9bd2daaae5b1dc&scene＝27，2022－07－20.

［24］张建国，宋楠楠，张明如．丽水汤沐园森林温泉旅游形象感知与体验研究［J］．湖州师范学院学报，2021，43（04）：71－80.
［25］忻州市财政局．发展乡村休闲旅游业 实现村民共同富裕——忻州市忻府区合索乡北合索村乡村振兴开展情况［J］．山西财税，2020（07）：15－17.
［26］张彪，赵恒伯，吴海波，等．中医药康养旅游研究现状与展望——基于2011－2020年文献综述［J］．攀枝花学院学报，2022，39（02）：34－44.
［27］陈超．中国旅游集团发展战略研究［D］．南京：南京航空航天大学，2018.
［28］刘晓农．我国温泉旅游的发展路径［J］．湖南科技大学学报（社会科学版），2019，22（06）：179－184.
［29］李康乐，李卓文，耿雪．环境价值理念下温泉资源开发规划探讨——以淄博市高青县为例［C］.2019中国城市规划年会论文集，2019：1069－1077.
［30］钟淑丽．全民健康背景下漳州温泉旅游发展策略研究［J］．普洱学院报，2020，36（01）：40－42.
［31］李成红，轩福华．基于文本分析的温泉康养目的地形象感知［J］．现代商业，2021（10）：60－64.
［32］孟繁婷．试论地方政府在发展旅游产业中的职能［J］．理论观察，2009（5）：72－73.

# HB.09 中国城市康养旅居发展现状与前景

刘　帆[①]　于锦华[②]　高　嵩[③]　周　洋[④]　刘佳玮[⑤]

**摘　要：** 城市康养旅居是城市化发展的必然产物，本报告立足于城市地理学的分析思维，融合城市规划和经济学的分析方法，通过文献梳理，辨析旅居与旅游、康养旅居与城市旅居等相关概念，梳理城市康养旅居形成与发展的脉络，分析中国城市康养旅居发展现状与前景。并认为中国城市康养旅居发展应优化康养旅居环境、发展康养旅居产业，盘活存量资产，形成城市康养旅居新业态，重塑城市经济空间结构，进一步提升智慧创新能力，增强人民幸福感和满意度。

**关键词：** 康养旅居；经济学；城市地理学；城市规划



## 引言

党的十八大以来，以习近平同志为核心的党中央把维护人民健康摆在更加突出的位置，召开全国卫生与健康大会，确立新时代卫生与健康工作方针，印发《“健康中国 2030”规划纲要》，发出建设健康中国的号召，明确了建设健康中国的大政方针和行动纲领。随着经济社会发展水平和人民生活水平不断提

---

① 刘帆，辽宁大学旅游管理博士生，沈阳城市学院商学院旅游管理系主任，研究方向：城市旅居。
② 于锦华，经济学硕士，辽宁大学商学院教授，研究方向：旅游规划。
③ 高嵩，学士，鞍山市汤泉旅行社总经理，研究方向：休闲与健康。
④ 周洋，管理学博士，辽宁大学商学院博士后，研究方向：康养旅游。
⑤ 刘佳玮，辽宁大学旅游管理博士生，研究方向：旅游规划。

高，人民群众更加重视生命质量和健康安全，因此康养旅居需要呈现出文化性、旅游化、多样化、差异化的特点。

健康是促进人的全面发展的必然要求，是经济社会发展的基础条件，是民族昌盛和国家富强的重要标志，也是广大人民群众的共同追求。新冠疫情冲击过后，全民身体素质提升需求增强，大健康产业亟待发展。应加快发展康养旅居产业，践行健康中国理念。

## 一、相关概念综述

近年来，关于旅居与旅游、康养旅居、城市旅居等问题的研究，备受学者关注。本报告主要从学科属性，研究范畴的时间、空间界定，相关概念辨析角度对国内外学者研究成果进行梳理。

从学科属性和研究范畴看，旅居起源于社会学，芝加哥社会学系萧振鹏在对西方移民研究中提出“旅居者”的概念[1]。不同国家之间的人员流动方式主要有旅游、旅居和移民。在英文文献中，“International sojourn”或“Sojourn”表示出国旅居[2]，“Dwelling”，特指移居，长期居住。社会学者从文化的视角出发，以跨国旅居研究为主，关注旅居者自身的根文化与旅居地异文化的冲突与融合、文化适应等命题，研究旅居者行为和社会心理需求，研究对象聚焦于跨国学习或就业群体[3]。部分学者从地理学视角下，关注全球人口迁移和居所流动性的空间分布特征、影响因素，围绕旅居养老[4]、第二居所旅居[5,6]、流动性城市环境的多元居住景观空间[7]、旅居度假等，多以案例地研究为主。也有学者融合“地理、经济、社会和文化”基础上，提出“旅居社会”的概念，以区别“定居社会”和“网络虚拟社会”[8]。在城市管理实践领域中，学者们关注房地产开发与存量空间优化、养老旅居产业开发模式等。综上，运用跨学科理论和方法研究康养旅居、城市旅居问题，是学术界下一阶段努力的方向。

关于“旅游”与“旅居”概念的辨析：“旅游”既可以表示旅游活动，旅游业，也可以泛指旅游学。学者们对旅游的概念界定时，从旅游供给方角度，指旅游企业的业务活动，从旅游需求方角度，指旅游者的旅行活动。学术研究中“旅游”通常是指旅游活动。本报告采用影响较为广泛的“艾斯特”（AI-

EST）定义：旅游是由非定居者的旅行和逗留而引起的诸多现象及关系的总和。他们不会形成长期定居，而且不牵扯任何（谋生性的）赚钱活动。[9]关于旅居概念的讨论虽没有旅游研究广泛，但研究主要围绕旅居活动或旅居现象进行。国内学者文谨等从地理学视角，将旅居定义为个体在有别于其本身居住地和文化环境中做暂时性居住，并返回原住地的整个行为过程，是“人”在空间与时间上的交叉变动，属于典型的地理学“人—地—时空”交汇现象。[10]两者的不同之处在于，旅游活动强调非移民非就业性；而旅居兼顾“旅”和“居”，具有“移动中的逗留”和“旅行中的居住”特征，对于是否出于探亲、就业、求学目的不作为判定旅居活动的标准。从空间维度看，两者都强调非惯常环境，是受目的地资源或其他因素吸引而产生的一种消费行为，而这种吸引因旅游者或旅居者个体差异或惯常环境差异而异。从时间维度看，学者们普遍认为国际旅游活动不超过一年，国内旅游活动不超过半年。中国老龄产业协会老年宜居养生委员会2015年12月发布的《旅居养老服务机构评价准则》将旅居养老概念中界定单次旅居时间超过15日。周刚等学者在对康养旅居时间界定上，提出最短为15天[11]。在对出国旅居的研究中，学者们普遍认同的旅居时间界定是6个月到5年的时间[12]。旅居时间与东道国文化认同之间的正相关性最大。[13]在人口统计学中，中国将实际居住在某地半年以上的人口定义为常住人口，暂住人口按照不同的暂住时限有一年以上、半年以上、三个月以上等划分，故对旅居人口数量的统计工作较有难度。

关于“第二居所旅居”和“微度假”：第二居所旅居指在常住地之外购买或长期租赁的临时性居所，在旅居地生活的时间和频率总体上要低于常住地，并有返回常住地的意图。[3]第二居所旅居侧重在异地的二次置业，是一种周期性居民，强调现代人口流动特征，关注其在旅居地的社区融入，是旅居生活的一种新趋势，而微度假是旅居的一种外延。

关于“康养旅居”和“城市旅居”：学者们从不同角度界定康养旅居的概念。林云帆、王静波等学者认为康养旅居一种特殊旅游居住形式[14,15]。陈耀、段西普等学者提出康养旅居是一种生活方式、一种新型业态[16,17]。宋欢将康养旅居理解为康养旅居活动[18]。黄益军认为城市旅居是以城市为目的地居住的过程[19]。这里需要注意的是，围绕旅居相关概念或研究范畴的界定具有非排他性。本报告基于新业态视角对中国城市康养旅居发展展开论述。

## 二、中国城市康养旅居的形成与发展

城市是人类文明发展的高度结晶和传承的载体，是人类利用和改造自然的集中体现，是经济社会发展的中心，是人流、物流、能量流高度交融和相互作用的场所。《雅典宪章》提出，城市具有居住、工作、游憩、交通四大“功能活动”[20]。

中国是世界上城市形成和发展历史最久、数量最多、发育水平最高的国家之一，中国城市作为国家政治、经济、社会、环境的空间载体，也成为东方人类社会制度、世界观、价值观彰显的璀璨文化明珠。《周礼·考工记》中记载了“前朝后市”是城市经济空间的主要格局，1840 年鸦片战争以后，中国被迫门户开放，外国资本输入，中国近代工业兴起，商业发展，推动了近代城市发展。1949 年中华人民共和国成立后的计划经济时期，中国由消费城市转变为生产城市和工业城市。1978 年改革开放以后，社会主义市场经济体制逐步建立和完善，市场化、工业化、全球化推动城市化进入了持续稳定的快速发展阶段。伴随着规模日盛的城市化过程，带来了人口、资本、产业的集聚，大部分城市开始了大规划、大建设的快速扩张。技术、信息、资本、劳动力、管理等要素全球化流动增强，世界城市体系重塑，形成了全球城市、国际性城市等新的城市等级功能体系。中国城市经济空间发生了重大变化，表现为城市逐步建立了外向型经济体系，制造业大量吸引外来资本和技术，发展了经济特区、经济技术开发区和高新区；金融、证券等高端生产性服务业在中央商务区集聚；21 世纪以来，人均 GDP 持续攀升，第三产业比重日益增长，城市消费功能回归，多层次商业体系形成，以时尚消费和网络消费为特征的新消费空间兴起；创客、创新、创意空间，以及房地产大盘和教育产业化空间开始涌现；郊区大农业化空间日益多样化。然而，在城市不断发展的过程中，人居环境矛盾显现，城市人口密度增高、出现了城市的基础设施老化或容量不足，道路系统不完善、污水处理设施缺乏等系列问题。经济、土地、环境、人口间的矛盾迫使城市产业结构调整和优化，环境资源友好型城市及可持续发展模式已是时代诉求。

近年来，中共中央、国务院印发《“健康中国 2030”规划纲要》，国家发展和改革委员会2021年发布《文旅康养提升工程实施方案》，中央到地方政府部门陆续出台相关政策，大力扶持康养旅游产业发展。中国城市康养旅居发展势在必行，它不仅有助于缓解人居矛盾，更是对城市规模、人口、经济、产业结构优化调整，是城市更新的突破口和经济增长的引擎，是城市管理实践中的探索。本报告立足于城市地理学的分析思维，融合城市规划和经济学的分析方法，总结中国城市康养旅居发展特征及影响因素，旨在挖掘城市历史和文化基础上，发挥城市康养设施设备及专业人才、技术、资本优势，盘活旅居地产，引导和控制城市人口流动，以文化交流共建中华文化的价值观认同，探究城市发展康养旅居业态、打造康养旅居城市的发展路径。促进城市经济结构重组和新型城市经济空间建立。

## 三、中国城市康养旅居的发展特征



### （一）气候条件与空气质量依赖性强

现阶段，由于中国各地纬度、地形及海陆位置的地域差异，中国康养旅居城市的建设对气候条件和空气质量的依赖性强。现阶段主要以避寒或避暑“候鸟式”城市康养旅居为主。中国内避暑型气候广泛分布在西南高原（青藏高原的南部、东南部及少数西部地区和云贵高原）、中东部山岳（中国中东部季风气候区的著名山岳，海拔高度基本都在1200米以上）、东北山地平原（中国东北地区的黑龙江、吉林两省以及内蒙古北部地区）、西北山地高原（内蒙古高原、黄土高原以及天山、阿尔泰山）和环渤海低山丘陵（辽东半岛、山东半岛以及渤海湾北部的低山丘陵地带）等地，避寒型气候主要可为3类，即热带岛均型、岭南沿海型和西南河谷型。[21]《中国旅居形态报告2013—2014》显示，目前中国旅居城市主要位于海南、环渤海、长三角、珠三角、广西北部湾、滇南等区域。宜人的气候与自然环境条件是国内旅居者异地置业的首要因素，北京、上海、广州及周边地区除外，国内旅居地产开发主要集中分布在海南、滇南、两广、闽南区域[6]。弗莱堡大学气象研究所的一项研究显示，人体最为舒适的体感温度为18～23℃，体感温度在23～28℃之间就会有热的感觉[22]。

## （二）“康养+”城市旅居开发模式多元

中国城市康养旅居发展是在优质资源环境基础上，以康养服务为核心，以城市文化为牵引，以康养旅游活动为切入点，逐渐形成“康养+”多元城市旅居开发模式，打造康养旅居目的地。主要有康养+宗教活动、康养+民俗文化、康养+体育运动、康养+替代性医疗、康养+主题型医美等产品类型。开发模式主要有康养+城市资源依托型、康养+城市服务引领型和康养+城市文化驱动型3种模式。

康养+城市资源依托型是以城市自然资源为核心，依托城市周边森林、温泉资源，打造功能复合型城市康养旅居目的地。如云南腾冲，温泉旅游资源丰富；再如海南三亚、山东威海，滨海及气候条件优势明显。

康养+城市服务引领型是依靠城市医疗设施设备、康疗资源等，发挥城市产业集群优势，打造以中医保健、中药膳食、中医文化体验为核心的康养体验+中医药养生服务产品，以医美养生为特色的科技+医美养生服务产品。以节事活动、休闲赛事、娱乐等休闲养生活动为品牌，发挥城市集聚和辐射能力，带动城市及周边地区形成康养旅居产业集群。如四川绵阳。

康养+城市文化驱动型是挖掘城市文化资源，以城市多样化文化资源为内驱力，差异化塑造城市康养旅居品牌。利用藏浴、蒙医等少数民族及民俗养生文化；参禅悟道、儒学养生、太极养生、冥想等宗教养生文化；书画、插花、戏剧等艺术养生文化等，增强城市康养旅居体验。如云南丽江、安徽黄山。

## （三）创新驱动城市产业结构升级

依托城市宜人的气候资源、中医药文化或中草药资源、结合现代中西医疗技术，创新康养旅居系列产品，发展休闲农业、绿色种植业、研发食疗养生等健康食品；拓展合作渠道，整合康养+制造业资源，提升医疗科技创新能力，共同研发智能佩戴、智能家居检测与护理、复健器材设备等；与房地产业、旅游业结合，为老年人打造休闲度假型“候鸟”养老社区；提升城市康养产业链供应链韧性，促进多产业的协同发展。例如，海南琼海创新推出乐城基因检测+高端体验、骨骼疼痛康复等项目，增强了琼海康养旅居竞争力。再如，江苏泰州市，建议发挥江苏中药科技园的专业优势和高校资源，打造以融合中医药文化、养生文化、旅游文化、餐饮文化新型城市康养旅居目的地。

通过技术、资本创新康养旅居产业开发模式，形成多元化城市康养旅居新业态，发挥三产和高新技术产业技术优势和创新能力，调整城市产业结构，重塑经济空间布局，提升城市吸引力和美誉度，促进城市人口流入，激发城市消费活力，盘活旅居地产，发挥城市辐射效应，带动传统产业转型升级，提升康养旅居产业创新能力和区域影响力。

### （四）中国城市康养旅居空间格局初显

近年来，各地区康养旅游产品多样，海南省三亚市率先推出滨海度假、避寒旅游产品，带动了地区旅居地产的发展，浙江省、江西省、安徽省等地陆续推出养生旅游产品，攀枝花修建中国阳光康养旅游城，各地纷纷推出康养旅游产品，但发展规模和质量参差不齐。中国康养旅游发展不平衡，从事康养旅游相关服务的企业在全国范围数量较多的是四川省、贵州省、山东省和海南省。

在康养旅游发展基础上，结合城市气候条件、环境优势、城市公共服务体系及规模，城市性质及定位，在人口、环境与经济协调发展基础上，中国城市康养旅居发展空间布局初显。总体上东部地区包括河北省、山东省、江浙地区、福建广东、海南省，康养产业基础较好，区域经济发展实力雄厚。西部地区气候环境、文历史化、康养旅游资源优势明显。东北地区森林植被、名贵药材、温泉疗养资源丰富，建议定位康养＋运动城市旅居主题。中部地区文化底蕴丰富，发展文化康养旅居是突破口。新冠疫情过后，文化旅游业已经迎来新一轮的发展契机，各级政府部门应该发挥政策导向、持续提升城市治理能力，以发展差异化康养旅游为契机，稳步推进中国城市康养旅居发展。

## 四、中国城市康养旅居发展的影响因素

### （一）城市生态环境保护与可持续发展水平

人口与经济的粗放式增长，对人类赖以生存的自然环境和资源带来危

机，全球气候变暖、城市环境污染现象严重，森林植被锐减、淡水资源匮乏等系列问题是全球性环境问题和生态危机。如何通过科技手段提升能源的使用效率，研发可替代性资源，实现城市生态与环境的协调发展，是城市康养旅居发展的前提条件。城市环境质量和环境容量是城市人口、生态环境协调发展的重要因素。检测空气湿度、负氧离子、PM2.5、日照情况等大气环境、水环境，土壤环境、生物环境指标；掌握高山、丘陵等地貌资源，森林树木、花卉、中草药等植被资源以及海洋、温泉等水资源的污染及破坏程度；测算城市人口容量、自然环境容量、城市用地容量以及城市工业容量、交通容量和建筑容量等[21]；关注生产环境和文化环境；综合判定城市生态环境保护与可持续发展水平。有助于提升城市生态环境治理能力，促进其可持续发展。

### （二）城市产业布局与经济发展综合实力

全球化背景下，技术、产业、市场和制度因素的变革不断地催生和改变着城市间的复杂联系和城市职能，城市体系也因此而改变。城市的产业结构、产业类型与分布会影响城市经济的空间布局。城市规模经济与集聚经济效应、外部性效应，地租曲线规律等会影响城市规模、产业类型和数量。部分城市的产业集群，空间上呈现轴轮式产业区、卫星平台式产业区等形式。康养产业是否形成规模经济效应，康养旅居业态能否形成，与城市产业布局和城市经济发展综合实力密切相关。站在旅居者角度，康养旅居活动是一种消费行为，旅居者个体的可自由支配收入与旅居城市人均GDP、房价的差异是影响旅居者异地置业与生活的重要因素。站在旅居城市供给方的角度，康养旅居城市的可持续发展能力与其产业结构、经济持续增长能力、生态环境的利用和破坏程度密切相关。在中健联康养研究院、标准排名城市研究院等机构联合发布的“2021年中国康养城市排行榜50强”中，榜单从生态环境、医疗水平、产业融合、民生幸福、康养政策等维度进行综合评定，除四大直辖市上榜外，13个省自治区的省会（首府）城市入榜。足见城市经济发展综合实力与产业布局对康养旅居发展的重要影响。

### （三）城市人口规模与公共服务设施适配性

城市公共卫生设施、医疗条件、休闲康养服务能力的判定需要综合城市人口的规模、结构与空间分布以及城市所处发展阶段、城市的性质与规模等要素。城市人口数量和人口结构影响着城市规模，城市规模和城市人口容量为制定城市公共服务设施数量提供必要的参考依据和可浮动空间。公共服务设施分布与数量与城市人口适配性决定了旅居者的生活舒适程度。城市人口密度和人口空间分布情况是判定城市的公共服务设施配置合理性、商业以及其他设施交通可达性的必要依据。同时，城市人口结构可分析就业情况和劳动力潜力、城市老龄化水平及发展趋势，是城市社会福利服务设施规划指标的主要依据。结合社会价值观、人均 GDP 水平等主观因素，育龄妇女人口数量是城市人口自然增长率预测的重要依据。

基于城市人口数量和需求分析城市康养旅居服务能力，不仅包括千人医生数、人均道路面积等基本物质投入的测量，还应拓展到社会公正、社会资本和休闲文化环境等影响现代生活品质的非经济要素，以及旅居者的主观意向评价。例如医院数量及等级、每千人床位数、每千人执业医师数、医疗科研水平等医疗设施情况；养老服务机构的数量和等级、康养基地、康养小镇数量、规模及分布情况；公共休闲空间的规模及分布、城市居民以及旅居者的康养旅居“满意度”等。



### （四）城市历史与文化吸引力

在城市形成与发展的过程中，城市见证了中国朝代的更替、封建社会到社会主义社会形态的演化过程，各民族分裂到融合的历程，形成了独具特色与魅力的中华文明与文化。每一座城都是历史的见证者，千百年来饱经岁月洗礼的人类文明在城市这一人类聚居场所中留下了弥足珍贵的印记。城市文明、城市体系、城市历史遗产与遗迹、城市非物质文化遗产等都是城市历史和文化的表现形式。而这恰恰是与旅居者惯常环境居住地存在明显差异的地方。旅居者对旅居城市的文化认同与适应性，地方归属感与其长期居住意愿有较强的正相关关系。

中国城市康养旅居目的地应该追求差异化发展之路，在旅居城市文化主题定位时既要结合城市性质，又要考虑城市历史文化因素。例如，国家级历史文化名城：上海（2001 年）、重庆（2007 年）、拉萨（2009 年）、杭州（2007 年）、西安（2008 年）、成都（2005 年）、无锡（2009 年）、苏州（2007 年）、徐州（2007 年）、宁波（2006 年）、洛阳（2002 年）。生态城市天津（2006

年）；宜居城市海口（2005 年）；旅游城市大连（2004 年）、湘潭（2010 年）；风景旅游城市厦门（2000 年）；等等[20]。结合城市性质，挖掘城市文化旅游潜力，城市历史与文化吸引力是相似经济环境和气候条件下，康养旅居城市的内在竞争力。

### （五）城市信息技术与创新能力

城市拥有的信息技术和创新能力决定了康养旅居发展潜力。一个城市所拥有的经济技术条件越雄厚，信息技术越强大、创新能力越强，它所拥有的改造城市环境的能力就越大。当下，互联网、物联网、大数据、云计算、人工智能等技术高速发展背景下，中国城市发展各具特色，文化创意产业发展速度快，高新技术产业超常规发展，创新型城市建设初具规模。城市的信息技术与创新能力对于康养旅居产品开发、产业格局形成重要的市场竞争力。

21 世纪以来，中国文化创意产业在空间上形成了三个文化创意产业核心城市，北京、上海、广州；形成了六大产业集群：京津文化创意产业集群、长江三角洲文化创意产业集群、珠江三角洲文化创意产业集群、中部文化创意产业集群、川陕文化创意产业集群以及滇海文化创意产业集群。[23] 高新技术产业空间格局与经济空间发展态势基本一致。中国东部地区的企业数和主营业务收入遥遥领先，中部、西部、东北部地区依次递减。中国创新型城市建设形成北京、上海、广州、深圳、天津为顶级的五级塔形结构，中国东部三大城市群，长江三角洲、京津冀、珠江三角洲创新等级高，创新城市密集分布。上述城市如何能借助自身信息技术与创新优势，将有助于形成城市康养旅居新业态，重塑中国城市康养旅居空间格局。

## 五、总结与未来展望

### （一）加快文旅深融合，促进康旅文化美

党的十八大以来，以习近平同志为核心的党中央坚持以人民为中心，把保障人民健康放在优先发展的战略位置，发出了建设健康中国的号召，极大推动了康养产业蓬勃发展。新时代推动文化旅游高质量发展，必然要求康养和旅居

实现更高水平、更深层次、更大范围的文旅深度融合。未来，城市的广大人民群众对康养旅居生活的需求更加强烈，文旅深度融合是康养旅居产业高质量发展的必然选择。康养旅居深度融合，是实现健康之美与文化之美共融的重要途径。文化与旅游密不可分，康养为发展旅居产业赋予深刻的内涵，康旅文化是发展旅居产业的核心资源，更是康养旅居的核心价值和基本内涵。旅居作为当今城市市民最广泛、最大众的流动方式，是展示康养文化、传播康养文化、发展康养文化最适宜和最重要的载体。

### （二）构建康旅新业态，融入消费新元素

优越的自然生态环境与丰厚的文化内涵是康养旅居发展的核心竞争力，深入挖掘康养文化内涵、促进旅居产业发展，加快打造兼具文化和旅游特色的康养旅居新模式、新业态，深挖民族文化、红色文化、生态文化和历史文化，将自然生态和地域文化特色融入旅居消费元素，推动城市康旅业态及产品的特色化、多样化、创意化发展，实现康养与旅游、文化与旅居的完美结合和相互促进。

### （三）构建康旅新格局，形成发展新动能

坚持城市康养旅居产业高质量发展，着力构建康养文化和城市旅居真正融合、深度融合，推动康养和旅居双向促进，建立“文化 + 旅游”和“康养 + 旅居”的互促互融发展新格局，用文化的理念发展旅游，用康养的方式定位旅居，把“加快推动文旅康养融合”列为产业转型重要支撑，形成康旅融合发展新动能。



## 参考文献

[1] 郭凌，吉根宝，罗良伟. 从游客到旅居者：旅游中的“新移民”研究：基于对四川泸沽湖民族景区旅游经营者的调查［J］. 贵州民族研究，2015，36（5）：157 – 161.

[2] 文谨，白凯，孙星. 地理学视角下的出国旅居研究综述［J］. 地理科学进展，2013，32（7）：1148 – 1156.

[3] 王金莲，苏勤，吴骁骁，等．旅游地理学视角下第二居所旅居研究［J］．人文地理，2019，34（1）：90－98.

[4] 庞小笑，桑广书，喻元．基于 GIS 的旅居养老目的地适宜性评价——以金华市为例［J］．云南地理环境研究，2016，28（3）：15－21.

[5] 王文华，王荣成．中国避暑旅居城市指标体系构建与分类评价［J］．资源开发与市场，2021，37（1）：1－5.

[6] 保继刚，邓粒子．气候因素对度假地型第二居所需求的影响——基于云南腾冲与西双版纳的比较研究［J］．热带地理，2018，38（5）：606－616.

[7] 吴悦芳，徐红罡．基于流动性视角的第二居所旅游研究综述［J］．地理科学进展，2012，31（6）：799－807.

[8] 李柏文，毛志睿．旅游目的地"旅居社会"的建构与发展研究［J］．华东经济管理，2012，26（11）：64－67.

[9] 李天元．旅游学概论［M］．7 版．天津：南开大学出版社，2022.

[10] 王金莲，苏勤．第二居所旅居者与当地居民社会互动过程及机制——以三亚市为例［J］．地理研究，2021，40（2）：462－476.

[11] 周刚，罗萍，李运娥，等．旅游养老消费者行为模式研究［J］．荆楚学刊，2016，17（6）：36－45.

[12] Milstein，T. Transformation abroad：Sojourning and theperceived enhancement of self－efficacy［J］. International Journal of Intercultural Relations，2005，29（2）：217－238.

[13] 郑鹏．旅居者跨文化适应影响因素研究——以在华美国人为例［J］．地域研究与开发，2015，34（4）：42－47.

[14] 林云帆．旅居模式下的养老小镇景观设计研究［D］．长春：吉林建筑大学，2019.

[15] 王静波．基于共享理念的威海市康养旅居服务体系构建研究［D］．济南：山东师范大学，2021.

[16] 陈耀．康养旅居：一种美好生活方式［J］．养生大世界，2020，（7）：34－35.

[17] 段西普．名家云集聚焦康养旅居［J］．养生大世界，2020，（8）：27－29.

[18] 宋欢，杨美霞．养老旅游的概念与本质［J］．三峡大学学报（人文社会科学版），2016，38（6）：37－41.

[19] 黄益军．城市旅居的内在机制与发展路径研究［J］．中国名城，2021，35（6）：15－20.

［20］吴志强，李德华．城市规划原理［M］．4版．北京：中国建筑工业出版社，2022.
［21］陈慧．中国避暑型与避寒型宜人气候的地域类型及其时空特征研究［D］．南京：南京信息工程大学，2015.
［22］Matzarakis A，Mayer H，Iziomon M G. Applications of a universal thermal index：Physiological equivalent temperature［J］．International journal of biometeorology，1999，43（2）：76－84.
［23］孙斌栋，汪明峰．中国城市经济空间［M］．北京：科学出版社，2018.

# HB. 10 中国乡村康养旅居发展现状与前景

张江峰[①]　李晓芳[②]　李治兵[③]

**摘　要**：随着国民经济与社会的发展，旅游已经成为中国民众常态化生活的刚需和衡量民众幸福指数的重要指标之一。随着乡村振兴战略的深入推进，乡村的价值和功能重新得到发掘和阐释。乡村，不仅是农民的栖居地，也是践行“两山理论”重要场域，更是城市居民贴近自然，缓解“现代城市病”的暂时性身心栖息居所。新冠疫情刷新了民众的生活观念和健康理念，民众对旅居康养的重视程度空前提高，促进了旺盛的旅居康养消费需求。乡村在未来是比较稀缺的旅游资源，也将成为民众旅居康养的重要目的地。课题组通过对乡村旅居康养的发展历程、现状和问题进行了梳理和分析，对乡村旅居康养的趋势和前景进行预测，并提出了相应的对策建议，以期为文旅部门决策层、乡村康养旅居的经营者、文化旅游的研究者等提供参考。

**关键词**：乡村康养旅居；发展现状；前景

## 引言

后疫情时代，新冠病毒与民众共存将成为常态。三年来，全球流行的新冠

---

① 张江峰，法学博士，山西师范大学历史与旅游文化学院副教授，研究方向：康养旅游、民族地区旅游经济发展。

② 李晓芳，理学硕士，山西师范大学历史与旅游文化学院讲师，研究方向：旅游产品开发，餐饮服务。

③ 李治兵，法学博士，西南石油大学经济管理学院讲师，研究方向：乡村振兴，民族地区旅游经济发展。

疫情，加剧了民众的社会心理压力，改变了民众的生活观念，唤醒了国民的健康意识和个人的卫生安全防护责任感，是一次史无前例的全民健康教育，国民有望持续增加健康消费支出，康养旅游需求会激增，民众对健康的渴求前所未有的旺盛。民众旺盛的康养需求为中国乡村旅居康养的高质量发展提供了难得的发展契机。在深入推进乡村振兴和践行“两山理论”的大背景下，大力发展“乡村 + 旅居康养”双核驱动的乡村康养旅居新业态正当其时。政府相关的政策引导为乡村旅居康养的发展提供了持续的政策动能。乡村特有的产业功能和价值成为乡村旅居康养高质量发展的资源依托。

## 一、中国乡村康养旅居的概念、政策背景和现状

### （一）乡村旅居康养的相关概念梳理

#### 1. 乡村康养旅游的概念梳理

王赵对康养旅游的定义简要概况为康养旅游是以当地自然生态和人文文化等环境为载体，游客通过观光、休闲、运动、疗养等形式，为达到修身养性、延年益寿、强身健体、医治复健等目的的旅游活动[1]。徐红罡教授《（康养旅游示范基地）标准解读》中提出了康养旅游是健康旅游和养生旅游的观点，得到学界和实践界较为普遍认可[2]。

康养旅游是民众旅游消费需求转型升级的必然产物，是旅游业和健康养生产业相互融合的新业态。在本质上是一种由于人们对健康需求和旅游需求持续升级而形成的，以满足游客修身养性、身心栖息、康体保健、贴近自然、生态颐养等康养需求为最终目的的旅游活动的总称，是将休闲度假旅游产品发展到高级阶段的成果。

乡村康养旅游在形式上是基于乡村旅游和康养旅游相融合的新业态，在本质上是一种以优良生态环境、丰富的农事体验、浓郁地方健康养生文化为特色的乡村地区作为载体，提供满足游客修身养性、强身健体等的康养需求的旅游活动的总和，是乡村旅游发展到高级阶段的成果。

#### 2. 乡村旅居康养的概念

乡村旅居康养是乡村康养旅游的一种形式，是乡村旅游发展到高级阶段的

必然产物。乡村旅居康养与乡村康养旅游最大的区别在于，乡村旅居康养是离开惯常居住地，前往乡村康养旅居地，居住时间至少一个月以上。并且乡村旅居康养的时间分配更加自由，其旅居康养的方式更多的是以家庭、个人、或自由组合的个性化小众游客为主。在乡村康养旅居期间，游客可以通过享受生态特色农产品，贴近自然，进行生态颐养，参与农事体验，领略乡村特色民俗文化、以体验原居住环境所没有的异质化的生活方式，从事其他康养运动等方式，追求个性化、体验化、情感化、休闲化的旅居生活，通过各种参与性和亲历性的有益于身心健康的活动获得身心愉悦，达到暂时性身心栖息，进而缓解身心压力，身体、心智和精神上都能达到自然和谐的优良状态，从而恢复身心健康的目的。乡村旅居康养，本质上是一种乡村生活方式，是城市居民基于“山水田园”和“乡愁记忆”情结，以及生态健康的需求动机而追求的一种新的生活方式。

乡村旅居康养有以下的特征[3]：

（1）时间自由。相对而言，旅居康养除了时间较长外，时间分配更加自由和宽泛。抵达乡村旅居目的地后，预订的旅居行程时间都由旅居客户自己支配。

（2）空间宽泛。旅居康养具有弹性很高的空间范畴，居住于一个旅居康养目的地后，旅居客户可以按旅居时间长短，自由设计和规划旅居康养的空间。包括吃住行娱乐购等，空间范畴不受制于基地，景区，景点等。

（3）地域明显。旅居康养目的地大都以“候鸟”形式出现。比如冬避寒，夏避暑等。旅居康养目的地首先是旅居客户根据和依据气候条件作为首选。选择适应身体需求的气候和环境，带有明显的地域特征。

（4）群体不同。旅居康养客户从目前来看，90%以上客户属于中老年群体。所以，旅居康养基地的选择，产品设计，服务规范以及服务内容具有明显的群体特征。

## （二）中国乡村旅居康养的政策背景

党的十九届五中全会提出，“实施积极应对人口老龄化国家战略”。《中华人民共和国国民经济和社会发展第十四个五年规划和 2035 年远景目标纲要》提出，“构建居家社区机构相协调、医养康养相结合的养老服务体系”。《“十四五”旅游业发展规划》提出，“推进旅游与科技、教育、交通、体育、工业、农业、林草、卫生健康、中医药等领域相加相融、协同发展，延伸产业链、创造新价值、催生新业态，形成多产业融合发展新局面”；《“十四五”文化和旅游发展规划》提出，“发展康养旅游，推动国家康养旅游示范基地建设”；《国民旅游休闲发展纲要（2022—2030年）》提出，“培育康养旅游系列产品，推出一批国家康养旅游示范基地”。党的二十大报告再次明确了中国社会的主要矛盾是人民群众日益增长的美好生活需要和不平衡不充分的发展之间的矛盾。作为幸福产业之首的旅游业，是民众幸福美好生活的重要组成部分和衡量指标之一，是实现高质量发展，丰富人民精神世界，实现全体人民共同富裕，促进人与自然和谐共生等要求的有效产业和工具。这些都为中国乡村旅居康养的高质量发展提供了持续的政策动能。

## 二、中国乡村旅居康养的发展历程和现状



### （一）中国乡村旅居康养的发展历程

中国乡村旅游最早出现于20世纪80年代，康养旅游则最早见于2012年中国四川省攀枝花市的冬季阳光康养休闲旅游。关于乡村康养旅游的发展始端，结合乡村康养旅游的概念，我们可以把2012年中国四川省攀枝花市的冬季阳光康养休闲旅游看作乡村康养旅游的发端[4]。乡村旅居康养是乡村旅游发展的高级阶段，因此，可以从乡村旅游的发展历程来梳理一下乡村旅居康养的发展脉络（见表1）。

表1　乡村旅游发展阶段及特征

| 阶段<br>事项 | 第一阶段 | 第二阶段 | 第三阶段 | 第四阶段 |
|---|---|---|---|---|
| 活动名称 | 乡村观光 | 乡村“农家乐” | 乡村休闲与度假 | 乡村旅居 |
| 发展时间 | 20世纪80年代 | 20世纪80年代 | 2007年 | 2012年后 |
| 活动内容 | 观光 | 观光、食宿 | 观光、食宿、体验 | 农村生活 |
| 活动目标 | 猎奇 | 体验 | 休闲度假 | 乡村回归 |
| 标志性事件 | 邓小平“黄山谈话” | 成都“徐家大院” | 德清“洋家乐” | 婺源村居 |
| 居住方式 | 不居住 | 暂住 | 暂住 | 长期租住/购住 |

续表

| 事项＼阶段 | 第一阶段 | 第二阶段 | 第三阶段 | 第四阶段 |
|---|---|---|---|---|
| 活动时间 | 1 天 | 1－3 天 | 4－30 天 | 长期 |
| 参观频率 | 1 次/年 | 1－多次/年 | 1－多次/年 | 多次/年 |
| 市场成熟度 | 成熟 | 成熟 | 部分成熟 | 不成熟 |
| 农民角色 | 不参与 | 参与 | 参与 | 参与 |

资料来源：谢冬明，易青，黄庆华．乡村旅游发展的四个阶段及产品开发策略［J］．老区建设，2019（6）：50－52。

从表 1 可以看出，中国的乡村康养旅居方兴未艾，仍处于发展的初级阶段，缺乏行业的顶层设计，乡村民众参与度不高，经营和服务能力欠缺等问题。虽然这种状况代表着乡村旅居康养发展程度不高，但是这也正预示着乡村康养旅居有着旺盛的发展前景和巨大的投资收益机遇。

## （二）中国乡村旅居康养的现状

中国乡村旅居康养由于起步较晚，所以规模较小，处于自发发展阶段。因此，中国的乡村旅居康养的现状主要表现在以下几方面。

**1. 起步较晚，规模较小，自发发展**

从表 1 可知，中国的乡村旅居康养发轫于 2012 年前后，高峰期预计在 21 世纪 40 到 50 年代，是中国经济发展进入新常态，民众乡村旅游消费需求转型升级到高质量发展阶段的必然产物。发展初期，主要是为了满足城市民众“冬避寒夏避暑”康养度假的需求，主要是以气候、地热资源为主要依托资源。主要代表性的就是北方城市民众冬天大规模“候鸟式”前往海南过冬，享受阳光海滩式康养旅游资源；夏天南方酷热城市民众前往北方凉爽地区避暑等。因此，从 2012 年到 2022 年，中国的乡村旅居康养整体上规模较小，缺乏国家顶层设计的规划引领，处于自发发展阶段。

**2. 产品供给体系不健全，不能满足民众日益增长的乡村旅居康养的消费需求**

由于中国乡村旅居康养是自发发展的，缺乏科学统一的规划，所以导致中国乡村旅居康养的产品供给体系不是很健全。城市退休民众、拥有寒暑假和年休假的民众，前来乡村旅居康养，除了贴近自然，休养身心的康养需求外，还希望体验到“吃、住、行、游、娱、购”等传统旅游消费需求，“商、养、学、闲、情、奇”等衍生升级的旅游消费需求。而中国广大乡村旅居康养目的地由于各种软硬件环境设施滞后，产品缺乏科学设计规划，供给能力欠缺等各种原因，旅居康养产品体系不健全，暂时满足不了城市民众乡村旅居康养的各种综合性消费需求。

**3. 医疗康养资源不足，乡村康养专门人才匮乏**

中国的医疗资源配置坚持的是以城市为核心原则，乡村地区医疗资源配置本身就比较薄弱。乡村旅居康养的主要目标客户群体就是城市离退休民众、拥有年休假和寒暑假类的职业群体，他们参加乡村旅居康养的初衷就是休养生息，追求身心健康。他们享受乡村康养旅居产品和服务的同时，对医疗资源的需求也是非常强烈和旺盛的，而中国乡村医疗资源配置不能满足这些群体的需求。另外，乡村旅居康养是一种新兴的旅游形式，又具有较高的综合性，需求专门的复合型人才，例如，需要了解中医养生类的基础性知识和能力，需要对客户群体的心理需求有一定的了解，需要对乡村民俗文化知识、农事知识、人情世故有一定的了解。但是，目前中国乡村旅居康养人才大都以旅游管理类人才为主，而且人才层次较低，外聘人员不能长期待在乡村，严重制约了乡村旅居康养的高质量可持续发展。



## 三、中国乡村康养旅居发展前景

2022 年，《国务院关于印发“十四五”推进农业农村现代化规划的通知》再次强调：“推动农业与旅游、教育、康养等产业融合，发展田园养生、研学科普、农耕体验、休闲垂钓、民宿康养等休闲农业新业态。”在新的历史背景下，发展乡村康养旅居是国家政策支持的重要领域，也是在乡村振兴战略中对探索乡村新产业新业态的重要举措。

乡村康养旅居是前景十分广阔的新兴产业和朝阳产业，通过乡村振兴和康养旅居的融合发展，既可以满足民众“健康老龄化”的需求，同时又可以促进经济的发展。一方面，在积极应对人口老龄化的国家战略背景下，通过发展乡村康养旅居产业，使农村的养老问题和城市的养老问题都在动态的发展过程中调节了城乡之间养老资源的不均衡，使各种问题不断解决和完善，开拓城乡养老的新格局；另一方面，在乡村振兴及大健康政策背景下，康养与乡村旅游相结合，为乡村振兴的发展奠定了基础，对乡村经济发展潜力巨大，也可以此为乡村振兴的重要突破口，促进乡村经济的稳定增长，积极推动乡村康养旅居的发展可以激发乡村发展的内生动力，使得乡村复兴、经济得以增长、村落保护以及乡土文明延续，是乡村振兴的支撑点。

## 四、中国乡村康养旅居发展建议

### （一）强化顶层设计，引导政策倾斜

在乡村振兴战略的大背景下，乡村康养旅居是在探索一种新型的老年生活方式，这种新型的老年生活方式以“乡村体验＋旅游度假＋居住享老”为主要模式，该模式的发展需要不同部门协作发展，整合各项资源，做到合理规划、科学管理，提供配套的服务设施，在家庭的全面支持与个人的积极响应下，才能形成一个有效的乡村旅居康养系统。

首先，政府部门需要认真研究现有健康产业规划政策、投融资政策、产业融合政策、土地开发政策等多项政策，充分挖掘现有政策空间，制定倾斜政策体系。一是落实相关优惠税费政策，比如，在乡村康养旅居中需要的相关医疗服务机构或休闲娱乐活动场所等在电、气、热等价格上可以给予优惠；与乡村康养旅居等配套的项目，可以从政策角度给予有力支持，简化行政报批程序等烦琐环节和工作，所占用的城乡村地等使用税方面制定优惠政策等。二是保障老年人的消费能力，全国按统一标准建立城乡居民养老保障制度，完善城乡居民的社会福利保障制度，加大养老金等方面资金的投入；制定相关政策，对乡村康养旅居中出现的欺骗伤害老年人权益的违法现象，加大打击力度，并且做好后续的监管和联合惩戒，保障老年人权益不受侵害做到实处。三是通过一系列政策的制定，以各种优惠政策引来外部资金，放宽市场准入限制，开展招商引资工作，降低投资准入门槛，积极促进社会各种资本参与康养旅居产业的发展中，为乡村康养旅居产业的发展打好基础。

其次，以乡村振兴战略为发展契机，以政府为主导，依托乡村资源，统筹规划，圈定出适合乡村康养旅居的土地，科学制定长远发展战略，促进乡村旅

游与农林、医疗、康养等方面的融合，大力发展乡村康养旅居，从而使其发挥区域聚集效应，带动该地的发展；同时，通过科学规划，使康养旅居因旅游业的淡旺季带来的淡季短板，在康养理念的指导下，着眼于专业化养老，争取延长老年人在乡村旅居地的居住时间，使全年都适合康养旅居；再者，通过统筹规划，城乡居民可以利用自己的住宅从事民宿等旅居经营，扩大当地居民的收入。

### （二）打造安全、安心的适老化旅居产品

首先，乡村旅居产品的设计需扣紧健康主旋律，为消费者提供安全、安心的适老化产品。具体而言，在餐饮服务上，根据老年人身体特征，尽量安排低盐低脂食物，注意膳食的营养搭配，尽可能配备营养师或健康管理师；在老年人用餐的地方，因为老年人大多喜静，所以要尽量注意用餐环境的安静，还要注意防滑，老年人进食速度慢，要注意留给老年人充裕的吃饭时间，对于进餐困难的老年人可以配备适合的进餐辅具，在菜品的花色品种上，不仅要突出该地方饮食的地方特色，还应充分挖掘地方饮食文化，丰富菜品的花色品种。在住宿方面，大多数老年人睡眠较浅，对环境的要求不仅要舒适，更要安静，因此要尽量为他们安排安静、安全、舒适的住宿点；由于老年人腿脚不灵活，住宿尽量配置电梯，房间要求采光好、通风好，晚上灯光尽量柔和，卫生间铺设防滑垫、扶手等；各种配套产品中尤其要注意环境的安全，尤其是医疗设施方面，要配备专业的医疗设备和医院，一旦老人在旅居过程中突发不适，及时提供有效的救助，除此之外，提供还要注意景区景点安全、交通设施设备安全等。

其次，打造适老化旅居项目，旅居康养产品要立足老年人的健康需求，依托各种不同的自然生态资源和舒适的气候条件，如温泉、山地、丘陵、平原等进行打造长寿资源式旅居康养项目，还可以借助中国传统中医养生学，打造中医诊疗中草药种植、药膳养老会所等康养项目，亦可以依托特有的文化资源、历史遗迹和非物质文化遗产，开发具有地方文化特色的旅居康养产品，开发各类特色田园项目，给老年人提供亲近自然、回归自然的休闲度假的需求的项目。打造老年旅居康养产品。除此之外，在项目打造中，让旅游者能够在其中感受到归属感，重点突出康养社区文化元素并逐渐形成品牌，如社区建筑风格、服务接待模式、康养社区产品形象等多个方面来共同地塑造。

## （三）加强乡村基础设施建设，打造老年友好型社区

乡村康养旅居的发展，离不开乡村基础设施建设，基础设施作为康养旅居产业发展的保障，是康养旅居产业健康可持续发展的关键。完善康养旅居要从以下几个方面入手：一是，基于老年群体的特性，需要完善乡村康养旅居地的医疗卫生服务体系，尤其是乡镇卫生院和村卫生室的基础设施与就医条件，加大力度引进医疗服务人才或医疗志愿者，保障乡村旅居康养的医疗服务基础；二是，增加城乡交通可达性，可通过增加公交班次，设置密集型站点等方式缩短老年人步行距离；三是，保障出行安全，在目的地增设无障碍设施和安全设施，保障老年人出行，如平坦充足的场地、老年步道、坡道、道路尺度、卫生间等，除此之外提供经络养生、书画、太极、乒乓球等多种类型的活动；四是打造老年友好型社区，关注旅居住宅的适老化环境改造，创造环境友好型社区，为外出旅游者提供优质的睡眠环境等。

## （四）加强旅居康养服务人才队伍建设

乡村康养旅居的发展离不开专业的优秀人才，只有专业的人才队伍才能在项目策划、宣传、经营及服务上提供不竭的动力和源泉。

首先，出台优厚的人才引进政策，提升待遇与保障。对于富有相关领域从业经验的专家，或有较高知名度和影响力的专家，给予他们事业上的发展空间，丰厚的待遇，与他们建立深厚的感情，通过这些途径吸引他们并且能留住他们作为专家顾问，提供智力支持；对于其他从业人员，提升其职业尊严，提高从业报酬，待遇留人是基础，夯实乡村康养旅居服务人才队伍建设的基础。

其次，对乡村康养旅居从业人员进行技能培训，提升专业化水平。通过培训提高从业人员进行的服务水平和质量，可以实赴其他较成熟的乡村康养旅居地区参观学习，或者学习国际先进的康养理念和健康管理技术，学习其运营模式，还可以与当地高校或职业院校合作，在高校或职业院校中设立适应当地康养旅居产业发展需要的相关专业，根据行业需求，制订人才培养方案，设立教学实践基地，共同培养康养旅居规划、经营管理和产品服务与设计等各类专业人才。

## （五）开发个性化服务

旅居康养产品以老年群体为核心，要为老年人提供优质服务，就必须从老年人的物质和精神方面需求出发，通过提供令其满意的产品和服务，满足老年群体的身体和心理需求。

首先，促进医养康养融合发展，随着经济水平的提高，各种新业态、新观念不断涌现，在此基础上积极转变观念，比如转变传统的养老观念，随着中国进入老龄化社会，老年服务业进入了一个全新阶段，从传统的被动养老观念转变为积极享老观念，刺激康养旅居的消费需求，引导老年群体健康合理的消费行为，促进乡村康养旅居产业的发展，同时也促进医养康养的融合，乡村要与医疗机构开展合作关系，开展医养结合的康养旅居，积极开展家庭病床、上门巡诊等居家医疗服务。让老人自己安心，让老人家属放心，让乡村发展旅居康养事业充满信心。

其次，推进乡村智慧康养设施建设，合作的医疗机构可以针对准备进入乡村进行康养旅居的老人进行身体检查，建立健康档案，且定期体检并做好记录，设立专人专事，建立现有旅居康养老人的资源库，通过分析和评估旅居老人的基本信息、身体状况、兴趣爱好，提供不同类型、不同需求的康养旅居服务，根据每位老年人的检查结果，以及当地四季的变化对旅居老人的饮食、运动、出行、穿衣等方面定期地发出信息提醒；创新线上线下相结合的信息化养老平台，

开启乡村康养旅居的智慧化进程，向老人定期推送旅居康养资讯、进行旅居攻略指导、反馈咨询投诉建议、预约各种服务等内容，通过智慧乡村康养旅居信息化养老平台，旅居康养的管理人员将可以在线远程开展旅居康养老人的指导和培训，老年人家属的配偶子女父母及其他较为亲近的家属则可以在线通过手机移动手持设备，实时动态地在线查看旅居老人在度假旅游过程中发生的家庭生活健康状况数据和个人健康管理状况，智慧化的养老医疗信息化公共服务平台系统还将可以直接针对这些患有常见慢性病患者的旅居康养老人的实际服药的时刻长短和药剂量情况发出定时提醒，如果出现这些问题老人并没有按规定及时停止服药，平台上就会立即向患病老人使用的医疗信息终端上发出实时语音定时提醒，保证老人及时吃药。保证旅居的舒适性和安全性。

## 参考文献

[1] 王赵．国际旅游岛：海南要开好康养游这个“方子”［J］．今日海南，2009（12）：12.

[2] 徐红罡，王珂．康复性流动视角下的健康与养生旅游研究展望［J］．旅游导刊，2018，2（6）：1－16.

[3] 王志远．康养旅居时代的生活方式［EB/OL］．（2022，10，12）［2023，01，10］．https：//mp. weixin. qq. com/s? _ _ biz = MzAwOTEwMTM3Nw = = &mid = 2650241662&idx = 1&sn = 076891c08a561a48263959f9d5b3641d&chksm = 83671350b4109a46009972982d674aad7d94834d6a62e1cf6fe6c657367063f350ec8e95ef3e&scene = 27.

[4] 马颖杰．乡村振兴背景下我国乡村康养旅游发展对策研究——以湖北省蕲春县为例［D］．舟山：浙江海洋大学．

# HB.11 中医药在乡村康养旅居中的应用现状与前景

郭雁斌[①]

**摘　要：** 本报告旨在围绕国内康养旅居现状，把握乡村振兴机遇，将中医药事业发展与乡村振兴紧密结合起来，提出切实可行的中医药康养旅居方案，营造中医药乡村旅游康养新业态。目前，中国国内主要以美食旅居康养、社区式旅居康养、文化建设式旅居康养三大模式为主，本报告在此基础上探索中医药特色乡村康养旅居模式，详细阐述医养结合、慢性病康养、亚健康康养三大特色模式的内容及优势，从中药材种植、中医药特色康养技能、中医药知识宣教科普方面入手进行分析，从而提升康养旅居产业发展水平，繁荣发展中医药文化，持续提升中医药的生命力，促进产业链的延伸及细化，推动中医药事业在乡村振兴中发挥更大效能。

**关键词：** 中医药；乡村；康养旅居



## 一、中医药对康养旅居的概念

随着中国城市化发展进程和社会保障体系不断完善，中等收入人群规模不断扩大，“康养+旅居+养老”的新型生活方式不断受到人们的青睐，已成为人们重要的休闲养生方式。实施乡村振兴战略是全面建成社会主义现代化强国的重大历史任务，是新时代“三农”工作的总抓手和指导思想。为深入贯彻落实党中央、国务院关于实施乡村振兴战略的重大决策部署，全面落实习近平

① 郭雁斌，工商管理硕士，硕士生导师，主任医师，山西省大同市三甲医院专家，研究方向：中医养生保健，中医临床（内科、妇科为主）。

总书记关于乡村振兴重要论述和做出的重要指示精神，要让古树、古井、古庙、古宅、古桥、古塔岩石、瀑布、山峰等景物用中外文语言表述，向游人诉说地域风情、民间传说、历史典故，传播文化知识和红色基因。要让产品变商品、商品变品牌、品牌变名牌，对标世界名牌产品，申请绿色标识、有机标识和地理标识，完善产品包装标识和信息，把中医药与乡村振兴结合起来，共同打造一种中医药乡村旅游康养的新型模式。

什么是康养？目前还没有一个明确的界定。从学术界、产业界、行为学和生命学的角度来说明，康养旅游也可称为健康旅游，是一种新兴的融合业态，指以医疗卫生和生物技术、生命科学为基础，以良好的自然环境和优秀的人文资源为依托，以维护、改善和促进社会公众健康为目的，使其达到身体上、精神上的完满状态和适应力提升的产品（货物和服务）的生产活动的集合。[2]

## 二、康养旅居的现状分析



目前，大多康养旅居的模式无非是利用区域优势、自然景观，以及特定的气候特点、创新性的宜居环境，依托健康环境、健康生活的旅游方式得到了更大的发展空间，以中医药健康旅游、温泉旅游、运动康养、森林生态等为特色的健康养生旅游业态，受到市场青睐。康养产业覆盖面广、产业链长，涵盖养老养生、医疗康复、文化体育、旅游旅居以及信息等诸多产业，渗透到教育、食品、医药、旅游以及医疗设备开拓等领域，关联城市建设的方针制定、生态环境的优劣、民风民俗的习惯、科技信息的获取、文化教育的发展以及社会安全的稳定等内容。康养产业的多元化发展，要针对年龄的不同层次、经济发展的不同状况以及健康状况的差异，可有康养旅居养老、养生保健养老、民宿民俗养老等形式。依据群体划分，可以分为中老年康养、妇孕婴幼康养和青少年康养三个阶段层次。

同时，康养旅游具有停留时间的长短、旅游产品的多样化、旅游节奏的快慢、可复制性高等特点，打破传统过境旅游模式的缺点，最大程度上可以留住游客，产生更为多元化的旅游消费。美食康养旅居是指以食疗药膳养生为核心，围绕中国丰富多样的饮食特点，打造集养生保健、药膳素斋、绿色饮食、膳食茶汤、当地养生膳食等多种康养饮食文化为一体的美食养老服务模式。社区式康养旅居是养老产业和地产相结合的养老模式，并逐渐成为近年来中国房地产市场发展的一大趋势。社区式康养旅居通过构建包括老年人住宅区、传统文化讲习中心、购物商场、酒店和医院绿色通道等多种行业进入，将“养老住宅销售、养老地产经营综合商业租赁”相结合，形成一个功能齐全的产业链，从而为老年群体提供既可以旅居又可以休闲学习等多样性的旅居养老服务。建设文化式旅居康养模式，旨在用文化的传承来推动精神文明的进步，满足在过去工作中文化学习的补充需求，使身心得到放松和修养。建设文化式旅居养老模式主要分为三类。第一，远古建筑旅居康养。比如，将当地古城古镇旅居康养，依托特有的文化资源、历史遗址和非物质文化遗产，将远古历史古迹、旅游景点和康养服务结合起来，开发具有历史文化特色的旅居养老项目。第二，特色风情旅居康养。用当地民俗民风特色旅居养老，多以地方特有的民族风情、节日庆典、习俗食俗为基础，打造具有独特氛围和节日庆典色彩的旅居康养服务项目。第三，宗教修行旅居康养。宗教是文化的重要载体，也是人的精神寄托。随着中国经济社会的发展，老年群体的物质保障极大丰富，对于精神的追求不断提高。依托宗教特色，按照国家政策为依据，开发以佛学院、道学院、经书学习、养心修行等为基础的多样化的宗教养心修行旅居养老项目，更符合社会和老年群体对于宗教文化的需求。这种模式的优点在于符合老年群体的精神追求，缺点是对老年群体的整体素质要求较高。而中医药养生康养旅居是以中医药理论基础为核心，以中国传统养生理念为依据，开发中医特色门诊、中医推拿按摩中心、药膳颐养餐厅、中草药种植园等中医旅居养老项目，提供包括中医养生知识讲座、中医适宜技术培训、中医医疗服务、中草药园区体验等不同的服务。鉴赏西医护理旅居康养，用大型医院雄厚的医疗资源和专业化的医疗服务作为依托，为老年群体设定特殊病种，提供包括健康体检、医疗护理、健康咨询等多个领域立体化的养老服务体系。通过突出中医药特点特色，让参与中医药康养旅居的人们充分体验中医药的神奇效果，以及中医药养生保健知识的宣传普及。

康养旅游是人们通过养颜健体、营养膳食、修心养性、关爱环境等各种手段，使人在身体、心智和精神上都能达到自然和谐的优良状态的各种旅游活动的总和。当下，随着物质生活水平的提高，人们对“健康、愉快、长寿”的欲望越来越强烈，而单纯的养生已难以满足人们对高品质生活的追求，所以康养旅游应运而生。

随着大众旅游时代的到来，旅游体验化已经成为游客出行的重要需求。康养旅游不仅应当满足消费者生产、生活需求，还应致力于提高自身的吸引力、亲和力和影响力，丰富旅游体验元素、改善旅游体验环境、提升旅游体验服务、强化旅游互动，满足外来游客的旅游体验需求。在发展旅游业的同时，康养产业也可以得到发展。现代人在大城市中过于劳累，步入老年后的需求就会更多集中在去一些风景优美的地方，因此康养产业也会是这类人群的选择。除此之外，康养产业在发展的同时也能带动一些其他产业的发展，如医疗产业、渔业、养殖业、种植业等，因为老百姓需要用这些消费生活来恢复健康。

康养涵盖了健康检查、医疗康复、保健食疗、养老家政、老龄度假、旅游休闲等康养产品和服务模式等方面，从而延伸到医疗保健、旅游旅居、体育文创、金融科技等诸多产业领域，最终形成一个具有特殊性、持续性和稳定性的大健康产业。伴随着人口老龄化、体质健康、生态环境等问题备受重视，社会康养需求和老年人健康关注，以及市场消费急速增加，国家层面全力推进“健康中国”战略和“美好生活”建设的开展，康养会成为一个朝阳产业的研究课题。



## 三、中医药在乡村振兴中把握康养旅居的机遇以及方案

中医药事业一直以来就受到国家的重视和支持，在当今时代，发展中医药事业仍任重道远，需从以下三方面来把握方向。

第一，发展中医药事业是一项利国利民的大事，从保护优秀传统文化的角度出发，坚持科学实践的态度，正确处理好继承和创新的关系是十分重要。发展中医药应该立足中国国情批判地继承，去其糟粕，存其精华，努力发掘，加以提高。传承与发展，创新与守正，发展中医药事业，我们一定要继承中医药古代的哲学思想，从保护中华优秀传统文化的角度出发，正确处理好中医药继承和发展、传承与守正的关系，努力实现中医药文化的创造性转化、创新性发展。

第二，发展中医药事业要正确处理好与西医的关系，坚持中西医结合的原则，互相促进，互为补充，互相尊重，共同进步。“中西医结合”的思想，符合中国国情和医学科学发展规律，经过 50 多年的发展，中国中西医结合工作

取得很大发展。习近平总书记在会见世界卫生组织总干事陈冯富珍时，也特别提出发展中医药事业的指示，要“促进中西医结合”。这一点意义深远，为人类健康保健事业做出中华民族应有的贡献，只有真正做到这一点，中医药事业才能更为全面建成社会稳定提供有力的健康保障。

第三，中医药事业的发展要走健康、持续、前行的道路。回溯历史，老一辈领导人为了振兴中医药事业，付出了大量心血。现在，中国中医药事业迎来了难得的发展机遇，同时，我们也发现了中医药发展面临的许多新情况、新问题。这就需要我们积极发展中医医疗和预防保健服务，加强中医药人才队伍建设，提升中药产业发展水平，加快民族医药发展，推进繁荣中医药文化的发展，推动中医药事业走向世界，完善中医药事业发展保障措施，从而把中医药的发展之路更加健康、可持续、科学化。

## （一）发展中医药康养模式

### 1. 医养结合

以康养为主题，加以中医药的治疗调理模式，开展综合性的康复治疗和调理。也就是把专业的医疗技术检查和先进设备与康复训练、日常饮食、日常学习、养老生活等项目相融合。以医疗为保障，以康复为支撑，边医边养、综合调理治疗。从技术上尽可能地实现疾病转归，病人的各项功能得到保持或恢复。康养旅居也是在旅居的基础上，增加了阶段性康养项目，在医务人员和康养调理教练的指导下，以医养结合、非医非药的方式，对人体机体紊乱进行调理，再重新启动我们的自愈能力的过程。对一些相对稳定的慢性病人，病情进展速度较慢，生活可以自理，是属于“已病防变”期；健康、亚健康人群参加的康养旅居，是要体现和真正实现“未病先防”期。在医养结合之中，“医”主要就是对重大疾病早发现、早诊断、早治疗，提出康复训练，运动方案，包括有关疾病变化转归、病情评估、观察临床症状、做到相关检查、注重功能康复、诊疗护理，以及临终关怀等医疗技术上的服务。“养”包括的生理和心理上的中医护理、中医用药和治疗安全、日常饮食养护、功能训练、日常的推拿按摩，亚健康人群的体质、体重、身体状况分析、营养定期监测等服务。利用“医养结合一体化”的发展模式，就是把疾病的预防、诊断、治疗与康复训练相结合，日常饮食生活、调养护理、学习修行等融为一体。医养结合是医疗改革创新中的重点康复项目，是一种中医药切实可行的医养结合新模式。

**2. 慢性病康养**

对慢性病患者的选择应为高血压、糖尿病、高血脂、高尿酸等。慢性病全称为慢性非传染性疾病，不是特指某种疾病，而是指对一切起病隐匿、病程长且病程迁延不愈，缺乏确切的传染性生物病因证据，也就是中医学称为“已病”，已病防变是中医药学的一个主要特点，所谓“慢性病”，是病因复杂却有些尚未完全被确认的疾病的概括性总称。常见的慢性疾病有心脑血管疾病、癌症、糖尿病、慢性呼吸性疾病，其中心脑血管疾病包括高血压、脑卒中和冠心病。慢性病中老年人容易发病，发病年龄近年来呈现年轻化趋势，预防老年人慢性病有以下三个方面。

（1）一级预防又称病因预防，中医称为“未病”，针对全部人群，严格遵循健康四大基石，戒烟、限酒、合理膳食、适当运动、心理平衡，在慢性病的易感期开始病因预防，“未病先防”。

（2）二级预防又称早期预防，早期发现、早期诊断、早期治疗，在亚临床病开始三早预防，老年人通过筛检病例、定期体检等实现“预防大于治疗”。

（3）三级预防即已经发生了疾病，预防疾病进一步恶化，使病情得到缓解，这是疾病的三级预防的措施之一。“已病防变”对一些慢性病的监控、观察，使疾病晚期的伤残患者进行康复治疗，得到合理的正常生活，并争取通过康复得到更好的治疗效果。



**3. 亚健康康养**

其主要做法是采取中医药的综合性调理方法，针灸、推拿、按摩、中医中药协定处方综合调理治疗。“圣人不治已病治未病，不治已乱治未乱。”“上工治未病，不治已病，此之谓也。”“未病先防”的理念从此而留存。

（1）针灸疗法，属于针法类：“针”是指“针刺”，是一种利用各种针具刺激穴位来治疗疾病的方法。常用针法包括：体针、头针、耳针、足针、梅花针、火针、电针、穴位注射、小针刀疗法等。对疑难病治疗常可以采用针罐齐施、针药并用、内外同治获得最佳疗效。“针灸疗法，重在得气，得气方法，提插捻转，虚实分清，补泻适宜。”针法类还包含体针疗法、放血疗法、头针疗法、耳针疗法、针刀疗法，等等。

艾灸疗法，不但可以预防疾病，而且也能够延年益寿。“人于无病时常灸足三里、三阴交、关元、气海、命门、中脘、神阙等穴，亦可保百余年寿也。”“灸”是指艾灸，艾灸疗法简称灸法。是运用艾绒或其他药物点燃后直接或间接在体表穴位上熏蒸、温熨，借灸火的热以及药物的作用，通过经络的传导，以起到温通气血，疏通经络、调和阴阳、扶正祛邪、行气活血、驱寒逐湿、消肿散结等作用，达到防病治病的一种治法。艾灸不但可以预防疾病，而且也能够延年益寿。艾灸方法，是当今针灸疗法走向世界的桥梁，也是推进中医药走向世界的有效方法之一，其中常年艾灸神阙穴可使人健康延年。

（2）按摩推拿法，属于“手法类”，其中包括头部按摩、足底按摩、整脊疗法、捏脊疗法、背脊疗法、按摩疗法、拨筋疗法、护肾疗法、按揉涌泉穴、小儿推拿疗法、点穴疗法等。其中对老年人足底按摩、背脊按摩等比较适宜；小儿推拿疗法是当今儿童预防治疗的非药物疗法。按摩足底的涌泉穴能够起到养生保健、益寿延年的功效。

（3）中医外治疗法：也叫外治疗法，包括刮痧疗法、灌肠疗法、火罐疗法、竹罐疗法、药摩疗法、天灸疗法、盐熨疗法、熏洗疗法、药浴疗法、香薰疗法、芳香疗法、外敷疗法、膏药疗法、中药蜡疗、敷脐疗法、蜂针疗法等。这些治疗方法，在康养医养方面有着很重要的地位和特色疗效，因此，在亚健康的康疗过程中会得到较好的效果。



## （二）发展综合性中医药乡村旅居

中医药在乡村振兴中大有可为，中药材产业的不断扩大升级，为乡村振兴带来了重要抓手，成为促进当地农村农业经济发展的重要支撑和实现农村产业兴旺的重要内涵。中医药作为中国独特的卫生资源、潜力巨大的经济资源、具有原创优势的科技资源、优秀的文化资源和重要的生态资源，与乡村振兴实现农业农村现代化总目标，坚持农业农村发展总方针和产业兴旺、生态宜居、乡风文明、治理有效、生活富裕的总要求相间相融、浑然一体。尤其要注重中医药在强身健体、防病治病、延年益寿的独特作用以及在基层的传承运用，更要让中医药的文化延伸与普及进村入户，推进大众化的科普教育与新媒体上的持续宣传。同时，借助信息工程、生物制造、现代物流等多学科、多领域的交叉渗透，与其他民族医药的优势交织互补和转化提升，持续提升中医药的生命力。

### 1. 当地村民中草药种植

中国中医药种植基地大都在远离都市的农村地区，且多为贫困地区，可采用“企业 + 供销社 + 基地 + 贫困户”的模式，大力发展诸如黄芪、党参、苦参、柴胡等当地道地保真中药材种植加工，吸引大型中药企业、医院、药材市场建设中药材种植基地。以中药材种植为引领，配套完善中药材原地加工、制造、销售等环节，可以帮助农村快速形成产业链条，成为农村产业发展的排头兵。中医药的发展，关键在于有好品质的药材，好品质药材的获得关键在于有好品德的种药人。从整体观角度出发，种植中药材就是对人性的考验和情操的陶冶。种植中药材要求农民能够静下来，弘扬淳朴、善良、勤劳的美好品德，不急功近利，不唯利是图，不被外界的物欲所干扰，精品中药材是种药人良心的集中体现。因此，发展中医药产业，号召更多农民以务实的态度参与到中医药种植中来，不仅可以提高其经济收益，更能升华其思想境界，有效推动乡风文明建设。生态环境中的健康场景智造，中医药强调无公害种植，并且运用天然的植物药来治病，对健康环境来讲，保护生态，促进人和自然的和谐共生，运用自然的调节来维护健康是环保的、生态的，同时还是节约的。与此同时，中医药对种植环境的要求高，使用化肥、农药等方式会大大降低药材质量，发展中医药产业迫使农民恢复最原始的种植方式，选择无害化的种植路径，形成倒逼机制。要建立道地保真药材管理规范体系，运用高科技手段，加强中药材种植过程的监测与管理，营造智慧化的生态环境健康场景，助力乡村生态文明建设和生态环境保护。



**2. 中医药特色康养技能与方法**

（1）专病调养。对肿瘤患者术后或放化疗后的康复专攻；产妇月子里的康复调理；还有一些地方病、多发病等，采取相应的专病治疗针对性强，疗效确切，亦可以采用专病调养的方式进行治疗。

（2）慢性病医养：如高血压、糖尿病、高脂血症等慢性病进行医养结合治疗，达到减少西药用量，或者减掉西药的服用，进一步减小伤害肝肾功能的毒副作用。

（3）亚健康康养：中药五行熏蒸，利用中药熏蒸仪，按照人体五行体质特征，把中药按照人体五行进行熏蒸，木（肝）火（心）土（脾）金（肺）水（肾）脏腑的调养；伴随着中国老龄化人口的不断增加，亚健康人群的不断扩大，人们对健康的重视程度越来越高，尤其是围绕中医药展开的养生、养老备受人民青睐。

**3. 中医药康养旅居特色**

（1）中医药宣教科普。主要是对康养旅居者，对了解中医药基础理论，中医药适宜技术以及按摩、推拿，刮痧、拔罐等外治方法；中医药健康产业全链条打造，中医药要在“治未病”方面发挥主导作用，在重大疾病治疗方面发挥协同作用，在疾病的康复方面要发挥核心作用，发展健康产业。农村要依托自身条件优势，创新中医药健康产品，发展生态养生社区小镇、中医药博物馆、中医药博览会、药用植物观赏、医药保健服务、中医药文化产业园等主题项目，打造养生节、药膳节、温泉节、中医药文化节等主题节庆活动，探索建立全方位、多元化、多层次的中医药健康产业服务品牌，形成规模和品牌效应，从而形成中医药健康旅游产业集群链。引进相关中医药资源形成新的文化元素，拓宽中医药乡村文化传播渠道，创新中医药乡村文化产品，培育中医药乡村文化品牌，使中医药乡村文化产业成为具有较强渗透性与辐射性的新动能产业。

（2）中国公民素养、急救科普知识教育，旅居中学习中医药科普常识。《中国公民健康素养（66条）》[2]一书中介绍了基础知识理念（第1－25条）、健康的生活方式和行为（第26－54条）、基本技能（第55－66条）。以此书为例，对公民的素质教育可以体现在以下几方面。

首先，是基础性知识的普及基础知识理念（第1－25条）。明确了健康不仅仅是没有疾病，而是身体、心理和社会适应的较好状态。人人都有维护他人和自身健康的责任，有了健康的生活方式，才能够维护和改进自我健康。健康与环境息息相关，促进健康，保护环境。积极参与公益性的健康活动，如助老助残、无偿献血、儿童免疫等，养成文明的言语行为，如文明的咳嗽、打喷嚏，不大声说话，严禁随地吐痰，关注血压及控制高血压危险因素，做到高血压患者能够随时可以测量血压，自我健康管理。关注血糖和控制糖尿病危险因素，糖尿病患者应当做到自我检测，健康管理。积极参加癌症筛查，做到癌症患者早发现以及早干预、早治疗。做好个人防护，人与人交谈注意距离，密集人群时注意戴口罩，勤洗手，以免传染病。

其次，围绕健康生活方式和行为（第26－54条）的养成，健康生活方式主要包括合理饮食、戒烟限酒、心理平衡、适量运动四个方面。保持正常体重，避免超重，监控肥胖。饮食应当以谷类为主，多吃蔬菜、水果和薯类，营养合理，注意荤素、粗细搭配。勤洗手、早晚刷牙、常洗澡、饭后漱口，最好不要共用毛巾和洗漱用品。根据天气变化和空气质量，适时开窗通风，保持室内空气流通。不在公共场所吸烟、吐痰，尽量做到戒烟限酒。

最后是基本技能（第55－66条）的学习。学会一些应激性的防御方法与技能：如溺水、触电、火灾、地震等的急救知识和防护知识，人命关天，在紧急情况下为需要帮助的人施以援手是应该鼓励的行为，然而，应急救护不但需要知识和技能，也需要见义勇为的勇气。开展“救在身边·景区守护”行动。推进A级旅游景区工作人员、旅行社导游应急救护培训工作，发挥景区医务室（救护站）作用，为游客提供应急救护服务。“人人学急救、急救为人人”的良好社会氛围下，每个人都会多一份“安全感”。

（3）乡村村医的培训工程。举办全国的村医中医药基础理论学习班，村医是乡村中医药的生力军，也是中医药发展的主力军，更是我们振兴中医药、振兴乡村建设的人力资源。没有乡村医生就没有中医药在乡村的阵地，也不会有乡村人们的健康保障，更没有良好的生活方式和运动方式的建立。因此，乡村中医药必须加强村医的培训，建立良好的中医药康养旅居基地，必须要有一批具备中医药知识水平和临床经验的村医给我们守护。努力发展乡村医生建设，对村医每年从基础知识到临床实践进行轮岗式培训，建立一个相对稳定的乡村医生培训点，定期、不定期地举办乡村医生中医药的学习，加强奖励制度的建立，完成中医药使用率、治愈率，以及急诊抢救率的衡量，对村医的医疗质量、医疗技术的提高起到决定性的作用。村医，是中国乡村的一种维护乡村农民身体健康的生力军，他们在工作中学习，工作中提高，而对中医药基础理论、临床经验尚有不足，所以加强对村医的个人理论基础以及临床工作的培训学习相对就是有很重要的意义，尤其在中医药基础理论、临床经验以及中药材种植基础，中医药养生、中医药养老、中医药文化体验，能够衍生出中医药健康培训等各类项目，农民可以通过参与其中的某个环节，实现充分就业，得到一份稳定的收入来源。此外，乡村产业的不断壮大，将会吸引大城市精英人群和乡贤群体返乡创业，利用自身的专业知识水平，从事与中医药相关的行业，让年轻人回来。

在乡村中医药康养旅居中有中医药的氛围，对村医学习的气氛，学习的动力都是很有必要的。中医药服务乡村振兴需要政府主导、专业支撑、协商一致、多点多极、集聚集群的主动求变、顺势而为，把中医药的资源优势融入国内和国际的双循环中，并转化为产业优势。通过中医药服务乡村振兴，力求形成这样的格局：既有第一产业中的专业化、现代化种植，又有第二产业中的标准化、国际化生产，以及第三产业中的精准化、集团化服务；既有在乡村山寨的培育，又有在异国他乡的种植。中医药康养旅居，不仅是对当地村民的科普，也是对旅居康养者的中医药知识传播，让中医药的养生理论深入人心，改变人们的生活习性，更有益于身体健康，心情愉悦，使之达到“恬淡虚无”的境界，真正使游客、当地农民、居民都受益。

## 参考文献

［1］宋瑞，金准，李为人，等. 2018—2019年中国休闲发展报告［M］. 北京：社会科学文献出版社，2019.
［2］安家璈. 中国公民健康素养66条［M］. 北京：化学工业出版社，2010.

# HB.12 中国老年人旅居康养的现状及趋势

张金山[1]　赵丽丽[2]

**摘　要：** 伴随着老龄化的快速推进和老年人数量的迅速增多，具有一定的经济基础以及健康有活力的老年人，选择如同像候鸟一样前往气候宜人的异地开展避寒旅游或者避暑旅游，"旅居生活"成为近些年休闲度假市场或者老年人旅游市场喜闻乐见的健康养老新风尚。本文对旅居康养生活进行了界定，总结了老年人开展旅居康养的特征。较为全面地总结和分析了中国老年人旅居康养市场的发展现状，重点分析了旅居康养的类型及发展情况，最后结合新发展阶段的经济社会发展形势以及新冠疫情对旅游市场的冲击情况，分析或研判老年人旅居康养的未来发展趋势。

**关键词：** 旅居康养；老年人；现状；趋势



## 引言

按照国际通行标准，当一个国家或地区 60 岁及以上老年人口占总人口数的 10%，或 65 岁及以上老年人口占总人口数的 7%，即意味着这个国家或地区的人口处于老龄化社会。中国从 20 世纪末的 1999 年开始正式步入老龄化社会，随后出现老龄化快速加深，老龄人口迅速增长的情况。在人们普遍关注老

---

① 张金山，产业经济学博士，北京联合大学旅游学院副教授，研究方向：城市发展与旅游经济、旅游消费、旅游规划等。

② 赵丽丽，旅游投融资博士，中国旅游出版社品牌研发中心副主任，研究方向：旅游活动策划组织、旅游投融资、旅游书店运营等。

年抚养比攀升、养老负担加重等养老问题的同时，也开始出现老年人消费快速增加、老年人旅游市场迅速发展等新趋势，特别是在数量庞大的老年群体之中，具有一定的经济基础以及健康有活力的诸多老年人，选择如同像候鸟一样前往气候宜人的异地开展避寒旅游或者避暑旅游，“旅居生活”成为近些年休闲度假市场或者老年人旅游市场喜闻乐见的健康养老新风尚，助推了海南、贵州等避寒和避暑旅游目的地的发展，催生了第二居所、养老酒店、养老度假村等兼具养老和度假功能复合型旅游项目的快速涌现。

当前有关老年人旅居康养的研究还非常缺乏，面对新冠疫情对旅游市场构成全面冲击的当前形势，面对中国老龄化还将持续加深的未来趋势，对一度快速发展的老年人旅居康养进行较为系统化、全面化的梳理和研究，研判老年人旅居康养市场的未来发展趋势就非常有必要。



## 一、老年人旅居康养概述

### （一）什么是旅居康养生活

简单地说，旅居生活是人们前往异地停留并居住一段时间的经历。根据中国旅游统计，游客是指任何为休闲、娱乐、观光、度假、探亲访友、就医疗养、购物、参加会议或从事经济、文化、体育、宗教活动，离开常住国（或常住地）到其他国家（或地区），其连续停留时间不超过 12 个月的群体。2015 年 12 月，中国老龄产业协会老年宜居养生委员会发布的《旅居养老服务机构评价准则》（T/CSI 0003—2015）提出，旅居养老是老年人在常住地域以外的城镇旅行并居住，单次旅居时间超过 15 日；在旅居过程中，享受各类适老服务，进行养老的生活模式。如果没有特别区分，本报告将“旅居康养”和“旅居养老”视作同一概念。虽然该标准没有对单次旅居的时间上限进行界定，不过从实际情况来看，一般不会超过 12 个月。旅居生活隶属旅游活动的范畴，往往是在外地停留较长时间的旅游活动。

老年人的身体机能和生活习惯与中青年等群体相比，有着明显的不同，老年人外出旅游，一般以健康养老为主要目的，其中那些有着良好家庭经济基础的老年人，选择了旅居康养的生活方式，老年人一般是旅居康养的主体。上述标准还对旅居老年人进行了界定，认为旅居老年人是年龄为55周岁至80周岁的生活能基本自理的活力老人。根据《中华人民共和国老年人权益保障法》以及国际通行标准，老年人是指60周岁以上的人群。上述标准可能考虑了中国女性55岁退休的情况。本报告认为凡是60周岁以上开展旅居康养的老年人都可以视作旅居老年人的范畴。

## （二）老年人旅居康养特征

在中国，从近些年老年人旅居康养的快速发展情况看，表现出与观光旅游、休闲度假以及一般游客旅游活动的一些不同特征。

### 1. 通常表现有在异地的安定居住

一般游客在旅游的过程中往往选择星级酒店、经济型酒店、民宿、度假村等短期租赁性质的住宿形式过夜，旅游活动集中在景区，一般不与社区居民有长期的日常接触。而老年人旅居人群往往选择第二居所、共享住宅、长租公寓、养老社区、养老酒店、养老度假村等可以长期居留或者配套健康养老功能的住宿形式居住，直接购买第二居所享受本地生活是旅居人群与一般游客相比最为显著的特征，如三亚、北海、西双版纳、秦皇岛等重点旅居目的地的住宅大量为外来人群所购买。旅居人群与本地居民存在较多的交往和接触。

### 2. 比休闲度假更为长期的异地体验

21世纪以来，推动从观光旅游向休闲度假转变就成为旅游业转型升级发展孜孜以求的目标。休闲度假与“走马观花”式的观光旅游相比，具有停留时间长、花费高以及体验深的特点。观光旅游以一日游为主，一般不超过3天；而休闲度假旅游往往在3天以上，一般也不会超过15天。旅居生活明显是比休闲度假更为深入的旅游体验。根据有关专门调研统计，2017年，前来三亚的旅居群体人均逗留高达101.6天，人均天花费156.72元。三亚旅居群体的人均总花费高达16000元，高于中国公民出境旅游平均花费，如果再计算第二居所的购买成本，均摊下来的每次旅居花费将会更高。

### 3. 宜人的气候条件是旅居康养的首要考量

旅居群体之所以被称为候鸟旅游者，主要因为像候鸟一样在冬天前往纬度较低的热带地区避寒，夏天前往纬度较高的温带地区避。东北人在冬天选择前往三亚避寒旅游可以说是开启旅居生活的典型代表事件，近些年，南方以及火炉城市的老年人选择前往北方或者高海拔地区避暑，也迅速变得流行起来。冬天和煦、夏天凉爽、空气清新以及生态环境优异的地区成为老年人最为青睐的旅居康养首选目的地。

**4. 缓解慢性病困扰是旅居康养的主要动因**

老年人普遍为腰腿疼痛等骨关节病，支气管炎等呼吸系统疾病，焦虑症、抑郁症、睡眠障碍等精神系统疾病，高血压、糖尿病、冠心病等心脑血管疾病所长期困扰，而宜人的气候条件和优异的生态环境对于缓解老年人的诸多慢性病有着良好的疗效。老年人通过开展旅居康养，缓解或治疗病痛并期望实现延年益寿的目的。老年人的身体机能和心理诉求决定了旅居康养异地停留时间长，优先考虑气候条件以及直接购买第二居所等方面的突出特征。

## 二、老年人旅居康养发展现状



### （一）国家积极推动养老服务与旅游业的融合发展

老年人旅居康养是养老服务与旅游业两大产业相互融合发展的新业态，特别是进入新时代以来，不论是从养老的角度还是从旅游的角度，国家都积极推动两者融合发展。2013 年 9 月发布的《国务院关于加快发展养老服务业的若干意见》（国发〔2013〕35 号）提出，统筹利用各种资源，促进养老服务与医疗、家政、保险、教育、健身、旅游等相关领域的互动发展。同年 10 月发布的《国务院关于促进健康服务业发展的若干意见》（国发〔2013〕40 号）提出，鼓励有条件的地区整合当地优势医疗资源、中医药等特色养生保健资源、绿色生态旅游资源，发展养生、体育和医疗健康旅游。2016 年 10 月中共中央、国务院印发的《“健康中国 2030”规划纲要》明确提出，积极促进健康与养老、旅游、互联网、健身休闲、食品融合，催生健康新产业、新业态、新模式。2014 年 8 月发布的《国务院关于促进旅游业改革发展的若干意见》（国发〔2014〕31 号）提出，结合养老服务业、健康服务业发展，积极开发多层次、多样化的老年人休闲养生度假产品。2018 年 3 月发布的《国务院办公厅关于促进全域旅游发展的指导意见》（国办发〔2018〕15 号）提出，加快开发高端医疗、中医药特色、康复疗养、休闲养生等健康旅游。为了贯彻相关文件的精神，2017 年 5 月，国家卫生健康委员会、国家发展和改革委员会、国家旅游局等 5 部门联合印发《关于促进健康旅游发展的指导意见》（国卫规划发〔2017〕30 号），进一步提出要促进健康服务与旅游的深度融合，直接对健康旅游的发展进行部署，而老年人旅居康养属于健康旅游的重要组成部分。

## （二）老龄化进程速度快为旅居康养发展奠定前提

20 世纪末的 1999 年中国 60 岁及以上人口达到 1.3 亿人，占总人口数的 10.2%，随后老龄化开始加速发展，2011 年以来的人口老龄化进程如图 1 所示。截至 2021 年底，全国 60 岁及以上老年人口达 2.67 亿，占总人口的 18.9%；65 岁及以上老年人口达 2 亿以上，占总人口的 14.2%。65 岁及以上人口占比超过 14% 仅仅用了 20 多年的时间，明显短于法国的 126 年、英国的 46 年以及德国的 40 年。[1] 中国的老龄化问题呈现老龄化速度快、老年人口规模庞大的显著特点。

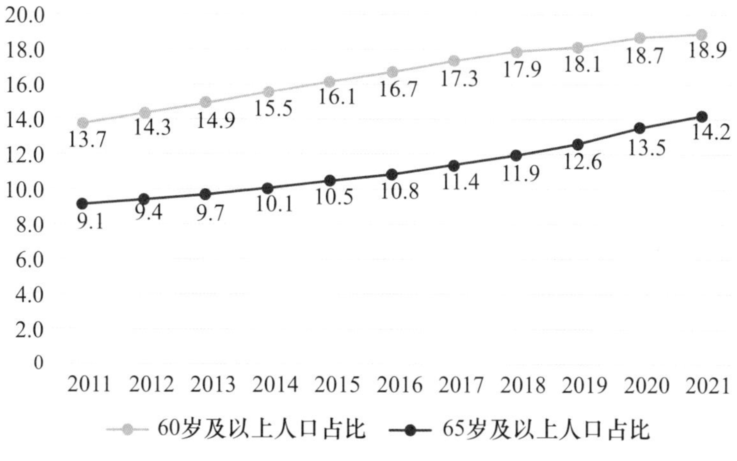


图 1　2011—2021 年中国老龄化程度折线图

数据来源：其中 2011—2019 年数据根据国家统计局历年人口抽样调查数据计算，2020 和 2021 年数据来自国家卫健委。

老年人，特别是退休后的老年人一般拥有时间和经济能力开展旅游活动，伴随老龄化进程，老年人旅游市场快速发展，而老年人旅居康养是老年人旅游大市场的高端化细分市场。2018 年城镇 65 岁及以上国内游客占城镇出游人数的 4.95%，有 2.04 亿人次；农村 65 岁及以上国内游客占农村出游人数的

3.8%，有0.54亿人次。两者合计有2.56亿人次，占到当年国内总出游人次的4.62%。[2] 2019年，携程发布的《老年群体旅游行为报告》显示，65%的老年出游用户每年出行3次以上。飞猪数据显示，2019年，“60后”银发旅游群体的旅游消费金额整体是“00后”的3倍。按照每位老年人一年平均旅游3次，每次消费1600元计算，中国老年人旅游市场规模超万亿元。根据有关统计，当前老年人旅游在外停留时间超过7天的能占到39.4%，[3] 如果按照在外停留超过15天的能占到6%，那么粗略估算，当前老年人旅居康养市场的规模已经能够达到1500万人次/年。

### （三）自理老人或介助老人是开展旅居康养的主体

根据世界卫生组织对老年人的分类，60～74岁称为年轻老年人，75～89岁称作一般老年人，90岁以上称作长寿老年人。根据老年人的自理能力，还可以把老年人划分为自理老人（Self－helping aged people）、介助老人（Device－helping aged people）、介护老人（Under nursing aged people）、失能老人（Disables aged people）等类型，其中自理老人是生活行为完全自理，不依赖他人帮助的老年人；介助老人是生活行为依赖扶手、拐杖、轮椅和升降设备等帮助的老年人；介护老人是生活行为依赖他人护理的老年人；而失能老人是至少有一项日常生活自理活动（一般包括吃饭、穿衣、洗澡、上厕所、上下床和室内走动这6项）不能自己独立完成的老年人。其中60～74岁的年轻老年人一般属于自理老人或者介助老人，75～89岁的一般老年人一般属于介助老人、介护老人或者失能老人，90岁以上的长寿老年人一般属于介护老人或者失能老人。近些年来，年轻、一般及长寿老年人占比都呈现不断增加的趋势，2020年占总人口的比例分别达到13.97%、4.43%和0.33%（见图2），其中年轻老年人已经高达1.97亿，远超日本的总人口数（约1.26亿）。

中国的老年人即使有条件在养老机构养老，受传统思想影响，一般也不会离儿女太远，因此一般或者长寿老年人如果丧失自主行动能力，很少选择异地养老机构养老。从实际情况来看，当前开展康养旅居生活的老年人绝大多数为60～74岁的自理老人或者介助老人，即使自理老人前往异地旅居康养，也经常在子女的护送或陪同下前往。如果暂不考虑开展旅居康养的经济能力因素，年轻老年人数量可以看作是当前旅居康养市场的最大潜在市场。

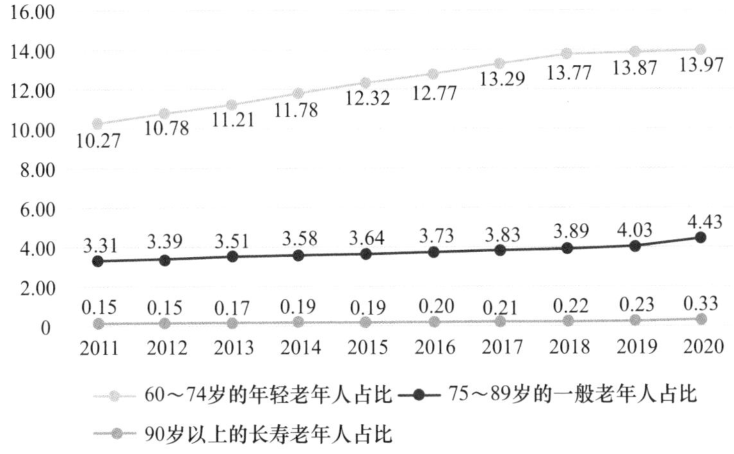


图 2 2011—2020 年年轻、一般及长寿老年人变动情况

数据来源：2020 年数据根据《中国人口和就业统计年鉴 2021》计算，而 2011—2019 年数据根据国家统计局历年人口抽样调查数据计算。

## （四）一度严重的雾霾问题刺激了旅居康养的发展

进入 21 世纪的第二个十年，粗放型的经济增长模式累积的资源环境问题突然以雾霾的形式呈现出来。2013 年，“雾霾”成为年度关键词。同年的 1 月，4 次雾霾过程笼罩 30 个省（区、市），在北京，仅有 5 天不是雾霾天。有报告显示，中国最大的 500 个城市中，只有不到 1% 的城市达到世界卫生组织推荐的空气质量标准，与此同时，世界上污染最严重的 10 个城市有 7 个在中国。中国工程院对《大气十条》实施情况的中期评估显示，京津冀区域的污染气象条件，2014 年比 2013 年转差 17%，2015 年比 2013 年转差 12%。抵抗力下降、身体状况不佳的老年人更容易被雾霾侵袭，诱发疾病。雾霾对老人呼吸系统影响最大，可引起呼吸道感染、急性支气管炎、支气管炎、哮喘发作等疾病。老年人身体循环系统功能相较年轻人更脆弱，如果雾霾天气持续不散，还有可能诱发心绞痛、心肌梗死、心力衰竭等疾病。一度严重并出现扩大趋势的雾霾问题大大刺激了北方的老年人通过购买第二居所的形式开展旅居康养。在“2013 北京春季房地产展示交易会”上，来自全国各地的旅游地产项目出现火热揽客的场面，“纯美海岸、阳光生活、度假养老”等极具诱惑力的宣传标语在旅游地产项目的展台上随处可见。当年春展组委会的统计数据显示，国内项目总共 200 多个，旅游地产项目就有四五十个，与北京本地项目、海外项目三分天下。

### （五）形成冬季避寒和夏季避暑两大旅居康养市场

由于气候条件和空气质量直接决定了旅居康养群体的来源地和目的地，从气候条件看，冬季时海南、广东、广西沿海城市，云南及福建南部地区有着最温暖的冬天，适合避寒；夏季时黑龙江、吉林、北方沿海城市，云南、贵州、甘肃、青海等地区气候凉爽，适合避暑。[4,5] 当前，已经形成冬季东北、京津冀、长三角等重点城市人群前往海南以及南方气候温暖地区的避寒旅居康养以及夏季南方火炉城市、珠三角等城市前往东北、贵州、云南以及西北地区的避暑旅居康养市场。近些年，避寒旅居康养的目的地从原来的海南、北海，迅速向青岛、烟台、昆明、大理、西双版纳、厦门、珠海等城市或地区扩展；而避暑旅居康养目的地由原来的秦皇岛、承德、大连等老牌避暑旅游目的向哈尔滨、长春、伊春、丽江、贵阳、六盘水、呼伦贝尔、乌兰察布等城市或地区扩展。

自从出现雾霾天气问题以来，环保部从 2014 年开始选择京津冀、长三角、珠三角区域城市、直辖市、省会城市和计划单列市等 74 个城市率先实施新的《环境空气质量标准》（GB 3095—2012）开展空气质量监测。2014—2016 年连续三年的环境状况公报，空气质量较好的城市普遍集中在南方，而空气质量相对较差的城市普遍集中在北方（见表 1）。由此形成空气质量相对较差城市群体向空气质量相对较好城市开展旅居康养的大潮流。



**表 1　2014—2016 年雾霾严重年份城市环境空气质量情况**

| 年份 | — | 相关城市 |
|---|---|---|
| 2014 年 | 空气质量相对较好的 10 个城市 | 海口、舟山、拉萨、深圳、珠海、惠州、福州、厦门、昆明和中山 |
|  | 空气质量相对较差的 10 个城市 | 保定、邢台、石家庄、唐山、邯郸、衡水、济南、廊坊、郑州和天津 |
| 2015 年 | 空气质量相对较好的 10 个城市 | 海口、厦门、惠州、舟山、拉萨、福州、深圳、昆明、珠海和丽水 |
|  | 空气质量相对较差的 10 个城市 | 保定、邢台、衡水、唐山、郑州、济南、邯郸、石家庄、廊坊和沈阳 |
| 2016 年 | 空气质量相对较好的 10 个城市 | 海口、舟山、惠州、厦门、福州、深圳、丽水、珠海、昆明和台州 |
|  | 空气质量相对较差的 10 个城市 | 衡水、石家庄、保定、邢台、邯郸、唐山、郑州、西安、济南和太原 |

资料来源：2014—2016 年环保部环境状况公报。

当前，主要是在疫情之前，总体来看，避寒旅居康养市场占据旅居康养市场的主体。从作为旅居康养大本营的最主要目的地海南的情况来看，据统计，2017 年 10 月 1 日至 2018 年 4 月 30 日，在琼“候鸟”人数有 164.77 万人，约为海南户籍人口总数的 17%。其中，三亚“候鸟”数达 41 万人，占全省“候鸟”总数的 24.9%，约为三亚户籍人口（58.56 万人）总数的 70%；海口“候鸟”数 27.2 万人，占全省“候鸟”总数的 16.5%。① 三亚 2019 年春节黄金周期间，接待过夜游客 83.32 万人次，实现过夜游旅游收入 102.33 亿元，接待国内游客排名前五的省市分别是：北京、上海、广东、江苏、四川。② 三亚的旅居康养群体原来以东北人群占主体，三亚一度也有“黑龙江三亚市”的称谓，而近些年开始出现北京、天津、上海，及南京、成都、重庆等城市老年人群体快速增长的趋势。

### （六）中医药、森林和温泉康养呈现三足鼎立态势

近些年，国家积极推动中医药健康旅游、森林康养旅游和温泉康养旅游的发展，这三大健康旅游产品形式也获得有老年人旅居群体的广泛认可。

为了充分发挥中医药健康养生方面的独特作用，2015 年 4 月，国务院办公厅发布《中医药健康服务发展规划（2015—2020 年）》，提出发展中医药健康旅游。利用中医药文化元素突出的中医医疗机构、中药企业、名胜古迹、博物馆、中华老字号名店以及中药材种植基地、药用植物园、药膳食疗馆等资源，开发中医药特色旅游路线等。2016 年 2 月，国务院发布《中医药发展战略规划纲要（2016—2030 年）》，提出发展中医药健康旅游服务。推动中医药健康服务与旅游产业有机融合，发展以中医药文化传播和体验为主题，融中医疗养、康复、养生、文化传播、商务会展、中药材科考与旅游于一体的中医药健康旅游。为了推动中医药健康旅游项目的快速落地实施，2016 年 7 月，国家旅游局、国家中医药管理局发布《关于开展国家中医药健康旅游示范区（基地、项目）创建工作的通知》（旅发〔2016〕87 号），曾经提出用 3 年左右时间，在全国建成 10 个国家中医药健康旅游示范区，100 个国家中医药健康旅游示范基地，1000 个国家中医药健康旅游示范项目的目标。2018 年 3 月，

① 数据来源：2019 年 1 月海南省政协发布的《进一步加强“候鸟群体”服务管理 发挥“候鸟人才”作用的调研报告》。

② 资料来源：原三亚市旅游发展委员会的《2019 年春节黄金周总结》。

两部门还正式公布了北京昌平中医药文化博览园等 73 家单位为第一批国家中医药健康旅游示范基地创建单位。在国家的推动下，北京、海南、广西、四川等中医药资源丰富省份也纷纷行动，比如早在 2011 年，北京就出台有《北京中医药文化旅游示范基地建议方案》和《北京中医药旅游产业发展总体规划和行动方案》。2020 年四川省还认定岳池羊山中医药养心谷等 6 家单位为“2020 年四川省中医药健康旅游示范基地”，都江堰问花村中医药特色养生花海等 6 家单位为“2020 年四川省中医药健康旅游示范项目”。

为了实现森林资源保护与开发利用的有效结合，2019 年 3 月，国家林业和草原局、民政部等四部门联合发布了《关于促进森林康养产业发展的意见》（林改发〔2019〕20 号），提出到 2022 年，建设国家森林康养基地 300 处，建立森林康养骨干人才队伍，到 2035 年，建成覆盖全国的森林康养服务体系，建设国家森林康养基地 1200 处的发展目标。同年 7 月，四部门联合印发了《关于开展国家森林康养基地建设工作的通知》，要求积极开展国家森林康养基地的申报工作。2020 年 3 月，又正式公布了 107 家国家森林康养基地名单。伴随着国家层面的推动，贵州、湖南、四川、陕西等省份也积极开展行动，比如贵州等省份还专门编制《森林康养发展规划（2021—2025 年）》，提出构建“一核四区多节点”的空间布局，到 2025 年，全省将提升建设森林康养基地 70 个，森林康养步道达到 300 公里的目标。如果说中医药健康旅游以中医药的保健疗养为核心内容，而森林康养旅游主要依托森林负氧离子高等优异的生态环境，可以针对老年人开展散步、打太极拳等体育休闲活动为重点内容。



温泉旅游以健康养生为特色，集旅游、休闲、会务等功能于一体，已成为 21 世纪旅游度假的一大热点。如果说中医药健康旅游和森林康养旅游等产品形式主要是在国家或政府的推动下而快速发展，那么温泉康养旅游更多的是在市场需求的牵引下而快速发展。中国温泉历史悠久，资源丰富，类型齐全，分布广泛。中国地热资源总量约占全球的 7.9%，目前已发现全国共有地热温泉 3700 多处，主要有四个水热活动密集带：藏南—川西—滇西、台湾、东南沿海和胶东、辽东半岛水活动密集带，其中，云南 1015 处，西藏 677 处，四川 354 处，新疆、广东 300 处左右，山东 20 处左右。[①] 在北京、广东、福建、东北、四川等温泉资源丰富的省份，近年来温泉已经成为旅居康养非常重要的单

① 资料来源：中研普华产业研究院发布的《2021—2025 年中国温泉旅游开发行业竞争分析及发展前景预测报告》。

一产品板块。老年人泡温泉有利于缓解身体疲劳、促进血液循环、舒筋活络，特别是能够防治胃炎、支气管炎、关节炎等老年疾病。目前全国已经涌现比如四川螺髻九十九里、南京汤山温泉、内蒙古阿尔山温泉、吉林长白山聚龙温泉、腾冲热海温泉、岭南中山温泉等一批著名的温泉康养旅游目的地。温泉旅居康养项目一般以温泉疗养院、温泉度假村、温泉主题酒店、温泉养老社区等形式存在，近些年还涌现有诸多温泉主题的住宅项目，作为第二居所的形式，往往为中老年人基于旅居康养的目的而购置。

### （七）老年人旅居康养项目的类型开始变得多样化

关于旅居康养项目的类型，有着多种划分方法，比如有的将其划分为资源突出型（“暖冬”/“避暑”旅居度假产品）、功能突出型（养生养老旅居度假产品）、主题突出型（田园式、文艺式旅居度假产品）；[6]有的将其划分为文化养生型、长寿资源型、中医药膳型、生态养生型、养老综合型、度假产业型、体育休闲型、医学结合型等类型。[7]不论如何划分，相关旅居康养产品之间经常存在一定的交集，这是由于旅居康养项目经常存在一定的功能复合。除了上文已经提到的冬季避寒旅居康养、夏季避暑旅居康养以及中医药健康旅游、森林康养旅游和温泉康养旅游等旅居康养形式之外，第二居所旅居康养、共享住宅旅居康养、乡村民宿旅居康养、宗教文化旅居康养、长寿主题旅居康养等形式也表现得特别突出。

第二居所是以游居生活为主要目的的旅游式居所。第二居所与第二套房有着明显的差别，第二套房往往是以投资性购买为主要目的，而第二居所以旅居生活的真实需求为支撑。虽然人们开展旅居生活不一定通过第二居所而实现，然而购买第二居所可以看作中国旅居生活正式开启的核心标志，也是旅居康养生活的关键特征。中老年群体是购买第二居所的主力军，一般都是基于将来或当下旅居康养的目的。第二居所还经常以旅游地产的面目出现，主要集中在冬暖夏凉、气候宜人的沿海城市，如三亚、海口、北海、大连、秦皇岛、青岛、烟台、威海等。有的在三亚购买第二居所的购房者接受记者采访时表示：“我在三亚买了一套房子，毕竟我买这个房子现在是作为旅游度假，以后还要用来养老度假的。”这道出了诸多中老年群体购买第二居所的普遍心声。

共享住宅旅居康养是主要依托城镇空置住房发展起来的旅居康养形式。进入 21 世纪的第二个十年，城镇住房空置率高的问题就开始凸显出来。根据相关调查，2013 年中国城镇家庭空房率就已经高达 22.4%。[①] 近些年来，中国城镇住房空置率高已经是不争的事实，这为空置住房的在线出租创造了条件。以住宅共享或空房在线出租为主营业务的服务平台途家网在 2011 年成立，小猪短租在 2012 年成立。2016 年全球最大的住宅共享服务平台爱彼迎（Airbnb）进入中国市场。虽然受疫情以及水土不服等方面的影响，2022 年 6 月，爱彼迎开始退出中国市场，相关房源已经大部分迁移至途家网。在线住宅共享平台的发展助推了旅居生活的加速发展，特别是一些优秀旅游城市的共享住宅为老年人旅居康养群体所青睐。通过住宅共享平台开展旅居康养，一般发生在暑假、寒假或者“黄金周”期间，子女、儿童经常陪伴老人一起出行，三世同堂的五口之家同行是老年人共享住宅旅居康养的突出特征。

乡村民宿旅居康养是主要依托乡村民宿而发展起来的旅居康养形式。最近十多年来，中国城镇化快速发展，从 2011 年至 2021 年，城镇化率由 51.3% 迅速提高到 64.72%。在广袤的乡村地区，开始出现宅基地大量空置的情况。粗略估算，当前全国农村宅基地的平均空置率已经在 10% 以上。在大城市周边的农村，宅基地空置率往往更高。在此情况下，一些投资者开始前往乡村开办民宿，首旅寒舍等投资运营乡村民宿的专业机构开始出现，一些 OTA 也纷纷租用农村宅基地开展乡村民宿的连锁化经营，还出现莫干山等精品民宿的集聚区。乡村民宿距离城市客源市场近，租住价格便宜以及凭借静谧、清新的田园环境开始吸引大量旅居康养老年群体进驻。如果说第二居所主要承载的是避寒旅居群体，那么乡村民宿主要承载的是避暑旅居群体。比如，笔者曾经调研的贵州安顺西秀区的大坝村通过旧村改造，村民全都搬上了小洋楼并纷纷开办民宿，每到夏季吸引重庆、成都等火炉城市诸多老年群体前来居留。

宗教文化旅居康养是依托宗教文化资源而开展的旅居康养形式。中国佛教、道教信徒颇众，佛教和道教文化有深厚的健康养生内涵，道教整体就是讲究通过养生修炼追求延年益寿，甚至“长生不老”“得道成仙”的目的。具有丰富人生阅历的一些老年、高知等群体参禅悟道，沉迷佛教或道教的养生文化。围绕宗教文化圣地，如五台山、普陀山、峨眉山、九华山等佛教名山，武当山、龙虎山、齐云山、青城山、崂山等道教名山，开始聚集以禅修、辟谷等为主要形式的宗教文化旅居康养群体。还有北京的凤凰岭龙泉寺的高知群体禅

① 数据来源：西南财经大学中国家庭金融调查与研究中心 2014 年 6 月 10 日发布的《城镇家庭住房空置率及住房市场发展趋势 2014》报告。

修、陕西终南山隐士苦修，经常成为热点讨论话题。有新闻报道称，在终南山有五千多位隐士藏身修炼。在隐士的带动下，吸引一批避世型旅居群体的前往。宗教文化旅居康养群体经常贴有出世、清修、雅居的特有标签。西双版纳是南传佛教圣地，笔者曾经调研的西双版纳傣族园景区，就包括有上座部佛教禅修旅居板块，来自北京、上海等一线城市的一些高知或老年群体经常每年前来静修。

长寿主题旅居康养是一些长寿老人资源丰富的地区凭借长寿之乡的称号而开展的旅居康养形式。从 2007 年开始，中国老年学和老年医学学会开始评选中国长寿之乡，2019 年还发布了新一届《长寿之乡认定准则和方法》（T/LXLY 0001－2019）的行业标准。截至 2019 年，已经认定了 82 家中国长寿之乡，其中广西壮族自治区独占 30 家。广西巴马、广东蕉岭、海南澄迈、江苏如皋、四川彭山等长寿之乡已经获得有广泛的知名度。据第二次到第五次全国人口普查，巴马百岁以上寿星占人口的比例之高都居世界五个长寿区之首。有关长寿之乡的研究认为，比如巴马长寿现象受当地的地磁、空气、水、阳光、食物等环境的综合影响，地球的一般地区地磁约在 0.25 高斯，而巴马高达 0.58 高斯。这些长寿之乡凭借品牌优势积极发展旅居康养项目，人们也有充足的理由相信前往长寿之乡生活，能够如同长寿之乡的长寿老人一样高寿，这些长寿之乡受到一些老年人旅居康养群体的广泛关注。



## 三、老年人旅居康养发展趋势

老年人旅居康养在快速发展的同时，也应看到，长期以来还面临区域发展不均衡，养老服务体系不健全，养老和医疗保障总体水平较低，适宜开展旅居康养项目的地区囿于经济社会发展水平能力有限等诸多方面的问题，都制约着老年人旅居康养在更广的范围和更大的规模开展。同时也需要看到，系列问题需要在改革发展的过程中不断推动解决，影响老年人旅居康养进一步发展的大趋势并没有发生根本性的变化，总体有着更加广阔的发展预期。

### （一）疫情对旅居康养的影响已成强弩之末

突如其来的新冠疫情对旅游市场造成重大冲击，可谓是改革开放旅游业快速起步发展以来的最大冲击。2020 年，国内旅游人数 28.79 亿人次，国内旅游收入 2.23 万亿元，较 2019 年分别下降 52.1% 和 61.1%。2021 年，国内旅游人数 32.46 亿人次，国内旅游收入 2.92 万亿元，虽较 2020 年有所恢复，但仍比 2019 年下降 46% 和 49%。① 由于担心新冠病毒对有慢性病、基础病的老年人容易造成危重症，近三年来，老年人旅游以及老年人旅居康养基本上处于停滞状态。

当前已经步入科学防疫、精准防控的常态化防控时期，伴随病毒高传染率但低重症率、低致死率的进化，世界各国已经开始纷纷全面取消疫情防控举措。张文宏指出，“这将是新冠最后一个寒冬！”疫情终将过去，萦绕在旅游业发展头上的“紧箍”必将摘除。只要宏观经济大盘保持稳定并呈现增长态势，即使经济增长率低于预期目标，依旧有理由相信旅游消费有着比以前更大的规模潜力；即使宏观经济出现一定的收缩，由于基尼系数高的情况短期内难以缓解，中国依旧拥有支撑旅游发展的大规模高消费群体。旅游需求以及老年人旅居康养需求当前处于全面的压抑状态。虽然难以期望旅游消费和旅游市场规模在短期恢复到疫情之前的程度，不过旅游市场恢复反弹的斜率很有可能超出预期。随着老年人口的不断增多、社会保障体系的不断完善、养老服务业的快速发展，从中长期看，老年人旅居康养市场的规模还将持续扩大。



### （二）旅居康养的老年人规模还将不断增多

中国老龄化正处于加速发展的进程之中。根据国家卫健委的测算，预计“十四五”时期，60 岁及以上老年人口总量将突破 3 亿人，占比将超过 20%，进入中度老龄化阶段。2035 年前后，60 岁及以上老年人口将突破 4 亿人，在总人口中的占比将超过 30%，进入重度老龄化阶段。② 根据相关预测，到 2035、2050 年，中国 65 岁及以上老年人口将分别达 3.27 亿人和 3.93 亿人。[8] 老年人人口数量还将快速增长，因此，旅居康养的老年人潜在市场规模呈现不断增大的趋势。同时，中国人的平均预期寿命也呈现显著的延长趋势。在“十三五”期间，中国人均预期寿命从 76.3 岁提高到了 77.9 岁，增加了 1 岁

① 数据来源：文化和旅游部公布的 2020 年、2021 年文化和旅游发展统计公报。

② 数据来源：国家卫健委 2022 年 9 月 20 日新闻发布会。

（见图 3）。根据相关目标，到 2025 年，人均预期寿命将达到 78. 3 岁；到 2030 年，达到 79 岁。随着预期寿命的延长以及在异地能够方便享受养老服务水平的提高，将会出现更多的一般老年人甚至长寿老年人也会参加旅居康养的情形。

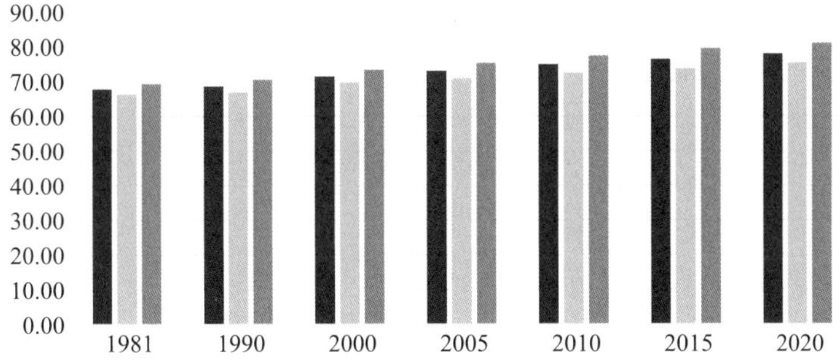


| | 1981 | 1990 | 2000 | 2005 | 2010 | 2015 | 2020 |
|---|---|---|---|---|---|---|---|
| ■合计 | 67.77 | 68.55 | 71.40 | 72.95 | 74.83 | 76.34 | 77.93 |
| ■男 | 66.28 | 66.84 | 69.63 | 70.83 | 72.38 | 73.64 | 75.37 |
| ■女 | 69.27 | 70.47 | 73.33 | 75.25 | 77.37 | 79.43 | 80.88 |

■合计 ■男 ■女

图 3　改革开放以来中国人平均预期寿命

数据来源：《中国人口和就业统计年鉴 2021》。

## （三）乡村旅居有望逐渐占据旅居康养主体

随着城镇化的持续推进以及乡村振兴战略的大力实施，城市近郊的乡村地区将成为开展旅居康养的主要地区。根据中国社科院的预测，到 2035 年中国城镇化率将达到 72% 左右。[①] 若按照 14. 3 亿总人口规模计算，届时只有 4 亿多人口在农村，农村的空心化程度还将进一步加剧。新发展阶段的乡村振兴，关键需要实现城乡要素之间的自由流动。2019 年 3 月，习近平总书记在全国两会期间参加河南代表团审议时指出，要推动人才、土地、资本等要素在城乡间双向流动和平等交换，激活乡村振兴内生活力。其中推动城镇居民能够向乡村的自由迁徙流动最为关键。当前中国城镇的中高收入、老年人等群体渴望回归乡土田园的倾向已经表现得非常明显。

20 世纪 60 年代，日本面对农村人口快速向城镇转移导致的乡村衰退问

① 中国社科院农村发展研究所 2020 年开展的《两大重要时间段新型城镇化目标及战略研究》报告。

题，对影响城乡之间人员自由流动的做法及时进行调整，实行“户随人走”的宽松户籍管理制度；适应城市居民向往乡村的趋势，对长期工作和居住在城镇的人口实施“二地域居住”政策，有效推动了城镇人口前往乡村工作和就业；为促进乡村非农产业发展，日本曾经专门出台政策鼓励并引导城市居民前往乡村打造“市民农园”，满足城市居民利用农民闲置的土地开展农事等休闲娱乐活动的需求。随着农村空心化的加剧以及制约城镇居民向农村迁徙体制机制障碍的不断消减，将有利于释放城镇老年人前往乡村旅居康养的庞大需求，老年人在城市近郊旅居康养还能够保持与城镇子女以及人际网络的紧密联系，因此有望成为旅居康养的主流模式。

### （四）完善的养老服务体系保障高质量开展

进入新时代以来，国家大力提高社会保障的均等化水平，从 2014 年到 2016 年，国务院先后印发了《关于建立统一的城乡居民基本养老保险制度的意见》（国发〔2014〕8 号）、《关于整合城乡居民基本医疗保险制度的意见》（国发〔2016〕3 号）等，全国统一的城乡居民基本养老保险制度和居民医疗保障制度在全国范围内快速建立起来。养老服务体系快速健全，截至 2020 年，全国参加基本养老保险人数为 102871 万人，比上年末增加 3007 万人；全年基本养老保险基金收入 65793 亿元，基金支出 60197 亿元。① 截至 2021 年，基本医疗保险覆盖 13.6 亿人，参保率稳定在 95% 以上。截至 2022 年第一季度，全国养老服务机构和设施总数达 36 万个，床位 812.6 万张。② 近些年养老保险和医疗保险参保人数、养老保险基金收入和支出以及养老服务机构数量都呈现明显增加的趋势，这将有利于提高老年人旅居康养的保障水平。

近些年，国家还大力推动医养结合发展。2022 年 7 月，国家卫健委、国家发改委等 11 部门又联合印发了《关于进一步推进医养结合发展的指导意见》（国卫老龄发〔2022〕25 号），推动力度不断加大。截至 2021 年，全国共有两证齐全医养结合机构 6492 个，机构床位总数 175 万张，医养签约近 7.9

---

① 数据来源：国家卫健委公布的《2021 年人力资源与社会保障公报》。

② 数据来源：2022 年 9 月 20 日国家卫健委在北京召开的介绍党的十八大以来老龄工作进展与成效的新闻发布会。

万对。[①] 医养结合的进一步发展以及养老保险、医疗保险的全国联网和异地结算的全面实现，将有利于刺激更多老年人开启旅居康养生活，将有利于促进适宜开展旅居康养的地区建设更高质量的旅居康养产品体系。

## 参考文献

[1] 任泽平．中国人口老龄化的五大趋势［EB/OL］．百度百家号，https：//baijiahao. baidu. com/s？ id = 1726715569513513013&wfr = spider&for = pc.

[2] 中华人民共和国文化和旅游部．旅游抽样调查资料［M］．北京：中国旅游出版社，2019.

[3] 文化和旅游部资源开发司，中国老龄产业协会编．中国老年旅游产业发展现状和趋势研究［M］．北京：中国旅游出版社，2020.

[4] 孔令怡，吴江，等．中国候鸟旅居地空间分布特征及影响因素研究［J］．资源开发与市场．2017，33（12）：1514 – 1518.

[5] 百度文库．候鸟旅游观察报告［EB/OL］．https：//wenku. baidu. com/view/1fcab72ab4360b4c2e3f5727a5e9856a56122625. html.

[6] 白瑞奋，郭子逍．旅居度假，美好生活方式新体验［EB/OL］．https：//mp. weixin. qq. com/s/LRv70g6QvBVzhtOouEntwQ.

[7] 海居生活．康养旅居产业都有哪几种类型？［EB/OL］．https：//www. xiaohongshu. com/discovery/item/624ff1060000000021036739.

[8] 任泽平．中国人口老龄化的五大趋势［EB/OL］．百度百家号，https：//baijiahao. baidu. com/s？ id = 1726715569513513013&wfr = spider&for = pc.



① 数据来源：2022 年 9 月 20 日国家卫健委在北京召开的介绍党的十八大以来老龄工作进展与成效的新闻发布会。

# HB.13 中国房车康养旅居基地发展现状与前景

赵汉青[①]　李玥函[②]　梁碧颜[③]

**摘　要：** 房车康养旅居正成为中国康养旅游的新业态，“十四五”时期是房车康养旅居发展的重要时机，房车基地是行业发展的重要载体。随着疫情管控措施的动态优化，人们对于房车旅行等“低密度”出行方式持积极态度，康养旅居的关注度不断升高。本报告基于政策调研和大数据分析，对国家及地方政府有关房车康养旅居基地发展的政策进行了系统梳理，总结了房车康养旅居基地的发展现状，发现当前房车康养旅居基地产业尚处于起步阶段，面临概念不清、内涵不明、模式不成熟、人才较匮乏等问题和挑战。在此基础之上，本报告系统分析行业现状和发展痛点，综合房车旅游、康养旅居等相关行业的发展情况，提出了下一步中国房车康养旅居基地发展关键，为政策制定和行业决策提供了建议和参考。

**关键词：** 房车康养旅居基地；房车旅游；房车营地；康养旅居；对策研究



## 引言

房车康养旅居是近几年康养产业延伸发展的新概念新模式，随着国际国内旅游环境的改善和全面实施“健康中国”战略发展的助推，中国房车康养旅

① 赵汉青，医学博士，河北大学中医系主任，研究方向：中医药竞争情报学。
② 李玥函，医学学士，河北大学中医学院学生，研究方向：中医药大健康。
③ 梁碧颜，医学硕士，中国中医科学院副研究员，研究方向：医养结合。

居基地已逐步呈现发展势头[1]。房车营地、康养旅居是下一步康养产业消费升级的新风向关键词，本报告从政策、行业、痛点三个方面描绘房车康养旅居发展现状，通过深入剖析中国房车康养旅居基地存在的问题，提出下一步发展对策及前景展望。

## 一、中国房车康养旅居基地政策现状

在“十三五”时期，房车基地和康养产业均得到了国家及地方政策的大力支持与推动，各类房车营地、康养小镇出现快速增长，涵盖旅游、汽车、养老、文化、科技、体育等多个产业链条，“康养+”及“公路+”模式系列政策的出台极大促进了市场发展[2]。进入“十四五”时期后，由于受到疫情的影响，各地房车康养旅居基地相关政策呈现差异化发展态势。

### （一）康养旅居产业已纳入地方政府发展总体规划

康养旅居是将旅游、居住与康养相结合的康养旅游新需求新模式，伴随着“健康中国”战略的深入推进及旅居养老模式的兴起，康养旅居产业或将成为国家战略性投资重点。

扬州生态科技新城2017年度工作计划中首次明确列出“着力打造长三角康养旅居目的地”，全力推动房车和集装箱营地等项目建设，将康养旅居产业纳入政府发展规划。如表1所示，由于疫情的影响，近三年来康养旅居产业发展受到一定影响，但随着国内外疫情防控政策的不断调整，各级政府根据地方资源配置和既往旅游目的地开发现状不断探索康养旅居产业发展模式，逐渐成为中国康养产业发展的新形势与新热点。

**表1 近三年康养旅居产业纳入政府规划情况**

| 发文机关 | 政策通知 | 扶持内容 | 发文时间 |
| --- | --- | --- | --- |
| 苏州市人民政府 | 《苏州市康养产业高质量发展行动计划（2022—2025年）》 | 1. 开发机构嵌入式、酒店服务式康养旅居产品和美丽乡村康养旅居产品。<br>2. 支持康养集团与我市特色田园乡村和特色康居乡村深度合作农旅产业，打造一批精品康养旅居项目 | 2022-07 |

续表

| 发文机关 | 政策通知 | 扶持内容 | 发文时间 |
| --- | --- | --- | --- |
| 鞍山市人民政府 | 《鞍山市推进“一圈一带两区”区域协调发展三年行动方案》 | 建设都市圈老龄康养旅居目的地 | 2022－04 |
| 威海市人民政府 | 《威海市“十四五”老龄事业发展规划》政策解读 | 明确“十四五”时期建设50个康养旅居机构 | 2022－02 |
| 河北省政府办公厅 | 《河北省文化和旅游发展“十四五”规划》 | 1. 推出一批全域旅游示范区、高等级旅游景区度假区、工业文创基地、康养旅居基地。<br>2. 到2025年，全省风景道绿道总里程突破1.5万千米，建成自驾车旅居车营地50座以上，建成一批功能完备国家级自驾游目的地，推进一批高速公路服务区拓展旅游服务功能 | 2021－10 |
| 咸宁市人民政府 | 《咸宁市国民经济和社会发展第十四个五年规划和2035年远景目标纲要》 | 推出三国赤壁、万里茶道、温泉养生、康养旅居、湖光山色等特色主题旅游精品线路 | 2021－07 |
| 淄博市经济合作局 | 《产业结构调整指导目录（2019年本）》 | “康养旅居”列为养老与托育服务鼓励类行业 | 2019－12 |
| 黄冈市人民政府办公室 | 《黄冈市文旅产业高质量发展三年实施方案（2020—2022年）》 | 推动文旅与康养产业融合发展，支持在度假区内、景区周边发展旅居康养和养生养老社区 | 2019－11 |

## （二）房车旅居营地建设已得到各级政府政策支持

房车旅居营地相关政策支持最早见于《国民旅游休闲纲要（2013—2020年）》，文件指出要推进国民旅游休闲基础设施建设，支持自驾车房车营地等旅游休闲基础设施建设。2016年，国务院办公厅发布《关于加快发展健身休闲产业的指导意见》，提出充分挖掘水、陆、空资源，重点建设一批自驾车房车营地，将房车旅居营地纳入特色健身休闲设施序列；同年7月国家旅游局召开了全国自驾车房车营地建设的推进大会，9月会同公安部、交通运输部、国土资源部、住房和城乡建设部等六部门印发了《关于加快推进2016年自驾车房车营地建设的通知》，共同推进自驾车房车营地建设。经一系列政策铺垫后，《国家旅游局办公室关于进一步做好2017年“五一”假日相关工作的通知》中明确指示积极向游客推荐自驾车、房车营地、低空旅游项目，为广大游客出行选择提供了新的方向。

2018年，国办发〔2018〕15号文件鼓励在国省干线公路和通景区公路沿线增设观景台、自驾车房车营地等设施，推动高速公路服务区转型升级为复合型服务场所，集交通、旅游、生态等多项服务为一体；同年11月，多部委联合发布《关于促进乡村旅游可持续发展的指导意见》，要求进一步引导自驾车房车营地、交通驿站建设向特色村镇、风景廊道等重要节点延伸布点，定期发布乡村旅游自驾游精品线路产品。2019年9月，中共中央、国务院印发了《交通强国建设纲要》，明确提出要加快发展交通运输服务新业态新模式，推动自驾车房车营地等交通设施旅游服务功能建设。在国家政策层面，房车旅居营地的发展已经不存在明显的障碍。

进入“十四五”期间以来，各地方政府均积极响应国家政策号召，在省、市级发展规划中主动纳入房车营地建设内容，各地区文化和旅游局一般为主要负责单位，但不同地区行政职责归口部门存在一些差异。

（1）将房车旅居营地建设归口交通运输部门管理。以广东省为例，在广东省《“十四五”干线公路养护管理提升行动方案》的通知中就提出要推进“公路+旅游”融合发展，鼓励开发具有旅游公路功能的干线公路沿途，按照职责分工，由省交通运输厅、自然资源厅、文化观光厅等部门负责，结合实际设置自驾车营地、房车营地等旅游配套服务设施。

（2）将房车旅居营地建设归口体育局管理。以福建省为例，在《福建省全民健身实施计划（2021—2025年）》中提出要加快推进体旅融合，由省体育局、教育厅、发改委、卫健委、文旅厅、财政厅、人社厅、农业农村厅、民政厅等部门负责，统筹建设健身休闲绿道、登山步道、山地户外营地、自驾车房车营地、航空飞行营地等特色体育设施。

（3）多部门齐抓共管，由地方人民政府牵头负责。以营口市为例，在2022年发布的《进一步激发营口市文化和旅游消费市场潜力实施方案》中，有关推进房车营地建设等工作由市委宣传部、市发改委、市文旅广电局、市商务局、市交通运输局、市金融发展局、各县（市）区政府负责。

各地政策的差异说明地方政府对房车旅居营地的建设思路不同，目前有两个明显的政策指向性：一是将房车旅居营地作为公路旅游的一部分，重点支持风景优美、具有旅游属性的干线公路建设房车营地，带动沿途经济产业发展；二是将房车旅居营地作为乡村旅游度假区的一种新业态，既可以发展现有的旅游资源，也可以沿途开发新资源，在康养政策的支撑下可以将森林资源、气候资源、文化资源、医药资源等共同融合打造房车旅居综合体。

## 二、中国房车康养旅居基地行业现状

### （一）国内房车康养旅居基地分布发展情况

房车旅居康养基地是服务于房车出游、养生保健和休闲度假的具有复合功能的旅居目的地，尚未形成较成熟概念，现有产品大致以房车营地、康养基地、农家乐度假区等形式存在，由于目前无成熟的房车康养旅居基地，本节仅探讨房车旅居营地分布情况。当前中国房车旅居营地呈快速扩张态势，截至2022年12月，中国大陆所有省份均已建成房车基地。经百度地图检索，现标注为“房车营地”的目的地共有1677个。四川省139个，为全国建成房车基地最多的省份。而东部地区房车基地数量最多，说明康养旅游资源丰富度、经济发展程度、人口数量均与康养基地分布发展情况有关，具体如表2所示。



**表2　各省（直辖市、自治区）房车基地数量**

| 区域划分 | 行政区域 | 房车基地数量 |
|---|---|---|
| 东部地区 | 上海市 | 128 |
| | 江苏省 | 126 |
| | 浙江省 | 126 |
| | 广东省 | 96 |
| | 河北省 | 85 |
| | 山东省 | 77 |
| | 福建省 | 72 |
| | 北京市 | 60 |
| | 海南省 | 57 |
| | 天津市 | 16 |

续表

| 区域划分 | 行政区域 | 房车基地数量 |
| --- | --- | --- |
| 西部地区 | 四川省 | 139 |
| | 云南省 | 114 |
| | 重庆市 | 41 |
| | 贵州省 | 41 |
| | 内蒙古自治区 | 40 |
| | 新疆维吾尔自治区 | 40 |
| | 陕西省 | 36 |
| | 广西壮族自治区 | 34 |
| | 甘肃省 | 21 |
| | 青海省 | 18 |
| | 宁夏回族自治区 | 9 |
| | 西藏自治区 | 7 |
| 中部地区 | 湖南省 | 55 |
| | 湖北省 | 45 |
| | 江西省 | 49 |
| | 安徽省 | 35 |
| | 山西省 | 31 |
| | 河南省 | 25 |
| 东北地区 | 辽宁省 | 40 |
| | 吉林省 | 9 |
| | 黑龙江省 | 5 |

资料来源：百度地图。

### （二）房车康养旅居目的地规划发展情况

本报告认为，房车康养旅居目的地指将房车出行、康养基地和旅游景点相结合设计的融合旅游路线，一般既可以是一个相对固定的旅游景区，也可以是由若干个旅游景区结合起来的旅游路线。其目的地不仅是景区本身，也包含了景区的沿途风景，大多以自驾房车的形式游览，配备房车营地相关设施，提供相应康养资源，出游时间在 3 天以上。

山西晋城自 2020 年起，由中共晋城市委、晋城市人民政府、政协晋城市委员会、山西省文化和旅游厅连续举办房车康养之旅活动，在民革山西省委员会的指导下，明确提出以打造全国康养旅游目的地为重点主题，但在历届活动中并未提出房车康养旅居目的地的概念，也没有将旅游和旅居业态进行区分，其活动本身是文旅康养融合的一种探索，本质上打通了房车营地、乡村旅游目的地和康养基地三者之间的关系。

当前房车康养旅居目的地较为成熟的规划方案尚未出台，但自驾车旅居车营地、康养基地、旅游景区等相关目的地场所运行较为成熟。2019 年，文化和旅游部发布了《自驾车旅居车营地质量等级划分》行业标准，使国内房车营地由自我约束发展走向了标准化发展的道路。目前全国已评选出两批 5C、4C 级自驾车旅居车营地，见表 3。大部分营地均位于自然旅游景区或乡村旅游度假区，部分营地具有康养属性，如南京市汤山温泉房车营地和广州市北纬 23°8′森林营地，表明行业和市场正主动融合房车康养旅居目的地发展。

表 3　中国 5C、4C 级自驾车旅居车营地

| 名称 | 级别 | 批次 |
| --- | --- | --- |
| 内蒙古自治区通辽市草甘沙漠汽车自驾运动营地 | 5C 级自驾车旅居车营地 | 第二批 |
| 黑龙江省黑河市峰悦瑷珲国际汽车营地 | 5C 级自驾车旅居车营地 | 第二批 |
| 江苏省南京市汤山温泉房车营地 | 5C 级自驾车旅居车营地 | 第二批 |
| 江苏省南通市途居开沙岛露营地 | 5C 级自驾车旅居车营地 | 第二批 |
| 湖北省松滋市荆州洈水汽车露营地 | 5C 级自驾车旅居车营地 | 第二批 |
| 广东省广州市北纬 23°8′森林营地 | 5C 级自驾车旅居车营地 | 第二批 |
| 新疆维吾尔自治区克拉玛依市乌尔禾国际房车露营公园 | 5C 级自驾车旅居车营地 | 第二批 |
| 山西省云中河自驾车房车露营地 | 5C 级自驾车旅居车营地 | 第一批 |
| 江苏省常州太湖湾露营谷 | 5C 级自驾车旅居车营地 | 第一批 |
| 安徽省黄山途瑞露营地 | 5C 级自驾车旅居车营地 | 第一批 |
| 湖北省宜昌三峡国际房车露营地 | 5C 级自驾车旅居车营地 | 第一批 |
| 广东省珠海横琴星乐度・露营小镇 | 5C 级自驾车旅居车营地 | 第一批 |
| 广西壮族自治区西山泉汽车（房车）露营基地 | 5C 级自驾车旅居车营地 | 第一批 |
| 河北省承德市雁鸣湖自驾车度假营地 | 4C 级自驾车旅居车营地 | 第二批 |
| 内蒙古自治区乌兰察布火山草原自驾运动营地 | 4C 级自驾车旅居车营地 | 第二批 |
| 内蒙古自治区阿拉善右旗巴丹吉林沙漠旅游区地质公园营地 | 4C 级自驾车旅居车营地 | 第二批 |
| 辽宁省本溪市桓仁枫林谷房车小镇 | 4C 级自驾车旅居车营地 | 第二批 |
| 黑龙江省伊春市伊春龙建旅游汤旺河汽车营地 | 4C 级自驾车旅居车营地 | 第二批 |
| 黑龙江省呼玛县大兴安岭呼玛尔自驾营地 | 4C 级自驾车旅居车营地 | 第二批 |

续表

| 名称 | 级别 | 批次 |
| --- | --- | --- |
| 浙江省温州市小松坡自驾车营地 | 4C 级自驾车旅居车营地 | 第二批 |
| 安徽省芜湖市芜湖红杨山汽车体育公园房车营地 | 4C 级自驾车旅居车营地 | 第二批 |
| 湖北省孝感市途居孝感双峰山露营地 | 4C 级自驾车旅居车营地 | 第二批 |
| 河北省花溪谷房车露营地 | 4C 级自驾车旅居车营地 | 第一批 |
| 内蒙古自治区奈曼旗青龙山自驾车露营地 | 4C 级自驾车旅居车营地 | 第一批 |
| 福建省武夷山三木自驾游营地 | 4C 级自驾车旅居车营地 | 第一批 |
| 河南省新县大别山露营公园 | 4C 级自驾车旅居车营地 | 第一批 |
| 湖南省娄底市自驾车房车体系归古营地 | 4C 级自驾车旅居车营地 | 第一批 |
| 重庆市冷水风谷休闲度假营地 | 4C 级自驾车旅居车营地 | 第一批 |
| 四川省南充壮志凌云国际营地公园 | 4C 级自驾车旅居车营地 | 第一批 |
| 云南省高黎贡山茶博园汽车旅游营地综合体 | 4C 级自驾车旅居车营地 | 第一批 |
| 陕西省华山房车自驾露营地 | 4C 级自驾车旅居车营地 | 第一批 |

资料来源：中国旅游车船协会（http：//www. ctaca. com/）。

### （三）房车康养旅居市场发展现状

随着房车康养市场日渐繁荣，相关企业逐年增加，自驾车、房车旅游、康养旅居等旅游方式日益普及。自 2020 年以来，在疫情管控的大背景下，康养旅居相关产业仍出现了新的增长点，以“房车康养”为关键词在企查查网站系统（www. qcc. com）检索近三年以来新成立的企业，发现近三年来全国共新增开展房车及康养相关业务企业 23 家，主要涉及文化体育娱乐业、交通运输仓储和邮政业及住宿和餐饮业，也包含部分科技公司，近半数新开展康养体检服务，绝大多数均为小微企业。

从数量和质量上看，房车康养旅居市场虽已起步，但仍具有巨大的发展空间。尤其是在后疫情时代，人民群众对低密度人群的高品质旅居生活有了新的认识，在旅居养老和互联网商业模式创新的双重推动下，房车康养旅居具有广阔的市场前景。

从发展模式上看，新兴房车康养旅居企业难以在短时间内融合大量资源，应当在整合供应链、研发设计旅游产品上下功夫。当前旅游、房车、康养的界限已被打破，单纯提供旅居服务难以形成市场竞争力，势必将与其他行业联动发展。

## 三、中国房车康养旅居基地发展的前景与挑战

### （一）基地模式不成熟，市场可塑性强

本报告认为，房车康养旅居基地的基本结构可总结为房车旅居与康养旅居的结合，其本质是旅行、居住和康养，但内涵尚不清晰，可开展的项目内容过于广泛，造成基地运营与发展模式不成熟。在各级政府的政策加持下，房车康养旅居属于典型的朝阳产业，中国的老龄化问题突出，候鸟式养老概念的提出有助于丰富房车康养旅居基地的内涵建设。当前旅游市场中单纯的房车旅居和康养旅游所占比重皆不高，但旅游市场往往呈现多元化协同发展趋势，例如国内部分森林康养基地既是老牌的5A级景区，也进行康养项目开发[3,4]，还可以增加房车旅居路线和功能。由此可推至，整合现有旅游资源，借助现有旅游市场热度，联合加载房车康养旅居项目，可能是下一步中国房车康养旅居基地市场的发展方向。

### （二）基地品牌不知名，急需树立标杆

本报告发现，中国房车康养旅居基地尚未形成市场知名品牌，其原因如下。

首先，房车康养旅居基地在国内刚刚起步，处于各自为战、遍地开花的发展阶段，难以快速形成具有影响力和辐射力的品牌。同时受到疫情的影响，国内旅游热度降低，出行限制较多，增加了市场发展难度。

其次，大多数房车康养旅居基地规模较小，资金投入不足，市场关注度虽高但大多呈观望态势，致使基地发展缓慢。前期投入不足将制约发展速度，特别是在互联网时代，没有足够的宣传难以在早期快速带动自身品牌的发展。部分基地选择与知名旅游景区联合，在森林康养基地、森林人家、康养人家等较成熟的园区开展业务[5]，自身品牌形象难以树立，发展较为受限。

最后，旅居车营地标准发布较晚，国内房车康养旅居基地整体质量不高，设施不够完善，长期规划不完备，难以持续发展形成品牌效应。房车康养旅居项目的设计与建设应当遵循旅游发展规律和市场需求[6]，根据资源情况分期、

分级打造基地项目，树立不同等级层次的标杆品牌。

### （三）房车康养旅居概念不明确，缺乏行业主导者

房车康养旅居是旅游行业在新时代发展过程中产生的新业态，目前研究较少，整体实践不足。房车旅居和康养旅居目前受众仍然较少，公众认知不足，且具有一定门槛，急需出现行业主导者。

本报告认为，房车康养旅居属于大健康范畴下的服务产业，其发展的最终目标是产业融合。该领域行业主导者的出现应当同时具备健康产业链、旅游度假产业链和汽车产业链三部分统筹协调能力。当前房车康养旅居概念内涵主要为目的地建设，即在具有康养资源、旅游资源的区域中构建旅游景区、旅居路线、房车基地、康养要素和人文内涵[7]，硬件投资较大[8]。行业主导者应当积极整合硬件资源，着重开发软件配套，将行业发展的重点放置在旅居路线的设计[9]、配套服务的提升及康养项目的融合。

本报告认为，房车康养旅居目的地十分广泛，当前行业从业者的开发目标主要以远离都市的自然地理区域为主，忽视了城市康养旅居的重要性。近年来，建设康养城市、开发康养产业、助力城市经济转型是市场关注的热点问题，行业主导者应考虑以房车旅居为核心，在康养城市打造房车康养旅居基地，能较快较好地整合旅居、医疗、康养资源，开发安全性更高，将城市房车康养旅居基地纳入旅游线路对于有长期旅居需求的游客更有吸引力。

### （四）房车康养旅居从业者不足，缺乏行业领军人

人才匮乏是目前整个房车、康养、大健康行业均面临的重要问题，房车康养旅居康养高技能人才培养迫在眉睫。与康养旅居产业不同，房车康养旅居增设了房车基地，需要一批懂房车、懂房车基地设备的技术人员长期值守。特别是位于沙漠、森林区域的房车基地，固定工作人员大多为周边居民，对维修设备等技术能力掌握不足，容易造成基地服务质量不高等情况发生，不利于行业发展。

本报告认为，房车康养旅居基地属于复合型多功能营地，融自然景观、人文景观、医学康养、休闲度假、食宿、汽车保养与维护和游乐租赁等功能于一体[10]，从业人员应属于复合型人才。本行业除一线技术人才不足外，在顶层设计、技术研发、产品设计、营销运营等多方面均缺少从业者，尤其缺少领军

人物，难以匹配房车康养旅居业的快速发展，房车康养旅居专业人才的培养发展面临新机遇。本报告建议采取教学与能力相结合、教学与实践相结合、教学与交流相结合等培训模式，邀请专家为学员讲授技术研发、产品设计、营销运营等知识，拓展学员的视野，打造复合型人才；多次进入基地进行实践考察，提高实践能力；通过开展丰富翔实的教学，深入热烈的课后讨论，各式各样的团队活动，促使知识在交流中吸收，能力在交流中提升，争取用五年左右的时间，选拔培养500名行业领军人才。

## 参考文献


［1］郭文静．数字经济背景下旅游房车市场产业化发展实证研究［J］．太原城市职业技术学院学报，2022（09）：27－30.

［2］任宣羽．康养旅游：内涵解析与发展路径［J］．旅游学刊，2016，31（11）：1－4.

［3］杨利萍，孙浩捷，黄力平，等．森林康养研究概况［J］．林业调查规划，2018，43（02）：161－166＋203.

［4］周欣然．体验式房车度假营地景观设计研究［D］．天津：天津师范大学，2022.

［5］邹苗．风景园林视角下休闲康养型农旅综合体规划设计研究［D］．北京：北京林业大学，2019.

［6］谢晓红，郭倩，吴玉鸣．我国区域性特色小镇康养旅游模式探究［J］．生态经济，2018，34（09）：150－154.

［7］王作为．黑龙江省房车营地空间布局规划研究［D］．哈尔滨：哈尔滨工业大学，2012.

［8］王永辉．对我国汽车露营地运营相关问题的思考［D］．成都：四川师范大学，2007.

［9］魏翔，王绍喜．房车旅游在中国大陆的发展及其战略相互性分析［J］．旅游学刊，2005（05）：81－86.

［10］曹新向，雒海潮．我国自驾车旅游市场的开发［J］．西北农林科技大学学报（社会科学版），2005（02）：87－91.

肆

# 物候旅居篇

# HB.14 中国冬季康养旅居及目的地发展现状和前景分析

王　鹏[①]

**摘　要：**中国冬季康养旅居是在中国冬季这个地域物候大背景下，基于中国的自然资源、地理环境、气候情况、人文历史、饮食文化、风土人情等实际，为消费者提供离开原长期居住地，以慢游细品的方式开展一段时间（原则上不超过1年时间）居住、休闲、旅游、康养等服务的生产活动的集合。本报告详细阐述了健康、养生的内涵，梳理出中国冬季康养旅居的内涵与发展模式，提出了中国冬季康养的要求，在此基础上指出中国冬季康养旅居目的地发展存在政府主导作用不突出、法律法规不完善，服务供需结构不均衡、服务质量参差不齐，公共基础设施薄弱，高素质人才不足等问题。

**关键词：**中国冬季；康养旅居；目的地；现状；前景



## 引言

康：健康（Health）。中文中“健康”的“健”字，最早是指形体健壮、强盛；“康”字，主要指心态坦荡、宁静，所以，中国古代的健康观就包含了身心的健康，强调天人合一、阴阳平衡。所谓健康，就是人体形神的统一，人体的生命活动与社会环境、自然环境维持在一种动态的、相对平衡的状态中，即“阴平阳秘”[1]。1948年，世界卫生组织在其《世界卫生组织宪章》中指出：健康不仅仅是没有疾病和虚弱，而且是身体、心理、社会功能三方面的完

---

①　王鹏，管理学博士，海南医学院全科医学与继续教育学院讲师、主治医师，研究方向：治未病与健康管理。

美状态。1989 年，世界卫生组织对健康的定义又作了补充，将“道德健康”加进人的生理、心理、社会功能的三要素中，形成了人的生理、心理、道德和人与社会环境、人与自然环境相适应的整体观念。世界卫生组织还指出决定健康的因素，其中，15% 为遗传因素，17% 为环境因素（自然环境和社会环境），8% 为医疗卫生因素，60% 为生活方式因素。健康是人类发展的终极目标之一，是幸福生活的基础和组成部分。阿拉木图宣言指出，健康是人类的基本权利，政府有责任提供适宜的技术与方法来增进居民健康，获得更高质量的健康状况是全世界共同追求的目标[2]。

养：养生，同时还有调养、补养、护养、保养、修养、培养，养老、养心、养智等意义。“生”指生命，既包含生命的“质”即健康，也包含生命的“量”即寿命。养生是人类为了自身的生存与发展，有意识地根据人体生长衰老不可逆的质与量变化规律，以及自然、社会的运行法则，创造和利用一切有利于健康长寿的理论与方法，所进行的涵盖物质和精神、贯穿全生命周期的身心养护活动，是中国传统健康文化的集大成者。

随着人们生活水平的提高，人们对“健康”“快乐”“长寿”的欲望越来越强烈，而单纯的康养已难以满足人们对高品质生活的多样化、多层次化追求。康养旅居围绕着人们的生、长、壮、老、已，衣、食、住、乐、行十大方面进行合理安排，对人的生命全周期进行全面的呵护，也就是西方先进国家所提出的构建“从摇篮到坟墓”的社会保障体系与福祉服务体系[3]。康养旅居是人和自然之间互动关系的活态体现，不是冷冰冰的“自然”或“环境”，而是活生生的人和自然的复合体，崇尚天人合一、道法自然。在个体体现为情感或个性，在群体体现为文化或精神，需要人们在康养旅居目的地住下来和静下来，这是物质层面和精神层面的双重需求，是一种内涵丰富及更加健康的美好生活方式。如果说休闲度假是一种提高生活质量的诉求，那么康养旅居无疑是延续生命质量的诉求。康养旅居是在物质生活已经满足的条件下衍生出来的精神层面的深度体验，乃至享受，其中，康养是目的，旅居是方式。与休闲相比，已不仅仅是生活质量提高的问题，而是生命质量的延续和升级，也有苦中作乐、静中思睿、凡中寻大、放中求远之情怀。康养旅居基于健康环境、健康行为和健康生活方式，是在物质生活已经满足的条件下衍生出来的精神层面的深度体验乃至享受，追求个性化、体验化、情感化、休闲化的旅居经历，通过参与性和亲历性活动获得愉悦[4]。《中国健康养生大数据报告》显示康养关注群体中，18 岁至 35 岁群体占据了八成，康养已成为年轻人生活中的热词，温泉康养、森林康养等短期康养旅居形式开始被年轻人关注，这些形式可以在有限的时间内使年轻人放松身心，暂时逃离工作，提高健康意识，增加康养保健知识。因此，无论是中老年人还是年轻人，康养旅居都正在进入他们的视野，成为一种生活新选择[5]。

## 一、中国冬季康养旅居内涵与发展模式

中国冬季康养旅居，是在中国冬季这个地域物候大背景下，基于中国的自然资源、地理环境、气候情况、人文历史、饮食文化、风土人情等实际，为消费者提供离开原长期居住地，以慢游细品的方式开展一段时间（原则上不超过 1 年时间）居住、休闲、旅游、康养等服务的生产活动的集合。当下，中国冬季康养旅居及目的地主要发展模式有以下几种[6,7]。

### （一）景区型康养旅居

该模式依托山林、湖泊、滨海、温泉等生态资源打造的景区冬季康养旅居目的地。

### （二）候鸟型康养旅居

中国南方地区纬度位置比较低，在冬季拥有温暖宜人的天气条件，和东北漫长且寒冷的冬天相比，人们会选择从寒冷的北方到温暖的南方过冬，他们被称为“候鸟”。

### （三）医疗型康养旅居

（1）中医养生型。中医养生为核心，以中医诊堂、中医理疗中心、药膳养生会所、中医养生会馆等中医理疗项目为特色。

（2）西医护理型。西医疗养为核心，具有涵盖身体健康检查、医疗器械监测、健康咨询管理等多个领域的立体化产业体系及各类服务项目。

（3）健康美食型。围绕本地特色饮食文化，打造集养生药膳、绿色餐饮、

保健膳食等多种食疗养生产品于一体的美食产业体系。

### （四）大型度假社区型康养旅居

该模式中的机构居住环境好，日常饮食起居有专人负责，能提供常规体检和疾病的治疗，有相对完善的服务设施，并且有酒店式公寓，方便子女或亲友假期探访。

### （五）田园型康养旅居

该模式以农家乐、特色乡村风情、农事娱乐体验、乡村绿色田园景观为依托，提供休闲度假服务。

### （六）运动型康养旅居

该模式以运动休闲项目的适度开发为核心吸引物，辅以产业配套，打造运动康养旅居模式。

### （七）文化型康养旅居

该模式以地方独特文化资源、民俗民风资源、音乐艺术资源和宗教养心资源等为核心吸引物，以对该类文化精神需求有特殊偏好的人群为市场目标，打造系列文化艺术型项目，包括古城古镇旅居、民俗民风旅居、音乐艺术旅居、禅修旅居等细分类型。



## 二、中国冬季康养旅居及目的地要求与特点分析

中医认为，冬季为封藏之时，阳气消尽，阴气主时，天寒地冻，草木凋零，万物蛰伏。冬季有三月，始于立冬，止于立春前，经立冬、小雪、大雪、冬至、小寒、大寒六个节气。冬季属水，主收引、闭藏、蛰伏，冬季养生应当遵从自然界闭藏的特点，保养阴精，潜藏阳气。《素问·四气调神大论》云："冬三月，此为闭藏，水冰地坼，无扰乎阳，早卧晚起，必待日光，使志若伏若匿，若有私意，若已有得，去寒就温，无泄皮肤，使气亟夺，此冬气之应，

养藏之道也。逆之则伤肾，春为痿厥，奉生者少。”起居方面：冬季夜长日短，气温极低，日常起居须注重保护阳气，避免过劳，不使阳气妄动而受损，乃顺应养“藏”之道；由于天气寒冷，感冒、哮喘、慢性支气管炎等呼吸系统疾病易受寒而发，导致咳喘不止，甚则危及生命；同时，冬季寒湿痹证、冻疮等疾病多发，在预防上，宜多注意添衣保暖，可用艾灸局部穴位，减缓寒气侵袭，逐渐缓解疼痛；由于寒凝气燥，冬季皮肤病也较多发，容易出现皮肤干裂、发痒等症状，身边需常备护肤用品；冬季，随着气温降低，一旦到达对人体产生不舒适感的程度，人体就会出现应激反应，还易多发心脑血管急症，平素有心血管疾病的人，自身及周围亲朋，需密切伴护和观察身体状况，一旦出现心悸、胸闷、胸痛等不适症状时，应及时就医。饮食方面：冬季天寒地冻，人体阳气内收，饮食上可以适当温补，宜用甘温、辛温之品，如羊肉、牛肉、鸽肉、花椒、胡椒、小茴香、板栗等。运动锻炼方面：冬季运动锻炼主要目的是使气血流通、强固卫气，减少生病，可以在室内练拳、做操、打乒乓球等，让机体微微汗出即可，切不可剧烈运动、大汗淋漓、发泄阳气，因此不能盲目、过度锻炼。情志方面：冬季寒风凛冽，草木凋零，易使人情绪低落，因此，应通行阳气，避开阴冷潮湿的地方，远寒就温，多晒太阳，使阳气通达；其次，心中若有不快，可哭可诉，以排遣、抒发抑郁之情，使气机通畅，抑郁自散[8]。

同时，我们也要充分认识到，中国地域辽阔、南北跨度大、气候类型多样，尽管是冬季（按气象学中季节划分法，12—2 月为冬季）[9]，但是当北方寒风呼啸、银装素裹时，海南岛及东南沿海地区却温暖如春、绿意盎然。因此，中国冬季康养旅居及目的地选择，应因人而异：喜爱北国风光、热爱雪上运动的人群，冬季康养旅居可选择东三省、河北省、北京市等北方地区；有心脑血管疾病、呼吸系统基础病、喜爱阳光和温暖的人群，可以效仿“候鸟”、趋利避害选择到南方过冬。个体差异性及因人而异是中国冬季康养旅居的一大特色。



## 三、中国冬季康养旅居及目的地发展现状

### （一）政府主导作用不突出，法律法规不完善

政府主导作用未充分发挥，导致部门间协作不通畅，产业链、服务链、创

新链“三链”结合不紧密，有时甚至出现断裂。例如，目前在纵向关系处理方面，上级政府的扶持力度往往不到位，管理方法欠科学，造成资源整合效果差、水平低，康养旅居地投资、运营、服务“一肩挑”现象严重；在横向关系处理上，因受地方保护主义思想影响，各地片面强调本地区或本部门利益，造成康养旅居政策较难统一。

### （二）服务供需结构不均衡，服务质量参差不齐

冬季康养旅居本应涵盖健康、养生、旅游、居住、文娱等内容，但多地目前仍以提供基本居住和基本生活服务为主。不仅健康养生和旅游服务存在地区间差距，而且各地普遍忽视服务人群的精神慰藉需求。同时，由于服务分类不规范，质量欠缺量化指标，导致服务内容同质化，服务水平难尽如人意。另外，部分地区从业人员专业素养较低，服务意识较差，无法和服务人群进行有效沟通交流，导致服务口碑不断下降，后续推广效果不理想[10]。

### （三）公共基础设施薄弱

部分冬季康养旅居目的地虽设有基本的餐饮、住宿、营销中心等基本设施，但一些必要的产品咨询、急救中心以及消防安全等公共基础设施尚未完备[11]。

### （四）高素质人才不足

社会人才的供给与冬季康养旅居专业领域所需人才的复合型需求之间存在供需结构性矛盾突出问题。目前，康养旅居产业人才还没有明确的培养模式，高校开设相关专业有一定的滞后性，不能满足行业发展之需。康养旅居是一种融健康、养老、养生、旅游、体育、医疗、饮食等于一体的新业态。因此，康养旅居既需要具备医疗卫生知识的人员，同时也需要高素质的旅游管理人才，更需要具有营销能力的人才。

## 四、中国冬季康养旅居及目的地前景分析与发展路径

《“健康中国2030”规划纲要》提出：经济保持中高速增长将为维护人民

健康奠定坚实基础，消费结构升级将为发展健康服务创造广阔空间，科技创新将为提高健康水平提供有力支撑，各方面制度更加成熟更加定型将为健康领域可持续发展构建强大保障；积极促进健康与养老、旅游、互联网、健身休闲、食品融合，催生健康新产业、新业态、新模式。冬季康养旅居产业作为现代服务业的新业态和经济发展新方向，是当前中国乃至全球经济的朝阳产业，也是未来经济发展新的增长点，更是积极应对人口老龄化社会的重要举措和战略方向[12]。冬季康养旅居从健康和旅游两方面满足了人们多元化、个性化、深层次化的消费需求，其目标客户涵盖了全年龄段的消费者，实现了人们养生、养心、养老的普遍价值追求[13]。冬季康养旅居产业作为一头连着民生福祉，一头连着经济发展的大健康产业、绿色产业和旅游产业，蕴藏着巨大的发展潜力。

“十四五”期间是中国冬季康养旅居产业发展的重要机遇期，只有顺应健康服务需求升级，依托积极应对人口老龄化的国家战略，借势推进治理体系和治理能力现代化建设，积极探索冬季康养旅居产业发展的新思路、多业态、多模式，进行规范化管理，才能营造良好的发展环境，切实推动冬季康养旅居及目的地高质量发展，以满足市场的多重需求。

## （一）充分认识发展冬季康养旅居产业的重要意义

中国冬季康养旅居产业无论是在理论研究方面还是产业实践方面都与发达国家和区域之间存在一定的差距。从产业边界界定来看，冬季康养旅居产业涵盖了以医疗和健康为主的大健康产业，包括养老、养生、旅游、文化、休闲产业，同时还与娱乐、体育和体验服务业等也有着紧密的联系，这些产业以康养为目的，以旅居为介质，进而集聚形成产业集群，无形构建了覆盖城市或自然区范围的康养产业链，每个嵌在其中的企业提供部分产品和服务，企业之间也具有更强的互补共生关系。中国冬季康养旅居产业应以市场价格机制为基础，以科学技术和研发投入为支撑，以升级的消费理念为重要保证。

冬季康养旅居产业还具有极强大的产业集聚和辐射效应，集聚了教育、医疗、文化、卫生、科技等各类资源。首先，冬季康养旅居产业的发展将整合联动区域第一产业、第二产业和第三产业中的相关领域，有助于解决当前传统制造业产能过剩的问题。其次，冬季康养旅居产业与房地产开发、养老地产等紧密联系，能够有效满足当前及今后相当长时间社会的多层次、多角度养老需求，同时能进一步激活高质量要求的养老需求，这些需求与冬季康养旅居产业结合发展有助于房地产业“去库存”。最后，冬季康养旅居产业链较长，涉及三大产业，既可以结合先进信息科学技术形成技术密集型冬季康养旅居产业，也能满足较低层次需求形成劳动和资本密集型产业，从而在一定程度上为区域经济“补短板”，特别是为经济高质量发展提供新机遇；冬季康养旅居产业往往以所在城市的“宜居”“宜业”“宜养”特性为自身发展的优势禀赋，同时，冬季康养旅居产业发展也能带动城市的转型升级，并带动城市向着更加“宜居”“宜业”“宜养”的方向发展；冬季康养旅居产业因其自身产业特点能极大地改善城市或地区环境面貌，同时也要求城市或地区积极探索和改善自身环境，变短板为自身强项。

综上，冬季康养旅居具有以下特征：营利性，是指冬季康养旅居产业尽管服务于民生福祉，但受庞大的市场需求影响，社会优质资本追本逐利动机明显，需要企业具有较强的自我造血机制和可持续发展机制；福利性，主要是指冬季康养旅居产业切实服务于每个个体的日常生活和发展需求，其中包括了具有较高需求层次或养老需求的群体，也包括了覆盖群体更广泛的日常保健和旅游等；依赖政策支撑，主要是指冬季康养旅居产业以市场机制为主要调节手段，而政府及相关政策起支撑作用，政府政策往往是冬季康养旅居产业发展的重要保障和制度门槛，如果政策不能很好地服务于冬季康养旅居产业发展，则政策就成为行业制度门槛，限制行业发展；强外部性，是指冬季康养旅居产业自身的发展一方面通过产业溢出效应拉动其他产业和服务业的发展、扩大其他产业的需求，具有较强的正的经济外部性，另一方面也能极大地改善所在城市的面貌和环境，从而产生极大的正的社会外部性。



### （二）强化政府作用，提高多元主体协同治理效率

首先，要健全中国冬季康养旅居标准建设，完善监督机制。一方面，要尽快制定中国冬季康养旅居市场准入标准，强化冬季康养旅居行业信用淘汰机制；另一方面，应结合国内地区资源优势，打造一批冬季康养旅居示范区，将标准化管理理念和方法引入具体服务当中，逐步建立并形成既有基本共性又有地区特色，纵贯南北、横跨东西的中国冬季康养旅居标准化体系，通过明确服务质量目标、规范服务方法、优化服务流程，保证中国冬季康养旅居目的地设施建设、服务内容和服务流程规范有序。其次，要全面统筹各方力量，为冬季

康养旅居提供动力源泉。冬季康养旅居是一项综合性产业，应在充分发挥政府主导作用的同时，聚合不同产业部门、社会团体等多方力量，形成强大的支撑带动效应。一是要在充分考虑地区自然资源和人文资源的基础上，结合经济发展目标，制订出合理的冬季康养旅居产业规划；二是要通过政企、政社合作，整合区域资源，优化基础设施建设，完善冬季康养旅居产业配套服务；三是打造"中国智慧冬季康养旅居"平台，将冬季康养旅居项目与平台、景区景点、旅游公司、养老机构、医疗机构以及保险公司等进行多点对接，引导国人合理选择、正确消费。最终形成合力，进而构建并逐渐形成行业自律、社会监督、群众参与的中国冬季康养旅居服务市场管理的长效机制。

### （三）加强产业发展谋划，加大政策扶持力度

一是制订冬季康养旅居发展规划，确定发展目标和总体思路，明确任务分解和责任部门，着力打造一批类型多样、特色鲜明的中国冬季康养旅居目的地，培育一批具有规模的冬季康养旅居龙头企业，创建一批全国知名的冬季康养旅居品牌，集聚一批旅游、护理、中医相关专业的高端人才，促进健康养生与旅居融合发展，使冬季康养旅居产业成为带动中国产业结构转型的战略产业。二是加强财税支持，在切实落实国家、省、市、县相关部门扶持冬季康养旅居产业发展各项优惠措施的基础上，着力从市场准入、财政支持、土地供给、税收优惠等方面加大支持力度，鼓励优秀企业投资冬季康养旅游产业。三是进一步完善医疗保险制度，适当放宽医保报销范围，争取将入驻冬季康养旅居目的地内的医疗机构的护理费用、符合条件的中医诊疗项目、中药饮片、中成药和中药制剂等纳入基本医疗保险基金支付范围，与外地相关部门共同研究异地医保联网等问题，为发展中国冬季康养旅居提供基础保障。



### （四）精准合理设计冬季康养旅居目的地

首先，冬季康养旅居产业具有多样性、复杂性的特征，不同类型的服务有不同的需求特点，因此，各地应根据冬季康养旅居类型挖掘自身的风光、风貌、风俗、风物、风情、风味，打造独具地方特色的冬季康养旅居目的地。其次，了解消费对象高、中、低的不同需求进行精准布局，以此来构建层次不同的中国冬季康养旅居服务体系。所谓"高"，主要针对高收入阶层，让平日忙得不可开交的公司企业的高管群体脱离工作，到冬季康养旅居目的地度假养

生、调剂心情，这就需要有舒适的环境，需要有深厚的文化底蕴；所谓“中”，就是指中产阶层、白领阶层，这一阶层的人讲究小资情调，那就要准备浪漫的风情，让青年伴侣陷入梦境，多创造出故事点，让他们流连忘返；所谓“低”，就是指低收入群体，随着收入的提高，劳累一年，想出去看看，款待一下自己，为这一群体，要展现大都市的风貌，现代化的文明生活，但要适当降低收费标准。

### （五）实施专业人才培养战略，为康养旅居产业发展提供队伍支撑

一是积极争取在高校特别是职业院校开设康养旅居、养老服务、健康服务与管理、中医养生学、中医康复学等相关专业或课程，并积极推进康养旅居服务实训基地、中医药培训基地的建设。二是加强冬季康养旅居从业人员培训，通过短训、实训、交流等形式，定期组织举办康养旅居专项技能培训，讲解本地风土人情和生活习惯，培养康养旅居管理人才，提升从业人员健康、医疗、保健等专业技能水平，使消费者在生活、心理、医护等各个方面得到照护。三是提高康养旅居服务人员的行业准入门槛，加强对康养知识的学习与培训，坚持“引进来、走出去”原则，引入业内专家到企业中开展培训和指导，输送储备人才赴康养旅居先行城市学习，提高服务意识和服务能力，确保本地冬季康养旅居产业健康发展。

### （六）完善硬件建设，提升供给侧水平和质量

一是加强冬季康养旅居基础设施建设，围绕“食、住、行、游、购、娱”六方面要素，加大冬季康养旅居目的地基础设施、交通设施和公共服务设施建设，完善景区景点交通体系、康养配套服务体系，特别是要加大“水、电、热、路、树、花”的投入力度，加强景区景点绿化美化亮化，规划建设景区交通网络，优化完善内部路网结构，建设、升级、改造景区景点内坡路、台阶、卫生间、扶手等老年游客接待设施和残疾人无障碍设施，提升康养旅居目的地品位和档次。二是深化冬季康养旅居供给侧结构性改革，针对不同年龄段、不同消费水平的游客，建设一批适合冬季康养旅居产业发展的宾馆、酒店、乡村民居等旅游地产，构建涵盖健康档案、健康膳食建议、组织健康运动、提供健康心理介入治疗等全方位、全周期、全过程的服务，以“游＋学＋意”达到“治未病”的康养真正意义。

### （七）加大宣传力度

一是通过政府、社区、机构等举办的冬季康养旅居宣传推介活动，一方面增进消费者对冬季康养旅居的认识和了解，提高其对冬季康养旅居相关议题的认可和接纳；另一方面，转变老年人的消极养老观（如闭门养老、空耗时间、无所事事等），树立老有所学、老有所为、老有所乐的积极养老意识。二是提高品牌营销能力，塑造冬季康养旅居目的地形象：可以与去哪儿网、携程网、途牛网等知名旅游网站达成旅游合作，定期在网络平台推出冬季康养旅居产品、线路、住宿等信息，以团购、秒杀等促销形式吸引客源；可以在微博、微信等社交网络平台，实时推送冬季康养旅居资讯，并与网友进行良好互动，以了解市场需求，进一步优化冬季康养旅居产品项目；可以在电视、广播、报纸等传统媒体上进行广告投放，与国内知名节目制作方联合推出冬季康养旅居专题栏目，提高冬季康养旅居目的地知名度。此外，可以以“夏病冬治”为契机，积极开展冬季康养旅居目的地宣传推介活动，进行靶向营销，吸引消费者到冬季康养旅居目的地健康养生。

## 参考文献

［1］孙涛，何清湖．中医治未病［M］．北京：中国中医药出版社，2016.

［2］World Health Organization. Primary health care：report of the International Conference on Primary Health Care［R］. Alma－Ata，USSR：1978.

［3］孙久富．打造康养旅居品牌与构建福祉社会［J］．养生大世界，2020（10）：30－35.

［4］马牧青，马敏行．从乡村旅游到康养旅居［J］．旅游规划与设计，2017，(03)：20－29.

［5］王静波．基于共享理念的威海市康养旅居服务体系构建研究［D］．济南：山东师范大学，2021.

［6］耿慧，周培骥，赵萤辉．大健康战略背景下云南养老服务产业发展路径研究［J］．西南交通大学学报（社会科学版），2019，20（5）：82－88＋133.

［7］刘小妹．文旅特色小镇产业培育中的旅居养老发展路径探索——以云南丽江

长江第一湾石鼓特色小镇为例［J］．住宅产业，2021（09）：60－63＋103.
［8］马烈光，章德林．中医养生学［M］．北京：中国中医药出版社，2021.
［9］林颖仪，张京红，张亚杰，等．候鸟式旅居气候康养探析［J］．沙漠与绿洲气象，2021，15（6）：120－128.
［10］李文琦，王小燕．“十四五”期间我国旅居养老发展的挑战与机遇——以陕西省为例［J］．新西部，2022（9）：121－123.
［11］郭维．关于加强哈尔滨市康养旅游业发展的对策研究［J］．决策咨询，2019（05）：28－32.
［12］王子飞．积极老龄化视阈下粤桂康养旅居产业协同发展的困境与路径构建［J］．攀枝花学院学报，2022，39（1）：29－37.
［13］刘明月，张景熔．清徐县康养旅居产业发展情况调查［J］．合作经济与科技，2022（22）：33－35.

# HB.15 夏季康养旅居及目的地发展现状和前景分析

王　勇[①]

**摘　要：** 在全球气候变暖背景下，中国多地夏季出现高温热浪天气已成常态，闷热难耐的桑拿天让越来越多的人向往到气候凉爽的地区旅居康养、休闲度假。本报告系统全面地阐述了夏季康养旅居的概念与消费人群、发展现状与面临的问题等，总结了夏季康养旅居目的地建设规划需求与产品供给等核心问题。建议夏季康养旅居产业未来发展应形成系统的、完善的产业体系，并相互关联与渗透；同时针对不同消费人群细化项目分类、定位和运营，建立产业标准化操作流程。在此基础上，报告对夏季康养旅居及目的地发展现状和前景进行了展望与分析。

**关键词：** 夏季旅居；避暑康养；旅居经济；前景展望



## 引言

长期以来，故土难离是中国人固有的思想观念，但是随着科技的进步，交通的发达，人们往来两地的时间已不像从前需要十天半月，乡土的归属感也不像几十年前那么浓烈，当然，这并非说人们没有了故乡的观念，而是在内心里生发出一些宽容。与此同时，人们对自身健康较之以往更加重视，劳动收入逐年提高使其有能力选择向往的生活方式，当目前的环境出现高温或严寒等恶劣天气时，人们便会选择避开，去舒适的地方居住生活。

---

① 王勇，行客旅游网运营总监，旅游领域研究者，研究方向：旅游与社会经济、旅游社会化营销与传播、避暑康养旅居。

## 一、夏季康养旅居的概念

夏季康养旅居是以避暑为目的的一种康养理念，侧重点在于从高温酷暑之地到气候凉爽地区生活或工作一段时间。行为人在目标、时长和心态等方面与其他旅居形式略微不同，除了体验避暑地特色的生活氛围、民宿风情外，更重要的是避开原住地的桑拿天气，以便于更好地保持心情愉悦与身体康健。

在居住环境和饮食方面与夏季旅行有很大不同，旅行时住宿人们通常会选择宾馆、酒店或者民宿，进行短暂停留，然后前往下一个目的地；夏季康养旅居的人群则不同，人们大多会采取租赁房屋，甚至自购房屋居住；租赁房屋时长通常以月或季为单位，将落脚点固定下来，长期居住，而自购房屋则完全是为了避暑而来；当然，宾馆、酒店或者民宿也是旅居人群的选择，但是在居住时长和租赁房屋、自购房屋群体一致，尤其不同的是，旅居者更看重环境和疗养设施。

在日常餐饮生活方面，旅居者通常会自己去菜市场或商超购买生活用品，完全与当地人一样生活在一起。也就是说，夏季康养旅居是以避暑康养为主要目的的一种生活方式，目的地的生态气候环境、文化民俗资源、医疗养生基础、特色生活方式构成“旅”的一部分，也是与其他旅居度假方式的最大区别；酒店、民宿、社区等住宿空间及相应的运动、康健配套设施、服务内容等承载了旅居核心内容。



## 二、夏季康养旅居的发展现状

### （一）不同人群对夏季康养旅居需求不同

随着人们的收入与生活水平的提升，以及对旅游的重新定义，康养旅居已不再局限于养老范畴，旅居已成为新的风向，用时髦一点的说法就是“寻找诗意的栖居”。夏季康养旅居更是如此，酷暑燥热的环境不会因为人群的不同而区别对待，因此，无论是年轻人还是老年人，都向往一个凉爽舒适的生活环境。

此外，不同人群对夏季康养旅居的认识、理解和需求也有所不同，有的侧重自然环境，有的侧重人文底蕴，还有的侧重休闲养生。总之，无论哪种人群，夏季避暑总是旅居的首要选择，以健康为基本诉求。既能躲避高温天气，又能在大自然中陶冶情操，修养身心，提升生活幸福指数。

### （二）年轻人是夏季康养旅居的主力军

马蜂窝网站曾在2022年发布一则报告显示，超过70%的“80后”“90后”热衷于旅居度假，“住宿”是他们衡量旅居度假品质的第一标准，76%的用户愿意为“住得好”花更多钱。[1]更有超六成年轻人渴望成为办公地点不固定的“数字游民”，在工作的同时享受度假生活。有数据表明，年轻人夏季旅居的初衷是避暑，其次才是休闲与养生。对于年轻人来说，夏季旅居对于心态有着积极向上的影响，而心态对于身体的影响可能比药物更重要。旅居是一种旅游行为，在舒适的环境里工作生活，始终会有一份好的心情，思想的关注点始终都在快乐的事情上面，不会让那些负面情绪影响自己。

### （三）老年人对夏季康养旅居尤为看重

夏季康养旅居越来越多地被老年人所接受和喜欢，在高温炎热的夏天，有钱、有闲的老年人候鸟一样飞到山清水秀的地方避暑旅居，让生活过得更加舒适。和年轻人不同的是，老年人群体对夏季旅居的康养条件尤为看重，老年人一般体弱，基础疾病又比较多，长期待在空调房更容易生病，所以高温闷热天气对于老人的身心健康来说有一定影响，而那些适合老人夏季康养旅居的地区，可以让老人的情绪得到抚慰，身心得到修复。有研究表明，“好的环境+放松的心态”，会让血压、血糖有微妙的改变，还有那些顽固的慢性病也会得到缓解。



## 三、夏季康养旅居目的地建设

### （一）舒适的住宿是夏季旅居的硬性条件

随着精品民宿及精品酒店数量的增长，一些热门的避暑旅居目的地建设日臻完善，有的地方将传统的旅居民宿或酒店自主化、互联网化，形成高颜值、服务好、体验感强、极度便捷等特点，受到用户青睐。和星级豪华酒店、商务酒店不同，这种酒店鲜有服务人员，甚至不设前台、大厅，整体呈开放式，让旅居者最大限度自助、自由地享受私人时光。

相对于老年群体，年轻人的夏季旅居更看重住宿品质，旅居、工作的“数字游民”从传统的职场体系中解脱出来，一边旅居享受远方的美景和独特的生活方式，一边远程工作或者创业，通过互联网获取着较高的收入。与此同时，一些地处避暑旅游目的地城市的大型酒店，也推出了“长住”业务以及居住和共享办公于一体的混合体验。长住酒店并不是个新概念，但是对广泛的夏季康养旅居群体，一些长住酒店产品，更多融入“旅居”元素和需求，除了给人以现代感和趣味性，也保持功能性和舒适性。包括创新空间布置的客房、洗衣房与健身区域、免费精选早餐、免费 WiFi 等灵活通达的多功能空间设计，居家性和社交性兼容，让旅居者可自主定义不同活动场景。

除了酒店，民宿同样是夏季避暑旅居群体的重要选择。这种住宿形式是旅游散客化和休闲度假趋势的产物，而在避暑旅居的选择中，人们更看重民宿设计、居住体验感和周边环境等，尤其是一些设计朴素、装饰质朴，与本地文化完美融合，同时周边环境清幽的民宿，是旅居群体的首选，而非那些充满奇怪个性的、装饰华丽的住宿地，后者或许更适合旅游打卡。当然，住宿空间环境和周围自然环境是夏季康养旅居人群考量的要素之一。住宿空间明净清爽，一尘不染，营造的家庭氛围、起居细节等彰显人情味，是受青睐的重要保证。

自购房屋和长期租赁也是夏季避暑旅居的重要方式之一。进入 2000 年以后，随着国人生活水平的提高，国人健康意识也逐步增强，不仅注重饮食健康，也追求更好的居住环境，但是对于大多数人来说，一方面工作挣钱需要在繁华都市，另一方面，内心渴求生活居住在冬暖夏凉、山清水秀之地，而当经济条件满足之后，季节性旅居的愿望也就不难实现了。

人居与度假相结合是夏季避暑旅居群体心向往之的生活状态，比如青岛西海岸藏马山的融创阿朵花屿，依托优越的自然山水风光和田园资源，打造集居住度假、生态康养、旅游休闲为一体的复合型度假目的地，其中式合院与民宿集群以东方人文审美与传统建筑艺术为底蕴，绘就当代人向往的生活式样。

此外，海南、贵州、云南、广西等海滨或山岳地区凭借优异的气候地理环境和便利的交通，吸引了省外大量购买房产用于夏季旅居的人群。长期租赁避暑地特色民宿或居民小区同样能够满足旅居需求，也是目前多数人的首选。

### （二）康养是夏季旅居人群的重要需求

夏季康养旅居是对高质量生活的一种补充，所谓康养也即居住环境集中医药保健、医疗救治、健身休闲等为一体的疗养生活方式，对于中老年人来说，这是夏季康养的重要需求。毕竟，旅居不同于旅游，前者是长期在某地居住，后者是短暂停留，这就要求长期居住地有较完备的康养条件。

目前，国内不少适合避暑的城市或地区逐渐意识到了夏季旅居市场的潜力，各自依托良好的自然生态环境、人文活动环境等资源条件，建设相关配套设施，以吸引夏季高温地区的人们前去休闲避暑。比如，避暑胜地黑龙江伊春，这里地处小兴安岭腹地，森林覆盖率超 84.7%，被称为“中国林都”，夏季平均气温 20.6℃，距离市区一个半小时的九峰山养心谷，是名副其实的夏季康养旅居目的地。基地四面环绕的山川森林，终年不息的溪涧山泉，为人们避暑旅居、健康养生提供了良好条件。

在旅居住宿方面，九峰山养心谷依山傍河建设了康养馆、养生公寓、木制养心屋，能同时接待 500 人长期旅居需求。健身室、中医养生室、康养娱乐室、心理咨询室、音乐医疗经络养生堂、森林太极基地、芳香康养基地、瑜伽馆等一系列康养场所，为避暑旅居人群提供了功能完善的配套设施。而在膳食方面，这里充分利用林下参、玉竹、百合、茖葱、鹿药、月见草、黄精、桔梗等十余种中药材，为康养旅居产业提供“药食同源”食材，并且研发了一系列健康饮品和养生药膳，以及功能性主食产品，充分满足了旅居者的健康饮食消费需求。

为了充分保障避暑旅居人群疗养需求，九峰山养心谷与伊春市金林区中医医院建立联动机制，定期选派医师对旅居人群提供体检与问诊服务；聘请中药名师为药剂顾问，调配康养饮食、饮品的配方；对于中老年旅居人群，基地聘请持证上岗的专业护理人员，实行全天候服务。

再如，位于青岛西海岸藏马山融创阿朵花屿，这里山海相连，植被覆盖率达 76%，环境宜人，夏季平均气温 23℃，建设的藏马山颐养社区，以医疗健康、营养膳食、文化娱乐、生活保障等多维度康养服务，为各年龄层提供了避暑康养的理想目的地。同时，这里的国际康养中心与日本第三大康养机构——美邸中国（MCS）公司共同合作经营，提供日本美邸专业康复理疗、生活护理等服务；并且社区还开通有西海岸新区人民医院绿色通道，医生、护士24小时现场值班，中西医全科基础诊疗已纳入医保系统，充分保障旅居人群的医养救护需求。

在湖北省恩施土家族苗族自治州建始县，夏季平均气温20℃，此地以雄奇秀美的自然风光、璀璨厚重的历史文化和道地药材主产区为基础，打造“全国优质休闲康养基地”。近年来，累计投入超78亿元完善旅游基础设施和康养机构服务[2]，2021年确定“康养金地 和美建始”的发展目标，计划五年内，建成6个康养小镇，推出一批食养、药养、体养、文养等知名拳头产品，形成以核心景区为引擎、旅游城镇为载体、美丽乡村为网络、康养业态为保障的发展格局，使其“康养+”“+康养”的产业体系不断完善。

另外，夏季平均气温只有21℃的重庆石柱县黄水镇，这里森林广袤、水系环绕、生态优美，是世界上最大的莼菜产地和全国最大的黄连基地。近年来依托避暑度假功能，构建了黄水国际高端品牌酒店+精品民宿+主题酒店+森林木屋等多层次、特色化住宿接待体系，同时，优化重庆医科大学黄水附属康复医院疗养资源，打造康体疗养中心，增加疗养产品供给；而在休闲健身方面，也建设了体育健身公园、动步公园、儿童游乐中心以及篮球场、足球场、竹铃球场、门球场、网球场、乒乓球场、自行车道等。[3]

### （三）优良的生活环境是夏季旅居的重要考量

周边环境的优劣决定了旅居品质与康养质量，而在众多适合夏季旅居的地区，大多是空气清新、有山有水的地方，比如上文提到的黑龙江伊春市、湖北建始县和重庆石柱县。伊春地处中国茫茫林海之中，拥有400万公顷广袤浩瀚的林海、700多条穿行于山坳林间的天然河流，是“中国天然氧吧”；小兴安岭的山川、江河、湿地等丰富资源造就了这里壮美的自然生态，也造就了这里避暑旅游、康养旅居、亲子研学等丰富旅游、旅居业态。建始县的自然环境和生态气候优势同样明显，境内森林覆盖率达67%，有地心谷、野三峡、鸡公岭飞拉达、朝阳观等绝美风景以及深厚的红色历史文化，夏季清凉闲适，被人们称为“自然空调”。据媒体报道，2022年夏天就有10万名避暑旅居人群成“井喷”之势，涌入建始县多个康养小镇避暑、康养，一待就是两个月。

气候是自然生态环境重要的组成部分，与人们避暑旅居生活关系密切。与湖北恩施接壤的重庆石柱县黄水镇，拥有多个原生态自然保护区，被誉为

"中国最美的风景走廊"。这里的溪流、湖泊、奇峰、溶洞、峡谷、天坑等多种自然景观令人身心愉悦，适宜度假休闲、运动健康、养身养心。如此良好的气候资源，被世人称为"中国（重庆）气候旅游目的地"，自然也成为康养旅居人群的首要考量因素。

### （四）交通便捷度影响夏季旅居人群的选择

无论是旅游还是旅居，出行的便捷度是一个地区是否能够持续吸引外来者的先决条件，也影响着旅居人群的选择。旅居原本就是追求高质量的生活状态，倘若目的地交通条件不尽如人意，哪怕自然条件再怎么优越，当地的旅游业和旅居产业大概率也无法持续。在旅居人群中，大部分消费者更在意旅居地的公共交通是否便捷，出行道路是否拥堵，几乎所有人都会避开容易发生洪水和泥石流等自然灾害的环境地区。尤其是夏季旅居人群，优先考虑交通条件是否便利及交通工具是否便捷。因此，旅居目的地的影响半径一般情况下与交通条件成正比，在基本相同的自然环境和居住条件下，交通条件好、公共交通便捷的目的地，对于旅居者会产生决定性影响。

仍以湖北建始县和重庆石柱县为例，为了发展本地的避暑旅居产业，建始县不惜斥巨资改造火车站，并且还新建了一座高坪火车站和旅游集散中心以及优化市内公共交通等；石柱县更是直接全方位打通与重庆交通的对接，开通重庆江北机场、重庆北站直达专线。石柱动车站、汽车站每天都有到周边景区景点旅游直通车，就连各主要交通道路都进行了视觉美化，形成两级集散中心 + N 个小型旅游交通集散点的集散交通流动体系，极大地方便了庞大的夏季旅居、避暑旅游人群的出行。

### （五）活动营销策划是提升受众黏性的运营手段

任何消费场景都离不开活动营销策划，这是贯穿于整个项目运营的重要手段之一，对于旅居目的地来讲更是如此。活动营销不仅是为了吸引受众关注，更重要的是优秀的营销策划活动能够引发一定的新闻价值，达到有效的品牌传播，拉近旅居地与消费者或潜在消费者之间的关系。同时增强现有旅居人群的黏性，提升转化复购率，对销售和品牌美誉度都将起到积极的正向作用。

在笔者调研过程中，青岛西海岸藏马山融创阿朵花屿总经理余爱军认为，旅居目的地一场成功的活动策划，能够吸引大量旅居人群和有旅居意愿人群的关注，同时可以高效地连接受众，强化受众对旅居地的认知，丰富其生活消费场景和生活内容。而且，好的营销活动还能让受众主动参与传播链条，促进用户自发分享在社交平台。

## 四、夏季康养旅居目的地面临的问题

### （一）大众对夏季康养旅居存在认知偏差

对事物的认知决定了一个人的眼界思维与行为方式，对于夏季康养旅居，普通大众，包括行业从业者普遍性存在一定的认知偏差，有的人认为去有山有水有森林的地方就是康养，有的人将短期的旅游行为与旅居混为一谈，还有的人将夏季的避暑旅游等同于夏季康养。

认知偏差让人们在夏季康养旅居问题上容易产生理解失真，“一旦某人形成一个理论，他的想象力就会让他从每一个对象中看到仅有利于这个理论的蛛丝马迹”。同理，一个人一旦对夏季康养旅居产生认知偏差，他就会从避暑旅游行为中想象出一个论点论据来支撑自己的选择性判断，从而导致不正确的夏季康养旅居观念。这就如同心理学所说的“错误信息”效应，我们看到或经历的事物都是真实的，但有时候被外界稍加引导，记忆或思维就有可能发生错位，从而得出与事实不符的认知与结论。

如果说普通大众对于夏季康养旅居存在认知偏差情有可原的话，那么，行业从业者的认知偏差从何而来呢？究其原因，主要是对行业发展理念与趋势不甚了解，对夏季康养旅居这种生活方式懵懂、陌生。其次是在自然环境条件达到的前提下，硬件设施（如民宿、酒店、交通）或者康养设施（如医疗救治、养生保健机构）等没有跟上。于是，在夏季康养旅居的浪潮里，便认为只要此地环境好、能避暑、负氧离子含量丰富就是康养，建有酒店、民宿便是旅居。但事实并非如此。夏季康养旅居的关键词是避暑、疗养、休闲、居住，这四者缺一不可。

### （二）夏季康养旅居产品有待丰富

随着高温天气逐年增多，单日气温超过40℃的地区也屡屡见诸报端，每到酷暑季节，各大避暑目的地人满为患也不鲜见，人们或停留两天避暑游玩，然后前往下一个清凉目的地，或者选择短期居住甚至长期定居，无论哪种方式，作为目的地，都应该具备完整的夏季康养旅居产品的供给。

尽管，夏季康养旅居已经成为一个巨大的风口，各地各路资本也瞄准了这块巨大蛋糕，然而，目前的市场现状并不尽如人意。比如有的地方产品设计粗糙，像是走过场一般，有的地方旅居产品“缺东少西”，不是缺少康养条件，就是缺少休闲设施，有的地方甚至像“放养”一样缺少必要的夏季康养旅居方面的知识培训，而科学的夏季康养旅居必须基于市场需求，实现从身体、物质、心灵到精神等各个层面的健康养护，实现生命丰富度与居住舒适度的内向扩展。

完备的夏季康养旅居产品应包括以下几方面的内容。

**1. 环境供给**

居住环境与周边自然环境是旅居舒适度的重要保证。大部分夏季康养旅居目的地自然环境相对较好，气候宜人，但由于生活习惯或环保意识的差异，有的地方居住环境还有待提升，这需要当地政府相关部门加强引导和治理。毕竟，好的旅居环境供给，才能让夏日的旅居更加舒心，也才配得上周边的山清水秀。

**2. 知识供给**

健康养生是大众比较关心的话题，夏季如何保健？冬病如何夏治？如何融入当地生活？等等，尤其是旅居的老年群体，夏季康养旅居的科学常识对于他们来说，是收获的一部分，作为接待者，一些机构仅仅是安排旅居者居住下来，而缺乏长期的系统的知识供给。出现这类情况，或许是缺少相关培训讲师，或者是为了节约接待成本。应当明白，科学的健康知识供给，是旅居目的地应有的文化内涵。此外，目的地相关机构还应当提供当地的民风民俗、历史文化等知识，运用创意化的手段，打造利于养心的精神层面的产品，使旅居者在获得当地文化体验的同时，能够修身养性、陶冶情操。

**3. 疗养供给**

夏季康养旅居目的地的医疗保健是必备的产品之一。缺少这块内容，康养价值将大打折扣，一些地方限于资源条件，省略了医疗救治或有氧运动项目，让自身的康养旅居项目失色许多。对于夏季康养旅居群体来说，无论年轻人或是中老年人，医疗保健必不可少，夏季康养旅居目的地或机构应该完备以中西医药物康复、治疗、康体检查等产品服务。

**4. 休闲供给**

休闲运动是夏季康养旅居者的基本需求之一。休闲活动产品包括山地运动、水上运动、户外徒步、极限运动、温泉泳池、骑行运动、阅览室、电影公园等产品业态。

**5. 空间供给**

如果是酒店、民宿、度假村，公共空间供给就尤为重要，这体现了旅居地的舒适度与自由度，而空间的大小、视觉的设计、使用的便捷度等决定了用户的口碑。

**6. 膳食供给**

旅居机构的餐饮是旅居者重要关注点之一。很多康养旅居地本身就是一些中药材的产地，完全可以结合本地的特色食材来制作一日三餐。中医讲究“药食同源”，因此美食养生可以说是夏季康养旅居中至关重要的一项内容。作为康养旅居目的地，政府部门应该引导相关机构进行具有本地特色的健康食品的研发，同时结合休闲农业的生态观光、农事体验、食品加工体验、餐饮制作体验等活动，推动旅居产业的综合发展。

**7. 交通供给**

交通工具是否便捷对旅居者的出行产生重要影响，无论是城市的公共交通，还是旅居机构，比如大型康养中心的域内交通，都应该达到便捷程度，四通八达的公共汽车线路、呼之即来的出租车、街边的共享单车以及旅居机构的电瓶车等交通工具的供给，会提升旅居者的愉悦体验。

**8. 服务供给**

服务也是一种产品，是旅居者的第一直观感受，无论是在旅居目的地乘坐公共交通，还是在康养旅居机构接受任何服务，都是对该产品的体验。因此，服务的形式与品质关乎旅居者的体验感与获得感。有调查显示，避暑旅居消费产品的多元化和品质将是目的地可持续发展的唯一路径，而消费者对交通、住宿、餐食等服务要素的品质要求显著提高。

## （三）夏季康养旅居资源整合度不高

很多自然环境、医养条件以及可开发的夏季旅居资源极其丰富的地区，由于种种原因没能将资源进行有效整合，开发的产品也仅仅是以夏季康养旅居的名义，推出的避暑旅游观光线路或景区景点，与康养旅居没有半点关系，没有让体验者真正感受到“康养”和“旅居”的生活状态。

## （四）夏季康养旅居系统规划缺失

打造夏季康养旅居目的地是一个庞大的系统性工程，前期的项目规划、中期的项目建设、后期的活动运营等，都需要在开工前有全盘的概念。目前市场上很多夏季康养旅居目的地普遍存在定位不清晰、医养与居住与休闲等相关产业的融合度不够；同时，一些相关产业和项目布局分散，同一个地区的夏季康养旅居项目，其服务、产品等缺乏标准化和规范化操作。

此外，旅居链条上的各个产业没有形成系统的、完善的产业体系，产业间的渗透性和关联度不高。还有的地方度假区、避暑小镇甚至连“康养”概念都没有植入开发系统中，便宣称自身是“康养”之地，停留在口头上的“康养”当然是没有生命力的做法。

## （五）夏季康养旅居内容创新性不足

市场上的大多数夏季康养旅居产品依旧围绕老年群体、投资型、避暑度假型为主，康养旅居内容的创新性不足。不少旅居机构没有找到切合自身特点的康养经营模式，缺少创新，缺乏康养核心竞争力，其康养设施设备、康养服务、医疗管理等还不能满足旅游者对康养服务的要求，没有形成独具特色的康养品牌。更有甚者，一些地区、机构的避暑康养特色不鲜明、经营模式过于单一，这在很大程度上制约了夏季康养旅居产业的发展。值得注意的是夏季康养旅居早已呈现出大众化、举家旅居的倾向，形成完备的避暑康养旅居产业链、智能化的消费场景和体验感强的产品内容，才能满足受众对夏季旅居的消费与投资的双重需求。

## （六）夏季康养旅居产业专业人才力量薄弱

康养旅居是一门专业性较强的服务内容，对从业人员的要求较高，他们既要有专业的康养知识、保健护理常识，又要懂得旅居服务相关边界和技能，目前没有院校或相关机构开设此类的课程和培训，从业者大多是从旅游行业或护理专业转行而来，没有夏季康养旅居产业的系统性服务经历，以片面性的认识摸着石头过河，专业人才力量的不足，是产业面临的亟待解决的问题。

## 五、夏季康养旅居的发展前景

夏季高温天气常常让人闷热难耐，去有山有水有森林的凉爽地区避暑旅居成为很多人的向往，“央视财经”2022 年 8 月曾报道称“中国正在经历 1961 年以来的最强高温过程，重庆北碚屡破历史高温纪录，最高温度达到 45℃，杭州连续一个月高温，上海闷热桑拿 50 天……”中国天气网大数据显示，2022 年夏季有多个城市高温日数超过 40 天，福州、上海、武汉、成都、海口、郑州、合肥、长沙、广州、济南、吐鲁番、南昌、西安、南京、北京等地已成为夏季名副其实的“桑拿城”，夏季持续的高温天气自然而然地让人们选择去远方休闲旅居、避暑养生。

随着近年来避暑经济持续升温，夏季高温地区人群对避暑旅游、旅居需求旺盛，避暑康养旅居的关注度也持续上升，这就要求各避暑旅居目的地和机构服务商不断细分市场、开拓各类差异化旅居产品来满足旅居者的不同需求。夏季康养旅居市场覆盖所有人群。夏季康养旅居人群并不限于老年人或高温地区的人们，而是覆盖所有人群，如妇孕、婴幼儿群体以及青少年群体和中青年群体。妇孕和婴幼儿夏季康养旅居是康养产业中新的分支，随着社会和家庭对妇孕婴幼群体重视度的不断提升以及该群体消费转向多元化，妇孕婴幼的健康需求不再局限于医疗保健，而是随着季节变化对生活居住环境产生了新的需求。

有研究数据显示，在夏季出行产品中，亲子类避暑旅居成为主流，占比达 58%。35 岁以下的女性用户是消费主力，这与中国妇女育龄相吻合，这些市场特征同时也印证了亲子避暑旅居市场热度。夏季康养旅居是美好生活的有机组成，青少年学生同样可以追求高品质的假期生活，暑假期间正是天气炎热的时候。数据显示，避暑旅游青少年学生群体同样是一支主力军，在 6—8 月出游的学生多达 63. 1%。青少年群体的避暑旅居供给更多应是围绕教育、体育、旅游、养生以及心理咨询、生命安全教育等方面展开，如健身赛事、康复医疗、中医药疗养、亚健康防治、心理诊疗等相关产品与服务。此外，青少年群体偏爱住得好、吃得好，兴趣和社交是避暑旅居的重要内容。[4]同时，夏季康养旅居群体的消费多元、理性，饮食、休疗养等服务消费占比逐步提升，个性化需求增多，而这些个性化、品质化、差异化的消费需求，正影响着夏季康养旅居产业进一步细分。中青年群体夏季康养旅居的基本特征是，一边享受青山绿水的康养时光，一边在线办公挣钱，摆脱工作地点的束缚，也避开酷暑闷热的气候，闲暇之余，去游泳跑步健身或者户外徒步、登山，追求“我体验、我喜欢”的旅居体验。

夏季康养旅居市场未来可期。中国旅游研究院发布的一项调查报告显示，中国人为避暑出游花费超过3000亿元[5]，避暑旅游、旅居市场两个月内约5亿人次选择去远方避暑，人群类别分别老年人、青年人，以及高温地区的居民。中国夏季康养业态当前呈现高端化发展趋势，逐渐形成集避暑康养小镇、避暑旅居地产以及“避暑+研学+疗养+工作居住”为一体的业态结构，市场需求也逐年呈现扩大趋势，“十四五”规划和2035远景目标纲要也专门指出，全面推进健康中国建设，为夏季康养旅居市场建设指明了方向。文化和旅游部印发的《“十四五”文化和旅游发展规划》更是明确提出，丰富优质旅游产品供给创新旅游产品体系，优化旅游产品结构，提高供给能力和水平，大力发展康养旅游，推动国家康养旅游示范基地建设。不可否认，大众对夏季康养旅居的生活方式还存在一定认知差距，但是随着夏季康养旅居目的地建设的完善以及中医药与康养旅居进一步融合，夏季康养旅居产业的发展拥有许多可能。

夏季康养旅居市场面临大量机遇与挑战。随着不同人群需求扩大和普遍化，夏季康养旅居群体将更加注重身心的放松，避暑旅居产品也将不断迭代更新，产业正快速迈入新一轮的增长。与传统避暑旅游相比，避暑康养旅居能让消费者的停留时间更长、消费更多，夏季康养旅居顺应了人们对健康的追求和旅游观念的转变，未来，康养旅居将成为旅游市场的重要产业之一，并拥有广阔的发展前景。

有机遇就会有挑战，作为夏季康养旅居产品，适宜的气候资源、环境生态、自然风光、康养设施、住宿条件、服务理念、交通建设等必不可少。作为夏季康养旅居目的地，应该针对性加强产业整合与融合力度，一方面利用现有资源结合生态旅游、休闲农业（种植中药材）、养生食宿拓展康养产业链；另一方面依托气候环境，发展适宜的医疗保健、休闲养生产业，以医疗卫生服务为核心，配合中西医学、康复保健等建设集保健、医养、休闲为一体的避暑康养旅居基地。另外，拓展户外运动产业，开发户外康养运动产品等，使之形成对各个年龄层都具有强烈吸引力的夏季康养旅居产品。

在避暑康养旅居中，“住”与“康”是一大关键，目的地的自然环境、文化民俗等都是游客对旅居品质的重要考量因素，这就需要供给者深刻理解旅居人群所需求的自然气候、养生功效、慢生活体验，以及当地的文化民俗、旅游美食体验等。真正让其身心愉悦地住下来，融进去，感受异地乡情，同时又能享受到的医疗保健、休闲养生等设施服务，提升康养旅居过程中的获得感，满足其内心所向往的生活状态。

## 参考文献


［1］陈淑安，杨滨宇．2021 年国内旅游度假有啥变化？76% 旅行者原意为“住得好”花更多钱［DB/OL］．2022－01－08.

［2］张国帆．建始县：康养金地 蓄势腾飞［N］．恩施日报，2022－10－19.

［3］石柱县文化旅游局．来黄水避暑康养，一头扎进 21℃的夏天［DB/OL］．2022－06－22.

［4］手机凤凰网．南方避暑游成首选，广州、成都等地高居前列［DB/OL］．2022－09－09.

［5］陈爱平．报告显示：中国人将为避暑出游花费超过 3000 亿元［N］．经济参考报，2018－07－27.

# HB.16 北戴河康养旅居目的地发展现状和前景分析

路云铁[①] 殷洪艳[②] 孙婉东[③] 杨立丰[④]

**摘 要：** 康养旅居是新兴产业、绿色产业、朝阳产业，符合新发展理念，是中国“十四五”时期重点发展的战略产业。而北戴河素有“中国夏都”“长城海滨公园”“京津后花园”的美誉，休疗传统由来已久，有国家级生命健康产业创新示范区、国家级风景名胜区等金字招牌。后疫情时代，积极发展康养旅居，提升国民健康素质与水平，推动北戴河旅游产业、休疗产业提档升级已成为新时代的重要课题。本报告对北戴河地区康养旅居行业发展现状与未来发展前景进行了系统性梳理分析，并提出打造北方康养基地、坚持改革创新发展、积极探索产业融合等建议，以期为北戴河地区康养旅居产业的良性发展提供借鉴与参考。

**关键词：** 康养旅居；北戴河；发展现状；前景分析



## 引言

北戴河是国务院批准设立的国家生命健康示范区，是《“十四五”国家老龄事业发展和养老服务体系规划》明确的培训疗养机构转型发展养老服务集

---

① 路云铁，北戴河生命健康产业研究院，清华大学公共健康研究中心副研究员，研究方向为大健康产业。

② 殷洪艳，硕士，北戴河生命健康产业研究院，研究方向为大健康产业。

③ 孙婉东，学士，北戴河生命健康产业研究院，研究方向为大健康产业。

④ 杨立丰，硕士，秦皇岛市卫生健康委员会，副主任医师，研究方向为病理与病理学。

中示范区，是国家首批健康旅游示范基地，是2022年文化和旅游部公布的国家级旅游度假区。北戴河地处东北与华北两大经济区的接合部，是推进京津冀协同发展战略和环渤海合作发展战略的重要区域，首都医疗功能疏解的重要承接地和中国北方生态宜居地。北戴河地区生态环境独特、区位和健康养生资源优势明显，充分利用现有休疗养和旅游基础，整合国内外资源，创新发展康养旅居健康产业，是北戴河地区向更高层次发展的有益探索。

## 一、北戴河地区基本情况

### （一）气候宜人，生态环境独特

北戴河地区海洋性气候特征明显，冬无严寒，夏无酷暑，雨量适中，年平均气温10.3℃，盛夏平均气温23℃。空气质量常年达到国家优良标准，森林覆盖率、建成区绿化覆盖率分别达到40%和60%以上，被誉为“天然氧吧”。

北戴河地区拥有优质的海水浴场、世界罕见的海洋大漠、华北最大的潟湖和30万亩连绵葱郁的林带，海洋生态系统、森林生态系统、湿地生态系统一应俱全；沙细滩缓，水清潮平，海水质量常年达到国家一级标准，是国家首批健康海水浴场，是中国北方沿海地区一块待开发的钻石级宝地。

### （二）区位优越，交通高效便捷

北戴河地区所在地秦皇岛市区位优势明显，距北京市260千米，天津市230千米，沈阳市400千米。拥有京秦铁路、京山铁路、大秦铁路、秦沈铁路、沈山铁路、津秦客专等国铁干线，有北戴河国际机场、秦皇岛港。京沈、京哈、沿海等高速公路在此交会，京秦直达高铁、京秦二高速正在建设，京津秦“1小时”经济圈即将形成。

### （三）底蕴深厚，休疗历史悠久

秦皇岛养生文化历史悠久，自古就是健康长寿福地。秦始皇曾在此寻找长生不老之药；1898年，被清政府辟为国际旅游避暑区；1954年，新中国将此地确定为国家领导人、全国劳模、中外专家的暑期疗养地。

北戴河地区休疗养资源丰富，现有各级各类休疗院所281家，总床位数超过5万张。秦皇岛市作为中国唯一同时协办过亚运会、奥运会的城市，拥有9个国家级和省级训练基地，体育基础优越。

### （四）政策完备，政府高度重视

北戴河地区拥有国家生命健康产业创新示范区、国家级风景名胜区、国家现代服务业综合改革示范区、国家旅游综合改革示范区、国家公共文化服务体系建设示范区、国家绿色建筑示范区、国家智慧城市试点、国家新能源示范区等建设经验，具有政策配套、先行先试等方面的优势。北戴河地区发展康养旅居、健康产业已经得到党中央、国务院及各部委、河北省及秦皇岛市政府的高度重视和大力支持。

### （五）游客众多，旅游基础扎实

北戴河地区有以温泉度假为主题的渔岛温泉度假区、以沙雕观赏为主题的沙雕海洋乐园、以海洋科普为主题的圣蓝海洋公园、以养生休闲为主题的心乐园等多项旅游产品，差异化的旅游产品每年吸引大量游客。2021年接待旅游人口3100万人，庞大的旅游客源成为康养旅居产业发展的重要动力和产业基础。

## 二、北戴河地区康养旅居发展现状



### （一）医疗产业快速起步，康养服务水平显著提升

北戴河地区近年来全面践行“创新、协调、绿色、开放、共享”的新发展理念，依托生态优势和产业基础，把握国内外生命健康产业发展趋势，加快提升医疗服务能力，为康养旅居产业发展奠定扎实的产业基础。医疗能力是产业发展的原动力，是提升区域产业水平的关键点。北戴河地区紧抓发展机遇，充分利用政策红利，不断优化提升医疗能力，推动北京中医药大学东方医院北戴河医院、秦皇岛市中医医院、河北省康复医院（河北省医疗气功医院）等高水平医疗机构，吸引潘纳茜国际医院、润泽医院等特色专科。

一是合作共建北京中医药大学东方医院北戴河医院。打造中医药类国家区域医疗中心，提升中医诊疗水平。自获悉开展第四批国家区域医疗中心申报工作以来，第一时间启动高水平医院对接工作，历时不足 20 天完成申报工作。聘请专业团队规划设计，按照医疗机构最高标准施工建设北京中医药大学东方医院北戴河医院，总建筑面积约 17.7 万平方米，总床位 1800 张。该医院是东方医院与北戴河地区合作共建的高质量中医医疗机构，借助东方医院的品牌、资源、技术、人才、科研等优势，围绕区域内群众急需、医疗资源短缺和异地就医突出的脑病、肿瘤、消化等疾病诊疗需求，提升“治大病”、治疗疑难危重疾病技术水平，以疑难重大疾病康复和预防为特色，辐射华北、东北地区患者，疏解首都就医压力。东方医院北戴河医院是秦皇岛市打造中医药类国家区域医疗中心“样板工程”。有利于优质医疗资源的下沉，引领示范区健康产业集群跨越发展，形成可在全国范围推广复制的典型案例。助力提升秦皇岛市以及河北省中医医疗机构服务管理水平，更好地为完成北戴河地区培疗机构改革提供医疗支撑，为北戴河地区打造创新政策承接平台。

二是努力推进河北省康复医院发展。北戴河地区拥有雄厚的康养基础，北戴河培疗机构转型健康养老服务有序推进，诚通集团普惠养老项目已实施。一龄生命养护度假中心、鹏瑞利一站式国际康养城等项目相继开工。北戴河地区得天独厚的资源优势为“中医 + 康养”融合发展提供了良好条件，最为典型的案例就是河北省康复医院（河北省医疗气功医院）。

河北省康复医院隶属于河北省卫生健康委员会，是一所集医疗、教学、科研、康复、保健于一体的省级医疗机构。建院于 1954 年，占地面积 9.13 万平方米（约 137 亩），建筑面积 3 万余平方米。医院承担着康复医学的医疗、科研、教学及培养任务；开展具有中医及医学气功特色的中西医结合综合医疗临床工作；负责医学气功临床治疗、医师培养、科研教学、国际交流与合作；开展养老服务与培训工作。医院比邻潮缓沙平的海滨浴场，环境优美、空气清新，负氧离子含量每立方厘米可达 8000 多个，实属天然大氧吧，既是慢性病、老年病治疗康复的理想场所，也是预防保健、修心养性的好地方。医院多年来致力于中医康养研究，其中预防保健科（治未病科）为河北省“十二五”重点中医专科。以“未病先防、既病防变”为治疗理念，集预防、保健、治疗、康复于一体，聚焦中医药事业发展主营业务，重点突出中医康复特色优势，开展中西医康复、中医药和针灸、推拿、按摩及医疗气功等传统特色疗法，为人民群众提供优质的康复医疗服务，做到有病可治、可康，未病可健、可防，养老可护、可养，亚健康可逆、可调。医院积极响应国家健康战略，坚持以人民为中心，充分发挥自身优势，为人民群众的身体健康、医疗保健和康复疗护提供全方位、全周期的优质服务。医院的气功学是国家中医药管理局“十二五”重点（培育）学科。20 多年来，在国际交流与合作中广泛开展医疗气功和太极拳的教学培训与康复治疗，先后与“德国波恩气功养生学会”“德国柏林守中中医学校”“法国巴黎东方文化传播中心”“日本东京气功科学研究所”“美国东夏威夷独立医师学会”等 20 多个国家和地区开展长期交流与合作。新冠疫情前，医院的专家、教师每年都应邀前往进行气功疗法和太极拳的科研、学术交流活动。在“走出去”的同时“请进来”，德国、法国、日本、美国、比利时、瑞士、俄罗斯等国家的百余名学员都前来医院学习气功、太极拳。这些学习交流活动的开展，有力地促进了中国传统医学文化的国际交流与发展，也确立了气功疗法在世界医学领域中的学术地位和历史作用。

三是加快推动秦皇岛市中医医院发展。秦皇岛市中医医院始建于 1958 年，中医特色浓厚，拥有针灸、拔罐、推拿、按摩、刮痧、耳穴埋豆等中医传统疗法 72 种，因其疗效显著，被广泛应用于临床。秦皇岛市中医医院作为中医药服务出口基地、中医康养国际合作基地，不断探究中医药创新，宣传推广中医药文化，拓展中医药产业链条，推动了秦皇岛市中医药产业纵深发展。中医药服务出口基地建设方面，2019 年 12 月，商务部、国家中医药管理局发布首批国家中医药服务出口基地名单，秦皇岛市中医医院被认定为首批 17 个中医药服务出口基地之一，为河北省唯一获批的医疗机构。

近年来，医院不断拓展发展空间，推进国际交流，传播中医药文化。一是积极参加中国国际进口博览会、服贸会及国家中医药服务出口基地高质量发展论坛等交流活动。在国家“一带一路”倡议下，医院借助网络宣传、贸易合作、文化互访等多种形式，在国际范围内持续进行中医药文化交流，为中医药成功走出国门奠定基础、提供保障。目前，医院在俄罗斯最大社交网站 VK 创建了公共页面，使世界各地俄语用户可以通过该网站了解医院特色中医药诊疗项目。同时，通过短视频平台传播中医药文化，累计点击量达到 4758 万次。新冠疫情期间，医院与秦皇岛市外企单位、当地大学的国际学院积极联络，通过中医药文化教学课堂、中医药文化实践体验等方式，持续推进中医药国际化交流工作；联合燕山大学国际教育学院成立秦皇岛市首家“来华留学生中医药文化体验基地”，结合“基地”建设实际情况，借助学校成熟的国际化教育模式，搭建医院海外交流合作平台，拓展发展空间，进一步推动中医药服务国际化进程。目前，已为来自巴基斯坦、土库曼斯坦、尼日尔、也门、刚果（金）、叙利亚等多个国家的燕山大学留学生进行了500余人次的中医药培训，有三批燕山大学留学生来院进行了中医药文化体验，并为来院的燕山大学留学生建立了健康档案。二是医院借助中医药特色优势，相继与日本、加拿大、德国等国家医疗康养机构签订了合作协议，开展不同形式的合作，为海外患者提供多元化中医诊疗服务，涉外服务能力不断提升。新冠疫情发生前，日本慢性病治疗团开展定制式中医药诊疗服务，慢性病患者每年春秋两季定期来院，接受中医康养服务。新冠疫情发生后，鉴于治疗团不能再来院接受诊疗服务，医院专家团队通过互联网诊疗等方式，对慢性病患者进行康复指导。此外，新冠疫情期间，医院研发的具有扶正避瘟作用的“辟瘟囊”、成人扶正方和儿童扶正方（中药颗粒），广受欢迎，除销售到了北京、天津、南京、香港等地，更是走出国门，远销日本、韩国、美国、德国、加拿大等国家。为开展中医药服务贸易奠定了坚实基础。

中医康养国际合作基地建设方面，一是以秦皇岛市生态资源优势和医院现有资源为依托，推进多种方法综合干预，将中医药优势与健康管理结合，以慢性病管理为重点，以治未病理念为核心，推动了中医药康养国际服务，从注重疾病治疗转向注重健康维护，提高了国际中医药康养的吸引力。医院不断创新国际中医药康养发展模式，形成了三位一体（三位，即中医药医疗中心、疗养旅游中心、治未病康复服务中心。三个部分各有侧重，相互融合，建立一个集健康管理、护理、健康旅游、医疗康复、亚健康管理、健康干预、慢性治未病干预等于一体的“中医药+康养”的平台）的中医康养服务体系，实现了“医、药、养、健、游、体”六位一体的中医药康养服务功能。二是医院持续推进国际化交流合作，与多国医疗机构开展了中医药国际交流合作项目。中医药康养产品的开发，形成了系列化、产业化发展趋势。国际中医药康养品牌基本形成，扩大了中医药服务出口，实现了中医药服务高质量发展。尤其，近几年共销售康养产品（9大系列48类品种）共计6485件（截至2019年12月）。针对海外游客和患者积极开展中医药知识的宣传普及，全年接待海外患者、游客1000余人次。在取得良好的经济效益的同时，又进一步推进了国际合作交流，也受到了海外患者的一致认可。为示范区中医药康养产业国际化发展探索出了新路径与新经验。

四是引进特色专科医疗机构。潘纳茜医院是河北省首家外资医疗机构，医院集泰国、德国、日本、韩国、中国技术和专家团队优势，开展高端健康管理、康养、疾病防治、国际健康旅游于一体的生命健康服务。泰国潘纳茜医疗集团分布于中国、德国、泰国、韩国的健康与医疗中心和合作机构，以及自我成体系及规模的先进技术和医疗团队、丰富的高端健康管理和旅游医疗管理经验、优质的服务质量，为秦皇岛潘纳茜医院国际旅游医疗提供有力支撑。准确免疫功能检测和评估，针对性、系统性、个体化免疫调控和重塑，是健康维护和疾病治疗的根本，是肿瘤免疫防治理论和技术的创新。干细胞、肿瘤免疫、精准医疗等先进医疗技术和团队引进和临床转化能力：集泰国、德国、日本、韩国的前沿医疗技术转化研究团队和能力，成系列的干细胞、免疫细胞和精准医疗关键技术呈现。秦皇岛润泽医院是集美健康旗下医疗机构，是一家以高新医疗检测、干细胞和免疫细胞制备为特色的综合医院，开设有内科、外科、妇科、中医科、预防保健科、医学影像科、医学检验科、千级细胞室（局部百级）、靶向器官介入手术室等医技科室。在自然、人文、国策、科技的大环境下，润泽医院在亚健康调理、慢性病康复和并发症防治等特色医疗服务领域高度聚焦，成为医旅行业中的主力军。

### （二）中药产业扩容增效，康养服务支撑更加强劲

北戴河地区努力践行健康中国战略，发展中医药产业，提升中医药生产研发能力。总投资 35.1 亿元的国际新药评价与临床转化全链医养产业项目签约落地；建设了石药集团生物医药研发基地、爱晖药业、现代化中药示范基地等一批高端医药企业。现代化中药示范基地是中药生产研发的龙头企业，主要定位是医药现代化中药材产品生产基地，由秦皇岛都岭药业发展有限公司建设，公司自有中药材种植基地 2000 亩，通过“公司 + 科研机构 + 合作社 + 农户”模式发展中药材种植基地，种植和经营的中药材有北苍术、青龙小枸杞子、辽五味子、热河黄芩、黄芪、桔梗、泡参、牛膝、酸枣仁、苦杏仁等十几个品种。示范基地主要建设中药饮片加工厂房，包括中药材系列生产检测区、中药深加工、中药饮片加工、中药饮品加工、健康食品加工区、精药加工区、高端萃取区及科研中心及辅助（办公、公寓、食堂）等为主要内容的现代化中药材示范园。涵盖中药产品的研发、生产等环节，为北戴河地区中药生产研发奠定了坚实的基础，有利于进一步引进中药产业的上下游企业，提升中药生产研

发能力。此外，围绕健康产业内容，连续举办中国康复辅助器具产业创新大会、中国康养产业发展论坛、生命科学峰会等重要国际行业盛会；成功举办全国青帆赛、国际马术大奖赛、渤海之夜健身健美大赛等国内顶级健康赛事。“南有海南岛，北有秦皇岛”和“要想身体好，就来秦皇岛”等品牌初步唱响国内外，知名度和影响力与日俱增。

## （三）旅游业态提档升级，旅居承载能力逐渐增强

旅游产业是北戴河地区基础扎实并努力培育的重点产业，旅游业态不断推陈出新，取得了可圈可点的成绩。阿那亚黄金海岸社区“邮轮式”康养旅游度假模式领跑全国，成功创建国家级夜间文化和旅游消费集聚区和省级休闲购物街区；帆船航海温泉体育旅游体验线路入选国家级“国庆黄金周体育旅游线路”；万豪酒店、皇冠假日酒店等五星级酒店加快建设；渔田小镇等旅游夜经济及演艺业态加速形成；荣获第二批省全域旅游示范区，年接待国内外游客超千万人次。

一是传统旅游转型升级，培育了中保绿都心乐园、渔岛海洋温泉等健康旅游项目。中保绿都心乐园占地 14000 余亩，有人体馆、五行驿站、国医书塔、养生大讲堂、药草园、太极天文馆等中医元素典型景点，规划建设医养核心区、现代农林综合体、中草药种植园等，规划建设“主题核心区、多功能服务区、美丽乡村区、生态群落区、森林游憩体验区、中草药种植区”六大功能区。心乐园在“创新、协调、绿色、开放、共享”的新发展理念指引下，贯彻国家生命健康产业“创新驱动、市场引领、集约发展”的发展战略，利用生态、区位、文化底蕴优势，在整个景区“一核六区”功能布局中，承担“亲子养生、体疗度假、文化创意、绿色农业、生态涵养、中草药种植”六大职能，将乡村休闲度假、文化旅游创意、农业观光旅游、生态养生疗愈、美丽乡村建设等多条利国利民、共享共赢的产业链条有机整合，全链条、全过程、全维度融入北戴河新区国家生命健康产业，倾力打造“医、药、养、健、游”五位一体的生命健康旅游产业。渔岛海洋温泉在中国最美八大海岸之一的黄金海岸中部，渔岛海洋温泉泉水为来自海底 1300 米的岩层水，具有美容、养颜、保健、养生等功效，水质清澈透明，沐浴后全身细腻润滑。温泉主要由室内、室外温泉两部分组成，其中室内温泉由“热带雨林区、溶洞温泉区、异国风情区、中药养生区、家庭沐浴区、贵宾尊享区、动感娱乐区”七大区域组成；室外温泉主要由“山林娱乐区、丽人养颜区、滨海温泉区”三部分组成。包

含景区和温泉两大板块的综合性休闲主题旅游度假目的地，集休闲养生、温泉疗养、餐饮娱乐、精彩表演、会议住宿于一体，经营周期贯穿春夏秋冬。

二是特色旅游加快发展，形成了阿那亚康养旅游和蔚蓝海岸体育旅游等亮点项目。阿那亚街区占地 49917.19 平方米，近两年平均接待游客数量超 200 万人次，2021 年园区运营收入达 7.5 亿元，已经从一个地产项目转型为全资源滨海旅游度假综合体，成为文旅地产的标杆。阿那亚街区在聚合文化、公共服务、业态管理等多个方面发力，实现夜间演艺、夜间娱乐、夜间餐饮、夜间购物等全景式沉浸体验，满足消费者夜间出游的需求。夜间文化活动形式多样，特色鲜明，包含复古音乐节、爵士·古典·世界音乐大师专场、电音节等演艺活动；单向街文学节和儿童文学节等文化交流活动；阿那亚戏剧节主题艺术展、公共艺术项目、电影沙龙等艺术交流活动；本地秧歌、传统皮影戏、舞龙舞狮等民俗活动。蔚蓝海岸作为中国最具情感温度和精神价值的生活方式品牌，整体占地 3750 亩，坐拥 2.8 千米天然沙滩、3.5 千米河岸线及 1.6 万平方米湿地公园，被誉为中国北部最适合“玩海”的天堂。蔚蓝海岸作为北戴河新区开展帆船帆板运动的主要场地之一，被业界和大众所认可，先后被评为“国家体育产业示范项目”和“河北省体育旅游示范基地”；帆船航海海钓温泉体育旅游体验线路入选了“2020 年国庆黄金周体育旅游精品线路”。

### （四）政策红利不断释放，休疗文化底蕴得以延续

北戴河地区作为培训疗养机构转型发展养老服务集中示范区，拥有大量需要转型发展的培训养老机构。据统计，纳入改革范围的培训疗养机构共 203 家，总占地约 344.91 万平方米，建筑面积 168.61 万平方米。按主管部门性质划分，中央和国家机关 61 家、央企和中央金融企业 46 家、地方 96 家；目前，已批复改革实施方案 167 家，其中转型发展健康养老产业 119 家（划转中国诚通集团 30 家、划转由联合工作组确定接收主体的 10 家、央企和中央金融企业自主转型为健康养老服务设施 16 家、由各省市国有资本运营公司用于发展健康养老产业或设施 63 家），其他改革方式 48 家。目前已有 2 个项目投入运营：冀北电力集团承接的国中康健北戴河海情康养项目（原国网冀北电力有限公司北戴河疗养院），投资 4000 万元，规划医养及旅居床位 200 个，已于 2021 年 6 月营业，7 月入住率达到 80%。中国康养·祥颐南戴河旅居养老公寓项目（国务院原侨办南戴河培训中心），总投资 300 万元，设置旅居床位 80 张。2

个项目开工建设：中康养集团承接的北戴河燕山疗养院项目（国务院国有资产监督管理委员会机械北戴河燕山疗养院），总投资约8000万元，规划康养用房155间、床位310张，目前正在内部装修，计划6月底投入运营。中康养大家保险疗养社区项目（原华北石油管理局北戴河疗养院），总投资1.48亿元，规划床位525张。这些培疗机构的改革，为康养旅居的发展提供了千载难逢的机遇，借助区域固有休疗传统，锁定目标客户，不断壮大康养旅居受众群体，推动康养旅居跨越式发展；同时，培疗机构的硬件设施与优质的自然环境，为康养旅居提供了良好的要素支撑，北戴河康养旅居产业焕发勃勃生机。

发挥先行先试优势，探索新模式、新路径和新做法，加快重点领域和关键环节的改革创新步伐。国家层面，成功申列健康医疗旅游示范基地；秦皇岛市第一医院列入第二批干细胞临床研究备案机构；研究梳理国家层面支持示范区发展的“7+6”共享及创新政策清单已上报国家发展改革委，目前，国家发展和改革委员会、国家药品监督管理局等部委均表示积极支持。省级层面，省政府向示范区下放28项省级行政许可事项。河北省药品监督管理局赋予示范区在药械注册审批、生产许可、临床试验等方面的29项具体政策措施。河北省自贸办提出推进医疗大数据和线上应用建设等28条政策措施。市级层面，制定支持示范区发展政策27条，并对重大项目明确“一企一策、一事一议”机制。出台企业创新发展奖励十条办法，在纳税奖励、产业扶持等方面对入区企业予以支持。出台《稳定全市经济运行的若干政策措施》，涉及财税、金融、外资外贸等12个方面69条具体举措，提振发展信心，稳定经济大盘。出台《推进创新发展系列政策措施》，涉及支持企业上市、招商引资等12个方面75条政策措施。



### （五）配套体系不断健全，发展保障机制日趋完善

一是做优生态环境支撑。坚持“绿水青山就是金山银山”，把“生态+岸线”作为最宝贵的资源，实施蓝天、碧水、绿地、“双违”整治四大工程，加快推动沿海防护林建设，北戴河地区独特生态环境得以持续改善提升，优质生态产品供给能力进一步增强。二是做好基础配套。实施道路建设，滨海新大道、前程大街、锦绣路等主干道建成通车，机场、高铁、高速立体环绕的“快旅慢游、便捷新区”交通体系逐步形成。水电气信等各类管网基本完成整合并纳入地下综合管廊。阿尔卡迪亚国际会议中心等一批高端服务配套对外开放。成功举办全民冰雪体验活动、河北省青少年网球锦标赛、全国帆船冠军赛、国际马术邀请赛

等国内外顶级赛事，恒博华贸国际网球中心室外网球场投入使用。三是做强产业支撑。着力打造生命科学园、国际健康城、医疗器械产业港等承载平台。医疗产业实现新突破，投资14.1亿元建成15万平方米生命科学园，河北省首家中外合资医疗机构潘纳茜诊疗中心建成运营，华是国际肿瘤医学中心具备运营条件。投资5.5亿元建成2万平方米的国际健康城，生殖医学、细胞制备、健康管理等五大中心全面投入运营。医养产业取得新成果，北戴河地区培疗机构转型健康养老服务体系建设正在有序推进，9个培改项目取得明显成效；鹏瑞利一站式国际康养城、星月湾国际滨海健康度假综合体项目一期等项目稳步推进。医药产业迈出新步伐，15个医药制造重点项目，总投资43亿元。康泰医学医疗器械产业园、现代化中药示范基地加快建设，石药生物医药研发基地一期完工，爱晖药业取得国家首仿药注册证书。投资2亿元建成2.5万平方米的医疗器械产业港，北京化工大学环渤海生物产业研究院取得CMA和PCR资质，打造体外诊断试剂、细胞质量检测和中试平台。河北省药品医疗器械检验研究院分院挂牌运营。康旅产业呈现新气象，依托独特资源，坚持医养与旅游融合发展，开发滑雪、山地、温泉等健康旅游产品，培育健康旅游消费市场。

## 三、北戴河生命健康产业创新示范区建设的未来展望

### （一）依托历史禀赋，打造北方康养基地

北戴河地区自古以来就是胜地，曾被光绪皇帝御批为“与中外人士杂居”避暑地。20世纪初，北戴河被誉为“东亚避暑地之冠”，是当时名人雅士的避暑聚集之地，修建了719栋风格迥异的中外别墅，至今仍保存完好的别墅有130余幢，是中国近代四大避暑别墅区之一。新中国成立后，许多老一辈无产阶级革命家都曾到北戴河办公、休息，北戴河从此成为受世人瞩目的旅游胜地。北戴河应深挖疗养传统，依托良好的生态环境、丰富的自然资源、蓬勃发展的中医药事业及悠久的民间养生文化，加强文化宣传，重点发展一批康养旅居项目；依托优质和丰富的培疗改革资源，以沿海景观片区和区域中心为重点，以高端旅居养老为主要转型方向，大力发展康养旅居产业，进一步擦亮北戴河疗养旅游品牌，创新发展模式，打造北方康养旅居基地。

## （二）坚持改革创新，为全国康养旅居试验示范

北戴河地区拥有多个国家级基地（示范区），以及国家级改革试点，政策红利突出。2016 年 9 月，国务院同意设立北戴河生命健康产业创新示范区（中国唯一一个生命健康产业示范区），赋予了示范区“一事一议”的政策争取模式，搭建了与国家部委沟通“直通车”。2017 年 6 月，北戴河被列入了国家首批 13 个健康旅游示范基地名录，可在行业准入、人才引进、执业环境等方面先行先试有关政策措施，推动体制机制创新。《“十四五”国家老龄事业发展和养老服务体系规划》明确指出，建设北戴河地区培训疗养机构转型发展养老服务集中示范区，推动有关培训疗养机构转型发展养老服务。北戴河可通过以上多重优惠政策的叠加，使得北戴河具备了独特的政策红利，在生命健康领域、康复养老领域、健康旅居领域先行先试，提升了其发展康养旅居产业的核心竞争力，可为全国康养旅居基地建设试验示范。

## （三）探索产业融合，打造特色康养旅居模式

随着北戴河生命健康产业创新示范区的建设，北戴河地区健康产业也加速崛起，第四批国家区域医疗中心项目北京中医药大学东方医院秦皇岛医院即将运营，与天津市肿瘤医院合作创建的国家癌症区域医疗中心正在积极申报，形成了一批高质量的医疗健康产业集群。全省首家中外合资医疗机构——秦皇岛潘纳茜医院被河北省外国专家局评选为外国专家就医定点医院，更是为国内外健康旅居人群提供了便利条件。北戴河地区应发挥旅游产业优势，依托国家区域医疗中心建设，加速与中医、健康管理、医疗美容等产业融合，满足客户日常保健、美容整形、健康体检等需求，助推医养服务提质升级；抢抓培疗机构转型契机，发展专业照顾慢性病患、健康体检复诊、健康讲座等医疗照护体系，推动康养产业纵深发展；借助现有资源优势，引进互联网健康医疗机构，加强与优质医疗资源深度融合，借鉴其养老、医护、养护一体的照护理念，建设一批体系完备、特色鲜明的可持续照料退休社区，打造独具特色的康养旅居模式，构筑全国康养旅居产业创新策源地。

# HB. 17 贵州省夏季乡村旅居及目的地发展现状和前景分析

曾凡益[①]　张维纯[②]

**摘　要：**乡村振兴战略的实施，鼓励实现农业多功能和乡村多价值，重点发展乡村休闲旅游业，激活乡村内生发展动力。乡村旅居产业的发展是新型乡村休闲旅游业的重点领域，贵州省作为旅游大省，在夏季乡村旅居产业发展过程中具备独特的发育条件，但是也存在一定的发展限度，要保留乡村资源以打造宜居生活环境，多元协同以凝练地方旅居特色，融合大健康理念以开发个性化服务，进而实现贵州省夏季乡村旅居产业高质量发展。

**关键词：**贵州省；夏季；乡村旅居；发展现状；前景分析

## 引言

2022 年，中央一号文件《中共中央 国务院关于做好 2022 年全面推进乡村振兴重点工作的意见》明确指出要持续促进乡村产业融合发展，全面推进乡村振兴，实现农业多功能和乡村多价值，催生乡村新业态和新模式，延长农业产业链，发展乡村休闲旅游业，创造乡村产业新价值，助推乡村振兴战略激活乡村内生发展动力。同年，《国务院关于印发“十四五”推进农业农村现代化规划的通知》指出要加强农业与教育、农业与旅游、农业与健康以及农业与养生的融合升级，发展农业农村休闲旅游新业态，乡村旅居作为农业农村现代化的重点关注领域，对发展乡村新产业和探索乡村新业态具有重要价值。

新时代背景下，产业融合促使农业带动粮食生产、经济保障、就业创业和

---

① 曾凡益，管理学博士，湖北中医药大学管理学院讲师，研究方向：健康经济与管理。

② 张维纯，管理学硕士，湖北中医药大学管理学院副教授，研究方向：医药经济管理，中医药管理。

文化传承等多功能的开发利用，农业和旅游业协同发展趋势日益明显[1]。同时，乡村旅游业在优化生态环境、传承优秀传统文化和生产绿色生态农产品等方面发挥明显促进作用，乡村农产品上行和消费品下行功能日益完善。部分区域农业农村的发展在促进城乡融合方面发挥重要作用，乡村在农业农村现代化发展的推动下，逐渐缩小与城市的差距，其功能已经从传统的农业生产活动场所发生转化，成为康养旅居的重要场所，乡村旅居产业逐渐成为新的经济增长点。乡村旅居产业是推进城乡融合、重塑新型城乡关系的实践探索。

乡村旅居产业作为新型康养模式的深化，一是有利于促进旅游行业、房地产行业和医药行业等多产业交叉升级，丰富农业农村现代化和乡村振兴战略的发展前景，拓展城乡协同发展和多方主体共谋进步的现实经验。二是乡村旅居事业的发展有利于将城市人口引入乡村，拓展城乡人力资源利用效率，实现人力资源开发。三是积极发展乡村特色经济，探索创新康养模式，推动康养事业和旅游产业协同发展，协调城乡之间资源的不平衡性，开拓城乡融合发展新格局。四是通过乡村旅居事业实现城乡资源交互发展，实现城乡经济社会文化融合交流，拓展城乡信息转化渠道。五是通过乡村旅居康养将康养、疗养、养生、旅游集为一体，在满足休闲度假、颐养康乐需求的基础上，提高当地居民就业创业程度，进一步改善生活水平，激发乡村内生发展动力。

## 一、国内外研究现状



已有关于乡村旅居的研究主要聚焦乡村旅居的概念界定、选择动机和发展趋势三个方面。

### （一）乡村旅居的概念界定

学术界关于乡村旅居的概念界定主要从旅游养老和康养旅游两个侧重点出发。一致认为旅游产业在促进地区经济增长和跨地域平衡发展发挥着重要作用。王伟杰总结指出旅游养老是一种处于短时间游览和迁移后定居状态的中间状态，是传统养老模式的创新，既不是长时间固定在某一场所定居实现养老功能，也不是短期的观光旅游[2]。吴大伟、赵宇翔认为旅游养老和旅游概念的区分主要在于时间长短维度，旅游养老是在旅游的基础上发展起来的，以老年人为旅游主体，以旅游观光为主要形式，以场所和环境的变化为目的，时间维度要比旅游久的一种行为[3]。刘颖洁、王爽提出康养旅游概念的界定需要纳入医疗旅游内涵[4]，也有学者认为未来康养旅游的发展前景在于旅游市场细分布局、医疗资源差异互补、旅居康养环境设计和生态自然资源的评估等方面[5]。由此可见，乡村旅居的概念界定由最初的追求乡村景色的健康保健旅游转变为追求满足复合型需求为主的康养旅居。

### （二）乡村旅居的选择动机

乡村旅居选择动机的差异促成了乡村旅居模式的差异，厘清不同的选择动机具有重要意义。李莉、陈雪钧通过问卷调查法发现乡村旅居的动机主要包含推力和拉力两部分，推力在于旅居主体对乡村旅居目的地文化体验和自然美景感受的向往，拉力主要在于乡村旅居目的地本身包含的文化环境和自然环境的吸引力[6]。方礼刚提出乡村旅居的选择主体主要在于对乡村旅居目的地自然环境的热爱，辅助选择动机还包含了对健康的追求和良好经济条件支撑[7]。杨武补充性提出乡村旅居选择动机的发展受限于交通变量程度，交通变量程度与旅居主体的选择动机呈正相关关系[8]。乡村旅居的选择动机多种多样，对不同选择动机的把握是完善乡村旅居模式的重要途径。

### （三）乡村旅居的发展趋势

乡村旅居的发展趋势研究主要表现为乡村旅居吸引力的变化。20 世纪 70 年代，工业化浪潮促进欧美国家将生活区域向乡村迁移。已有研究认为乡村旅居的吸引力主要表现在三方面：一是乡村旅居目的地为大多数旅居者所熟悉[9]；二是乡村旅居目的地设备设施完善，为旅居主体提供了到达便利[10]；三是乡村旅居主体与目的地距离不远，能够满足乡村旅居主体与原有居住地的稳定联系[11]。乡村旅居产业的发展促使旅居主体能够适应不同地域的语言语境、生活习惯和文化差异，产生地域成就感和获得感，进而丰富精神文化世界[12,13]。乡村旅居产业的发展还带动了区域经济发展，促使旅居目的地优化产业结构、延长产业链、完善生活设施，促进目的地当地人优化收入和支出结构，提升服务水平，推进乡村旅居目的地经济发展社会繁荣。由此可见，乡村旅居的发展趋势经历了以观光为目的的简单游览到以经济社会繁荣为目的的产业发展[14]。

## 二、核心概念界定

### （一）旅居

旅居的概念界定首先需要明确原居住地的概念界定，即对其概念界定的差异主要体现在对原居住地的界定上。已有研究针对原居住地的概念界定存在较大差别，有学者指出原居住地是父母的出生地[11]，有学者认为原居住地应是本人长期居住的生活地，强调生活功能[10]，也有学者认为原居住地应是指本人长期工作的居住地，强调生活和工作的融合[15]。在对原居住地进行了明确界定之后，就可以明确旅居的概念，即离开原居住地在新的场所开展生产和生产活动，以满足自身物质和文化追求的活动。

### （二）乡村旅居

乡村旅居是以乡村资源为载体，促进当地村民的日常生产生活与游客的旅游休闲度假融合发展的新型休闲旅游方式[12]。明确乡村旅居的概念，需要辨析乡村旅居与乡村度假的差异，乡村度假一般是指城市人口到乡村休闲养老，乡村度假一般由专业旅游公司来运作，具体做法是将城市有乡村度假需求的人口组织起来，到企业建设的乡村目的地度假[16]。乡村旅居的概念界定需要纳入老年旅居和乡村康养的概念进行综合辨析。老年旅居是以老年人为主体的乡村旅居活动，老年旅居的主要目的在于缓解城市机构养老的压力，也是对中国传统家庭式养老模式的补充，在缓解压力和补充模式的同时，老年人通过自然环境的感知，丰富了精神文化世界，是一种新型的养老模式[17,18]。乡村康养在对象上不再局限于老年群体，认为乡村康养的场所是乡村优美的自然环境，手段是参与乡村当地的生产和生活活动，目的是满足康养主体对健康、养生和旅游观光的需求，重点在于丰富精神文化世界，是一种新型的健康养生模式。[19,20]据此，乡村旅居的定义主要表现为：对象为城市群体，形式表现为离开原居住地并且前往乡村，目的是旅游养生居住，重点在于目的地是自然环境优美和文化氛围浓厚的乡村场所，时间多持续 15 天及以上的行为。

## 三、贵州省夏季乡村旅居及目的地发展现状

### （一）贵州省夏季乡村旅居及目的地的发育条件

贵州省地处西南内陆地区腹地，是西南地区交通枢纽，长江经济带重要组成部分，以其独特的喀斯特地貌自然风光和少数民族风情成为旅游大省，其旅游资源发育条件主要如表1所示。

**表1 贵州省旅游资源发育条件**

| 旅游资源 | 发育条件 |
|---|---|
| 自然资源 | 贵州省涵盖了山地、高原、洞穴、泉水、瀑布和野生动物等10种主要自然资源，拥有世界自然遗产4处，5A级景区9个，国家级风景名胜区18个，国家级自然保护区11个，国家地质公园10个，自然旅游资源数量众多、类型齐全、形态各异 |
| 气候资源 | 贵州省属亚热带季风气候区，气候温暖湿润，冬无严寒、夏无酷暑，雨量充沛，紫外线强度低，有“天然氧吧”“天然空调”的美誉。依据其独特的气候资源优势，夏季的贵州省成为全国众多游客的避暑目的地，贵州省夏季旅游需求呈爆炸式增长态势 |
| 人文资源 | 贵州省有17个世居少数民族，少数民族节日1000余个，节日活动丰富多彩，体现了贵州省的民族风情和民族艺术，是浓厚古朴的人文旅游资源的集中体现。同时，贵州省拥有丰富的红色旅游资源，重要革命遗址遍布全省各地，目前拥有革命遗址2078处，其中长征文物751处 |
| 地理资源 | 贵州省地处大西南东南部，周边省份经济发展迅速，旅游消费能力强，客源充足。贵州省的地理区位决定了其有利于接待东南沿海地区的游客休闲度假，也有利于内陆游客前往观光旅游。贵州省高速公路“六横七纵八联”交通骨架的建设以及贵广高速铁路和公路、渝贵高铁、沪昆高铁的开通，使得贵州省的地理资源优势更为凸显 |
| 资金保障 | 近年来，贵州省明确要统筹推动旅游产业化新发展，打造国际一流山地旅游目的地、国内一流度假康养目的地，推进多彩贵州旅游强省建设，为贵州省夏季乡村旅居产业的发展提供了强有力的政策支持和资金保障 |

### （二）贵州省夏季乡村旅居及目的地的发展限度

贵州省拥有丰富的自然旅游资源和人文旅游资源，但是相比于周边地区乡村旅居产业发展缓慢，其发展限度主要表现在以下几方面。

**1. 基础设施待完善**

贵州省大部分乡村由于市场狭小，投入滞后，各地经济发展不平衡，乡村交通设施和信息技术设备不完善，存在交通不便利、信息滞后和互联网技术欠发达的基础设施实践，使得乡村地区本就存在的基础设施鸿沟被日益拉大。

**2. 公共服务能力较弱**

乡村旅居主体在追求乡村旅居生活的同时，对社会公共服务能力也维持较高的需求水平，其中对医疗卫生服务需求水平最高，整体来看贵州省乡村旅居目的地的乡镇卫生所无法满足旅居主体的医疗卫生服务需求。同时，乡村旅居主体对维持乡村旅居生活的金融资讯和投资理财也具有一定的需求。此外，乡村旅居主体希望能够参与当地特色的文化生产生活，需要乡村主体发挥主导作用，既反映村民现有需求，又满足乡村旅居主体公共服务活动参与需求。

**3. 市场竞争力不强**

贵州省的特色休闲旅游项目多依托当地得天独厚的自然旅游资源和农业旅游资源，自然旅游资源与周边省份存在一定的重合，农业旅游资源受季节影响较大，形成市场竞争力不强的发展限度。同时，公益责任和自我盈利责任的冲突、自我补缺和社会选择的矛盾也使得当地现有的企业运作模式存在一定的弊端，主要表现为：一是当地乡村旅居运营主体多为社会组织，公益性力量发挥的作用微弱；二是贵州夏季乡村旅居的主要消费群体多为熟人推荐，源于乡村旅居主体自身的社会网络关系获得信息，通过市场化渠道推荐较少，对进一步提升市场竞争力，补充长期稳定的客源存在消极影响。

**4. 系统开发能力不足**

贵州省拥有丰富的自然旅游资源和人文旅游资源，自然资源种类齐全、数量众多，人文资源又涵盖了各种历史建筑古迹和各类传统文化，推动乡村旅居产业的发展需要物质资源和非物质文明资源等在内的综合社会资源的整体驱动，独特的民族文化资源和红色文化资源是贵州区别于周边地域的天然优势，是旅居类休闲和康养类项目的发展重点，相比于自然宜人的生活环境的旅居，人文心灵旅居模式的建立才会是贵州省乡村旅居发展的突破点。

**5. 数字化管理平台缺失**

贵州省乡村旅居产业的发展缺少数字化管理平台，主要表现在以下几方面：一是乡村旅居产业数字化程度较低，缺少数字产业化和产业数字化平台，拉大了数字智慧鸿沟；二是乡村旅居数字化顾客管理混乱，针对忠诚顾客的培养和维系不足，从服务营销的服务前、服务中和服务后的介入缺少数字化管理；三是数字化管理平台对管理机构的界定和匹配不足。以上现状加深了乡村旅居主体的顾虑，深化了乡村旅居产业的市场信息不对称性，不利于资源的优化配置，对乡村旅居产业长远的信息化、智慧化、数字化发展存在阻碍作用。

## （三）贵州省夏季乡村旅居及目的地发展限度的原因分析

贵州省夏季乡村旅居产业与理想的乡村旅居产业存在一定的差距，其根本原因在于乡村缺乏系统发展规划、乡村调动资源的能力有限、乡村旅居制度待完善以及乡村旅居服务理念不够先进。

### 1. 乡村缺乏系统发展规划

乡村的形成体现了自然资源追逐基础上的群居需求，属于自生发展模式。乡村最初是为了满足生产活动和生活活动而形成的特定场所，并非乡村旅居目的地的建设对象，随着城市公共资源挤兑的加剧和旅游业的快速发展，乡村旅居逐步成为一种新的健康养生模式，而原有的乡村产业和基础设施尚处于自生发展阶段，缺乏统一规划，暂时无法满足乡村旅居主体对基础设施、生活配套设施和娱乐设施等的需求，针对乡村旅居产业的发展布局也缺少系统的顶层设计规划，这在一定程度上增加了乡村旅居产业发展的不确定性，阻碍了乡村旅居产业的高质量发展。

### 2. 乡村调动资源的能力有限

乡村系统发展规划的缺乏，进一步导致了乡村调动资源的能力有限。乡村旅居产业的发展一方面需要依托得天独厚的自然资源和风情万种的文化资源，另一方面需要大力开发乡村旅居配套资源，完备的配套资源作为乡村旅居产业高效服务的集中体现，需要凝聚医疗、食宿、商业、经济、通信和交通等多方资源。贵州省夏季乡村旅居的发展具有其独特性，需要协同政府、企业和社会组织等多方力量，获取政府支持和政策支撑，改善资源配置不当和资源分配不均的现实困境，提升乡村自身的资源配置能力，调动本地人员的积极性，增强乡村旅居主体的参与感，实现乡村旅居产业的大发展，谋求乡村经济社会文化全面繁荣。

### 3. 乡村旅居制度建设不健全

乡村旅居作为新型旅游休闲模式，在制度建设方面缺乏制度依据，现有关于旅居制度的建设多从产业的视角出发，以市场为主体关注社会保障领域的养老保障，缺乏对乡村旅居制度建设的关注。同时，贵州省作为旅游大省，在夏季乡村旅居产业的发展上具有得天独厚的资源条件，但针对乡村旅居产业的制度等缺乏规范，在旅居康养制度建设上存在一定的发展限度。

**4. 乡村旅居服务理念不够先进**

乡村旅居产业从根源上看仍属于服务业的范畴，服务理念引领先进服务营销，促进服务专业化和产业化的实现。贵州省现有乡村旅居及目的地受传统观念和网络片面报道的影响，对待乡村旅居的观念比较落后。针对乡村旅居主体的定位主要停留在“养”的层面，对“用”的层面开发不足，一方面要转变乡村旅居理念，提升服务水平，另外一方面要将乡村旅居主体纳入乡村旅居产业建设者队伍，建设高素质高水平的人才队伍。

## 四、贵州省夏季乡村旅居及目的地前景分析

贵州省夏季乡村旅居产业的发展具备得天独厚的自然资源条件和文化资源条件，但也存在一定的发展限度，针对发展限度原因，拟从以下三方面出发促进贵州省夏季乡村旅居产业高质量发展。

### （一）保留乡村资源打造宜居生活环境

乡村旅居产业发展应充分发掘本土地方自然资源和文化资源，营造乡土氛围，突出环境特点，打造宜居生活环境。首先，充分发挥乡村自然资源和人文资源富集的独特优势，推进旅居康养与旅游、农业、林业、文化、服务等产业深度融合，开创文化旅游产品和项目，尽力满足乡村旅居主体在享受自然风光基础上的高层次精神文化享受，优化自然资源和文化资源的协同效应，推动城乡跨区域平衡动态发展。其次，加强乡村基础设施建设，包括交通、医疗、卫生和娱乐等急需设施建设，通过改造老旧道路，完善防噪声设施，保障水、电、宽带和网络等供给，优化生活娱乐感受。再次，通过当地文化资源的保护和创新发展，复兴本土特色乡土文化，打造休闲养生度假新环境。最后，要大力保障旅居康养人才供给，注重培养当地乡村人才，这些人才了解当地特色资源，熟悉本土乡风乡情，是最后的乡村建设者和旅居事业发展者，同时要注重

引进外部优秀人才，实现本土乡村文化的创新发展，为旅居主体提供更好的环境保障。

## （二）通过多元协同凝练地方旅居特色

乡村旅居产业的发展需要突出地方旅居特色，而特色的凸显是多方旅游资源和旅游内容融合发展的结果。一方面加强乡土文化的培育和传承，形成文化的认同和传导，以乡村旅居康养带动乡村振兴，以乡村旅居产业带动其他产业创新发展，实现当地农民就业增收，促进乡村经济发展、社会进步和文化繁荣。另一方面要大力引进现代企业管理模式，借鉴专业化企业运营模式，优化乡村旅居管理水平，提升乡村旅居服务质量，提升现有乡村旅居服务体验感和幸福感，同时鼓励传统乡村农业产业与现代企业数字化产业相结合，改变乡村传统观念，促进产业转型升级，形成新的经济增长点，激发乡村内生发展动力，凝练地方旅居特色。

## （三）融合大健康理念开发个性化服务

大健康理念在关注身体健康的基础上注重心理、生理、精神、道德和环境各方面健康的平衡。第一，大健康理念区别于传统健康理念的本质内涵在于关注医养和康养协同效应的发挥，大健康理念下的乡村旅居产业必须是在农业农村现代化背景下，实现乡村旅居主体在异地的生理、心理、精神等各方面的健康管理。第二，要借助“互联网＋”技术，搭建智慧旅居平台，通过智慧旅居平台让家人远程关注和监护旅居主体的身体状况和行程状况，实时在线动态采集旅居主体信息，同时还能通过“互联网＋”平台大力推广乡村旅居目的地和产品，扩大地域和产品的影响力。第三，大健康理念强调要利用好原有的旅游产业基础，以贯彻发展理念，用数字化、智慧化和互联化的康养产业理念发展旅游产业，以生态、绿色、协同、创新、高效的高质量发展模式贯穿乡村旅居产业发展未来；同时，要在此基础上关注乡村旅居康养事业的发展动态，把握市场变化，放眼长远未来，加强对不同类型群体的需求测评和资源开发，将现有的乡村旅居目的地建设成为未来的代际共融旅居目的地，构建身心和谐、人际和谐、人与社会和谐、人与自然和谐的新型乡村旅居目的地。

## 参考文献


［1］演克武，陈瑾，陈晓雪．乡村振兴战略下田园综合体与旅居养老产业的对接融合［J］．企业经济，2018，37（08）：152－159.

［2］王伟杰．智慧康养旅游产业高质量发展的理论逻辑与实践探索——以贵州智慧康养旅游产业发展为例［J］．理论月刊，2022（12）：83－93.

［3］吴大伟，赵宇翔．银发出游助力老有所乐：积极老龄化视域下老年人旅游信息行为的探索性研究［J］．北京理工大学学报（社会科学版），2022，24（06）：146－158.

［4］刘颖洁，王爽．长江经济带养老产业与旅游产业耦合协调与经济增长的关系［J］．经济地理，2022，42（08）：123－131.

［5］张杨，芮全全，柳书常，等．乡村振兴背景下结合乡村康养产业的空心村发展模式研究——以潘内村“蕴梦仙居”项目为例［J］．黑龙江生态工程职业学院学报，2020，33（01）：75－78.

［6］李莉，陈雪钧．康养旅游产业创新发展的动力因素研究——基于共享经济视角［J］．技术经济与管理研究，2021（04）：36－40.

［7］方礼刚．“候鸟式”养老背景下乡村旅游养老模式设计分析［J］．农业经济，2022（05）：140－141.

［8］杨武．新时代养老产业发展机遇及对策研究［J］．当代经济管理，2021，43（07）：86－90.

［9］成威．乡村振兴背景下农村旅居康养模式的实践创新研究［D］．江南大学，2022.

［10］Habib A G.，Hossein T. Second Home Tourism Impact and Governance：Evidence from the Caspian Sea region of Iran［J］. Ocean & Coastal Management，2017（136）：165－176.

［11］Peou C. Negotiating Rural－Urban Fransformation and Life Course Fluidity：Rural Young People and Urban Sojourn in Contemporary Cambodia［J］. Journal of Rural Studies，2016（44）：177－186.

［12］包翠荣．乡村振兴战略下田园综合体与旅居养老产业的对接融合［J］．现代商业，2020（14）：50－51.

[13] 景再方，杨肖丽．中国乡村旅居产业发展的制约因素与模式选择［J］．农业经济，2010（06）：31－33.
[14] 程豪，杨钊．从大众旅游到乡村旅居：乡村区域旅游发展的新趋势——基于元方法的驱动力分析与旅居地假设［J］．地理科学，2021，41（01）：83－91.
[15] 石龙，庞庆泉．健康旅居养老理念及模式选择［J］．合作经济与科技，2022（06）：151－153.
[16] 刘又堂，肖利斌．乡村型旅居养老目的地开发研究［J］．河池学院学报，2020，40（01）：42－48.
[17] 周彦丽，宋刚胜．关于老年人对传统村落旅居养老需求度调查研究——以江西省为例［J］．南昌师范学院学报，2022，43（06）：36－40.
[18] 陈才，杨舒雯，赵志峰．海南乡村旅居养老产业发展路径研究——基于农地管理视角［J］．中国市场，2022（16）：62－64.
[19] 王瑞雪，黎筱筱．文化旅游驱动下乡村旅居探索——以文化遗产为特色的乡村住宿类项目［J］．世界建筑，2021（08）：20－25＋127.
[20] 梁赉，周高华．乡村振兴与旅居养老融合路径研究［J］．丽水学院学报，2021，43（03）：33－38.

# HB.18 海南省旅居康养产业发展瓶颈与自贸港机遇期的前景

陈小勇[①]　郑妙好[②]　陈嘉璐[③]

**摘　要：** 海南省全年暖热无冬，气候资源多样、生态环境优良、自然资源组合良好，具备发展旅居康养产业的巨大潜力和优势。海南省在医疗健康等学术上没有形成“奇峰秀岭”，海南省的旅居康养发展还存在产品结构单一、机构管理精细化程度不足、相关产业聚集程度不够、相关行业人才匮乏等诸多短板。如何在海南自由贸易港政策引领下，通过中医药文化交流与数字技术等科技要素支撑开发俄语系中医药健康旅游国际市场。国内打造气候康养产业高质量发展基础体系，气候资源、自然资源康养功效和潜力得到有效挖掘和科学利用，通过理论研究层面与实证研究层面双管齐下，发挥中医药的原创优势，以旅游为路径发展旅居康养产业，能突破当前瓶颈，推动产业结构升级。

**关键词：** 旅居康养；海南省瓶颈；自贸港机遇；前景；建议



① 陈小勇，中医学学士，三亚学院健康产业管理学院、健康医学院院长，研究方向：中医学临床与交叉学科研究、基于大数据分析赋能开展健康旅游、健康管理和智慧康养的应用基础研究。

② 郑妙好，公共卫生硕士，三亚学院健康医学院教师，研究方向：公共卫生、健康服务与管理。

③ 陈嘉璐，医学学士，三亚市中医院行政秘书，研究方向：健康管理与健康旅游。

基金资助：

① “四新”研究与改革实践项目，数字诊疗技术课程共建培养健康管理人才专业特色（SYJGSX 202255）；

② 海南省重点研发课题，大数据赋能健康管理开展脑卒中监测、预警与循证研究（ZDYF2021 SHF Z240）。

## 引言

中国特色社会主义进入新时代，中国社会主要矛盾已经转化为人民日益增长的美好生活需要和不平衡不充分的发展之间的矛盾。新的时代改变着人们很多的生活习惯，“健康”备受关注。旅居康养是健康产业的新业态，学术研究及产业化发展进入快速赛道，海南省在自由贸易港建设背景下，发挥区位气候生态优势，以及政策红利，大力发展旅居康养产业，对发展经济及保障民生福祉都很有意义。

## 一、国内外旅居康养现状

### （一）国外旅居康养现状

旅居康养在学术界的相关研究主题主要围绕“养生旅游”展开，国际上普遍接受的养生（Wellness）是由美国医师 Halbert 在 1961 年提出的，他将“wellbeing”和“fitness”结合在一起，认为自我丰盈的满足状况为较高的养生境界。以“wellness tourism”为关键词在谷歌学术上进行搜索发现，相关研究集中在养生旅游概念、市场、开发、产品等方面[1]。Michael 指出探险、运动和养生都有旅游的动机和社会价值，可以改善个人生活质量[1]。普渡大学 Xinran 指出夏威夷和俄勒冈州均在其战略性市场营销中突出体验，这是源于其根据自身资源条件将养生旅游定位于“感觉健康与活力”，并据此就发展高端养生旅游目的地等相关战略提出 11 项主张[2]。Indian Tourism & Travel Management Institute 的 Nimit（2008）认为随着全球医疗设备技术区域均等化、同质化，了解重视消费者所需是发展养生旅游的关键所在[3]。Nazrul（2014）通过调查指出，到中国旅游的外籍游客主要是出于舒缓压力、放松心情、尝试新鲜事物及价格便宜等原因，消费了中草药、按摩、温泉浴、足疗等服务，而中医药已经成为中国文化的一个标签，中医药毒副作用小、减轻压力的功效将成为中国发展医疗旅游的主要卖点，同时，需要在中医药产品质量控制和产品真实性监管上做出努力。Daniela（2015）针对罗马尼亚温泉资源的优势，提出要按照现代旅游业所要求的标准，并在基础设施上加大投资，采用 PPP 模式进行温泉浴疗目的地的开发，打造温泉浴疗产业集群与医疗旅游目的地。Melanie（2015）通过德尔菲法咨询了 25 位健康领域的专家，梳理波罗的海区域的医疗旅游资源，并提出了温泉 SPA、海水浴、森林浴、波罗的海生活方式、波罗的海饮食、生态化妆品等 12 类新兴医疗旅游产品开发方向，而合作和健康产业集群是提升质量、打造品牌、增强医疗旅游竞争力的重要途径。

## （二）国内关于旅居康养的研究

国内旅居康养的研究主要集中在以下三个方面：一是旅居康养概念的界定。王赵（2009）[2]对“旅居康养”做出了初步界定，认为旅居康养概括来讲即为健康旅游、养生旅游，是一种建立在自然生态环境、人文环境、文化环境基础上，结合观赏、休闲、康体、游乐等形式，以达到延年益寿、强身健体、修身养性、医疗、复健等目的的旅游活动。2016 年 1 月，国家旅游局正式颁布了《国家康养旅游示范基地》标准（LB/T051－2016），其中把康养旅游定义为：指通过养颜健体、营养膳食、修身养性、关爱环境等各种手段，使人在身体、心智和精神上都达到自然和谐的优良状态的各种旅游活动的总和。二是旅居康养产品设计与开发。张广海等（2013）提出应开发保健养生型、中药资源型、中医治疗型和综合休疗型四大医疗旅游产品类型。李婉（2014）[3]指出温泉养生产品要以中医药为核心，与药浴、药膳、凉茶及芳香疗法结合应用。夏文桃（2009）[4]从青年女性的心理健康角度，提出了开发美容美体健身旅游、购物专线旅游、复古体验旅游、森林旅游产品的建议。谭琳（2015）[5]通过分析广东省的医疗旅游产品，指出广东省的医疗旅游产品单一、缺乏深度，养生保健类产品为主，没有提供有辅助治疗效果的合适产品，疾病治疗类与美容整形类产品相对缺乏。三是旅居康养产业发展策略研究。王晓迪等（2012）[6]认为，应高度重视中医药产业、中医药文化在旅居康养发展中的重要作用，充分利用生命科学、生物工程技术，促进中西合璧、传统与现代的高度融合，打造符合国情的特色产业发展体系，实现经济、社会、文化多重效益的丰收。张晓莹等（2014）建议在兼顾经济效益、社会效益和环境效益相统一的原则下，由政府引导，整体规划，形成集约型产业链。周义龙（2015）[7]提出三亚市需要充分借鉴亚洲医疗旅游业发达国家的经验，加强政府引导与监管，提升医疗旅游配套服务水平，加强产品开发和市场拓展，推进医疗与旅游部门合作，能够充分利用自身的特色和优势，找准产业发展的定位，制定产业发展战略。

## （三）海南省旅居康养现状

海南省是全国生态环境最优的省份。2017 年，三亚市博鳌乐城国际医疗旅游先行区成功入选全国首批健康旅游示范基地，按照《关于促进健康旅游发展的指导意见》，根据示范基地创建的总体要求，结合本地实际，坚持政府引导和市场主导，以体制机制创新激发新活力，依托特色健康服务和旅游环境开发服务新业态，建立健全服务标准，建设各具特色的健康旅游示范基地，形成特定而稳固的客户群体。它探索总结多类型、可复制、可推广的试点经验，为中国健康旅游发展发挥引领和示范作用。

2018 年海南省启动建设自由贸易港前后对国际旅游消费趋势进行评估。2019 年度，海南省全岛国际游客 105. 82 万人次，较 2017 年度的 76. 65 万人次增长 38. 1%。其中主要客源国俄罗斯 2019 年度达 33. 02 万人次，是总量的 31. 2%，较 2017 年度的 28. 40 万人次，增长 16. 3%。在俄罗斯游客消费结构中，80% 以上配置中医保健、中医理疗及中医药服务和产品，是项目的主要消费吸引点，并引导俄语系国家的旅游消费趋势，详见图 1 ~ 图 5、表 1。2019 年出台《海南省健康产业发展规划（2019—2025 年）》《海南省康养产业发展规划（2019—2025 年）》，进一步促进旅居康养产业发展。

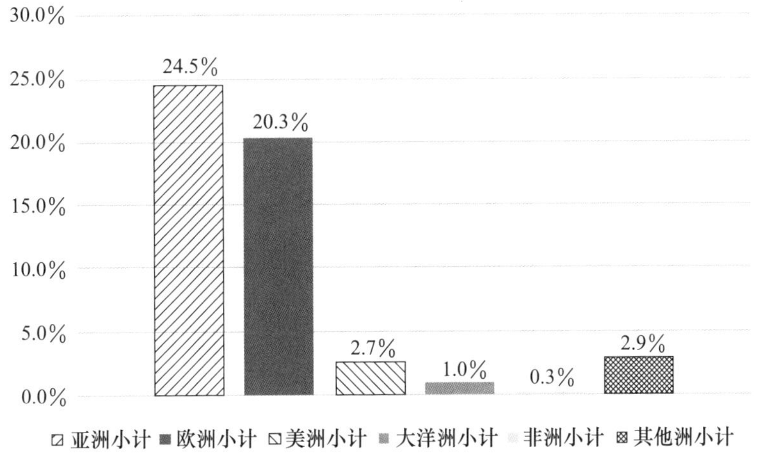


图 1　各大洲游客来源情况

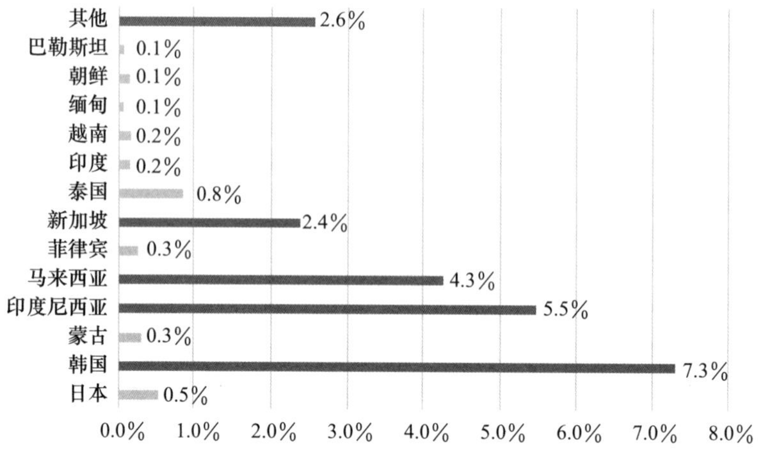


图 2　亚洲小计游客来源情况

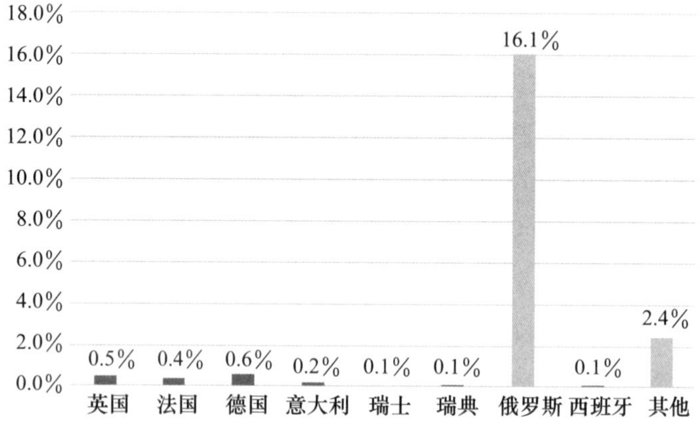


图 3　欧洲小计游客来源情况

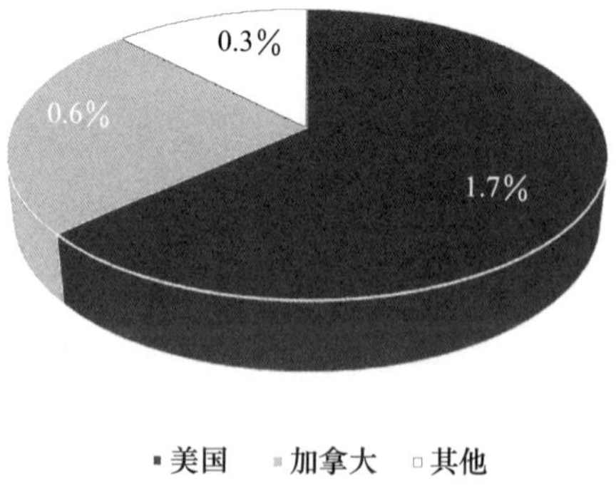


图 4　美洲小计游客来源情况

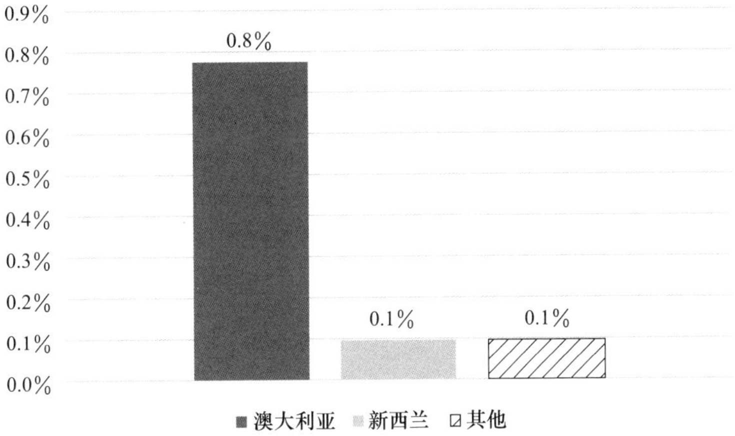


图5 大洋洲小计游客来源情况

**表1 2019年国家或者地区到海南旅游人次总计**

| 国家 | 旅游人次 | 国家 | 旅游人次 | 国家 | 旅游人次 | 国家 | 旅游人次 | 国家 | 旅游人次 |
|---|---|---|---|---|---|---|---|---|---|
| 亚洲小计 | 502268 | 新加坡 | 48879 | 其　他 | 52754 | 瑞　典 | 1553 | 其　他 | 6848 |
| 日　本 | 10508 | 泰　国 | 17285 | 欧洲小计 | 415910 | 俄罗斯 | 330186 | 大洋洲小计 | 19760 |
| 韩　国 | 149585 | 印　度 | 3161 | 英　国 | 9588 | 西班牙 | 2108 | 澳大利亚 | 15876 |
| 蒙古国 | 6207 | 越　南 | 3420 | 法　国 | 7381 | 其　他 | 49041 | 新西兰 | 1958 |
| 印度尼西亚 | 112234 | 缅　甸 | 1303 | 德　国 | 11341 | 美洲小计 | 54665 | 其　他 | 1926 |
| 马来西亚 | 87572 | 朝　鲜 | 2923 | 意大利 | 3584 | 美　国 | 34579 | 非洲小计 | 5354 |
| 菲律宾 | 5227 | 巴基斯坦 | 1210 | 瑞　士 | 1128 | 加拿大 | 13238 | 其他小计 | 60320 |

### 1. 理论研究基础

《海南康养气候条件评估报告》已正式发布，“气候医学研究”“气候医学产业研究”“自贸区（港）建设背景下海南康养旅游产业发展模式及体系构建研究”“气候—环境对儿童过敏性疾病发生的影响及应对策略的综合研究”等一批课题正逐步形成研究成果。

### 2. 设施硬件基础

健康气象服务方面，海南省健康气象综合服务平台投入使用，实现健康气象要素监测预报、健康气象指数预报、敏感性疾病风险预警、气象敏感性疾病康复气象条件预报、康养气候条件评估等产品制作发布；已在多个市县建立负氧离子观测站，结合卫星遥感生态环境监测，构筑起康养气象观测网络，为康复疗养、康养气象研究提供科学数据支撑。康养基地建设方面，三亚市、博鳌乐城国际医疗旅游先行区健康旅游示范基地建设正稳步推进；乐东永涛花梨谷森林康养基地、南岛森林康养基地、仁帝山雨林康养基地、霸王岭森林康养基地入选第一批国家森林康养基地名单。

**3. 产业发展基础**

依托海南全省生态、气候等资源优势，面向儿童、老年人、职业人群等的哮喘、呼吸道治疗养护需求的一批产业项目正积极推进。上海儿童医学中心、三亚市妇女儿童医院、三亚学院已就联合筹建三亚儿童哮喘中心进行了实践，已通过“环境 + 运动 + 教育 + 治疗”进行儿童哮喘综合干预，初步探索以气候疗法为中心的康养项目的可行性；以呼吸系统疾病诊疗为特色的钟南山院士团队文昌医学中心前期项目已试运营，配套的三级中西医结合医院项目建设正稳步推进；王辰院士呼吸小镇项目团队已经与琼中县进行了前期对接，双方已达成初步合作意向，并明确了投资主体。

总体说来，国内外目前关于旅居康养的研究主题主要集中于旅居康养概念的界定等理论研究，对于旅居康养产品的设计与开发、旅居康养产业的发展路径与对策等实证研究较少。此外，研究的内容多数结合养生旅游、中医健康旅游、医疗旅游等展开，很少有专门针对“旅居康养”这一主题进行的独立研究。这或许是因为旅居康养从本质上说是一个内涵较广的概念，很难将其从医疗旅游、养生旅游的概念中完全抽离出来，甚至在很大程度上是同质的。

随着人口老龄化、慢性病发病率升高、亚健康问题凸显、社保体系效率和控费效果欠佳以及生活压力增大，人们的自我健康意识不断提高，越来越多的人开始根据气候、环境变化因时因地制宜去寻求有利于健康的生活环境。



## 二、海南省旅居康养产业生态现状与瓶颈

### （一）海南省优势

海南省全年暖热无冬，气候资源多样、生态环境优良。森林覆盖率超过

60%，具有全国独一无二的热带雨林资源，温泉泉质多样、水量丰富、开发潜力巨大。南药黎药资源丰富多样，素有“天然药库”之称。海滨、气候、温泉、森林、黎药、南药等自然资源组合良好，具备发展资源引领型气候康养产业的巨大潜力和优势。

## （二）制约因素

（1）海南省医疗卫生事业发展起点低，特别是气候医学科研方面还处于跟跑状态，学术上没有形成“奇峰秀岭”，相当部分科研成果不能有效应用于临床诊疗。

气候医学学科领军人才匮乏，医疗、卫生、康复、护理、中医等专业背景人才培养、引进和储备不足；国际化职业人才队伍建设水平不高，健康培训师、管理师等跨学科复合型职业人才培养依然处于探索阶段，无法提供有力的人才支撑。学术组织、行业协会等社会组织作用未能充分发挥，缺乏统一规范的行业标准和认证体系，质量管理与市场监管体系尚待完善。

（2）海南省的旅居康养发展还存在产品结构单一、机构管理精细化程度不足、相关产业聚集程度不够、相关行业人才匮乏以及产业政策支持缺位等诸多问题，对海南省旅居康养发展的研究，无论在理论还是实践层面，都具有重要的意义。

近 3 年来，受新冠疫情的影响，如今康养旅游俄罗斯市场等国际化需求一直在等待时机快速复苏。如何在海南自由贸易港政策引领下，通过中医药文化交流与数字技术等科技要素支撑开发俄语系中医药健康旅游市场存在必要性。

（3）海南省旅居康养产业发展的低成本、低投入、低规模、高同质化运行现状不利于发展高成长性健康服务产品，需要研发数字技术赋能中医药文化资源创新驱动康养旅游的可视化体验与良好的疗效。

“后疫情时代”数字赋能的智慧康养备受关注，聚焦人体健康状态的动态监测、预警等科学问题，通过大数据技术与人工智能算法赋能“中医治未病”理论，研究个人身体健康管理系统和异常风险感知系统，基于中医药文化与疗效提升康养旅游的品质，探索健康旅游产业新业态的科技创新，对当前的健康旅游产业、消费服务、产业布局等重要需求提供健康科技支撑[8]。

## 三、海南自由贸易港建设视域下旅居康养的前景与建议

### （一）海南自由贸易港建设为旅居康养产业发展带来的机遇与前景

作为新发展格局的重要节点，在推动医疗旅游等服务性消费回流的大背景下，海南省气候康养产业发展迎来历史性机遇。因应自由贸易港建设的战略定位，结合“一带一路”倡议、“健康中国”等重大战略，海南省作为国内国际双循环交互的重要节点，利用区位、气候、资源优势，充分发挥政策自主空间，推动产业的高质量、特色化、国际化发展将大有可为。

### （二）海南自由贸易港背景下发展旅居康养有关发展目标与重点任务的设想

#### 1. 总体目标

打造气候康养产业高质量发展基础体系，气候医学基础研究取得突破，相关学科建设、人才队伍建设成效凸显，气候资源、自然资源康养功效和潜力得到有效挖掘和科学利用，完成行业协会及行业智库培育、行业标准规范制定，以及 2～3 个气候康养中心建设等任务，气候康养产业成为海南省健康产业的重要组成部分[9]。

#### 2. 重点任务

（1）打造气候康养产业发展体系基础。提升公立医疗机构服务水平。引进国内外优质医疗资源参与海南省“一县（市）一院”建设，为气候康养产业高质量发展提供基础医疗支撑。结合海南省 50 个省级临床医学中心项目，进一步强化符合海南省气候康养产业发展的呼吸系统、心脑血管等特色学科建设。打造康养气象服务体系。组建涵盖气象、空气质量、生态等数据融合的康养气象观测网络；研发多部门共享共用、服务社会的健康气象综合服务平台；研发具有决策支撑和公众服务能力的康养气象服务产品。

（2）强化气候康养产业发展理论支撑。开展健康气象科研攻关。创建多学科交叉融合、多领域专家支撑的健康气象科研团队，开展海南省康养气候资源挖掘技术、气候康养地评价认证技术、海南省康养旅游气象条件预报技术、

气象敏感性疾病康复气象条件预报等相关科研工作。推动气候医学流行病学调查。在海口市、三亚市、琼海市、五指山市等气候半湿润区、半干旱区、湿润区、山地湿润区开展心脑血管、慢性呼吸疾病等的流行病学调查，定量分析区域气候条件与特定疾病康复效果关系，为下一步气候医学科研项目的开展提供队列分析、对比分析数据积累。推进气候医学基础研究。支持“气候疗法对儿童哮喘疾病治疗效果研究”等一批项目的科研立项，以点带面推动与气候医学相关病种基础理论研究向深度发展。在此基础上，对标国家自然科学基金申报标准，实现气候医学相关项目申报“零”的突破，稳步提升海南省气候医学研究在全国的学术地位。

（3）推动基础理论支撑与临床实践融合发展。推动科研成果应用于临床。树立科研项目源于临床，科研成果服务于临床的理念，推动科研成果形成专家共识，转化为标准的诊疗规范，并进入相关病种的诊疗指南。建设省级气候医学科研平台。支持以三亚市妇女儿童医院为载体，联合全省医疗、教育、学术研究相关资源和力量，打造开放式气候医学科研平台，吸引科研人员“带着思想来，带着成果走”，使海南省成为气候医学科研与临床实践融合发展的热点，不断增强创新原动力。推动产学研一体化发展。支持医疗机构与高校、智库、企业深度合作，试点启动上海儿童医学中心、三亚市妇女儿童医院、三亚学院、海南南海健康产业研究院，以及相关机构联合设立的“海岛气候疗法研究中心”建设，推动基础理论研究，以及临床实践成果转移转化。

（4）构建可持续发展的气候康养产业模式。强化产业发展研究结合五指山地区优质生态、气候资源，针对适合气候康养特定病种的产业化路径，编制气候康养产业发展白皮书，为区域产业发展提供有效指引。创新机制体制以海南自贸港建设为契机，总结三亚市中医院设立独立法人、独立运营中医药健康服务机构的经验做法，在三亚市妇女儿童医院试点推广，进一步激发公立医疗机构活力。创建示范基地以三亚市、五指山市、琼中县、乐城先行区为试点，推进儿童哮喘康养中心、文昌医学中心等项目落地，建设两种等级的气候疗法示范基地，为国内外消费者提供高品质气候康养服务。建立行业协会并制定行业标准，成立气候康养产业发展协会，结合海南省发展实际和行业特点，对接省内原有相关行业标准，制定《海南省气候康养基地评定标准》，规范行业准入。颁布《海南省气候康养服务标准》，监督各类市场主体提供标准化、规范化服务。完善配套保障政策，在卒中、创伤、骨科等术后康复项目纳入医保的基础上，探索与气候医学结合紧密的“脏器预防与康复”门诊项目纳入医保报销目录。完善监管机制，实行属地化管理，规范服务标准，提升服务质量，同时抑制气候康养企业的“房地产化”。培育气候康养市场主体，持续推动气候康养项目落地，并结合气候医学研究成果对现有康养项目提质升档，开发一批独具特色的气候健康旅游路线和产品，以项目带动产业的发展。

（5）持续强化人才的引进与培育。加强海南医学院与三亚学院健康医学院建设，建设符合海南省医疗健康服务业发展的热带医学、旅游医学等特色学科；多方式、多渠道引进紧缺气候医学学科领军人才，探索培养气候康养产业发展所需要的创新型、应用型、复合型人才。加强职业人才培养，选取试点职业院校，探索推进气候康养新业态所需健康培训师、管理师等跨学科复合型职业人才的培养创新[10]。

## （三）海南发展旅居康养产业的建议

### 1. 在理论研究层面

整合目前国内外对于旅居康养的不同概念界定，通过对旅居康养概念和内涵的思考与研究，对现阶段“候鸟”旅居康养发展现状的分析，为海南省旅居康养下一阶段的科学发展提供重要的参考；可以对旅居康养的概念作进一步的思考和研究[11]。从国内外学者的研究现状来看，学者们大多是对旅居康养产品本身进行的研究，很少有对健康、养生等整个产业链以及其他协同产业的研究。但事实上，资源的整合与协同式发展是实现“候鸟”旅居康养产业的有效办法之一[12]，对整个健康产业链、产业集群的研究也是目前旅居康养研究亟待填补的“短板”。

检索国内外与本课题有关的旅居康养产品开发、旅居康养市场分析、旅居康养产业发展、旅居康养产业竞争力评价等问题的理论、模型及应用现状等文献资料。收集与本研究有关的统计资料和政策法规，以系统掌握该领域的理论方法、研究前沿及现况，并梳理出适合本研究的理论模型和方法，进一步对数据进行定量与定性结合法进行分析。

### 2. 在实证研究层面

以海南省三亚市为具体实证对象，研究针对来三亚市的“候鸟”群体旅居康养的发展现状、产品开发与产业发展可以丰富旅居康养研究案例，充实旅居康养的理论体系，推动国内旅游学科的建设。研究和调查三亚市目前的旅居康养产品开发现状，旅居康养企业发展现状，以及旅居康养产业政策与管理现状。

**3. 研究针对“候鸟”群体旅居康养的发展路径**

促进旅游业与健康产业和养老产业的融合发展，可以不断完善和优化海南省旅居康养的产业结构；以三亚市旅居康养为具体实例，探索适合“候鸟”群体的三亚市旅居康养产品开发、人才培养和发展路径进行研究。将“候鸟”群体作为切入点和旅游流，分析评价三亚市旅居康养业发展的现状与问题所在，并为三亚市旅居康养发展路径的构建提供可行性方案。因此，本研究是国内外学者在该领域已有研究成果的进一步拓展，也是旅居康养产业进一步深化供给侧结构性改革的现实需要。

面向“候鸟”消费者的旅居康养产业的发展路径是一个系统的工程，需要从产品本身的设计开发和销售策略、政府的政策支持、相关产业的协同发展、产业人才的智力支撑以及国家战略等多个方面进行考量。以“候鸟”消费者偏好、产业集群等为理论基础，从“候鸟”群体对旅居康养产品的供需角度作为切入点，将产品开发、产业聚集与三亚市旅居康养业的发展作适用性分析，剖析三亚市旅居康养发展的现状和存在问题，对标国外旅居康养发展的先进经验，为三亚市旅居康养的发展路径提供可行性方案。

**4. 以旅游为路径发展旅居康养**

通过旅游的方式推广健康生活的理念，对切实提高人民的身心健康水平、增强民众健康生活理念、推动健康教育发展以及落实“健康中国”战略都具有现实性的意义。“候鸟”群体旅居康养具有明显的季节性特征和环境性要求，在进行产品开发设计时，尤其要注意考虑对消费者偏好的研究。

**5. 发挥中医药的原创优势发展旅居康养产业**

中医药聚焦的是把人作为宇宙中或者自然界中的一个要素，基于此环境中，人体作为其中一个要素，互相关联、和谐平衡的存在或者是适应[13]。中医的原创思维聚焦了整体各种能量和信息，然后再关联或辐射到人体本身，在这种思维理念上凸显整体观念、天人合一，在宏观思维维度，怎样聚焦到具体的技术突破，值得去战略性思考与探索[14]。

基于中医的原创思维，从健康的视角、中医治未病方向寻找突破。中医原创的思维就是天人合一，多年沉淀的经典，大量的精华需要我们去传承。一方面从基因蛋白组学找中医的根，这显然是一个重要的研究方向，但也是一个非常大的难点；另一方面基于数字时代超算能力，人工智能技术的突破，人对复杂要素的计算被赋能，那我们能不能把多个要素作为比对，然后通过数字化去找到支撑点，中医强调的上知天文、下知地理等时空要素，就能呈现出整体的趋势。

以中医体质学说[15]为参照，如何及早察觉疾病发生的异常变化有利于及时采取有效的阻断和治疗措施，基于中医五脏六腑相生相克和子午流注的脏腑经络关联特征，借助大数据分析，寻求与疾病风险的关联，探索建立一种新的疾病预测智能病理模型，为中国广大慢性病管理提供一种简便易行、安全可靠的院前监测预警急救系统有着非常重要的意义和广阔的应用前景。以当前“阳康”背景下移动式工作或生活的旅居人群的康养需求为研究对象，通过统计分析方法研究旅居者的旅居行为、体验、内容等与身体健康变化的关联，探索健康产业新业态的科技要素支撑，引导适宜方式的健康旅游与康养旅居，对当前的健康旅游和旅居产业的产品迭代、消费升级、产业布局等数字疗法科技要素创新提供理论支撑。

总之，从长远来看，数字经济与产业化快速发展趋势下，中医原创思维背景下数字技术的研究成果可为人类健康状态提供实时动态的科学评估、监测预警，对康养产业的内涵品质提供科技要素支撑，为中医大数据助力人类一体健康进行有力的科学探索。基于数字中医的发展，我们对抽象的中医概念能达到非常直观的可视化效果，如何从中医学视角找到着陆点，借助现代数字技术的突破，用中医原创思维理念找到应用层面的突破，这是旅居康养事业急需突破的瓶颈，也是充满前景与期待的方向。



## 参考文献

[1] KAPOOR G, CHAUHAN P, SINGH G, et al. Physical Activity for Health and Fitness: Past, Present and Future [J]. Journal of lifestyle medicine, 2022, 12 (1): 9-14.

[2] 王赵. 国际旅游岛：海南要开好康养游这个“方子”[J]. 今日海南，2009，

137（12）：12.

[3] 李婉．温泉养生中医药项目开发研究［D］．广州：广州中医药大学，2014.

[4] 夏文桃．青年女性健康旅游的心理需求与产品设计［J］．全国商情（经济理论研究），2009，1776－24（12）：97－8＋103.

[5] 谭琳．广东医疗旅游开发研究［J］．旅游纵览（下半月），2015，（14）：86－7＋9.

[6] 王晓迪，郭清．中医治未病与健康管理发展趋势探析［J］．健康研究，2012，32（04）：281－284.

[7] 周义龙．海南医疗旅游发展存在的问题及对策研究［J］．商业经济，2015，469（09）：74－76＋162.

[8] CHEN X，YANG B，ZHAO S，et al. Management for stroke intelligent early warning empowered by big data［J］. Computers & electrical engineering：an international journal，2023，106：108602.

[9] 陈小勇，傅萍，陈嘉璐．以健康旅游为抓手推动医养结合创新发展［J］．经济师，2019，364（06）：14－15.

[10] 傅萍，陈小勇，任慧琴．中医健康服务人才素质构成及“双维”培养路径探析［J］．教育教学论坛，2020，495（49）：140－142.

[11] 傅萍，陈小勇，李开庆，等．海南“候鸟式”康养旅游 SWOT 分析及发展策略探讨［J］．经济师，2019，368（10）：15－16.

[12] 傅萍，陈小勇．休闲农业健康旅游中的地域文化符号表现——评《美丽乡村之农业旅游》［J］．中国食用菌，2019，38（10）：11.

[13] 赵恒伯，张彪，吴海波，等．中医药康养旅游产业发展模式与路径探析［J］．企业经济，2022，41（09）：153－160.

[14] 赵艳彬，江慧杰，徐帅，等．多学科联合中医康复模式在疗养院转型提升中的思考［J］．中国疗养医学，2023，32（01）：81－83.

[15] 姚晓秋，叶振淼，包佳佳．基于中医体质学说的健康管理模式研究［J］．中医药管理杂志，2021，29（04）：205－206.

伍

# 评价借鉴篇

# HB.19 黔西南布依族苗族自治州康养旅居目的地发展策略研究

张维纯[①]　曾凡益[②]

**摘　要：**随着中国人口快速老龄化，康养旅居作为新的生活方式越来越受老年人的欢迎。黔西南布依族苗族自治州（以下简称黔西南州）具有气候适宜、旅游资源丰富、森林覆盖率高、少数民族风情浓郁、运动节事活动丰富、历史悠久、人文厚重的特点，为中国唯一的“四季康养之都”。黔西南州可以运用STP战略，找准目标顾客；建立政府主导的营销联盟，运用多媒体开展旅游目的地整合营销；发展康养养老地产，带动康养服务产业；吸引第二居所旅居者，构建康养旅居社会，增加康养旅居者社会价值，完善社区治理，将黔西南州建成中国的康养旅居目的地。

**关键词：**黔西南州；康养旅居目的地；发展策略

## 一、黔西南州的康养旅居优势

黔西南州位于东经104°~106°、北纬24°~26°，地处世界公认的北纬25°全球黄金气候生态带，与昆明、桂林、迈阿密、夏威夷、迪拜等著名城市在同一纬度。黔西南州处于云贵高原向广西丘陵过渡的缓坡地带，平均海拔1200米，是全球少有的低纬度、中高海拔气候的完美结合。2019年8月，被中国气象协会评为全国唯一的“四季康养之都”，具有稀缺性。中国气象协会评估表明，“黔西南州绿色的生态、清新的空气、优良的水质、幽静的环境，是全国少有的能促进心肺功能和心血管自我修复的养生胜地”。此外，兴义市获评



① 张维纯，管理学硕士，湖北中医药大学管理学院副教授，研究方向：医药经济管理，中医药管理。
② 曾凡益，管理学博士，湖北中医药大学管理学院讲师，研究方向：健康经济与管理。

“中国十佳休闲宜居生态城市”“中国十大养生城市”，兴仁市、晴隆县、册亨县上榜“中国百佳深呼吸小城”，安龙县是“中国最佳宜居宜业宜游旅游目的地”“全国武术之乡”，贞丰县是“中国避暑休闲十佳县”，普安县是“避暑旅游十佳城市”。中国老龄科学研究中心正支持黔西南州申报“国际康养之都”，支持兴仁市依托“中国长寿之乡”申报“世界长寿之乡”。

## （一）气候适宜

黔西南州属亚热带季风湿润气候区，常年平均气温在 14.1～19.9℃（人体最舒适的环境温度在 15～28℃），年平均日照时数 1445.7 小时，冬季也有 241.1 小时，年均无霜期 317 天，年均降水量 1307.7 毫米，全年空气指数优良天数 100%，每立方厘米负氧离子浓度大于 3000 个（世界卫生组织的标准：每立方厘米负氧离子浓度在 1000～1500 个的环境被视为清新环境，能维持健康的基本需求），是天然“大氧吧”“大空调”，十分有利于人体机能的运转与正常调节，最适宜人类长期居住和康养。贵州省山地环境气候研究所、贵州省生态气象和卫星遥感中心根据 1961 年至 2018 年气象资料分析后认为，黔西南州温湿指数（THI）3—11 月，属“较舒适及以上”级别，4 月和 10 月属“非常舒适”级别，7 月和 8 月属“暖舒适”以及全年无“寒冷”“不舒适”等级别。风寒指数（WCI）显示，3—11 月对应的人体感觉为“舒适”，冬季 3 个月“无冷感”。人体舒适度气象指数（BCMI）显示，全年有 9 个月达到“最舒适”和“较舒适”级别，其中 5—9 月为“最舒适”级别。度假气候指数（HCI）显示，全年有 9 个月（3—11 月）为度假旅游的“很适宜期”，5 月为一年中度假旅游指数最高的月份。综合以上气候指数，黔西南州为“一类气候适宜区”。

## （二）旅游资源丰富

黔西南州地表喀斯特地貌特征明显，发育较全，是典型的锥状喀斯特地质地貌，具有较高的科考价值和独特的观赏价值，奇峰、飞瀑、峡谷、河流、湖泊、云海、温泉、溶洞、天坑、地漏等奇特的喀斯特地貌比比皆是、处处成景。黔西南州水文丰富、水系发达、水资源富集，属于珠江上游，有 102 条 10 千米以上、流域面积 20 平方千米以上的河流。著名景点万峰林、万峰湖、马岭河峡谷、云屯公园、招堤十里荷塘、双乳峰、云湖山、放马坪、鲤鱼坝、三岔河、燕子洞、间歇泉、北盘江，全州共有A级景区53个，其中4A级13个、3A级40个。特别是兴义市，以街心花园为中心，方圆25千米内分布着万峰林、万峰湖、马岭河峡谷、贵州醇景区、云屯生态体育公园、义龙山地旅游运动休闲博览园6个4A级景区，山水相依、景田相望、城景相融、文产相生，景在城中、人在画中，构成了“一城六景”的绝美画面，这种城与景的紧密结合、完美组合在贵州省乃至全国都比较罕见。

## （三）森林覆盖率高，康养基地丰富

全州森林覆盖率为61.17%，森林总面积为1542万亩，草地面积为66.63万亩，是珠江上游重要的生态屏障，有国家森林公园1个（仙鹤坪），森林康养试点基地10个。其中，中国林业产业联合会评选的国家级森林康养试点基地6个（兴仁草喜堂森林康养基地、云屯国家森林康养基地、贞丰双乳峰景区森林康养基地、册亨万重山森林康养基地、中国苗族第一镇·普安县龙吟全国森林康养基地、普安世界茶源谷森林康养基地），省林业局评选通过的省级森林康养试点基地4个（兴义市万峰林森林康养基地、贵州安龙石斛谷森林康养基地、贵州北盘江康养示范中心、兴义市纳具和园森林康养基地）。

## （四）少数民族风情浓郁

黔西南州境内有汉族、布依族、苗族、彝族、回族等民族，少数民族人口占比43.58%，勤劳、朴实、热情、好客、包容的各族人民，造就了多姿多彩的民族文化、民族风情。全州现有国家级非物质文化遗产保护名录14项20处，省级名录110项128处，州级244项。有“南盘江畔的艺术明珠”“天籁之音”“声音活化石”等美誉的布依族八音坐唱；有创下9970人展演吉尼斯世界纪录的布依族转场舞；有最具神秘性、最有诱惑力的鼓乐曲谱布依铜鼓十二调；有“唤醒情人的小喇叭”的布依族勒尤；有曲调爽朗豪放的苗族飞歌；有原生态古朴风格的苗族板凳舞、芦笙舞；有被称为“东方踢踏舞”的彝族舞蹈“阿妹戚托”等，地域特色显著。

## （五）运动、养生节事活动丰富，体育项目丰富

2015年以来，黔西南州连续举办了5届国际山地旅游暨户外运动大会，

成立了全球唯一山地旅游的国际组织——国际山地旅游联盟。另外依托山地、峡谷、水体等地形地貌，打造具有山地特色的攀岩、垂钓、漂流、汽车拉力、休闲露营等户外运动项目，以兴义万峰林生态体育旅游公园、义龙山地运动休闲博览园、云屯生态体育公园等为基础，建造野钓、攀岩、汽车拉力、低空飞行等户外运动基地，成功举办国际自行车联赛、国际越野跑公开赛、国际攀岩精英赛、国际露营大会、国际持杖徒步大会等国际特色运动大赛，以及全国太极拳公开赛、全国女子垒球锦标赛、中国热气球俱乐部联赛、海峡杯女子垒球赛、中国万峰湖野钓大赛、“二十四道拐”汽车爬坡赛等系列国内赛事活动，运动、养生节事活动丰富。另外，万峰林徒步穿越、万峰湖野钓及水上运动、马岭河峡谷激流皮划艇运动、“二十四道拐”汽摩运动、三岔河双乳峰山地多项运动、南盘江峡谷水上运动、北盘江大峡谷蹦极、笃山洞穴探险、放马坪草原骑马等运动项目非常丰富，获国家体育总局授予“国家山地户外运动示范公园”“国家体育旅游示范基地”“中国汽车自驾运动营地”“中国最美起航地”等荣誉。

### （六）历史悠久，人文厚重

清道光、咸丰年间，近代工业创始人张之洞的父亲张锳担任兴义府知府，连续14年，每天晚上都派差役为读书人添加灯油，鼓励学子勤学上进。“知府添灯油”这个文化现象，历经百年历史积淀，成为一个熠熠生辉的历史典故，是“加油”文化的源头，也是“人文兴义”的重要组成部分。张锳在任期间，重教兴学，培养人才，率先捐出积蓄，呼吁士绅、商人集资，新建了可容纳千余人读书考试的兴义府试院，扩建了珠泉书院，并在府城东、西二门兴办两所义学，让穷人家的孩子也能走进学堂奋发读书。14年间，兴义府学风兴盛、人才辈出。张锳非常注重家教，他把儿子张之渊、张之洞和侄子张之清等接来兴义府读书。张之洞入仕后，坚守父亲重教兴学、培育人才的正道理念，担任湖广总督的18年间，创办各类官立学校128所，湖北地区共派出留日学生1700多人，占全国比重达21%，成为派遣留学生最多的省份。张锳重教兴学的理念还深刻影响着女婿鹿传霖。今天的四川大学，就是鹿传霖在担任四川总督时创办的。

### （七）医疗资源基本充足

黔西南州共有三甲医院3家（州人民医院、州中医院、兴义市人民医院），专业公共卫生机构 30 家。在全国三甲医院中，州人民医院排第 306 名、兴义市人民医院排名第 290 名，在全国中医医院中，州中医院排第 229 名。

## 二、黔西南州康养旅居目的地发展策略

### （一）建立以政府为主导的旅游目的地营销联盟，运用多媒体开展旅游目的地整合营销

旅游目的地营销参与者众多，利益相关者包括政府、旅游企业、目的地社区、第三方机构、旅游者等。利益相关者理论认为，各方应该综合平衡利益诉求，通过共同协作达到目标共赢。黔西南州的可持续发展目标是成为中国的康养目的地，相关利益各方都在这个目标的前提下，运用各自的资源和策略达到各自的利益。结合黔西南州旅游发展实际情况，政府牵头成立营销联盟，第三方组织发挥监督、咨询作用，旅游企业根据市场信息及自身资源开展营销，目的地社区配合执行营销策略并落实营销承诺，并对营销效果和意见及时反馈。营销联盟尽可能协同更多力量参与营销工作，政府负责宏观战略制定和形象主题设计，旅游企业及目的地社区实施调研及营销活动，还可以动员消费者参与分享、传播旅游景色及经历，保证目的地营销战略稳定和效率提升。

营销联盟的中心是消费者，所有营销传播都应以消费者为中心。营销联盟要深入调研消费者的观点、行为，才能在深刻洞悉消费者基础上更好地建立消费者与旅游目的地之间的关系，相应的营销传播才更有效率，才能提高消费者的忠诚度，这是整合营销的核心。以往的传统营销是通过单向的宣传传递信息，单向灌输，整合营销传播的策略是双向互动式的营销模式，围绕受众需求，与消费者及时、双向互动，建立与受众之间的长期、稳定关系。

随着互联网信息技术的高速发展，新媒体迅速发展起来。新媒体包括但不限于旅游目的地官方网站、微博、微信及视频、抖音短视频、快手短视频、直播平台、马蜂窝平台、小红书、头条、哔哩哔哩（B 站）、Vlog 等。西安大唐不夜城等新兴旅游目的地通过新媒体整合营销，短时间内取得了巨大成功。社交媒体通过网络，及时传递、分享数字化的文字、声音、图像、影像，这样的社交平台拥有庞大的用户群，信息传播速度也非常迅速，还可以及时沟通和互

动，使得社交媒体也成为整合营销传播工具。营销联盟的任务是为这些媒体提供产出内容的场景，除了丰富、独特的旅游资源比如山水河流等景区，也包括节事活动，比如特色比赛及节日活动等，还包括独特地域及民族文化活动等。黔西南州在这些方面具有较大优势，已经举办各种特色运动比赛及文化活动，现在需要加强的是充分运用新媒体手段，调动各利益方加强传播，尤其是调动旅游者参与传播。

政府可以组织举办新媒体传播大赛，鼓励各种新媒体尤其是自媒体参与，激励旅游者分享、传播关于黔西南州的旅游经历及风光，根据新媒体的流量及参与度作为标准，对参与者进行精神奖励，比如，对流量大、粉丝多的旅游博主等优胜者授予“形象大使”等称号。

### （二）运用STP战略，找准目标顾客，对目标顾客精准画像

2021年第七次全国人口普查数据显示，中国60岁及以上老年人口达到2.64亿人，占比达到18.70%。中国老年人口年龄结构中，低龄老人（指60~69岁老人）占比较大，达到56.1%。联合国预测，中国老年人口每年新增1000万人，2030年老年人口将达到3.58亿，占总人口的25.30%。随着预期寿命的增加，退休年龄至75岁的老人可称为“活力老人”，处于又一个“人生黄金期”。这些“将老未老”的活力老人享受改革开放的红利，有钱有闲，且不少人受过高等教育，容易接受新事物，对生活品质要求较高，将成为康养人群的主体。进一步发掘“银色”资源，大力发展康养将成为现代服务业发展的“蓝海”[1]。随着经济发展和社会进步，中国老年人的自我意识增强，在消费需求层次里体现出逐步提高的趋势，自我性消费增加，旅行等补偿性消费成为自我实现的重要手段[2]。携程数据显示，中国老年人每年外出旅游三次的人口占比为61.1%，老年人在旅游支出预算上超过2万元的占比已经大于1/3[3]。中国老龄产业协会老龄旅游产业促进委员会和同程旅游联合发布的《中国中老年人旅游消费行为研究报告2016》显示，月收入超过5000元的中老年旅游者占比57.8%，其中超过7000元的收入者占比31.3%，高收入老年人更有旅游意愿。

《中国老龄产业发展报告》的数据显示，从2014年到2050年，中国老年人口的消费潜力将从4万亿元增长到106万亿元，中国将成为全球老龄产业市场潜力最大的国家。2020年到2030年中国康养产业规模将分别达到8万亿元和22万亿元，对GDP的贡献率达到6%和8%，市场规模将超越房地产，成

为中国的经济新动力[4]。据调查，2016 年，中国城市中老年人均存款将近 8 万元，45%的老年人拥有储蓄存款。2020 年，老年人退休金总额超过 7 万亿元[5]。88%的老年人享有养老保险，在城镇地区高达 92%[6]。康养旅居的基本模式包括长寿资源式 、疗养式、文艺养生式、田园式、社区式。结合黔西南州的资源及现状，可选择吸引全国尤其是北方京津地区、长江流域冬冷夏热大城市的低龄老年人以长寿资源式、社区式康养旅居模式为主，疗养式、文艺养生式、田园式为辅。京津地区及长江流域大城市气候条件较差，长寿资源不及黔西南州，而且上述地区住房价格及租金较高，居民收入较高，黔西南州具有房价低、租金低、物价低、生活成本低的优势。低龄老年人康养旅居在黔西南州，除了获得康养价值之外，还可获得经济上的收益，这对于康养旅居老年人有较大吸引力。比如，将京津地区或者其他大城市的住房出租与旅居在黔西南州相较，租金的差价就是一笔较大的经济收益。以北京为例，据全国房价行情网数据，2023 年 1 月北京房租平均价格为 125.48 元/平方米，平均租金 6760 元/月。考虑到受教育程度及收入状况，对生活品质要求较高的老年人居住房屋如果出租，租金会更高，甚至上万元。这些老人如果旅居黔西南州，每年的级差租金将达到数万元，这是一笔除健康收益之外的、具有吸引力的经济收入。

综上所述，黔西南州康养旅居的目标顾客是大城市、高收入、追求生活品质、自我意识较强的低龄老人。

### （三）发展康养养老地产和养老服务业

数据显示，发达国家人均 GDP 达到 1 万美元开始步入社会养老的快速发展阶段。2018 年，中国人均 GDP 接近 1 万美元，预示着中国养老产业即将进入快速发展时期。美国养老产业最高占到 GDP 的 18%，日本的养老产业产值也高于 GDP 的 10%。2020 年，中国养老产业市场规模约有 7.4 万亿元。养老产业包括养老服务、老年用品、养老地产和老龄金融产业。具有康养功能的养老地产是非常重要的产业[7]。老年群体作为康养地产的主要目标人群，人均收入越高，对多层次、高品质的康养房产需求量就越高，并且这种需求在很长时间内将会高端化，中国老年康养房产市场十分巨大[8]。

中国房地产经过几十年的快速发展，目前进入瓶颈期，多家上市企业都已涉及养老地产。在国家地产调控和大力发展养老产业的背景下，养老地产受到了房企的青睐，目前已形成以房地产企业、保险企业、央企为主导的三足鼎立格局。2001—2018 年，中国上市公司共建成 52 个地产养老项目，主要分布在一线城市。北京、上海、成都、广州、杭州等一线城市，以及海南、苏州、乌镇等旅游风景地区。养老地产主要分布在以下四个区域：京津冀、长三角、珠三角以及川渝区域，另外还有少量分布在旅游风景资源丰富的地区。由于经济发达、居民收入较高，京津冀、长三角地区的养老地产项目丰富，提供的服务也多元化。京津冀的养老项目比较注重医疗护理，珠三角的养老项目侧重于养老服务质量，成渝区的项目主要以旅游养老地产为主[9]。从城市分布的角度看，房地产企业的战略基本相同，主要在一线和二线的重点城市布局。由于大城市的消费水平普遍较高，居民的消费观念也比较前卫，比较容易接受养老地产项目从而在机构养老，而小城市的老人更倾向于家庭养老。因此，目前国内养老地产项目主要集中分布在一、二线城市。总的来说，目前中国养老地产的分布不均匀，主要分布在经济发达地区及旅游风景地区，且多数为中小型养老项目，还没有形成连锁发展品牌。

从中国目前的养老地产发展现状看出，黔西南州发展康养地产机会巨大。黔西南州独一无二的康养资源给养老地产增加更大优势。对于康养环境，国外学者 Kaplan（1995）给出了康养环境的 4 个特征：吸引、放空自我、相容性和伸展性。吸引是指大自然的风景能够引起人的注意从而使人集中注意力；放空自我是释放自我身心；相容是指人能够与大自然的风景融为一体；伸展性是指空气具备扩展的属性[10]。黔西南州优异的自然资源完全满足这四个特征，具有巨大的康养价值。在城市周边发展养老地产具有广阔市场前景。中国退休年龄与期望寿命之间的年龄差约为 23 年，这段时间老年人时间自由、经济充裕、体力相对充沛，旅居在康养环境优越的黔西南州，如果康养服务能跟上，具有巨大吸引力。

### （四）吸引第二居所旅居者，构建康养旅居社会，增加康养旅居者社会价值，完善社区治理

第二居所是个体在常住地之外购买或长期租赁的临时性居所，主要用于休闲、度假或养老生活，而且这种生活的时间和频率总体上低于常住住宅，个体并非移居，还带有返回常住地的意图。第二居所旅居动机主要包括求补偿动机、逃离城市回归自然动机、社会身份动机、情感动机和人生规划动机。国内的研究表明，从消费心理角度，老年旅居者同时存在求健康和求补偿动机。海南省成为东

北老年旅居者目的地，主要原因是东北冬季气候恶劣，空气污染严重，老年旅居者看重海南省冬天优越的气候条件，缓解哮喘、支气管等疾病带来的痛苦[11]。第二旅居地的自然环境、服务供给、政策法规和文化环境对旅居者的行为产生影响，其中气候因素是影响度假型第二居所旅居需求的最关键的因素[12]。以马来西亚为例，吸引国际旅居者的就是其优越的气候。美国第二居所大多环境优美，如在森林山区、湖区、海岸线等，是从这样的度假地区发展起来的。波兰的第二居所也大多与森林和水体有关。在服务供给方面，吸引第二居所旅居者的重要因素是完善的公共服务系统和接待设施，另外还包括乡村根植性、乡村文化、民族的传统和民族性格特征等文化环境因素。黔西南州在自然环境、政策法规、文化环境方面比较优越，是理想的第二居所目的地。

根据 ERG 需求理论，E 即生理需求（Existence），R 即关系需求（Relatedness），G 即成长需求（Growth）。ERG 理论是根据马斯洛的需求层次理论发展起来的，相对比较简洁。这三种需求为人类的核心需求，没有先后顺序之分。旅居者生理需求是指为求生存所需要的物质，如食物、睡眠、休闲等；还包括安全方面，是指精神和物质方面的安全，是个人能够避免一些负面情绪及危险的发生，如高龄老人在旅行中的健康状况。关系需求是人与人之间的相互信任，是人之间的互动产生不同的影响，其中的自尊需求则是偏向人际关系方面，如期望有人赞美或者重视自己。成长需求是指个人追求自我发展提高的期望，其中自尊表示偏向为自我格局的表现，如追求知识、自信。而自我实现是指发挥自我潜能，通过尽自己所能去帮助他人并且展现出自己独特的才能和个性[13]。

根据黄锦英等的调查，黔西南综合评价排名前十的指标依次是休闲游憩价值、空气优质度、气候舒适度、旅居养老价值、珍稀独特程度、山地森林覆盖率、政府扶持度、声环境质量、景观规模及丰度、民俗人文价值。排名后十位按综合评价值由低到高的指标因子依次为社区参与度、客源规模、基础设施完备度、交通便捷度、区域经济水平、景观聚集度、知名度和影响力、康养产业化程度、康养食宿条件、康养服务配套设施[14]。根据创新理论，将现有的资源进行重新组合，可以在不增加投入或者少增加投入的情况下增加产出，以达到最大产出、获得最大效益的目的。黔西南州可以在旅居者中充分挖掘人力资源价值，引导旅居者参与黔西南州的薄弱环节建设，政府只需要引导，不需要投入过多的财力、物力，把旅居者组织、动员起来，融入社区，贡献才能。旅居者获得的是人际关系和成长需求的满足，以及更多的社会价值。政府回馈旅居者的可以是物质、金钱之外的精神奖励，如评选“荣誉市民”并向旅居者的原工作单位或者社区通报表扬。这种创新发掘旅居者价值和能力的场景还可用于精准扶贫、共同富裕等活动领域，让旅居者发挥才能的同时充分融入当地，增加融入度，还能为当地做适当贡献。鉴于此，在吸引目标顾客时，可以有针对性吸引急缺专业人员，如高水平医生等。针对当地康养服务配套设施等排名靠后的状况，可以借鉴广东省中医院在贵阳成立医院的做法，与著名的机构合作，改善、提高服务水平和能力。

旅居社会是“以旅游产业为主、以旅居居民为主、以旅居生活为主”的“地理、经济、社会和文化”四合一的复合地理人文空间体。具体表现是，游客规模远大于当地居民规模，当地是著名旅游目的地。比如国外的普吉岛、巴厘岛，国内著名的丽江、九寨沟、张家界等。以游客为主的外来人口超过了本土居民，旅游目的地人口结构发生了颠覆性的变化，社区组织也需要变化和重构，整个社会生产关系也会受到影响；同时由于旅游业的介入，旅游目的地生产力和技术水平也会发生根本性的变化；这些变化的合力促使了旅游目的地整个社会形态的变化。黔西南州在吸引康养旅居人口、构建旅居社会的同时，一定要加强旅居社会的社会治理，除了让旅居者融入当地社区、产生地方依恋外，还要重视旅居者的社会需求，协调旅居者与当地居民的关系与利益，秉承长期可持续发展理念，共建旅居社会。

## 参考文献


［1］葛延风，王列军，冯文猛，等．我国健康老龄化的挑战与策略选择［J］．管理世界，2020（4）：86－95.

［2］王霞．人口年龄结构、经济增长与中国居民消费［J］．浙江社会科学，2011（10）：20－24＋155.

［3］六成老年每年出游三次以上．http：//fianance. sina. com. cn/stock/t/2016－10－13/docifxwvpqh7270546. shtml［N］．北京商报，2016. 10. 13.

［4］央企国家队接连出手布局，康养产业前景大过房地产？［N］．第一财经，2021－07－13.

［5］何莽．中国康养产业发展报告（2017）/康养蓝皮书［R］．北京：社会科学

文献出版社，2017.

［6］零壹财经．中国老年人金融服务发展报告（2020）［EB/OL］（2020-05-08）．http：//baijiahao. baidu. com/s？id=1666076936637745614&wfr=spider&for=pc.

［7］张楠．我国养老产业发展的现实困境及路径优化［D］．成都：西南财经大学，2022.

［8］吴妍．GIS 技术在森林公园评价及规划中的应用［D］．哈尔滨：东北林业大学，2004.

［9］田梨．产业融合视角下养老地产经济价值提升研究［D］．郑州：郑州大学，2019.

［10］Kaplan，S. The Restorative Benefits of Nature：Toward an Integrative Framework［J］．Journal of Environmental Psychology，1995（15）：169-82.

［11］薛帅．第二居所消费者购买行为影响因素、特点及模式探究——以海南省、山西省两地人群为例［J］．中山大学研究生学刊（自然科学、医学版），2010，31（4）：57-67.

［12］保继刚，邓粒子．气候因素对度假地型第二居所需求的影响——基于云南腾冲与西双版纳的比较研究［J］．热带地理，2018，38（4）：487-497.

［13］Alderfer，C. P. An empirical test of a new theory of human needs［J］．Organizational Behavior and Human Performance，1969，4（2）：142-175.

［14］黄锦英，丁莉，何娟．黔西南州生态旅游养老资源的开发秩序研究［J］．兴义民族师范学院学报，2022（2）：44-53.

# HB.20 中医药养生文化康养小镇服务体系

张　卉[1]　雷　松[2]　赵尔乐[3]

**摘　要：** 传承千年的中国中医药养生文化一直以来都影响着人民群众的健康生活，随着中国康养文旅的快速发展，以中国传统中医药养生文化为特色的康养小镇越来越受到地方政府支持和消费者青睐。本报告就中医药养生文化康养小镇的发展现状、体系搭建、服务流程、现存问题及人才培养等做出总结和分析，旨在交流经验、指导实践、推动发展、服务大众，构建完善且系统化、标准化的中医药养生文化康养服务。

**关键词：** 中医药养生；康养小镇；服务体系

## 引言

中国中医药具有数千年的悠久历史，为中华民族的繁衍昌盛和人类健康做出了卓越贡献，是中华文明绚烂文化不可分割的篇章，是中华优秀传统文化中的重要组成部分，为中华民族留下了有价值的精神财富与物质形态，是中华民族认识生命、维护健康、防治疾病的思想和方法体系；近年来随着康养文旅产业迅速发展，加之三年来中医药在防控新冠疫情中发挥着重要作

① 张卉，中国中医科学院研究生院中医信息管理专业，创建中国民间中医医药研究开发协会老字号分会，任副会长兼秘书长，中国药膳研究会认证标准委员会副秘书长，主要研究方向：中医药养康养小镇服务体系、药膳食疗产品研发等。

② 雷松，国家级非物质文化遗产项目传统中医药养生文化代表性传承人，研究方向：中药调剂、中药鉴别，传统炮炙技术、中医药养生康养文化、药膳食疗。

③ 赵尔乐，河北大学艺术学理论在读博士，研究方向：康养文旅。

用，中医药养生文化深入人心。如果说去日本泡温泉、去韩国做医美、去瑞士抗衰、去美国治疗癌症，那么在中国一定要体验中医药特色康养。突如其来的新冠疫情给正处于发展风口的康养产业带来一定的冲击，但康养政策利好以及健康消费持续升温也为后疫情时代康养产业的发展迎来了新的春天，中医药康养有望发展成康养产业的核心领域，更是后疫情时代特色康养产业发展的新契机。

## 一、中医药特色康养小镇的发展现状

### （一）促进中医药发展的政策密集出台

发展中医药已上升为国家战略，政策推动中医药产业高质量发展。2016年2月《中医药发展战略规划纲要（2016—2030年）》这一纲领性文件的出台，标志着发展中医药正式上升为国家战略，明确了中国中医药发展的方向和工作重点。2017年7月《中华人民共和国中医药法》正式实施，为促进中医药事业发展奠定了法律依据。

2019年10月《关于促进中医药传承创新发展的意见》《关于加快中医药特色发展的若干政策措施》等一系列政策文件发布，逐步构建起中医药高质量发展的制度体系，切实保障和促进了中医药事业的发展。“要遵循中医药发展规律，传承精华，守正创新”“推动中医药和西医药相互补充、协调发展”。2020年12月开始，中药行业利好政策频出。考虑2020年新冠疫情影响，行业实际于2019年见底回升。随着中药行业标准和质量的提高和临床使用规范的推进，将为中医药传承创新发展走向世界奠定坚实的基础。

2021年末，国家中医药管理局和国家医疗保障局联合发布了《关于医保支持中医药传承创新发展的指导意见》，除了在医保支付加大支持、中医医疗机构纳入医保、中医药服务价格管理等方面加以扶持，对整个中医药行业带来比较显著的利好。

2022年3月29日，国务院公布了《“十四五”中医药发展规划》（简称“规划”），大力支持中医药产业传承创新发展。从大方向上看，《“十四五”中医药发展规划》是由国务院直接印发的，而《“十三五”中医药发展规划》则是由国家中医药管理局印发的，代表了政府对当前中医药改革的决心与力度。同时“规划”对多个中医药发展指标给出了明确的指引，希望到2025年，中医药健康服务能力明显增强，中医药高质量发展政策和体系进一步完善，中医药振兴发展取得积极成效，在健康中国建设中的独特优势得到充分发挥。

中医治未病的思想理念与康养理念非常吻合，中医药养生与康养产业是最为接近的服务模式。在防控新冠疫情中，中医药发挥了重要作用，中医药传承和创新发展受到国家和社会的密切关注，加之国家出台颁布的“十四五”规划和建设2030健康中国等相关政策性文件，国家中医药管理局鼓励中医药与康养紧密结合，围绕以中医药为核心的康养模式，各地方政府也相继推出实施政策，大力推动和支持中医药康养产业发展，挖掘地方的特色中医药资源、借助道地药材、民族医术和特色人才，开展中医药养生康养小镇建设。

### （二）后疫情时代，中医药发展迎来新的春天

中医药具有数千年的悠久历史，为中华民族的繁衍昌盛和人类健康作出了卓越贡献，是中华文明绚烂文化不可分割的篇章。中医药文化历经历史浮沉，2010年“中医针灸”被列入《人类非物质文化遗产代表作名录》，中医古籍文献《黄帝内经》《本草纲目》入选联合国教科文组织《世界记忆名录》，体现了国际社会对于中国传统医学文化的认可和重视。2015年中国中医科学院研究员屠呦呦因发现青蒿素治疗疟疾的新疗法获得诺贝尔生理学或医学奖，为中医药的传承发展走向世界树立了新的高峰。中医药作为中国独特的资源，具有重要的经济社会价值。中医药是中国独特的卫生资源、潜力巨大的经济资源，具有原创优势的文化资源，在经济社会发展中发挥着重要作用。

后疫情时代人们更注重“养生”，《中国健康养生大数据报告》显示：从性别来看，女性在健康养生上的重视程度远高于男性，女性占比为63.2%，男性为36.8%，女性占比是男性的近两倍；从年龄来看，养生这件事引起了越来越多年轻人的关注，18～35岁朋克养生群体“敷着最贵的面膜，熬着最长的夜”，充分显示出健康养生不仅仅是年长人士的专利，越来越多的年轻人也在关注自身的健康问题，并付诸实际行动。在新冠疫情防控中，中医药更是发挥了巨大的防疫作用，让政府、社会和人民更加坚定了传承、发展中医药的信心。面对各种疾病年轻化，对人类造成的威胁，把治病不如防病提到了生活的重要议事日程。中医治未病深入人心，中医药养生人人需要。尤其2022年

底的防疫政策放开和全民阳康后，国家倡导“人人要做自己健康的第一责任人”，中医药康养将成为人们追求长效健康生活方式的最佳选择。

## （三）康养服务尚待满足

第七次全国人口普查数据结果显示，截至2021年，中国有2.64亿老年人口，如何养老是当今中国面临的严峻考验。目前，中国推行的养老模式主要为“90%居家养老”，即2.54亿老人将以社区为单位完成居家养老，中国养老的社区化进程催生出了巨大的康养社区需求缺口。随着2021年《智慧健康养老产业发展行动计划（2021—2025年）》的出台，众多国家和中央企业、金融机构、险资、房企纷纷入场，加速推动康养产业不断优化完善，迭代出服务种类更丰富、服务可及性更强大的康养解决方案。

中国康养产业市场消费需求在5万亿元以上。但是随着康养产业的供给不断增加，2030年中国康养产业市场消费需求将达到20万亿元。根据不完全测算，当前每年为康养产业提供的产品却仅仅在5000亿~7000亿元，针对持续旺盛的市场需求，明显有效的供给严重不足。

## （四）中国式康养应大力普及中医药康养模式

中医药养生保健、中医治未病理念体系是全世界独一无二的，养生保健治未病是中医药的独特优势，预防是最经济、最有效的健康策略，健康服务和中医药的养生保健、治未病融入人民群众的起居、饮食、心理、调养、运动等日常生活的各个方面，引导人们建立良好的、健康的生活习惯和生活模式，有利于健康长寿。

在中医药疗效认同度快速提升、健康旅游需求增加的市场背景下，中医药康养项目尚未形成成熟、完整的运营模式，市场对于中医药康养产品和服务的期待远不能满足。目前中央财政对中医药发展建设的投入维持在15亿元左右，平均每省投入仅为几千万元；专家提议中央设立中医药发展基金，重点投资国内成长型中医药产业项目，引导社会资本共同投入，为实现中医药发展提供指引和保障，这将推动中医药康养产业的良性发展。

## （五）“中医治未病”理念在中医药康养发挥着重要作用

中医治未病理念是中国传统中医学的精华，《黄帝内经》中所提及的“不治已病治未病”就是这一理念。中医治未病理念包含“未病先防、既病防变和复后防瘥”这三层内涵，其运用中医学传统的整体观和辩证观思想，利用具有中医药特色的治疗方法和干预手段来帮助人们预防疾病的发生、控制疾病发生病变以及防止疾病治愈后产生复发的风险。中医治未病理念已成为中国传统健康养生文化的核心理念之一，其在预防和应对老年疾病、慢性病和健康管理方面所发挥的巨大优势受到广大人民群众特别是中老年人的认可。

中医治未病理念体现了以人为本的思想，主要是指导人们做到防患于未然，强调预防疾病远比治疗疾病更重要。在养生方面，中医治未病理念从饮食、起居、情志和运动这四个方面帮助人们进行身体调养，增强体质，提高生活质量，从而达到身心灵康健及延年益寿的目的；在前端预防和后端康复方面，中医治未病理念通过帮助人们了解自身健康状况，告知其预防患病的方法，并指导人们在患病期间的不同阶段如何有效地控制病情，并积极采取预防措施来防止病情加重和降低疾病进一步发作的可能性，还能够指导在疾病痊愈后应该如何调理身体，防止出现疾病复发的风险。在目前中国所处的老龄化阶段，更能有效地控制老龄人群疾病的发生、发展，不仅能满足老年人的健康需求，还能减轻家庭负担和医疗负担，缓解疾病带来的社会经济问题。

基于中医治未病理念的中医药健康养老，“治”在病未发之时或是疾病早期，配合“养”和“防”为主的预防性健康管理方法，可起到提高老年人生存质量、节约医疗资源、减轻社会负担等积极作用，符合国家倡导的预防大于治疗，发挥中医药健康服务，是百姓少得病、晚得病、不得病的健康目标。

### （六）疫情推动养生养老康养产业发展

新冠疫情大大推动了康养产业的需求和升级，在巨大的需求下，中国将成为全球健康产业的最大市场，这表现在以下几方面。

（1）中国经济总量排行世界第二，经济发达的国家，健康产业才发展得好。

（2）健康产业作为一种新兴服务业，具有巨大的发展潜力。2020 年健康产业市场总额已达 8 万亿元，占 GDP 比重达到 6.5%。而美国 2009 年已达到 17.6%。

（3）2008 年中国健康素养水平只有 6.68%，健康素养就是说我要吃什么才健康、我怎么运动才健康、怎样的生活方式才健康。而到 2020 年，中国健康素养已提升到20%。

（4）目前，中国老年人口数量为2.64亿，到2050年将达到4.8亿，老龄化水平为15.5%；老年人口数量越多对健康需求、关注、迫切度越高，这也是健康产业飞速发展的一个原因。

（5）慢性病死亡占疾病死亡率的85%。因为慢性病而引起的疾病负担占到中国整个疾病负担的70%，但是这些慢性病是可防、可控的，正是因为我们日常生活中的不注意、生活方式不健康导致这些慢性病发生，发生到一定程度就会造成慢性疑难症。

这些事实告诉我们，中华复兴正式跑上了快车道。中国也将在此背景下迎来大健康产业的爆发期。从2022年开始，我们将迎来越来越多的人去追寻自己后半生的健康，唯一能承载这个巨大风口的，只有康养产业。

## 二、中医药康养小镇服务体系

### （一）服务宗旨

中医药康养小镇是康养小镇的新风向，以“大健康”为出发点，以“中医药”为特色将健康、养生、养老、休闲、旅游、文化、美食、运动等多元化功能融为一体，形成中医药养生文化康养小镇的独特魅力。以长寿文化、地域特色、中医药产业资源的小镇依托当地良好的气候及生态环境，构建以中医药特色的健康调理、休闲养生、温泉药浴、百草种植、田园风光、康体运动、药膳食疗、情志心理等健康养生业态，打造以专家诊疗、健康理疗、食疗药疗、功法康复、中医讲习等为调理的特色服务项目，形成中医药养生康养小镇特色服务体系。

### （二）分类管理

《中国健康养生大数据报告》指出，不同年龄层次对康养的需求各有其特点。

（1）28岁以下人群康养需求是运动养生，如自行车、攀岩、跑步等；亲近自然，如森林、田园、阳光、水等；个人成长，如研学、饱览名山大川、体验风土人情等。

（2）29～44岁人群需求为休闲养生，如美容足疗、品茶、观鸟钓鱼、休闲消遣等；户外亲子，如体验生活、儿童户外拓展、家庭聚会等；自驾游，如野营、野炊、房车露营、烧烤等。

（3）45～59岁人群需求为养性养生禅修、灵修、国学、太极、静修等；调养养生，如温泉疗养、中医养生、膳食养生等；治未病，调理亚健康、保健品理疗等。

（4）60岁以上人群需求为医疗养生，如健康检查、康复训练、药物疗法等；护理照料，如家庭医生、护士护理、生活照料等；养老，如养老社区、健康管理中心、康疗中心等。

《中国康养产业发展报告（2020）》梳理了目前中国73家国家中医药康养基地，总结出道地药材种植、中草药及药食同源产品生产加工、中医药专病治疗、中医药保健康复、中医药文化发源地观光旅游及中医药特色文化宣传等六大功能，为中国中医药康养的特色发展及多元产品提供做出了指引，也为之后的产业发展提供了借鉴，随着康养产业的发展，后疫情时代对中医药养生文化的需求，中医药养生文化康养小镇服务模式将不断升级。

## （三）中医药养生康养小镇的八大服务体系

### 1. 中医药养生文化展现

以传统历史及民俗文化为主，结合市场需求、地域特色及现代生活方式，打造养身又养心的精神层面和知识传播的随处体现，以中国传统中医药文化思维贯彻文化与展示，是中医药养生文化康养小镇的主题呈现。使到访者在获得文化体验的同时，能够修身养性、回归本心、陶冶情操，以达到天人合一的中医药养生的终极目标。文化展示包括小镇文化景观建设、小镇参观动线图、专业知识讲解、特色文化背景墙等。

构建有体系有连接有特色的文化景观、展示区域和特色布局，是中医药养生文化康养小镇的代表性文化体现，小镇的主题装饰可以传统国风式、新国潮风格以及新中式简约式风格，彰显中医药文化主题小镇的文化特色，使到访者走进小镇，眼前一亮，主题明确，寓教于乐地体验中医药特色小镇的康养理念和文化自信，以达到沉浸式养生康健的目的所在。

**2. 中医检测及诊疗**

新冠疫情期间，中国中医药发挥了强大的预防与治疗作用，得到国内外的诸多好评，深入人心，对国人产生了极其强大的吸引力。中医药养生文化康养小镇也正好是发力发展的最佳时期，迎合市场需求，结合“中医治未病”理念，组织客群，引入中医检测和专家诊疗，开展健康检测、专家问诊、健康问卷调查、专业设备检测及智能化穿戴设备等，对到访者及周边业主、客户建立健康档案及健康数据收集是中医药养生康养小镇必备的配套设置体现。中医药养生康养小镇需配套设立中医门诊、中西医结合或国医馆，进行常态化医疗服务；针对到访者给出初步诊疗健康解决方案；有条件的可以联系当地的社区医院、中医医院或知名专家等做医联体医疗服务或定期义诊等。科室建制包括：中医检测：设备检测仪、健康数据收集、健康问卷、智能检测等；建立健康客户档案。中医门诊、国医馆（中西医结合诊所可以按规定配置西医检查项目）：有条件的可以设立小镇中医门诊或国医馆、开设国医大师工作室或专家诊室、候诊区、咨询室、各特色科室等。

**3. 传统中药房**

传统老药铺本身就是最具代表性的中医药文化展示，将老药铺前店后厂模式沉浸到中医药康养小镇是非常有必要，且极具特色的模式，可以说是中医药康养小镇的最大亮点，有非常明显的吸引力和实用性；此处常常是小镇网红打卡地之一，让客人驻足的亮点。

中药房：中药百斗柜、取药、操作台等。

传统中药制作间：现场煲药、丸散膏丹现场制作间。

稀贵药材参观展示区：道地药材、稀贵药材、特色药材等展示，有条件的可以设立特色药材博物展示等。

中药成品展卖区：中草药、中成药、代煎药、处方药、现制加工丸散膏丹等售卖区。

中药库房：灵兰秘藏中药库房、中药炮炙辅料等。

**4. 中医特色理疗**

根据专家诊疗后实施中医特色理疗项目，所有国家备案的安全有效的中医适宜技术都是可以配置的，多达百项技术；专业设备及国家执业资质认证的服务人员需要进行专业操作及人员专业化指导和培训；其中最实用有效的特色服务包括以下几项。

中医特色疗法：艾灸、推拿、按摩、药浴、耳穴等。

中医物理疗法：专业人员指导下的安全有效的体验式物理疗法。

特色药浴疗法：针对不同人群、不同体质、不同需求由医生开具处方进行药浴。

中医针灸疗法：必须具备专业针灸资质，在专业诊所有执业针灸师进行针灸治疗。

智能中医调理：中医理念的特色调理设备及小型穿戴设备等。

老年人康复理疗：认证安全有效地针对中老年人进行健康调理。

**5. 药膳食疗餐厅**

《黄帝内经》载有："凡欲诊病，必问饮食居处""治病必求其本""药以祛之，食以随之"。并说："人以五谷为本""天食人以五气，地食人以五味""五味入口，藏于肠胃""毒药攻邪，五谷为养，五果为助，五畜为益，五蔬为充，气味合而服之，以补精益气"。

中医讲求药借食力，食助药威，二者相辅相成，相得益彰；既具有较高的营养价值，又可防病治病、保健强身、延年益寿。

靠山吃山靠水吃水，康养小镇都有得天独厚的大自然馈赠，除了风景气候宜人，健康美食材遍地都是，这也是为什么田园养生是康养产业的亮点，无污染、安全、道地食材是健康美食养生度假的一大特色。中医药养生文化中本草养生、药食同源、药膳都是膳食养生的最好体现。

传统中医药养生学中素有丸散膏丹汤剂饮片之药膳调理，历来强调顺时养生、四季养生、节气养生，包括现在的慢性病管理都是离不开药膳食疗的；其中包括药茶、药酒、养生粥、养生汤、特色药膳、本草零食、糕点等，几乎所有的道地食材都有一定的药性调理的作用，在好吃美味的同时由药膳大厨制作成健康、滋补、调理又美味的膳食；结合身体检测和个性化诊疗及调理方案，有专业团队给出健康食疗方、个性体质餐、慢性病调理特餐等。

在康养小镇专业餐厅制作，专业团队服务，个性化针对性健康膳食陪伴，身临其境地感受中医药养生文化的博大精深是康养小镇的独特魅力，是追求健康的人们到此一游的最美好的养生体验；药膳种类繁多且专业，分类为如下。

四时养生餐：按四季、地域、节气等设置。

体质养生餐：按王琦院士提出的九种体质设定调理餐食。

慢性病调理特餐：需要由医生诊断后开具调理建议。

特色药膳餐：有特殊需求的、药食同源配餐、滋补药膳等。

道地食材文化餐：以当地特色食材开发的文化餐品更具有小镇特色。

养生药茶：古人认为茶即药，药即茶，中医养生茶更多加入了药食同源的中草药食材。

药茶是药膳的一大门类，需要专业的茶师进行指导。

传统膏方：膏方是传承千年的方剂，药膳中采用的是药食同源食材制作的膏方，是南方人生活必需的季节性调理和滋补膳食，也是中医药康养必备的调理膳食。

《灵枢·营卫生会》说："人受气于谷，谷入于胃，以传与肺，五脏六腑皆以受气。"说明饮食营养对人体健康重要意义。在病理情况下，即或借助药物治疗时，也要注重饮食以调治疾病，也是食疗原则。药膳食疗是中医药养生文化康养小镇服务体系中非常重要的环节。

**6. 中医运动及心理康复**

古代运动功法：中国古代在不同时期有着不同的运动养生功法，其中包括导引术、五禽戏、八段锦、易筋经、太极拳等；庄子将"吹嘘忽吸，吐故纳新，熊经鸟申"作为导引。葛洪在《抱朴子》中提到龙导、虎引、龟咽、燕飞、蛇屈、猿踞、兔惊、天俯地仰，说明葛洪对当时的导引术有一定的研究。比起现代人的长跑，健身，这些古人运动更适合养生康复，尤其对中老年调理有良好的作用；在中医药养生文化康养小镇里，每天组织晨练，学习古人运动的养生方法是非常好的体验，也是中医药康养的特色之一。

中医心理康复：在中国传统医学里把人的身心看作一个整体，所谓"血气已和，营卫已通，五脏已成，神气舍心，魂魄毕具，乃成为人"，就是说身心一体才是完整的人。古人认为治病不医心，疾病没根除，所以中医药特色康养小镇离不开中医情志方面的调理。

（1）中医心理：随着年龄的增长和社会繁荣迅速的发展，人们的心理健康非常重要。好心情是健康的重要指标，也是不得病、晚得病的基础。失眠是导致心理健康和精神状态的重要因素，失眠问题已经更加趋于年轻化，中老年朋友更是家常饭，因为睡不好导致的精神疾病缠身，睡眠问题导致的抑郁症更是呈上升趋势。

（2）中医情志：中医认为“怒伤肝，悲胜怒，喜伤心，恐胜喜，思伤脾，怒胜思，忧伤肺，喜胜忧，恐伤肾，思胜恐”，中医有“阴阳消长，五行生克”的情志疗法，用情绪调和五脏也是道家和儒家思想的一部分，更是中华哲学的精髓和根本。

（3）睡眠调理：中医药康养小镇的中医睡眠方法一般安排在晚饭后睡前一个小时，以禅心、禅修、音疗、静功、药浴、睡前滋补等方法，促进精修安眠，在小镇养成好的生活习惯回到家里继续保持良好的作息，睡眠和心情都好，越来越好。

**7. 养生大讲堂**

中医药养生文化是康养小镇的特色，承载着传承与传播等使命，对到访者以及参观交流等客户提供带有传统中医药文化发展历史、名人名家、到访知名专家、小镇特色服务、小镇康养服务内容、客户反馈等诸多内容等文化展示、专业知识传播和文化交流活动安排等，对小镇文化和康养理念以及推动中医药康养价值传播有着非常必要性和文化价值感。

**8. 小镇百草园及周边特色田园风景旅游**

中医离不开中药，神农尝百草是中医药康养小镇的独特文化。结合当地道地药材、特色食材的独特之处，挖掘田园百草园的食材特色，带领来访者“边游园，边采摘，边讲知识”等体验，是中医药康养文化体验的一部分。有条件的小镇可以特别设立百草园，将中华本草种植、采摘、文化在小镇里处处体现出来，用五感六觉触摸百草，感知中华医药之精髓，这是小镇带给客户的最长情的美好记忆。这个环节中更适合安排亲子体验，特色采摘、认药、手工制作、亲子交流、团队协作等生活体验。

## （四）老年人康养服务体系

**1. 中国正式进入老龄化时代**

2021 年，中国 65 岁以上人口占比达 14.2%，超过世界卫生组织对老龄化社会对应指标 14% 的标准，标志中国正式进入老龄化社会，康养产业面临巨大的民生需求。《黄帝内经》：50 岁以上为老，即中医认为从 50 岁开始进入老年状态，50 岁以上就可以称为老年人。

**2. 中医认为的老年状态**

（1）五脏开始虚衰，脏腑逐渐衰弱，阴阳逐渐虚亏；

（2）老年人的气机失调，气血的运行变得更为缓慢，经常出现痰浊和瘀血；

（3）容易感受外邪，同时容易多脏受损，造成多个器官的病变；

（4）老年人的心理发生变化，因其身体能力下降、活动受限等原因，老年人常会感到孤独、烦躁、易怒，容易受外在因素的影响而患上难以恢复的疾病。

**3. 中医指导老年人康复养生**

（1）通过注重补肾健脾，充养先天和后天；

（2）调和阴阳，维持老年人的机体协调；

（3）在补虚的同时，扶正祛邪，调节改善老年人的体质健康；

（4）对老年人进行调畅情志，注重其身心健康。

银发经济也是中医药特色康养产业的亮点和重要客群，中华医药、生态养生、修养康复、休闲旅居、老年教育等多种元素融入养老产业，发展康复疗养、旅居养老、休闲度假型“候鸟”养老、老年体育、老年教育、老年文化活动等业态，打造集养老居住、养老配套、养老服务于一体的养老度假基地等中医药养生文化康养是未来康养产业的一大特色。

结合上文所述的八大服务体系，将传统中医药养生文化植入老年人康养，是未来必要的康养模式。

### （五）小镇运营模式及流程

不同特色的小镇有着各自服务的流程和运营模式，随着人们对于康养服务的需求，摸索各自的服务特色，复盘客户反馈，在实践中总结经验。分享以下几种运营模式。

**1. 健康旅游模式**

时间短、人员可多，以康养小镇参观体验、周边特色旅游为主，康养项目为接触式短期体验，餐食住宿健康理念等以中医药养生文化的特色服务和产品为主；适合小镇周边社区居民、单位职工、亲子家庭和活力老年人休闲旅游团为主。

（1）小镇康旅一日游：集合—大巴接送—出发（上车后导游介绍小镇、沿路风景、康养特色）到达—小镇观光—小镇康养项目—健康检测—品尝药膳午餐（简餐、围餐、位餐（根据消费标准设定）—体验中医调理（艾灸、药浴、简单疗法等）—特色产品展卖—合影—返回。

（收费低，体验、引流为主，特色产品和服务另收费）

（2）周末小镇亲子游（三天两晚或二天一晚，含住宿，家庭为单位组团）。

第一天：小镇集合—到达—入住—了解项目流程（一般下午入住）—小镇观光游览—欢迎药膳晚宴—小镇康养文化及特色项目介绍—体验调理服务（按摩、药浴、温泉、运动及心理等）。

第二天：晨练（养生功法）—早餐—健康检测及专家诊疗—中医理疗项目—药膳午餐—周边田园及景区游览—亲子活动安排—（结束或返回小镇）—欢乐晚餐（特色项目）—禅修—晚安。

第三天：晨练—早餐—养生课堂（手工）—品药茶（或特色项目体验）—午餐—采买—结束。

（3）平日三天老年康养体验团：流程内容同（2），具体内容加入中老年康养服务项目。

### 2. 康养文旅研学模式

以体验中医药文化的健康之旅，有计划目标和教学体验相结合的康养文旅，人员不能太多，更精致地体验和交流服务；以家庭、小集体、亲子研学为主；流程参照以上流程内容，加入文化项目，如特色博物馆参观、文化景区游览、中医药特色景区观览等；加入中医药文化大讲堂环节，邀请知名专家或名医讲解，推动康养项目服务；体验药膳文化和节气养生餐；时间根据客户需要定制，每团人数不超过30人。

### 3. 慢性病调理模式

（以中老年慢性病调理为主）有针对性地服务客群，提前做好所有部门的协作（包括诊所、药房、餐厅、理疗、心理、应急部、客房、前台及客服部等），配合客群统一进行调理服务，以达到慢性病调理的整体效果；根据小镇康养及医疗资源为服务特色，打造适合小镇康养服务的具体内容。

慢性病康养之旅：糖尿病调理、瘦身纤体调理、术后康复调理、心脑血管及四高人群调理、脊柱骨健康调理、睡眠调理、情志心理调理等，特别针对中老年常见慢性病等；时间安排：（7天、14天、21天、特殊定制等）。服务流程：除小镇康养常规项目外，医生针对客户身体状况，制定特色调理服务项目，客服部制定服务流程；服务目标：小镇康养以体验加调理为主，以治疗为辅，为客户提供短期健康调理及身体康复计划；培养客户健康的生活习惯养成，达到调理康复的目的。参团人数及收费标准：以小镇具体情况设定，参团时间由客户自己约定。

**4. 康养旅居模式（候鸟式康养模式，人数、时间不做特别设定）**

旅居时间较长，个体定制康养及调理计划，小镇提供良好的食宿条件、温馨的照料和服务，医疗和调理细致和周到且专业的服务，多以环境优美、自然祥和、专业照护、慢性病调理、术后康复，常驻调养旅居为主，服务内容和流程更加精细、简单、专业和长久，收费也是相应较高的，适合中老年人及小团体抱团式养老模式。

## 三、中医药康养小镇发展瓶颈

### （一）服务尚未形成标准化

不同于西医的标准化，中医药在诊疗过程中讲究一人一方，更多地依赖于医生的临床经验。望闻问切、一纸药方，几千年传承下来，看似古板的诊疗手段，即便在现代医学如此发达的今天，依然魅力不减。

康养产业不仅仅是养老，受众群体是全龄人群，根据消费群体、市场需求、关联产业、资源差异和地形地貌的不同，衍生出不同的康养类型，针对不同类型，服务模式也是不同的，要想通过专业的服务体系有效地将特色服务连贯起来，集养老、养生、医疗、文化、体育、旅游、住宿、美食等诸多业态为一体的产业链，形成既有自身特色，又能提供标准化的服务，实施还是有很大的难度，中医药的专业服务项目和服务人员的专业培训实施起来需要更多的时间和专业指导，目前还尚未有可借鉴可参考的统一标准，基本都是各自摸索和尝试，有待完善。

### （二）专业人才短缺

传承数千年的岐黄之术，其关键在于人才培养。创新型中医药人才的培养，为推动中医药事业发展提供人才支撑，是中医药教育改革的重中之重。国务院办公厅印发的《关于加快中医药特色发展的若干政策措施》提出，实施中医药特色人才培养工程，依托现有资源和资金渠道，用5～10年时间，评选表彰300名左右国医大师和全国名中医，培育500名左右岐黄学者、3000名左右中医药优秀人才、10万名左右中医药骨干人才，强化地方、机构培养责任，建立人才培养经费的中央、地方、机构分担机制。

中医类执业（助理）医师从2015年的45.2万人增长至2020年的68.3万人，年化复合增长率为8.6%，占同类人员总数比重从14.9%上升为16.7%，已实现《中医药发展战略规划纲要（2016—2030年）》中“每千人口卫生机构中医执业类（助理）医师数达到0.4人”的目标。全国高等中医药院校中医药类专业招生数从2015年的4.9万人增长至2020年的7.3万人，年化复合增长率为8.2%，相比每年的毕业生数增长有明显提速。中医类医师的培养和后备人才的储备工程均在有序推进。

中医药康养服务除了中医药专业人才的短缺，康养服务更是需要贴心和精细的服务，在服务中带给客户生活的美好，心智的健康，身心的愉悦，和文化的体验，达到身心灵的健康，对康养体验的留恋，从而回到生活中继续弘扬和指导自己和身边人，真正地服务社会和达到健康中国的目标。所以，中医药康养事业的发展离不开服务人员的专业化、标准化，专业人才培养和基地实践是关键。康养小镇的推广、传播和作为中医药大专院校学生实习实训基地，提升专业人才的培养和推动专业康养服务，人才与基地相互关联，协同发展才能更好地提升中医药康养服务水平，实现健康中国、惠及百姓健康的目的。

### （三）投资热度不足

中国中医药业态类型多样，产业链相对完整，并且新冠疫情也推动了与中医药相关的政策密集出台，中医药康养在中国已具备了较好的发展基础。但目前中国中医药康养投资热度不足，市场需求尚待满足。中医药康养领域产业链较为完整、投资周期长但抗风险能力较低，中医药项目开发需要专业运营团队进行指导，投资风险较高、人才储备不足的情况下，中医药康养项目相对于其他康养目的地类型的投资热度较低。

### （四）缺乏评价体系

大康养项目投资大，规模大，大多数康养小镇都是远离市区，人流量上不来，专业服务无参照标准，也就很难进行考核和评价，中医药一人一方的特色，客户的反馈意见和感受也不同，数字化管理尚未实现，专业的考核机制没有，缺乏统一有价的评价体系，不能有效跟踪康养效果和客户满意等结果。

### （五）中医药康养盈利模式不明确

康养项目盈利模式是支撑康养服务的基础，中医药康养的盈利模式一般为：会员卡模式（分年卡、储蓄卡、预付卡、项目卡、单次多人分享卡）；慢性病调理项目模式（单病种一对一私人医生模式）；分时度假模式（以康养旅居为主，适合候鸟养生）；购房租房旅居常驻模式。中医药服务部分盈利明显，康养盈利受市场运营模式影响，盈利不稳定。

## 四、总结

中华中医药康养文化是未来康养小镇的重点和亮点。我们通过实践和运营还存在可提升的空间，一方面需要不断在实践中总结经验，另一方面需要继续探索创新发展，摸索可持续有效果有价值的服务标准。加强专业人才的培养，期待在后疫情时代的旅游爆发期迎来康养产业的良性发展，望市场前景无限，与同道共勉。

# HB. 21 泰国康养旅居发展经验与借鉴

乔婷婷[1] 李欣华[2] 王 磊[3]

**摘 要：** 泰国是亚太地区乃至全球最适合休闲旅居及健康疗养的目的地之一。泰国康养旅居业发展迅速，其发展历程有很多经验值得借鉴。本报告阐述了泰国“旅游城市+康复医院”和“旅游城市+康养度假村”两种康养旅居模式，介绍了泰式按摩保健、草药养生、水疗养生、禅修养生、肝脏排毒养生、泰国美体养生六大健康与养生特色项目资源。泰国政府对康养旅居发展的政策支持主要表现在两个方面：一是实施了促进康养旅居发展的医疗政策，二是推行了便利康养旅居者的签证政策。泰国康养旅居发展过程对其他国家和地区的启示和经验借鉴包括三个方面：一是充分利用自然资源，创立了康养特色；二是全面落实政策支持来发展康养旅居；三是打造质优价廉服务，吸引旅居客源。

**关键词：** 康养旅居；健康养生；医疗旅游；泰国

## 引言

康养旅居是将康养的概念融合到旅居活动中形成的一种新型旅游形式。关于康养旅居，学术界尚未形成一致意见。目前，与康养旅居相似的概念较多，如“医疗旅游”“健康旅游”“健康养生旅居”等，口径各不相同。虽康养旅

① 乔婷婷，医学博士，内蒙古医科大学卫生管理学院教授，研究方向：社会医学与卫生事业管理、老龄化与医康养结合。

② 李欣华，医学博士，内蒙古医科大学卫生管理学院副教授，研究方向：卫生事业管理。

③ 王磊，法学硕士，内蒙古医科大学卫生管理学院助教，研究方向：老年社会工作。

居暂没有统一的概念，但一般认为，旅居的涵盖面更广，康养旅游是旅居的其中一种表现形式，康养旅游包含医疗旅游，旅居的要素包括优良的自然资源环境，特色的旅游资源及文化资源，还包括居住、商业、旅游等服务设施[1]；康养是全链条地维护健康，包括疾病治疗、病后康复、疾病预防及养生保健[2]。

泰国多年来一直致力于发展医疗卫生和养生旅游，其医疗康养旅居产业发展迅速。2021 年全球卫生安全指数（Global Health Security Index），泰国在 195 个国家和地区中排名第 5，亚洲排名第 1。泰国康养旅游资源丰富，旅游景点有 500 多个，世界遗产有 5 处，还有独特建筑风格的各种寺庙；适合康养的目的地有沙滩、海岛、热带雨林和各种度假胜地等。泰国不仅有常年无冬的气候、怡人的自然景观以及丰富的旅游资源能够满足旅居者的观景、购物等多种需求，还伴以泰国清爽健康的美食和随处可见的健康养生项目，如水疗（Solus Par Agula，SPA）、美体养生项目、禅修养身项目以及按摩保健养生项目等，这些使泰国成为亚太地区乃至全球最适合休闲旅居及健康疗养的目的地之一。美国 *International Living* 杂志公布的 2022 年全球退休指数结果显示，泰国在全球最适宜退休养老的国家排名中位列第 11，在亚洲中排名第 1 位。

此外，在政策支持上，泰国政府的体育与观光部联合国家卫生部牵头健康养生保健、医疗卫生和泰国传统草药等相关产业先后推出“亚洲医疗中心”（Medical Hub of Asia）“亚洲健康旅游中心”（Health Tourism Hub of Asia）等战略计划，明确指出要大力发展医疗康养旅游服务产业。泰国很多医疗机构获得国际联合委员会（Joint Commission International，JCI）认证，JCI 是国际评价医院水平的金标准。2019 年，*CEOWORLD* 杂志对全球医疗系统最好的国家和地区进行了排名，泰国荣登全球第 6，这也让泰国的康养旅居吸引了更多海外人士。

## 一、泰国康养旅居模式

选择在泰国康养旅居的游客主要分为两大类别：第一类是以疾病治疗、病后康复兼顾旅游为主要目标的旅居者，此类旅居者在选择旅居地时主要考虑的是旅游城市以及城市中的医院资源，尤其重点考察医院的资质、擅长的医疗项目以及所在城市的环境是否利于身体的康复。旅居者可以根据自己的病情、医生的建议，选择城市中的旅游资源，在健康管理的同时享受休闲养生旅游项目，从而达到身心健康的目的；第二类是以健康休闲及养生保健兼顾旅游的旅居者，这类的游客通常会选择一些旅游城市中的康养度假村，关注的重点是旅游资源、康养特色项目以及服务，旅居者在享受优美的自然环境，健康饮食的同时进行养生保健。针对这两类康养旅居的游客，本报告介绍泰国两种康养旅居模式：一是“旅游城市＋康复医院”模式，二是“旅游城市＋康养度假村”模式。

## （一）旅游城市＋康复医院

泰国最为著名的医疗旅游城市以曼谷为首，其他还有清迈、清莱、芭堤雅、普吉岛、华欣和苏梅岛。世界数据库 NUMBEO 网站的医疗保健指数的数据评分显示，泰国有三个城市进入东南亚医疗保健水平最佳城市前十名单，其中，清迈位列第 1，曼谷和芭堤雅分别名列第 3 和第 4。泰国的医疗旅游城市被认为是“第三世界的价格，第一世界的享受”，同时，泰国的医疗康养旅游系列产品依靠得力的品质、低廉的价格和优质的服务得到了世界各地游客的关注。

从医疗机构的数量和医疗服务质量两方面来衡量，泰国的医疗水平均居世界首列。从质量上看，以曼谷为首旅游城市中的大多数医院经过 JCI 国际认证，且泰国是亚洲第一个获得 JCI 认证的国家。截至 2021 年，泰国共有 64 家医院和诊所获得了 JCI 国际认证，位列全球第 4。从医疗机构数量上看，泰国有 1200 多家医院，包括公立医院、私立医院、专科诊所和非营利性医疗机构，是亚洲拥有私立医院数量最多的国家。此外，泰国还拥有数量多、资质高、具备海外深造或工作经历且通过了国际医疗机构评审的执业医师。并且，旅游城市的医生，能够用英语流利地与人交流。

泰国有多家具有国际声望的医疗机构，这些医疗机构分布在不同的旅游城市。曼谷的康民国际医院是东南亚第一家通过全球医疗服务 JCI 认证的“黄金标准”的医院。海滨度假康养胜地的芭堤雅，同时也是著名的康养旅居地，当地的曼谷医院分院于 1997 年通过了 ISO9002 认证。除此之外，曼谷的拉马蒂博迪医院、清迈的清迈兰医院、普吉岛的普吉国际医院等都各具特色，详见表 1。泰国的“旅游城市＋康养医院”模式吸引许多国际游客赴泰进行医疗康养旅居活动。

**表 1 泰国主要康养旅居城市资源情况**

| 城市 | 康复医院资源 | 医疗特色 | 康养旅游特色项目 |
|---|---|---|---|
| 曼谷 | 曼谷医院（Bangkok Hospital） | 体检、美容护理、眼科治疗、抗衰老、产科、儿科等 | 名胜古迹和旅游景点，如大皇宫、大佛寺、金碧殿、素万那普皇宫、四面佛、大皇后宫殿等。康养地如Bencha-kiti森林湿地公园、鲁比尼公园（Lumphini Park） |
| | 拉马蒂博迪医院（Ramathibodi Hospital） | 医院设计涵盖丰富的康养理念，疗愈花园设计是特色 | |
| | 康民国际医院（Bumrungrad International Hospital） | 除传统内外妇儿等科室，预防保健、抗衰老和健康治疗是特色项目 | |
| 清迈 | 清迈兰医院（Chiangmai Ram Hospital） | 医疗项目丰富多样，心脏手术是优势项目 | 佛教圣地、素帖山国家公园、茵他侬山、大象生态公园、美萨瀑布、天雾瀑布、海滩花园、湄沙兰花园 |
| 清莱 | 西布林医院（Kasemrad Sriburin Hospital） | 整形外科、美容等都各有特色。擅长螯合疗法，尤其适合患高血压、高胆固醇血症，肥胖症的人，排除体内重金属毒素，增强免疫力，美白肌肤以及抗衰老 | 美斯乐山、国家公园（Khun Korn）瀑布、辛哈（Singha Park）公园、向日葵花海（Doi Hua Mae Kham Forest Park）、茶园（Choui Fong Tea Plantation） |
| 芭堤雅 | 芭堤雅曼谷医院（Bangkok HospitalPattaya） | 拥有最先进的医疗设备和最新型的医疗项目，牙科、整容、体检为优势科室，是泰国东海岸的主要转诊医院 | 邦盛海滩、春武里大峡谷（Chon Buri）、罗勇水母之家（Rayong）、国家公园（Khao Chamao） |
| 普吉岛 | 普吉国际医院（Phuket International Hospital） | 其整形中心被认为是泰国最权威、最先进的整容中心之一 | 白色沙滩、石灰礁岩、各类岛屿、卡塔海滩、卡隆海滩、芭东海滩、奈涵海滩、吉本康复中心、大长岛、普吉岛植物园 |
| | 曼谷国际医院（Bangkok Hospital Phuket） | 东南亚最先进的医院之一，有针灸、牙科、潜水医疗中心、心脏科、整容和健康中心等科室。提供中、日、英等10多种语言服务 | |
| 华欣 | 曼谷医院华欣分院（Bangkok Hospital Hua Hin） | 癌症、心脏、试管婴儿、康复等众多领域世界领先 | “泰国迈阿密”的美称，泰国皇室把这里作为度假胜地，帕拉乌瀑布、三百峰国家公园、Pa－La－U瀑布 |
| | 圣保罗华欣医院（SanPaulo Hua－Hin Hospital） | 24小时急诊，医学美容等 | |
| 苏梅岛 | 曼谷医院苏梅岛分院（Bangkok HospitalSamui） | 骨科、创伤科是重点科室 | Na Mueang瀑布、查汶海滩、Silver海滩、安通海洋国家公园、欣拉瀑布 |

## （二）旅游城市+康养度假村

泰国很多旅游城市都建设了康养旅游度假村，依托旅游地的资源和风景，打造了集住宿、健康、疗养、休闲为一体的康养旅居度假村。度假村以健康与养生服务为主，其中比较有代表性的有奇瓦颂养生度假村、清迈稻田度假村、泰国 Tao Garden 养生度假村、幸福小镇和清迈帕维纳排毒养生度假村。

### 1. 奇瓦颂国际养生度假村

泰国康养度假村的典型代表是位于华欣的奇瓦颂国际养生度假村（Chiva - Som International Health Resort）。1995 年建成并开始营业，是亚洲第一个水疗中心。奇瓦颂基于健康哲学“身心灵”三者平衡理论，运用东西方康养技术，以水疗健康养生项目向瑜伽、康体等延伸。截至 2021 年，奇瓦颂康养项目共 11 大系列，200 余项康养服务，包括但不限于排毒、体重管理、抗压训练、抗衰老。其开展的康养服务基于传统中医、西方自然疗法和能量疗法，旨在为客户提供一站式定制化健康保健服务。此外，度假村还提供根据不同养生理念设计的十大养生系列共计 150 种课程，康养期间全程配备咨询顾问，个性化展开对旅居者的健康复查，满足健康需求，提供不同的康养疗程及服务建议。此外，旅居者在结束一个疗程的康养服务后，奇瓦颂专业团队会对旅居者的健康情况进行再分析和评估，以便康养方案的再调整。

作为泰国康养度假村的代表，奇瓦颂国际养生度假村首先在健康的养生理念基础上，开展丰富的课程设置并配备专业的咨询顾问，提供“一站式”的康养保健服务。其次，康养度假村提供世界各地美食，并向旅居客人传授健康菜品的制作方式。最后，康养度假村内拥有专业的健康咨询顾问团队，包括医生、理疗师、健身教练、SPA 技师、营养师和其他健康从业者。

### 2. 清迈稻田度假村

清迈稻田度假村（Chiang Mai Rice Paddies Resort），坐落于湄霖（Mae Rim）山谷的稻田中。清迈稻田度假村将清迈湄霖的田园资源发挥到极致，依托稻田资源，开发了系列的康养项目，围绕“农业生产+农耕体验”结合理念，开展康养服务。康养项目包括康疗于稻田、行走于稻田、耕作于稻田、饮膳于稻田、修身于稻田和稻田泳池。其中，特色项目水稻课程，倡导旅居者换上工衣，学习和体验泰国的水稻耕种，在自然中疗愈身心。

### 3. 陶园健康温泉度假村

素有“泰北玫瑰”之称清迈，拥有丰富多样的自然资源，天然具备开发多类型康养度假村的条件。清迈的温泉资源，为打造陶园健康温泉度假村（Tao Garden Health SPA & Resort）提供了得天独厚的条件。陶园健康温泉度假村以精神健康和修养身心为核心。1997 年，道教气功大师谢明德（Mantak Chia）根据道家和武术相关的健康理念，将陶园康养度假村从学习了解道家文化习俗场所，发展为修养身心的康养胜地。陶园健康温泉度假村不仅提供常规体检和提供大病（肿瘤）早筛项目，同时根据中国道教理念，强调练习调节身心的气功和冥想，展开集修道、理疗、休养、疾病预防和课程培训为一体的康养服务，使人们的身心得到修养。康养服务的特点在于注重自然，强调天时、空间、人和、服务，关注身、心、灵，冥想课程和活动。

### 4. 金钥匙幸福小镇

位于曼谷郊区的湄南河河滩上的金钥匙幸福小镇（Jin Wellbeing County），是泰国首个专门为老年人开发的医康养结合、以养为主、持续照料的项目地。金钥匙幸福小镇打造集住宅、医疗保健、酒店以及商业空间于一体康养村。其设计概念围绕老年人身心特点展开，包括静养、参与和创造，旨在增强老年人增的居住体验。将完善的康养理念融入康养村的设计中，打造山林中的康养胜地，为老年居住者的身体健康延年益寿提供环境保障。

金钥匙幸福小镇充分考虑老年人的社交需求，增强老年人的融合度。设计师巧妙地规划了多个让老人相聚的空间，比如，规划锻炼区域和景观平台，从而营造了人与人之间互动，拉近距离氛围。金钥匙幸福小镇除了充满人文关怀的景观设计外，还规划了一处人工瀑布，营造富氧的雨林氛围；设计了多处锻炼的草坪和公共泳池，老人可以有选择地享受宁静时光，或是锻炼身体。考虑到老年人可能行动不便，金钥匙幸福小镇内所有的设施都与坡道相连并设有无障碍通道出入口。出入口的坡道平缓无额外台阶，且通道上设有扶手。沿途设有多个座位，将养老理念打造到极致。所有路面采用防滑的材料，设置了充足的照明，以减少老年人滑倒骨折的风险，保证了老年人出行的安全。

### 5. 帕维纳排毒养生度假村

帕维纳排毒养生度假村（The Pavana Chiang Mai Resort）位于清迈北部，处于群山环抱、翠绿幽静的环境中。帕维纳排毒养生度假村在众多的康养度假村中以排毒中心（Detox Center）久负盛名。度假村内的专业医生根据不同旅居者的个体体质及健康状况，指定个性化的排毒疗程。疗程安排4～7天不等排毒计划，从饮食、运动、按摩、SPA等几方面展开。饮食方面，特制的中草药和排毒食谱是排毒疗程中的重要环节。餐厅会给旅居者提供健康菜式——酵素美食。酵素美食是帕维纳排毒养生度假村开发的饮食制作方法，所有食材都来自度假村内部的有机农场，制作时保留食物本身所含的营养，保证食物的天然味道。通过饮食帮助康养者调整体重，打造健康身体。

饮食排毒之外，度假村会提供泰式按摩教学，强调运动中养生，度假村设计了竹林散步、瑜伽课、骑车跑步等日常锻炼。极具泰式风格的户外室内运动馆，使得康养者可以边健身，边欣赏山谷的秀丽风光。2012年，帕维纳排毒养生度假村被*FoxNews*杂志评为世界十大养生酒店之一，上榜理由包括得天独厚的自然资源、极致舒适的居住环境、独一无二的特色的项目，也被*Asia SPA*评为亚洲十佳健康旅游目的地之一。

## 二、泰国健康与养生特色项目资源

泰国有着悠久的传统医学历史，康养文化氛围非常浓厚，有很多极具特色的康养项目，最受游客欢迎的有传统泰式按摩、水疗以及草药敷贴等。近年来，泰国政府把康养特色项目与本地旅游特色产业相结合，形成了泰国独有的“康养旅居”特色产业，世界也悄然兴起了一股到泰国康养旅游的热潮。

### （一）泰式按摩保健项目

泰式按摩（Thai Massage）是泰国最知名的保健方式，也是泰国古代医学文化之一。作为强身健体和治疗身体劳损的保健项目，在2019年被列入联合国教科文组织非物质文化遗产名单，成为当今世界最热门的按摩手法之一，同时也是在泰国旅居游客的首选保健项目之一。泰式按摩又称为“被动瑜伽”，按摩以活动关节为主，手法简单实用。按摩师通过压足、压腰、踩脊等方式作用于体验者的肌肉筋膜和关节等部位，从脚趾开始一直作业到头顶，按摩后体验者的背部、腰部得到了充分的舒展，如同进行了高强度运动。泰式按摩可以快速释放疲劳、恢复精神，还可以促进血液循环、通经活血，对于改善关节的活动度具有明显功效。

泰式按摩成为泰国吸引国际旅居游客的亮点，越来越多的旅居者在泰国通过一年甚至更久的泰式按摩疗程进行养生保健。泰式按摩之所以深受旅居者青睐，除了其具有独特的活血理疗效果外，还有以下三点原因。第一，泰国按摩店铺选址非常用心，一般在山水相依、风景秀美的地方开店，加之店内氛围宁静祥和，游客可以边按摩边欣赏窗外美景，达到身心的彻底放松。第二，泰国按摩店铺的服务技师都是经过精挑细选、严格选拔的，按摩手法极其精湛。店铺有严格的人员管理制度，保证技师对每位游客都尽职尽责。第三，泰式按摩是所有按摩手法中最激烈的一种手法，它可以让僵硬的身体变得柔软，起到强身健体的功效。大多数现代人运动不足，身体都比较僵硬，泰式按摩手法恰好可以“对症下药”，自然而然被所有人喜爱。

## （二）泰式草药养生项目

泰国属于热带季风气候，独特的地理位置和气候条件使得泰国药用植物资源相当丰富，盛产香茅草、姜参、柠檬叶、柠檬草等品种优良的草药。泰国草药有助于治愈疾病、缓解症状或用于滋养身体。

### 1. 泰式草药热敷按摩项目

泰式草药热敷（Thai Herbal Compress）包含着泰国传统医学的智慧和天然草药的神奇功效，是泰国传统医学的瑰宝。最早可追溯到200多年前的大城府时期，泰医使用泰式草药热敷疗法来缓解士兵的肌肉关节疼痛，解除疲劳，舒缓松弛他们紧张的神经。后来泰国将此优点注入按摩文化，从而创造了泰式草药热敷按摩这个独特项目。

泰式草药热敷按摩，泰文叫“路拔寇”[3]，具体方法是将由泰国传统配方精心调制而成的多种天然草药包入棉布内，蒸热后将草药球直接在皮肤上的肌肉疼痛和肿胀的部位进行热敷按压，帮助身体缓解酸痛、排毒和提高免疫力[4]。泰式草药热敷按摩治疗原理是蒸热的草药包在接触皮肤后迅速打开毛孔，草药成分随之直接渗透进受热扩张的皮肤毛细血管，加速血液循环，增强自身免疫能力。同时，热量也会影响柔韧性，减少肌肉收缩，减轻慢性疼痛和关节痛。长期使用草药热敷，可以让人体细胞保持健康活力，达到净化体内呼吸系统、舒缓身心、美容减肥的养生目的。这种方法适用于各种关节炎、腰背腿病痛、神经痛、慢性疼痛病症患者、产妇以及办公室久坐人群。

泰式草药热敷按摩简单、方便、天然有效，也因其对于治疗经脉和身体疼痛部位具有独特疗效而风行全球。“草药热敷球”已成为泰国旅行的必买手信之一。为了方便旅居者使用，泰国按摩店往往提供清迈的泰国草药热敷袋，游客可以拿回家去享受泰国草药热敷的妙处。

**2. 泰式草药熏蒸项目**

泰式草药熏蒸（Thai Herbal Fumigation）又称为泰式药草蒸汽浴，是在传统的蒸汽浴桑拿保健功效的基础上增加了泰式草药的功效。该疗法将天然草药研磨成粉，保留草药原本的药用成分，在使用时经过长时间的高温熬煮，激活草药里面的药用成分，在泡药浴时高温把身体的毛孔打开，使药用成分更容易作用于人体，加速身体代谢的同时把身体的湿寒气排出体外，达到消除疲劳恢复体力的效果。此项目适用于工作生活紧张的人员及爱好美肤塑身的人士、亚健康人士。

**3. 泰国草药产品**

泰国草药（Tai Herb）历史悠久、功效独特，是泰国人生活中不可缺少的元素，一直稳居泰国产品销售榜首。以泰国草药为原料制成的药用品和护肤品，包括草药肥皂、草药牙膏、草药鼻通、辣椒咖啡、乳胶枕头、椰子润唇膏、五蜈蚣标止咳丸、香柠檬洗发水等都深受游客喜爱。

### （三）泰式水疗养生项目

早期的泰式水疗（Thai SPA）是指利用蒸桑拿的方式，浸入具有疗效的温泉或矿泉区中进行沐浴，起到镇定安抚肌肤、激活内脏机能等治疗作用。如泰国的温泉代谢疗法就是浸入放有藏秘紫红盐和泰国特有的美容排毒本草的温泉中，大量排汗燃烧脂肪，加速新陈代谢，排除体内毒素治疗病痛[5]。

随着人们对休闲养生的日益重视，现在的泰式水疗已发展成集休闲、美容、减压于一体的休闲健康新概念。新式泰式水疗运用水资源及水设备结合沐浴、按摩、涂抹植物精油和香熏等方式促进人体新陈代谢，透过全方位的感官体验，使人在生理和心理上得到充分的调整，从而达到一种身、心、灵的平衡与和谐。泰式水疗主要透过满足人体的五大感官需求达到全方位的放松，即在水疗过程中使顾客听到心灵治疗的音乐满足听觉，闻到天然植物的熏香满足嗅觉，看到美丽的自然或人文景观满足视觉，品尝到甘甜的花草茶满足味觉，感受到专业技师的按摩推拿满足触觉。泰式水疗使人完全沉浸在美不胜收的自然环境、舒适的灯光、优美的乐曲和芳香的空气中，让人的生理和心理得到彻底的松弛与释放。泰式水疗的主要功效有美容护理、瘦身塑形、排毒健体、缓解疲劳等。

作为亚洲水疗之都，泰国水疗中心的服务在世界范围内享有盛誉，深受康养旅居者的喜爱。水疗中心提供的脸部、手部、脚部美容及塑身、减肥等各项疗程尤其赢得女性游客的好评。泰式水疗已成为补充能源的“身心美容充电站”。

### （四）禅修养生项目

禅修（Meditation）属于佛教术语，语意为“心灵的培育”，原本是佛教众僧的修养心灵之道，僧人通过自己的心灵修行，体会到有意义的真理和觉悟。在泰国，无论持有何种宗教信仰，无论民族、肤色或职业为何，都可以根据自己的生活方式，进行打坐、内观、冥想、静心，提升自己的人生境界，减少烦恼的困扰和贪欲的束缚，通过清晰地认识自我来达到更美好平静的生活。

作为一个传统佛教国家，禅修是泰国人心灵净化的“必修课”，也是一种日常的生活方式。泰国有很多禅修中心，大多依托于寺庙，有僧人提供短期或长期、选择多样的禅修授课，包括静坐、讲经和一些禅堂练习。禅修过程不能使用任何电子设备，凌晨就要起床做早课，打扫院落。清晨还要和僧人一起去化缘，一天只有两餐，烟酒不沾。吃家常饭食、穿朴素衣服、住简易房屋、说真诚话语，人们在禅修中心过着简单但有质量的生活，静心探索自己的内心世界。

禅修可以让人远离焦虑等负面情绪，更好地获得内心清静，提升对自我的洞察和理解，增进对人生自然规律的感悟，让自己的心态保持平衡。禅修还可以让人的心灵净化，逐渐体会到有意义、有价值的觉悟、真理。在泰国旅居的阶段体验禅修成了很多旅居者性价比极高的选项。禅修中心为旅居者制订健康的饮食和生活计划，提供充分的反思时间和空间，使旅居者通过禅修学习到新的知识和技能，从而抛弃过去不健康的生活习惯甚至改变个人的生活态度。禅修养生项目适用于重视生存意义的思考和自我价值的实现，渴望发现内心的自己，获取精神升华和自我成长的游居者[6]。

## （五）肝脏排毒项目

肝脏排毒（Liver Detox）是泰医的自然疗法，是一种慢性病管理和日常保健的方法。此方法源于泰国东北部锡萨阿索净土村。肝脏排毒的原理认为肝脏是人体内具备自我修复功能的器官，而人体内或多或少累积很多由于空气质量恶化，工作压力大、作息不规律、过度劳累、抽烟、喝酒等引起的“毒素”，这些“毒素”可以通过肝脏的修复功能去排解。泰国肝脏排毒项目就是通过 3 ~5 天的轻断食或全断食、洗肠等“排毒”疗程，停止新摄入，让人体的肝脏获得休息和时间，去清理体内积累的毒素。

肝脏排毒治疗旨在释放腹部紧张，促进肝脏自我修复，增加血液流动并增强淋巴系统。此项目可以缓解三高、糖尿病、长期肥胖、长期便秘、长期抵抗力差、湿疹反复发作、肩颈僵硬、情绪抑郁等 60 多种问题，适用于酗酒多烟的人群，喜食油腻的肥胖人士，久坐不动的办公族，经常熬夜的白领精英，长期服药的慢性肝病患者，饮食无规律引起的脂肪肝和肝结石等亚健康人群。此外，因不健康生活导致的皮肤衰老、体重超重等问题，也可以通过肝脏排毒得到改善，泰医倡导的肝脏排毒项目被评为最受旅居者欢迎和推荐的抗衰老治疗项目之一。

## （六）泰国美体养生项目

泰国美体养生项目融合东西方养生理念，涵盖对身体全面性的保护和滋养，让思想、身体和灵魂回归最原始的平衡，享受天地合一的自然和谐，培养健康的养生理念与安乐的生活方式。作为一种组合式的养生项目，泰式美体养生项目包括健康咨询、SPA 养生疗法、运动疗法以及营养疗法等一系列模块，为旅居者提供健康管理，保持旅居者的身体和精神的年轻状态。

健康咨询即健康管理师为旅居者开展健康咨询和健康检测，并依据旅居者身体情况进行健康分析和评估，给出专业的健康维护意见，为旅居者定制专属健康疗养计划。SPA 养生疗法以泰式药草蒸汽浴配合精油按摩为主，既可美白、净化皮肤，又可解除身体的疲劳过度、肌肉及关节酸痛、失眠等。运动疗法包括瑜伽、普拉提等，瑜伽通过各个体式的练习能够充分锻炼人体的柔韧性，实现身体和精神的融合，普拉提则以特定的设备控制自我的身体，是训练核心、高效燃脂的方法。营养疗法主张无油、无糖、无盐，泰国的有机食品

SPA 养生料理连续多年荣获“世界最佳 SPA 料理”。

## 三、泰国康养旅居的政策支持

### （一）实施促进康养旅居的医疗政策

除了泰国本土的自然旅游资源以及健康与养生特色项目，政府政策的大力支持也是泰国的康养旅居业发展迅速的原因之一。从 2004 年开始，泰国政府在泰国大力推进医疗行业建设行动，建设亚洲健康护理中心（Center of Excellent Health Care of Asia）。亚洲健康护理中心的建设包括三个阶段的任务。第一个阶段，从 2004 年到 2008 年四年的时间里，优化传统草药产品服务、特色项目保健服务、医院医疗行业服务三大行业的服务水平，打造三大行业的知名度，这些行业的进步使泰国的医疗康养旅居在国际上获得更多关注。从 2010 年至 2014 年是第二个发展阶段，泰国得到国家经济社会发展委员会致力于健康保健服务的持续发展，工作重点是把泰国打造成拥有世界顶级医疗服务的国家，成为亚洲医学学术中心（Academic Medical Hub of Asia）。第三个阶段从 2016 年至 2025 年，泰国制订了面向全球的泰国健康及医疗服务中心（Thailand Hub of Wellness and Medical Services）发展计划，计划着力于健康保健和医疗技术提升的研究，在这一阶段，大力推进泰国传统医药和保健品的发展。泰国实施的亚洲健康护理中心政策极大地促进了泰国的康养旅居行业的发展，在此政策的带动下，泰国的医疗旅游产业也逐渐繁荣，医疗旅游在国际上的竞争力也显著提升。[7]

2020 年，根据泰国颁布的《第十二个国家经济和社会发展计划（2017—2021 年）》，泰国政府在普吉岛最北端普吉岛检查站（Tha Chatchai）筹建占地 22.56 万平方米的世界级医疗保健中心，计划在 2023 年建成，通过开发国际医疗和公共卫生服务以创造安全性和增值旅游业，从而吸引更多康养旅居者来到泰国。

### （二）推行便利康养旅居者签证政策

为促进康养旅居以及医疗旅游产业的发展，泰国政府先后多次出台签证优惠政策，为国外来泰旅居者提供便利条件。2018 年，泰国政府启动“神奇泰国旅游年”项目，在项目运行期间，泰国移民局对 21 个国家和地区的旅居者实施免除落地签证费用的措施。2019 年 9 月，泰国卫生部联合外交部和旅游部发布了一份关于“以治疗疾病为目的入境泰国停留 90 天免签”的声明。这份声明提出，中国、缅甸、科威特等多个国家的申请人只需和泰国卫生部公布的任何一家医疗机构确认治疗项目及日期后，患者以及不超过 3 人的陪同人员就可以享受期限 90 天的免签服务，并且可以按照需要续签，时间总长度不超过一年。

此外，泰国政府还对美国、英国、瑞士、法国、挪威、荷兰、意大利等多个国家的 50 岁以上的外国旅居者开放了为期 10 年的长期居民签证（Long - Term Resident Visa，LTR Visa），LTR Visa 主要面向的就是全球在泰长期旅居以及工作的人群，此项提案的通过为赴泰康养旅居人士提供了便利。10 年长期签证包括两个阶段：第一阶段的申请可以 5 年；第二阶段申请可再续签 5 年。50 岁以上的国外旅居者申请了 LTR Visa，可以无限续签，在签证有效期内可以多次出入泰国，几乎相当于拥有了泰国永久居留权。泰国政府制定的签证优惠政策为康养旅居产业的发展起到了推进的作用。

## 四、启示与借鉴

### （一）充分利用自然资源，创立康养特色

在美国 2011 年的《旅游与休闲》杂志“全球最佳旅游胜地”的投票中，泰国名列前茅，这和泰国丰富的旅游资源密不可分。泰国也根据每个府的特点，着力打造风景名胜地，各个景区独具特色，交通便利，服务周到，费用低廉，对有康养需求的旅居者十分具有吸引力。首都曼谷，医疗条件优越，交通便利，有驰名中外的大皇宫、湄公河和四面佛等旅游景点，也有森林湿地公园等康养自然资源，是医疗康养旅游者的首选之地。清迈是历史文化古都，有“泰北玫瑰”的雅称，环境优美，气候凉爽，府内双龙寺十分出名，尤其适合禅修养生以及心理疗愈。其他各府也分别根据自己的岛屿、沙滩、海洋、热带雨林等自然资源特色打造自己的旅游康养特色。

随着泰国康养旅居产业的发展，泰国形成了许多健康养生的项目产品。例如，泰式按摩保健养生项目、泰式草药养生、泰式水疗养生、泰式美体养生等。同时，许多养生度假村把当地特色自然资源和健康养生保健项目以及先进的设备、休闲活动、SPA、理疗有机结合起来，形成了在别处无法体验的综合康养度假产品，对康养旅居者有极大的吸引力。

## （二）全面落实政策支持，发展康养旅居

泰国政府的政策支持是泰国康养旅居产业发展迅速的重要保障。泰国政府一直非常重视康养旅游业的发展，旅游业也一直是泰国的主要经济支柱。为全面推荐康养旅居产业的发展，泰国政府前后多次出台相关政策，20 世纪 90 年代，泰国就出台并落实了促进旅游业发展的七项措施，措施中包括加强旅游安全保障、优化服务管理、旅游清洁保障、创建旅游购物中心、增设游客喜闻乐见的康养旅游项目、加强宣传和成立旅游联合机构[8]，以此来全面促进泰国旅游业的发展。在此基础上，21 世纪以后泰国又陆续启动了推动康养旅居产业发展的医疗政策和促进医疗康养旅游业发展的签证政策。泰国政府的政策支持对于康养旅居产业的发展起到了重要的推动促进作用。

## （三）打造质优价廉服务，吸引旅居客源

在服务方面，泰国的很多医疗康养机构基础设施齐全，医院内基本都配备休闲娱乐生活便利设施，如自助银行、餐厅、便利店、咖啡馆、书店、儿童乐园等。医疗康养机构的健康环境被认为是身体康复过程的关键组成部分，为提高医院的舒适度，许多医院都采用疗养花园式的设计，院内有宽敞舒适的大厅，挂号处类似酒店前台，院外有花园、各类植物景观、喷泉、池塘、健身步道等，让病人觉得不是在医院，而像在一个疗养中心。另外，去泰国康养旅居的游客不用担心语言障碍的问题，泰国旅游局在 2004 年启动了泰国医疗旅游网，网站上可以用多国语言进行检索，介绍了泰国的医疗机构，还有配套的签证、旅游、翻译、预约等多种服务。泰国周到的语言服务还体现在入住医疗康养机构之后，泰国旅游城市医院会根据语言类型分类患者，如曼谷医院配备了 32 个国家的语言翻译。这些细致周到的服务为有意愿赴泰康养旅居的游客提供了便利。

泰国医疗康养机构的技术水平和服务得到了全球的认可，但是价格相对低

廉透明。泰国的医疗康养服务价格与欧美国家及亚洲其他一些国家相比，性价比高，同等的医疗水平和服务的前提下，在泰国的医疗、旅游等总花销要低很多。根据泰国的国际贸易促进司（Department of International Trade Promotion）的统计，在泰国旅居者中，来自美国、意大利、日本、阿拉伯、英国等高消费的发达国家居多。泰国的康民国际医院的总花费基本是美国的1/8。因此，质优价廉的服务是医疗康养旅居者选择泰国作为目的地的一个重要因素。

## 参考文献


［1］张晨．旅居趋势下滇中康养旅游地规划研究［D］．昆明：昆明理工大学，2020.

［2］张伯礼：康养是全链条的维护健康．人民康养，2022年11月28日，https：//mp. weixin. qq. com/s/nXLOAMGoxRnHqHzQ7bTr6g.

［3］BENYAPA JARULERTWATTANA，王卫．泰式草药热敷按摩球疗法初探［J］．天津中医药，2018，35（7）：550－552.

［4］Ayurved Thamrong School，Center of Applied Thai Traditional Medicine，Faculty of Medicine Siriraj Hospital，Mahidol University. Thai traditional medicine in the Faculty of Medicine Siriraj Hospital［M］．Bangkok：Supavanich Press. 2009：50.

［5］CICI. 享受泰式按摩［J］．中国科学美容，2006（9）：92－94.

［6］Voigt C.，Howat G.，Brown G. Hedonic and Eudaimonic Experiences Among Wellness Tourists：An Exploratory Enquiry. Annals of Leisure Research，2010，13（3）：541－562.

［7］Alberti F G，Giusti J D，Papa F，et al. Competitiveness policies for medical tourism clusters：government initiatives in Thailand［J］．International Journal of Economic Policy in Emerging Economies，2014，7（3）：281.

［8］泰国促进旅游业发展的七项措施［J］．东南亚南亚信息，1998（08）：25.

# HB.22 日本康养旅居发展经验与借鉴

李　旭[①]　杨坤娜[②]　刘　尊[③]　曹迎凤[④]

**摘　要：** 中国已经进入了老龄化社会，不可避免地面临着老年人的养老问题。康养旅居的养老模式作为当前较流行的养老模式，在国内外都有不同的发展。本报告通过对中日两国关于康养旅居的情况进行调查，从政策研究、康养旅居模式和发展现状、发展特色、对中国健康养老的启示等四个方面，对比中日两国在康养旅居发展中存在的差异，提出完善政策法规及标准、推动社会资本投入、构建人才培养体系等发展建议，以期为中国康养旅居产业的高质量发展提供借鉴与参考。

**关键词：** 康养旅居；日本；经验与借鉴

## 一、日本的康养旅居政策

### （一）日本的养老现状

随着世界人口老龄化加速，养老成为全球性问题。日本老龄化程度居全球

---

① 李旭，硕士，沧州医学高等专科学校健康管理与服务系党总支书记、主任，副教授，研究方向：健康管理、康养研究。

② 杨坤娜，硕士，沧州医学高等专科学校健康管理与服务系科员，副教授，研究方向：康养康育研究。

③ 刘尊，硕士，沧州医学高等专科学校健康管理与服务系副主任，副教授，研究方向：康复治疗技术、康养康育研究。

④ 曹迎凤，硕士，沧州医学高等专科学校健康管理与服务系智慧健康养老服务与管理教研室主任，副教授，研究方向：康养研究、老年照护研究。

第一。根据国际划分标准，65 岁以上人口占总人口比例超过 7%，即已步入老龄化社会；达到 14%，进入深度老龄化社会；达到 20%，即迈入超老龄社会。日本社会老龄化始于 1970 年，且老龄化进程加速发展。根据日本总务省 2021 年公布的人口数据显示，日本 65 岁及以上老年人总数已达 3640 万人，占比 29.1%。由于日本社会老龄化发生较早，经过多年实践探索，日本已形成了一套养老保障独有的完善制度。因此日本也被誉为世界上最适合养老的国家。

### （二）日本康养政策体系的发展

日本在养老保障制度方面的成功，与建立健全养老法律法规政策体系密不可分。为了应对人口老龄化，日本政府自 20 世纪下半叶便开始着手制订养老战略规划，并根据国情和社会发展，不断修正各项法律法规的具体内容，分阶段补充，形成逐步健全的健康养老政策体系[1]。在相关政策的支持和推动下，日本的康养产业进入飞速发展时期。

日本政府在 1958 年颁布了《国民卫生保险法》，提出国民皆保险的目标。1959 年，具有历史意义的《国民年金法》出台，规定 20～60 岁的日本国民必须加入国民年金制度。随后，以企业在职人员为对象的厚生年金和以公务员为对象的共济年金制度也相继建立，作为年金制度第二层次的补充。国民自选购买的养老年金保险作为第三层次的补充。前两个层次由政府统筹，具有强制性，称为公共养老保险。第三层次国民可自由选择参加，政府不强制。养老年金制度三个层次互为补充，从经济来源上解决了养老问题，成为日本国民老年生活稳定的制度保障。

随后，针对养老问题日本政府相继出台了多部相关法律。1963 年颁布的《老年人福利法》主张从总体上保障老年人的生活利益。1983 年制定的（1985 年正式生效）《老年人保健法》针对老年医疗制度进行了优化和完善，养老福利政策重心开始向居家养老、居家看护等方面转移。1997 年《介护保险法》出台（2000 年 4 月开始实施），解决高龄老人不断增加而出现的护理高需求问题[2]。一系列法律法规的出台使养老保障有法可依，同时奠定了日本养老产业高速发展的基础。

除了法律法规，日本中央政府和地方政府均制订了相应的养老战略规划。日本内阁在 1986 年制定了《长寿社会对策大纲》；1988 年《实现老龄福利社会措施的原则与目标》出台；1989 年《促进老人健康与福利服务十年战略规划》启动；1994年《新老年人保健福祉推进十年战略》发布。在这些规划和政策实施基础上，日本政府于1995年制定了现行的《老龄社会对策基本法》。

方便高龄老人的居留和出入《高龄者居住法》于2001年4月开始实施。2002年颁布实施的《社会福祉士及介护福祉士法》为各层次护理人才的培养提供了法律依据。2003年颁布的《健康增进法》对老年人的健康保障做出相应的法律规定[3]。

一系列政策措施和法律法规的制定，如养老金制度、介护保险制度、医疗保险制度、社会保障制度等，从经济、生活、健康、精神需求等方面对老年人健康养老进行了全方位的保障。立法先行，日本社会的养老保障制度日趋成熟。

### （三）日本康养旅居政策

经过60多年的发展，日本逐渐形成完善的康养政策体系，推动了康养产业与医疗、保健、文化、旅游等领域结合，推动银发市场经济[4]。日本在推行旅游行业发展的同时，将旅游产品开发与康养产业有机结合，依托国家地理资源进行创新，衍生出森林康养旅居、温泉康养旅居、乡村康养旅居、文化康养旅居等多种养老模式，许多宜居的康养小镇应运而生。

森林康养是基于森林的自然资源，融合医学和养生方法，对人体身心健康有益的一系列活动[5]。日本拥有丰富的森林资源，森林康养（森林浴）起步较早。日本国会1951年颁布第3部森林法，是日本林业领域的基本法律[6]。20世纪70年代，日本林野厅发布建立森林公园系统政策来应对公众的森林娱乐需求，随后颁布《特别措施法》，改善森林管理计划。1982年，林野厅面向大众推广森林浴，正式将其纳入健康生活方式。1989年，农林水产省颁布了《关于提升森林保健功能的特别措施》，促进森林资源的综合利用。一系列政策和措施为日本森林旅游和森林康养的发展创造了基本条件。从2000年开始，日本的森林康养业开始兴盛。2001年，《森林与林业基本法》出台，森林康养在林业基本法中地位确立。随后，林野厅、农林水产省相继颁发了促进森林康养效用研究和森林基地以及产品建设的政策措施。2003年，日本林野厅明提出，将森林环境综合利用促进健康的治疗方法称为“森林疗法”。2004年《森林疗法基地构想》颁布。2006年森林疗法基地认证开始实施，推进了森林康养场所标准化建设。2008 年“森林疗法协会”成立，对森林康养的研究、传播、开发起到了促进作用。2009 年推出森林疗法检定考试制度，通过者可以为进行森林浴的游客提供专业指导。经过数十年的实践研究，日本的森林康养产业已基本成熟。完善的森林康养体系为日本老龄人口选择林旅结合的养老模式提供了保障。

日本有亚洲“温泉王国”的美誉。温泉康养旅游从老年人养生需求出发，着力开发温泉疗养保健产品。温泉康养旅游起步较早，发展比较成熟，已成为日本旅游界的一张名片。日本曾颁布一系列政策法规推动温泉康养旅游的快速发展。为保护丰富的温泉资源，早在 1948 年日本就颁布了《温泉法》，对温泉资源的保护有了法律层面的保障。为了配套实施《温泉法》，日本于 1951 年再次推出《矿泉分析法指南》。根据指南，满足 8 种标准中的任何一项的温泉都可以被称为疗养泉[7]。为了提升温泉治疗效果和刺激长期进行温泉疗养人群的旅游消费，竹田市在 2011 年制定了《温泉疗养保健制度》[8]。日本已将温泉旅游纳入国民医疗保障范畴。日本的温泉医学发展迅速，已领先于全球水平。

日本乡村旅游走在世界前列，已形成独特的发展模式。在“观光立国”国家战略下，日本政府统筹规划，制定了一系列法律法规条令，对旅游观光业进行规范管理，内容涵盖投资支持、惠民政策、激励机制等多方面。1998 年日本召开的第五次全国综合国土规划中明确了发展乡村旅游的重要性。1999 年《食品农业农村基本法》颁布，开始探索乡村绿色旅游之路。2006 年日本政法颁布《观光立国推进基本法》，建立旅游观光业的法律依据和保障。随后 2007 年、2012 年、2017 年先后出台三个观光产业推进基本计划为旅游业的发展制定了目标及基本方针。通过积极宣传、放宽签证限制、提高服务质量等多举措刺激旅游观光业发展。在此基础上，乡村旅游受到政府高度重视，相继出台《发展观光农业示范规划》和《发展休闲农业规划》，指导农业景区的规划。日本的很多乡村出现专为 65 岁以上老人提供疗养、休闲、保健服务的旅游度假村[9]。农旅结合的养老方式受到越来越多日本老年人的青睐。在完善的法律法规和政策扶持下，政府引导，市场驱动，日本已形成成熟的旅游养老产业体系。

总之，在成熟的养老保障体系的支撑下，日本旅居养老产业已进入一个成熟发展阶段，必然会在日本养老市场上蓬勃发展。

## 二、日本康养旅居模式、发展现状

近年来，基于健康环境、健康生活的旅居方式得到了更大的发展空间，以中医药健康旅游、温泉旅游、运动康养、森林生态等为特色的健康养生境外旅居受到市场青睐。康养旅居具有停留时间长、兼具旅游和疗养等特点，可打破传统过境游模式的缺点，产生更为多元化的旅游消费。通过查阅文献资料，了解到日本康养旅居模式主要有以下几种。

### （一）林旅融合，森林康养模式发展现状

森林康养以森林景观、环境、食品、生态文化为主要依托资源，配备相应的养生、休闲及医疗、康体服务设施，开展以修身养心、调适机能、延缓衰老为目的的森林游憩、度假、疗养、保健、养老等活动。其本质是以森林为主体的疗养地医疗，即在专业人员指导下，利用特定森林环境和林产品，实现以增进身心健康、预防和治疗疾病为目标的辅助和替代治疗方法。

日本开展森林康养起步较早，始于 1982 年。最早的概念叫作“森林浴”，是基于德国森林疗法和俄罗斯“芬多精科学”，在日本的森林等自然风土上，结合日本独特的森林文化，通过在森林中休养、休闲，利用五官来感受和体验森林自然环境所形成的丰富多彩的风景、气味、音色等，促进人们身心恢复并保持健康状态的方法。日本森林面积为 2574 万公顷，森林覆盖率为 68%，人均森林面积为 0. 25 公顷。茂密的森林给日本人民进行“森林浴”创造了良好的条件。

1999 年“森林疗法”得到广泛关注。2000 年以后日本森林康养产业开始蓬勃开展。2021 年日本林野厅明确提出了把综合利用森林环境来促进健康的疗法称为“森林疗法”。2021 年森林疗养产业成熟，成立“森林疗法协会”，负责森林疗养基地认定、建设和维护等事宜。近年来日本森林疗养基地开展迅速，日本拥有世界上最先进科学的森林养生功效测定技术、森林疗养理论和实践的研究水平世界领先。日本建立了完备的森林疗养基地认证制度和森林疗养师考核制度，设置了固定的森林疗养课程。截至 2021 年底，日本林野厅已构建了“医疗福祉型森林”“疗养保养型森林”“预防生活习惯病森林”3 种类

型的森林康养基地共48处。认证了63个森林医疗基地，形成了完善的森林康养基地标准体系和资格认证体系。

### （二）农旅融合，农业康养模式发展现状

农业康养是以科学养生为指导，通过深入发掘农业农村的生态涵养、休闲观光、文化体验、健康养老等多种功能和多重价值，将第一产业与第三产业相融合，开发的农村康养产业项目。该模式以田园为生活空间，以农作、农事、农活为生活内容，以农业生产和农村经济发展为生活目标，回归自然、享受生命、修身养性、度假休闲、健康身体、治疗疾病、颐养天年的一种生活方式，主要特点是康养互融，农旅相生。日本非常重视对环境的打造和对农业生物技术的应用，创造了鲜明的产品个性与魅力。用心挖掘文化资源，创造富有魅力的旅游产品，对各种文化资源的有效利用和挖掘，赋予了各旅游产品浓郁的地方风情与个性。日本的农业行业协会在精致农业休闲旅游方面扮演着重要角色。随着日本农业旅游产业的快速发展，日本又相继成立了许多与农业旅游相关的协会和组织，这些行业协会和组织不仅解决了农业旅游发展过程中出现的问题，还为经营者提供相关培训与咨询服务、制订发展规划和评估行业发展状况等服务。

### （三）医旅融合，医疗康养模式发展现状

医疗康养是在依托现有医疗资源的基础上，建设医养结合的康养基地，打造康养小镇、温泉养生度假区，形成中医药养生保健、民族医药治疗体系和温泉SPA为特色的康养旅游产品，以提高医疗服务和救治水平。结合“亚健康”趋势和中医治未病理念，创新保健类产品，养成积极健康的行为习惯，实现身心愉悦。以温泉作为核心，整合周边的资源和丰富配套服务设施，将宗教寺庙、展览和博物馆等周边资源和购物、饮食、住宿等服务设施进行串联。在设计温泉康养产品时充分将当地的风土文化和人性化结合起来，将特色的人文资源要素和优美的自然景象进行整合、提炼最后加以升华。将日本的饮食文化、服饰文化和有马当地的宗教文化、邮票文化等提炼融合，营造富有原生性优美生态环境的温泉景观效果。

温泉康养产品充分将当地的风土文化和人性化结合起来，将特色的人文资源要素和优美的自然景象进行整合、提炼最后加以升华。将日本的饮食文化、

服饰文化和有马当地的宗教文化、邮票文化提炼融合，营造一种能够漫步在历经战争硝烟的遗迹街道上，与当地居民和一起参与传统文化节庆活动的浓郁氛围，创造出了一个既具有自身地区特色，还富有原生性优美生态环境的温泉景观效果。

### （四）文旅融合，文化康养模式发展现状

文化康养模式依托特有的文化资源、历史遗迹和非物质文化遗产，如历史文化、古城古镇、宗教文化、民俗民风、节庆等，结合当地风土人情、民俗特色、历史文化等进行深度挖掘，再结合市场化旅居需求，开发有地方文化特色的康养项目。打造独特而丰富的旅居康养产品，满足老年人参与文化体验、修身养性、陶冶情操的康养需求。给旅居者带来舒适的旅游体验的同时，感受独特的康养目的地文化熏陶，得到精神与生活的双重满足。缺点是对老年群体的整体素质要求较高。主要形式是打造人文气息浓厚、建筑密度低、文化独具韵味、生态充满魅力的特色文旅康养小镇。

## 三、日本康养旅居的发展特色

作为老龄化最严峻的国家之一，日本早在 1979 年就已经进入老龄化社会，经过若干年的发展实践，日本的养老政策制度、康养规划等已经相对健全而且成熟，成为目前全球适宜养老的国家之一[10]。同时，日本也是康养旅居模式的先行探索者和实践者，早在 20 世纪末日本便开始倡导并发展森林康养，经过长期研究探索，其康养旅居理念和实践已处于国际领先水平，并形成了较为鲜明的发展特色。相比日本，中国进入老龄化社会晚，在康养政策、养老制度、医养结合机制、康养产业经营理念、相关人才培养等多方面，还存在巨大差距和发展空间，康养旅游产业建设同样处于发展初期。在中国经济蓬勃发展、人民生活水平和健康需求逐步提升、健康中国国家战略的大背景下，康养旅居产业方兴未艾、前景广阔。中日比邻而居，文化背景相似，对比日本养老事业，特别是康养旅居的发展特色，将对中国康养旅居业快速健康发展提供有益借鉴。经查阅资料予以归纳，日本康养旅居的发展特色主要有以下几点。

## （一）康养旅居养老理念上的公益性

理念引领产业发展。日本康养产业的日臻成熟与该国完善的康养政策体系及公益性的康养理念有重要关联。20 世纪 50 年代以后，伴随着社会经济的发展变化以及国民对康养设施、服务需求的提升，日本逐渐建立了具有普惠化、标准化、多元化以及责任明细化的康养政策体系，并通过国会立法确立了“康养不但是家庭的责任，也是国家、社会的共同责任”的战略性康养理念。在日本，无论是政府还是社会大众的认知层面，都把老年人康养看作一种公益性的、极富爱心的事业，而不是谋求经济利益的“摇钱树”。政府出台各项倾向性政策，采取措施，鼓励关爱老年人的心理，关注老年人的健康，谋求的是一种影响深远的社会效益，而不是追求短期的经济利益。社会投资者响应国家政策参与到康养产业中，也并不是以赚钱为目的，而是看作对社会有益的福利事业。事实也是这样，参与康养的企业、机构，很少有发大财的，许多都需要政府的经费补贴，或者基金会的支持。“把老年人康养看作一种公益性的、极富爱心的事业”这样一种公益性康养理念在整个社会层面的确立，对康养产业的实践产生了全面而深远的影响，不断激励着从业者将养老服务打磨到极致。为了保证这一理念得到持续落实，日本政府发挥主导型作用，相继制定颁布了一系列的康养政策和法案，实施了战略性康养规划，持续推动康养产业健康、快速发展。

## （二）康养旅居投资经营者的专业性

俗语说：让专业的人做专业的事。日本养老和康养旅居业的广受好评，与投资经营者的专业性有直接关系。在日本，投资经营康养旅居产业的公司多为医药公司、健康相关机构等，房地产开发公司投资经营康养旅居产业相对较少。术业有专攻，隔行如隔山。虽然房地产开发公司在建造住宅方面有不可比拟的优势，房产商竞逐康养产业也能强有力拉动康养产业发展势头。但房产建筑商更多的是把着眼点放在建房及房屋租售上，他们的通常措施是依据国家政策向政府拿地建房子，“顺带”建设康养设施，然后以出租或出售房产为主，以康养事业发展为辅。甚至康养设施成为出售房产的噱头。他们对于如何具体经营、管理康养旅居事业，如何真心关爱、科学管理老年人，大多数没有经验，并不擅长。提供专业的康养旅居服务，特别是医疗服务和护理服务，恰恰是养老地产及康养旅居等是否成功的核心和关键。

养老及康养旅居产业发展中，老年人的健康是第一位需要考虑的。众多医药公司、健康相关机构等具有相对丰富的健康管理经验，丰富的医护药检经验，由他们经营管理康养旅居产业，更加得心应手。在日本政府部门的指导下，日本康养旅居产业由经过资质认证的医疗旅游服务企业和医疗机构具体运作，建立严格的行业准入机制，为老年人提供专业的医师团队和规范优质的服务。以森林疗法为例，日本建立了森林疗法基地认证和森林理疗师资格考试制度，以保证客户享受到更加科学专业的森林疗法，提高疗愈效果，增进患者的体验感和信赖感。从投资、经营到服务，日本康养旅居产业都以其规范性和专业性为人称道。[11]

### （三）康养旅居养老模式多元化

日本养老体系注重根据其国情、根据人群进行细分，最终依照不同的需求提供多元化保障。为适应市场发展的需要，日本的康养旅居养老模式也因地制宜、因人制宜，呈现多元化发展，形成了不同的模式。例如，医养结合式旅居养老：依托高端医疗核心资源，老年人作为游客，为了治疗或康复身体，专门到具有较高医疗水平的城市、景区进行治疗、度假，康养是核心，旅居是辅助。生态养生式养老：依托具有独特效果的自然资源，老年人为了身体健康，到具有一定调养功能的景区进行修养，如森林、温泉度假区等，旅居为核心，治疗是辅助。文化养生式养老：依托具有特殊文化资源，老年人出于陶冶情操、舒缓心境的目的，到具有浓厚文化氛围的城市、景区度假、休闲，体验不同的宗教文化、饮食文化等，以旅居、休闲为主。多元化的康养旅居养老模式，一方面使社会资金、资源、人才等得到了充分利用，另一方面为客户群体提供了更为多样化的选择，同时也便于康养机构为目标客户群体提供更加适宜、专业、精细化的服务。[12]

### （四）康养旅居经营服务特色化

日本的康养旅居产业在打造特色、挖掘优势方面做到了极致，从而实现了快速、高质量发展。以“温泉养生”模式为例，日本被誉为“温泉王国”，其温泉康养旅游以和谐优美的环境、健全的康养设施和高品质特色化的服务等，为客户群体提供了优质的温泉康养体验，堪称日本康养旅游的一张名片。同为温泉，却各不相同。由于各类温泉的环境、水质、发展背景等不同，衍生出不同类型的温泉养生地，在建筑风格、景观布局、装修装潢、经营理念、服务模式、文化主题等方面都有差异。从单纯的洗浴观光，演变到具有一定的医疗康复、驻颜美容、明眼护目等功效，赋予更多的优势。同时设置娱乐场所，增加娱乐设施，让参与疗养、居住的老年人享受更多的休闲时光和文娱体验，进而创造更多的附加价值。拓展海外业务方面，日本也力求打造更加便捷和特色的服务，日本的康养旅居产业在政府的大力支持下，建立了完善的康养旅居服务体系，如建立医疗旅游综合服务平台（MEJ 网站），并不断向各地区医疗机构、康养机构派遣医疗翻译人员，为海外患者搭建便利的沟通桥梁；同时，为不同的目标客户群提供更加有针对性和人性化的定制服务。

### （五）管理方式精细化人性化

日本是一个把工作做得细致到极致，甚至有些刻板的国家，这同样体现在他们对康养旅居养老事业的经营管理上。按照老年人的生理、心理需求进行老年人活动场所设计，将适老化做到极致。不断地创设、发展新的服务项目，完善服务评价体系和服务质量保障体系，制度更加完善合理。例如为了避免“不友善对待老人”的现象出现，除大力推行老人服务机构自我检查、整改外，在此基础上引入第三方评价体系，在设施设备、职工配置、现代化智能技术应用、服务的态度及服务标准、老年人意见反馈等不同方面进行更加客观、公正的评价。

日本经过半个多世纪的努力，已经构建起惠及全民，相对较完善的养老体系，其在康养旅居方面也形成了独特优势和成功经验。当前，中国康养旅居产业发展已经进入了战略机遇期，研究并学习日本康养旅居领域前沿的服务理念、特色，借鉴其有益经验，并结合中国国情开展探索，将有利于促进中国康养旅居产业规范、创新、持续健康发展。[13]

## 四、日本康养旅居产业发展对中国健康养老的启示

### （一）完善政策、法规及标准建设

日本的康养旅居产业，在立法保障下，实施改革，并在实践中不断地修

改，完善的法律规范是康养旅居产业的发展有力保障。中国可以借鉴日本的经验，政府和各相关部门，加强康养旅居相关政策、法规及标准方面的研究，出台相关的文件，支持康养旅居产业更快、更好地发展。[14]

**1. 设立准入法规，保障旅居安全**

中国的很多民间团体以及个人在进入康养行业的时候，没有设立进入门槛与标准，可能给康养设施建设及运营管理带来相关安全隐患，影响旅居者生活质量和身心健康。因此，对从业人员、建筑设施等确定进入门槛，是中国推动康养产业发展的必备条件。

**2. 健全法规标准，营造良好行业生态**

以日本森林康养为例，其法规、标准的发展过程具有即时性、远瞻性和引导性；日本的森林疗法基地认证，认定标准相当严格，保证了森林康养参与者受到标准化的设施和服务。健全的行业法规及标准建设，有利于营造良好行业生态。中国攀枝花市于2020年相继发布了关于康养旅居地精品酒店、老龄友好康养社区、康养民宿、汽车露营地的建设、服务与管理规范，安徽省也在近期发布《养老机构旅居养老服务指南》，地方标准的出台为康养旅居产业的标准化提供参考。目前，中国的国家标准、行业标准尚少，仍需加强。[15]

**3. 配套保障政策，确保旅居无忧**

对旅居异地医疗结算、旅居异地保险、旅居行业监督等问题进行探讨和研究，制定相应的政策，确保旅居者在遭遇突发疾病、意外伤害等事件时，能够快速、有效应对。

### （二）推动社会资本投入

康养产业投资周期长，社会资本投入积极性不高，制约了康养产业的发展。借鉴日本的经验，结合中国的实际情况，通过“落实配套政策、精准资金帮扶，扩大业态融合、创新盈利模式”，营造良好投资氛围，鼓励社会资本广泛、长期投入。

（1）落实配套政策。各省、市根据自身优势，制定康养旅居产业配套政策，如保障康养项目土地供给、简化项目审批流程等。

（2）精准资金帮扶。对有潜力的投资项目，通过建设补助、贴息贷款等方式进行精准资金帮扶，协助项目启动和拓展。

（3）扩大业态融合。探索多业态融合发展的产业模式，实现康养小镇、康养社区、避暑康养、森林康养、温泉康养、乡村康养、中医药康养、运动康养等多种康养业态。

（4）创新盈利模式。满足个性化、多元化需求，细分市场，创新盈利模式，形成完整的产业链。

### （三）构建人才培养体系

要发展康养产业，人才很关键。日本规范了康养产业从业人员的资格认证体系，如日本的森林疗养导游和理疗师，需要经过专业知识培训和国家统一考试，考评合格后持证上岗，以确保旅居者能够接受专业化的服务和指导。

（1）康养旅居人才定位。日本的森林理疗师不仅要掌握森林医学的技能，通晓林学、生态学、森林药学以及心理学知识，掌握急救等安全保障技能，同时还需有健康与心理方面的专业知识，以及较高的沟通能力，能对森林疗法者提供高质量的保健项目，对森林疗法的实践活动加以指导。由此可见，康养旅居人才是既懂健康管理又擅长旅游服务的复合型人才。

（2）康养旅居人才培养体系。分析康养旅居专业人员的知识和职业能力要求，明确人才培养的标准，将学历教育和职业培训相互融合。

（3）健全职业能力评价和应用体系。要充分发挥行业学会的作用，健全职业能力评价体系；推动实施职业技能等级认定，并将工资待遇与职业技能等级、从业年限挂钩。

## 参考文献

［1］平冈公一．日本老人福祉政策的形成过程［J］．日本研究杂志，1979（6）：15－26.

［2］加茂直树．20 世纪后期的日本社会保障制度［J］．京都女子大学现代社会研究，2010（19）：17－23.

［3］王培严，胡楠，李雄．日本森林康养基地与康养步道认证体系［J］．中国城市林业，2021，19（4）：42－47.

［4］刘英威，陈胜良，潘慧．日本康养政策变迁及启示［J］．广西财经学院学报，

2019，32（5）：140－148.

［5］刘笑辉，刘孝磊．日本温泉康养旅游发展成功经验对吉林省仙人桥温泉旅游开发的启示［J］．现代营销，2022（11）：130－131.

［6］叶萍，刘晓农．日本温泉旅游产业发展及对我国的启示［J］．老区建设，2019，18：12－18.

［7］雷鸣，叶全良．日本乡村旅游发展的路径与启示［J］．亚太经济，2008，5：61－63.

［8］《平成29年版高龄社会白皮书》、日本内阁府、官网http：//www8. cao. go. jp/korei/whitepaper/w－2017/

［9］张颖．国外医疗旅游业发展的经验及对我国的启示［J］．对外经贸实务，2019（7）：34－37.

［10］刘尚昕，于普林．人口老龄化对我国健康保健服务体系的挑战与对策［J］．中华老年医学杂志，2020，39（3）：255－258.

［11］日本厚生劳动省．厚生劳动白皮书（2017）［EB/OL］：白书、年次报告书：https：//www. mhlw. go. jp/toukei_ hakusho/hakusho/

［12］程承坪，吴琛．日本养老健康产业发展的经验与启示［N］．中国人口报，2018－07－03.

# HB.23 中国康养旅居目的地评价工具及应用

焦科兴[①] 侯胜田[②] 董美佳[③] 王天琦[④] 李艺清[⑤]

**摘 要：** 康养旅居目的地评价指标体系是一种康养旅居目的地价值评判的深化对标管理工具，对康养旅居目的地的建设和发展具有重大参考意义。本报告对北京中医药大学侯胜田教授研究团队研制的中国康养旅居目的地评价指标体系及其应用进行概要介绍。报告认为，经过实证研究和不断修正完善，中国康养旅居目的地评价指标体系已经成为康养旅居目的地的有效评价工具。康养旅居行业主管部门、目的地经营者、服务咨询公司等组织、个人可以通过整理评价数据开展统计分析，大致把握康养旅居行业整体发展方向、明确康养旅居目的地发展的瓶颈与不足、开展相关科研和市场分析等。消费者群体亦可通过根据指标体系评价结果更加理性地选择高质量的康养旅居目的地，从而推动康养旅居产业可持续健康发展。

**关键词：** 康养旅居；目的地；评价指标体系

随着国家对康养、养老市场的多项利好政策的持续出台，康养旅居行业作为未来康养模式发展的重要趋势享有良好的政策红利，加之人口老龄化所带来的巨大康养潜在需求市场，康养旅居产业发展逐年向好。随着各大民营资本不断涌入康养旅居市场，各康养旅居小镇、场所、旅居地产等相关产业的数量也

---

① 焦科兴，北京中医药大学管理学院研究生，研究方向：旅居康养、中医馆竞争力、健康旅游。

② 侯胜田，管理学博士，北京中医药大学管理学院教授，研究方向：健康经济与管理、中医药发展战略、健康旅游、中医馆竞争力。

③ 董美佳，北京中医药大学管理学院研究生，研究方向：中医馆竞争力、中医药健康旅游。

④ 王天琦，北京中医药大学管理学院研究生，研究方向：健康产业竞争力、中医馆竞争力、健康旅游。

⑤ 李艺清，北京中医药大学管理学院研究生，研究方向：互联网医院、中医馆竞争力、健康旅游。

与日俱增，康养旅居产业在发展过程的内部竞争也越来越激烈。面对日益严重的行业内竞争，打造核心竞争优势成为各康养旅居地打破同质化发展误区，提高竞争力的重要抓手。因此，各康养旅居目的地在未来的发展规划中应立足行业整体发展趋势，充分结合自身区域发展优势，培育康养旅居目的地核心竞争力，进而推进康养旅居相关产业的可持续发展。

在国家政策利好和市场需求不断激增的交互促进下，康养旅居行业发展持续向好，各康养旅居目的地也在积极布局，规划康养旅居相关产业集群建设。但经过数年的粗放式发展，康养旅居行业服务供给提升有限，供需矛盾依然严重。各康养旅居目的地是否科学规划环境建设、突出区域核心优势、打造特色服务项目，还是仅仅以康养旅居为商业噱头批土地发展房地产仍有待商榷。

康养旅居产业的飞速发展同时也推动者学术界开展相关领域的产业研究，当前对于康养旅居的研究主要以概念界定、发展环境评价、发展现状分析、发展策略探讨、服务质量评价等为主。但在实践中尚缺少一个理论科学系统、实践操作可行的评价指标体系来反映康养旅居目的地的真实发展情况。因此，北京中医药大学侯胜田教授研究团队 2022 年开始启动了康养旅居目的地评价指标体系的研究工作，以期进一步促进康养旅居行业的健康发展。

## 一、康养旅居目的地评价指标体系介绍

### （一）理论基础

根据北京中医药大学侯胜田教授研究团队的概念界定，康养旅居目的地是能够对康养旅居消费者产生一定的吸引力或者致力于提供康养旅居服务，同时具有一定尺度的地理空间。这里的尺度是指中国行政区划标准中的二级行政区、三级行政区，4 个直辖市以及 2 个特别行政区。二级行政区即市，包括地区、自治州、盟等；三级行政区即县，包括市、市辖区、自治县、旗、自治旗等；4 个直辖市，即北京市、上海市、天津市、重庆市；2 个特别行政区，即香港特别行政区、澳门特别行政区。

因此，基于康养旅居目的地的自身特点在对康养旅居目的地的评价指标体系建立上，团队引入了 IMD 区域竞争力评价模型以及消费者行为理论。IMD

区域竞争力模型是区域竞争力评价研究的经典模型之一。其将区域竞争力分解为经济表现、政府效率、商务效率、基础设施四大要素和 20 个子要素，并认为区域竞争力就是一个国家或一个地区在世界市场上生产出比其竞争对手更多财富的能力。[1] 评价区域康养旅居目的地核心竞争力是康养旅居目的地评价指标体系的重要目标，因此 IMD 区域竞争力模型对康养旅居目的地评价指标体系的框架构建具有重要参考价值。消费者行为学是研究消费者在获取、使用、消费和处置消费产品过程中，所发生的心理活动特征和行为规律的科学。[2] 康养旅居的消费群体在选择康养旅居目的地时的消费行为会受诸多因素的影响，因此消费者行为理论可以康养旅居目的地评价指标体系的建立提供一定的参考。

### （二）设计原则

各评价指标的筛选和体系的构建需要遵循一定的原则，从而保证其理论科学和实践可行。评价指标体系是评价内容和评价目标发展情况的具体体现，具有一定导向性和代表性。

因此，中国康养旅居目的地评价指标体系在指标的选取过程中，主要遵循了以下原则。

（1）科学性：即指标的筛选和确定要依据相应的科学理论，指标体系的逻辑框架与具体指标选择均应切合实际，切忌根据主观意愿随意设定。

（2）代表性：即指标的选择需符合康养旅居多产业融合的特点，并反映出其目的地竞争的重要因素。

（3）系统性：即在指标体系建立时要兼顾各维度因素之间的相互影响，以系统的视角整体优化调整。

（4）可行性：即在指标选取时应着重考虑其现实意义符合康养旅居目的地实际发展需要。

### （三）评价内容

中国康养旅居评价指标体系是通过综合运用文献研究法、焦点小组座谈法等研究方法，从 IMD 区域竞争力模型出发进行构建的评价康养旅居目的地的指标体系。在评价要素确定的基础上，借鉴国内相关研究，结合康养旅居产业自身的发展特色和业内专家意见，对评价要素进行具体化分解，进而构建出包含6个一级指标、36个二级指标的中国康养旅居评价指标体系。基于消费者视角选取的评价指标主要用于了解被调查康养旅居目的地的基本情况，包括自然环境、人文环境、基础设施建设情况和旅居、康养服务提供情况、目的地管理水平等，以此分析康养旅居目的地整体发展状况，并为本区域康养旅居产业的进一步发展提供参考依据。

## 二、康养旅居目的地评价指标体系应用

### （一）应用对象与方法

中国康养旅居评价指标体系适用于以“康养旅居目的地”为评价对象的相关研究，此处的“康养旅居目的地”指的是能够对康养旅居消费者产生一定的吸引力或者致力于提供康养旅居服务，同时具有一定尺度的地理空间。中国康养旅居评价指标体系基于消费者视角出发，因此，在具体应用中形成消费者满意度调查问卷，指标在设计的时候单个指标对应一个问题，并对个别不便于理解的指标进行标注解释，使得消费者能更好地理解题意，便于填写。消费者满意度调查问卷和采用李克特五维量表的形式进行调查（非常满意→非常不满意：分别赋分5→1），最终将调查结果转化为相应的分值，并结合指标权重可以得到体现该康养旅居目的地的总体发展指数、各维度发展指数以及具体指标的发展指数，发展指数越高，发展状况越好，进而对康养旅居目的地的整体发展情况进行分析。考虑到在实际调研中，可能存在某位消费者对康养旅居目的地某单一指标无法评价的情况，因此在对消费者满意度调查问卷中的选项进行设计时，根据实际情况增加“无法评价”选项，以保证评价结果客观、真实、有效。

### （二）应用领域及意义

使用中国康养旅居目的地评价指标体系对各康养旅居目的地进行评价，是检验康养旅居目的地发展现状、分析发展瓶颈问题的重要方式，也是评价该康养旅居目的地的有力工具。康养旅居产业发展态势良好，中国康养旅居目的地评价指标体系的实践应用广泛，作为行业主管部门可以利用康养旅居目的地评

价指标体系把握行业整体发展状况和进展，评价不同地区的康养旅居发展水平和消费者满意度；康养旅居产业区域规划和管理者可以用于制订本区域内康养旅居产业的发展规划；投资机构可以用于选择适宜的投资目的地；此外，运用该评价指标体系分析出的数据结果还可为消费者选择更加优质、舒适的康养旅居目的地提供参考。

**1. 目的地规划管理**

康养旅居产业的发展离不开国家政策的支持。近年来，国家关于加快发展康养、银发产业利好政策相继出台。2018 年中央一号文件指出实施休闲农业和乡村旅游精品工程，建设一批设施完备、功能多样的休闲观光园区、森林人家、康养基地、乡村民宿、特色小镇；《“健康中国 2030”规划纲要》提出制定健康医疗旅游行业标准、规范，打造具有国际竞争力的健康医疗旅游目的地、具有区域特色的健身休闲示范区、健身休闲产业带；《关于促进旅游业改革发展的若干条件》提出要积极发展休闲度假旅游，推动形成专业化的老年旅游服务品牌，并发展特色医疗、疗养康复、美容保健等医疗旅游，养生旅游是医疗旅游里的细分行业；2021 年国务院出台《“十四五”国家老龄事业发展和养老服务体系规划》，专门提出积极培育发展银发经济，推动老龄事业和产业协同发展、推动养老服务体系高质量发展。由此可见，康养旅居及其相关产业在中国享有广泛的政策支持。

为更好地推动康养旅居行业发展，各级政府也应将康养旅居纳入地方产业发展规划，明确发展目标和战略任务。中国康养旅居目的地评价指标体系涵盖目的地自然环境、人文环境、基础设施建设情况和旅居、康养服务提供情况、目的地管理水平等方面内容，科学、合理地应用该评价指标体系可以为康养旅居目的地发展规划的制订提供一定的参考。

**2. 康养旅居相关学术研究**

目前，中国对于康养旅居的研究主要以概念界定、发展环境评价、发展现状分析、发展策略探讨、服务质量评价等为主，关于康养旅居目的地评价的研究还较为缺乏。通过综合运用定性和定量的研究方法，从消费者视角出发构建的中国康养旅居目的地评价指标体系，可以进一步丰富现有康养旅居目的地相关研究成果，为康养旅居目的地产业发展的相关研究与实践提供理论支持。相关学术研究可以依据该评价指标体系对康养旅居目的地进行实证研究，并依据具体的统计数据分析该康养旅居目的地的发展瓶颈，提出具有针对性的发展建议，以推动本区域康养旅居目的地产业的可持续发展。之后也可在中国康养旅居目的地评价指标体系相关研创过程中所得评价指标的基础上继续对各评价指标要素进行深入研究。

**3. 行业实践促进**

康养旅居产业实践领先于学术研究，明确康养旅居、康养旅居目的地的概念内涵，建立中国康养旅居目的地的评价体系，有助于为康养旅居产业提出切实可行的特色发展模式，有利于各地区康养旅居产业的良性发展。行业发展指数是衡量某一行业发展程度的数据指标，中国康养旅居目的地评价指标体系研究最终可以形成调查问卷，并对调查结果进行计算分析从而得出康养旅居相关行业发展指数，为康养旅居行业发展提供参考。

经过北京中医药大学侯胜田教授研究团队的实证检验，中国康养旅居目的地评价指标体系作为中国康养旅居目的地发展情况的有力测评工具已成功转化成一项具有权威性的学术智库产品。北京中医药大学侯胜田教授研究团队将应用该评价指标体系持续跟踪监测并逐步扩大调查范围，同时将各康养旅居目的地的发展指数进行纵向对比分析，以便更好地研究各地区康养旅居产业的发展状况与发展趋势。

**4. 康养旅居地自评**

随着中国人口老龄化程度逐渐加剧，人民群众的康养需求日益增多，巨大的潜在市场吸引着大量民营资本涌入康养旅居及其相关行业。各康养旅居目的地的竞争也越发激烈，当前中国康养旅居康业仍处于发展初级阶段，各康养旅居地面临着同质化严重等发展瓶颈，相关产业可持续发展模式还在进一步探索，需要产学研多方联合推动中国康养旅居产业的健康发展。对于康养旅居实体的经营者，不仅需要清楚了解康养旅居服务欠缺之处，更需要明确康养旅居行业未来的盈利模式和热点发展方向。经营者可以用该评价指标体系数据，将今年的发展指标数据与往年的发展指标数据进行纵向比较分析，掌握实时的康养旅居行业的发展动态；也可以将各康养旅居目的地进行横向对比分析，挖掘行业热点，寻找竞争差距，明确自己在行业中的核心竞争能力，从而制定相应的发展战略。

此外，康养旅居实体的经营者还可以通过该评价指标体系形成的消费者满意度调查问卷，收集整理消费者对本区域康养旅居目的地的意见建议，及时做出管理调整以适应消费者的需求，为消费者提供更优质的康养旅居服务，打造竞争优势，提高康养旅居实体的核心竞争力。

**5. 消费者决策**

消费者是康养旅居目的地提供康养旅居服务的对象，消费者的消费行为和消费选择深刻地影响着康养旅居行业的发展。随着中国康养、银发产业的蓬勃发展，康养旅居及其相关产业迎来较好的机遇。随着后疫情时代的到来，中国消费者们的健康理念逐渐提升，养生保健意识日益增强，越来越多的老年人以及慢性病康复群体加入康养消费大军，康养旅居也逐渐成为越来越多消费者在进行康养消费的一大发展趋势。应用中国康养旅居目的地评价指标体系得到的评价结果能够为消费者在选择康养旅居目的地时提供数据参考，帮助广大康养消费者选择环境适宜、服务优良的康养旅居目的地。

## 三、未来展望

中国康养旅居目的地评价指标体系研究是康养旅居目的地的前期理论探索，基于消费者视角对康养旅居目的地的评价指标理论框架初步研究。目前已选取了国内发展较好的部分康养旅居目的地进行实证检验，并评价分析其当前发展水平及该康养旅居目的地的发展潜力及未来发展趋势，根据评价结果创新发展路径，使之成为普遍适用的、有效稳定的、成熟的理论范式。

康养旅居行业正处于快速发展阶段，随着康养旅居发展模式的多元化，未来康养旅居行业将成为解决当前康养资源空间分布不均的重要发展趋势。康养旅居目的地评价指标体系研究的构建思路和评价指标目前仅初步提出早期发展路径，具体的指标设计和权重的确定将随着康养旅居行业的发展进行动态调整和逐步完善。

作为康养产业中的细分领域，康养旅居行业能够较好地适用中国国情，满足广大人民群众日益增加的康养健康需求。北京中医药大学侯胜田教授研究团队顺应大健康发展需求不仅研制出中国康养旅居目的地评价指标体系，还陆续研制开发出了中国医疗旅游目的地评价指标体系、中国中医药健康旅游目的地评价指标体系、互联网医院评价指标体系、中国森林康养基地评价指标体系及相应的数据库，并对相关大健康领域进行持续跟踪研究，每年发布一次行业发展指数，现已得到业界的广泛好评。未来随着侯胜田教授团队长期的动态跟踪调查研究将逐步形成年度系列指数，打造康养旅居等大健康产业发展的风向标，对促进中国康养旅居、大健康产业的发展具有重要的意义。

## 参考文献

[1] 王立成. 区域竞争力模型分析与提升路径［J］. 山东社会科学，2006（01）：123－125.
[2] 杨晓燕. 中国消费者行为研究综述［J］. 经济经纬，2003（01）：56－58.

# 《康养旅居蓝皮书》专家推荐优秀康养旅居地（2023）

山东青岛芭东小镇
山西运城风陵康养
苏州瑞颐康养酒店
河北保定华中小镇
贵州凯里万户寨酒店
山西大同上水湾龙园
海南琼海上品康养旅居
云南昆明石林杏林大观园
浙江桐庐天子地森林康养度假酒店
云南大理沙溪古镇石宝山文化旅游区
四川宁南凯地里拉温泉康养度假营地
海南三亚海棠湾恒大养生谷服务公寓
山东济南中铁蓝海·袁洪峪康养度假中心
山东青岛海泉湾度假区
浙江宁波绿地康养居酒店
广东阳江绿地康养旅居酒店
福建福鼎叠石景蓝康养中心
山西长治欢乐太行文旅综合体
广西北海海之链旅居康养中心
福建连城天一康养旅居度假小镇
吉林延边圣水龙山国际康养新城

**说明：**2023年5月7日至8日，《康养旅居蓝皮书》编委会组织康养旅居研究专家和资深康养旅居从业者，依据编委会专家推荐或自愿申请提交的评审材料，结合其他公开渠道获得的信息，对被审评康养旅居地进行审核，同意推荐以上康养旅居地（排名不分先后）为优秀康养旅居地。《康养旅居蓝皮书》将持续跟踪研究，并欢迎更多优秀康养旅居地作为研究对象，参与《康养旅居蓝皮书》研创项目，推动康养旅居行业高质量发展。

# 《康养旅居蓝皮书》
# 专家推荐优秀康养旅居目的地
# （2023）

辽宁省大连市中山区
河北省承德市双桥区
陕西省西安市临潼区
贵州省贵阳市花溪区
贵州省遵义市赤水市
海南省三亚市海棠区
湖北省恩施土家族苗族自治州建始县
湖北省恩施土家族苗族自治州鹤峰县
吉林延边朝鲜族自治州安图县长白山二道白河镇
新疆维吾尔自治区昌吉回族自治州木垒哈萨克自治县
广西壮族自治区桂林市阳朔县
四川省乐山市峨眉山市黄湾镇
云南省大理白族自治州大理市
河北省秦皇岛市北戴河新区
福建省三明市将乐县

**说明：**2023年5月7日至8日，《康养旅居蓝皮书》编委会组织康养旅居研究专家和资深康养旅居从业者，依据编委会专家推荐或自愿申请提交的评审材料，结合其他公开渠道获得的信息，对被审评康养旅居目的地进行审核，同意推荐以上康养旅居目的地（排名不分先后）为优秀康养旅居目的地。《康养旅居蓝皮书》将持续跟踪研究，并欢迎更多优秀康养旅居目的地作为研究对象，参与《康养旅居蓝皮书》研创项目，推动康养旅居行业高质量发展。